Direito do Trabalho
Profissões Regulamentadas Sistematizado

Direito do Trabalho

Profissões Regulamentadas Sistematizado

José Alcimar de Oliveira Cruz
Bacharel em Ciências Jurídicas e Sociais
Pós-graduado em Direito do Trabalho e Direito Processual do Trabalho
Pós-graduado em Direito Penal e Direito Processual Penal
Pós-graduado em Direito Civil e Direito Processual Civil
Pós-graduado em Direito Público
Advogado.

DIREITO DO TRABALHO
PROFISSÕES REGULAMENTADAS SISTEMATIZADO

EDITORA LTDA.
© Todos os direitos reservados

Rua Jaguaribe, 571
CEP 01224-001
São Paulo, SP – Brasil
Fone: (11) 2167-1101
www.ltr.com.br

LTr 4704.4
Novembro, 2012

Dados Internacionais de Catalogação na Publicação (CIP)
(Câmara Brasileira do Livro, SP, Brasil)

Cruz, José Alcimar de Oliveira
  Direito do trabalho : profissões regulamentadas sistematizado / José Alcimar de Oliveira Cruz. — São Paulo : LTr, 2012.

  Bibliografia.
  ISBN 978-85-361-2324-0

  Direito do trabalho 2. Profissões — Leis e legislação — Brasil 3. Profissões regulamentadas sistematizado — Brasil I. Título

12-10485   CDU-34:331.7(81)

Índice para catálogo sistemático:

  1. Brasil : Profissões regulamentadas sistematizado :
       Direito do trabalho   34:331.7(81)

Agradecimentos

Aos familiares:

Marilene Pando da Silva Cruz, Maxine Silva Cruz, Ussandila Garcia de Oliveira Cruz, Junior Lima, Larissa de Oliveira Cruz, Edson de Oliveira Cruz, Otiléia Brito de Oliveira Cruz, José Adelson de Oliveira Cruz, Jesus de Oliveira Cruz,
Marineuma Lima, Maria Silvania de Oliveira Cruz, Maria Simone de Oliveira Cruz, Laura de Oliveira Cruz, Maciane Cruz, Maria José Barbosa de Oliveira e José de Souza Cruz.

Aos mestres educadores:

Davi Andre Costa Silva, Ricardo Henrique Alves Giuliani, Letícia Loureiro Correa, José Tadeu Neves Xavier, Denise Pires Fincato, Otávio Piva, José Henrique Pierangeli (*in memoriam*), Martha Macedo Sittoni, Simone Schöeder e Aloísio Zimmer Júnior.

Aos amigos:

Rafael de Araújo Lima Dias, Rafael Dalcin, Vanessa Zimpel, Paloma Martinez Gularte Schultz, Oremy Machado Schultz, Benta da Silva Schultz, Wagner Weissheimer, Ana Maria Marques, Antonio de Pádua Ferreira da Silva Filho, Lívia Ferraro dos Santos Cafruni, Rossani Pilate Soares, Cezar Marques Perez, Julio Ridieri Costa, Ana de Araújo Carrion, Glaudson Jardim Costa, Sady José Rodrigues Domingues, Antonio Omar Abdala, Maria Eva Pereira Nunes, Florizeu Duarte, Edemar Fishiborn, Márcio Ayres de Oliveira, Diego Dias dos Santos, Margarete Balestrin Ferreira e, em especial, a Sônia Margareth.

Para Tiago Seger e Graziela Seger

Sumário

Considerações iniciais 25
Apresentação 27
Introdução 29

Capítulo I — Advogado 33
1. Regramento legal 33
2. Disposições preliminares 33
3. Advogado autônomo ou profissional liberal 34
4. Advogado empregado 36
5. Advogado associado 36
6. Jornada de trabalho 37
6.1. Do advogado com dedicação exclusiva 37
6.2. Do advogado empregado 38
6.3. Trabalho noturno do advogado 39
7. Advogado empregado em desempenho de cargo de confiança ... 40
8. Equiparação salarial 40
9. Direitos do advogado empregado 41
9.1. Salário profissional 41
9.2. Reembolsos das despesas 42
9.3. Adicional noturno 43
9.4. Honorários de sucumbência do advogado empregado 43
9.5. Não prestar serviços estranhos à relação de emprego 44
9.6. Horas extras com adicional de, no mínimo, 100% 45
10. Responsabilidade civil dos advogados 45
10.1. Do advogado autônomo 46
10.2. Dos advogados associados 48
10.3. Dos advogados empregados 49
10.4. Responsabilidade do profissional da advocacia pela perda de uma chance 51
10.5. Responsabilidade por inviolabilidade de segredo profissional ... 53
10.6. Apropriação indevida de valores pertencentes ao constituinte ... 53
11. Releitura sistematizada do tópico apresentado 54

Capítulo II — Mineiro de Subsolo 57
  1. Tutelas legais 57
  2. Conceito de mineiro de subsolo 57
  3. Jornada e módulo semanal de trabalho... 57
  3.1. Dilatação da jornada legal de trabalho... 58
  3.2. Jornada de trabalho determinada pelo órgão fiscalizador 59
  3.3. Período para descanso intrajornada 60
  3.4. Pressupostos para a dilatação de horas legais de seis para oito horas............ 61
  4. Comunicação da iminência de perigo na mina de subsolo........... 62
  5. Doenças profissionais comuns nos mineiros de subsolo 63
  6. Transferência compulsória de trabalhador para superfície por razões de saúde.. 64
  7. Idade exigida para trabalhar em mina de subsolo 65
  8. Trabalho da mulher e do menor em minas de subsolo 66
  9. Releitura sistematizada do tópico apresentado............................. 68

Capítulo III — Empregado Doméstico 69
  1. Base normativa da profissão 69
  2. Empregador doméstico 69
  3. Empregado doméstico 70
  3.1. Empregado doméstico e diarista: ponto diferenciador 72
  3.2. Poder diretivo e disciplinar do empregador doméstico............... 73
  3.3. Sucessão do empregador doméstico 74
  4. Inaplicabilidade da CLT às relações de emprego doméstico 74
  5. Aparente conflito entre a CLT e o decreto regulamentador da Lei do doméstico.. 75
  6. Jornada de trabalho 75
  7. Direitos do doméstico constitucionalmente assegurados 76
  8. FGTS: faculdade do empregador e repercussão no seguro-desemprego 76
  9. Descontos de salário permitidos 77
  9.1. Faltas injustificadas ao trabalho... 77
  9.2. Adiantamentos de parte da remuneração 78
  9.3. Contribuição previdenciária (INSS) 78
  9.4. Danos causados à pessoa ou à família 78
  9.5. Utilidades 79
  9.6. Imposto de Renda 79
  9.7. Vales-transportes 80
  9.8. Pensão alimentícia 80

10. Descontos proibidos do salário 80
   10.1. Empréstimos de natureza civil que o empregado tem com terceiros..... 81
   10.2. Dívidas que o empregado doméstico tem com o empregador 81
   10.3. Alimentação, higiene, vestuário e moradia quando o doméstico resida na residência onde presta o trabalho 81
11. Salário do doméstico 82
12. Seguro-desemprego: um direito condicional aos domésticos 82
13. Justas causas aplicadas ao doméstico 83
14. Garantia de estabilidade no emprego 84
15. Exigências legais pré-contratuais que o empregador pode fazer na admissão ... 85
16. Responsabilidade civil das agências de empregados domésticos 85
17. Releitura sistematizada do tópico apresentado 86

Capítulo IV — Empregador Rural 88
   1. Regulamento da profissão e inaplicabilidade da CLT 88
   2. Conceito de empregado rural 88
   3. Conceito de empregador rural 88
   4. Elementos caracterizadores da relação de emprego 89
   5. Diferença entre trabalhador urbano e rural 89
   6. Jornada de trabalho 89
   7. Intervalos interjornadas e entre as jornadas 89
   8. Moradia do rurícola e família 90
   9. Trabalho noturno 90
   10. Adicional noturno 90
   11. Descontos permitidos no salário e salário *in natura* 90
   12. Trabalho do menor na agricultura 91
   13. Empregador rural equiparado 91
   14. Aviso prévio especial 91
   15. Responsabilidade solidária do empregador rural 92
   16. Atividades insalubres 92
   17. Férias 92
   18. Contrato de trabalho temporário do rurícola 92
   19. Sucessão do empregador rural 92
   20. Prescrição dos créditos trabalhista 93
   21. Releitura sistematizada do tópico apresentado 93

Capítulo V — Médico e Cirurgião-Dentista 95
   1. Base regulamentadora da profissão e leis pertinentes 95
   2. Jornada de trabalho 95
   3. Salário profissional 95
   4. Residência médica 96
   5. Duração do trabalho dos médicos na administração pública federal 97
   6. Cargos de chefia, exclusividade médica 97
   7. Adicional de insalubridade 98
   8. Intervalo interjornada obrigatório 98
   9. Releitura sistematizada do tópico apresentado 98

Capítulo VI — Jornalista 100
   1. Regramento legal aplicável ao jornalista 100
   2. Conceito de jornalista 100
   3. Conceito de empresa jornalística 101
   4. Empresa jornalística equiparada 101
   5. Funções do jornalista 102
   6. Jornada de trabalho 103
   7. Dilatação da jornada de trabalho 103
   8. Intervalos interjornadas e extrajornadas obrigatórios 104
   9. Descanso semanal remunerado 105
  10. Excluídos da aplicabilidade de horas extras 105
  11. Assessor de imprensa não é jornalista 105
  12. Releitura sistematizada do tópico apresentado 106

Capítulo VII — Telefonista 108
   1. Referência legal da profissão 108
   2. Quem é considerado trabalhador telefonista? 108
   3. Jornada de trabalho 108
   4. Intervalos interjornadas (descanso e refeição) 109
   5. Telefonista que trabalha em mesa 109
   6. Trabalhador que opera telex tem jornada reduzida? 110
   7. Operador de televendas 110
   8. Recepcionista tem hora reduzida de telefonista? 110
   9. Releitura sistematizada do tópico apresentado 111

Capítulo VIII — Bancário 112
  1. Lei disciplinadora da profissão de bancário 112
  2. Jornada de trabalho 112
  3. Remuneração dos bancários 113
  4. Gratificação por quebra de caixa e sua natureza 115
  5. Sábado é considerado jornada de trabalho para o bancário 115
  6. Dilatação da jornada de trabalho do bancário (uma excepcionalidade) 115
  7. Vedação de pré-contratação de horas extras 116
  8. Intervalo interjornada para repouso e alimentação 116
  9. Trabalhadores de empresas de crédito, investimento e financiamento são bancários? 117
  10. Empregados de empresas de processamento de dados são bancários? 117
  11. Cargo de confiança e chefia, exclusão de horas extras 118
  12. Advogado empregado de banco 120
  13. Vigilante de banco é bancário? 121
  14. Vigias, porteiros, serventes, faxineiros empregados de banco têm hora reduzida? 122
  15. Adicional de transferência do bancário 123
  16. Possibilidade de justa causa do bancário 124
  17. Releitura sistematizada do tópico apresentado 124

Capítulo IX — Professor 126
  1. Norma que regula a profissão 126
  2. Conceitos de professor 126
  3. Empregador do professor 126
  3.1. Escolas em geral 127
  3.2. Faculdades 127
  3.3. Centros universitários 127
  3.4. Universidades 128
  4. Instrutores de natação, voleibol, musculação, futebol, dança e outros congêneres não são professores 128
  5. Registro da profissão perante o Ministério da Educação 128
  6. Cursos livres: desnecessidade de habilitação legal 129
  7. Liberdade de cátedra e o pluralismo de ideias 129
  8. Definição de hora-aula e sua duração 131
  9. Jornada de trabalho do professor 131
  10. Descanso interjornada e extrajornada 133

11. Intervalos entre aulas ou "janela" 134
12. Jornada noturna e adicional noturno 135
13. Vedação do trabalho aos domingos 136
14. Diretor de colégio enquadra-se no art. 62, II, da CLT? 137
15. Remuneração pelas horas-aulas 137
16. O significado da expressão "remuneração condigna" do professor, contida no art. 323 da CLT 138
17. Descontos salariais e licenças remuneradas 138
18. Redução do número de aulas 139
19. Férias e recesso escolar 141
20. Gala ou luto para os professores 142
21. Equiparação salarial 143
22. Releitura sistematizada do tópico apresentado 144

Capítulo X — Vigilante 146
1. Norma pertinente à profissão 146
2. Conceito de vigilante 146
3. Jornada de trabalho 146
4. Requisitos exigidos para ser vigilante 146
5. Distinção entre vigilantes, vigias e porteiros 147
6. Estabelecimentos financeiros: obrigatoriedade de manter sistema de segurança 148
7. Estrutura exigida para o sistema de segurança 148
8. Prerrogativas asseguradas ao vigilante 149
9. Armamento autorizado para uso na vigilância 149
10. Uso de carro-forte no transporte de valores 149
11. Campo de atuação das empresas de segurança privada (vigilante) 150
12. Exigência de bons antecedentes criminais para diretores e demais empregados de empresa de segurança privada 150
13. Uso do uniforme de vigilante 151
14. Significado da Súmula n. 257 do TST 151
15. Releitura sistematizada do tópico apresentado 152

Capítulo XI — Cabineiro de Elevador ou Ascensorista 153
1. Disciplina normativa 153
2. Jornada de trabalho 153
3. Proibição da dilatação da jornada normal de trabalho 154
4. Aplicabilidade do art. 61 da CLT 155

5. Escopo da proibição 155
6. Releitura sistematizada do tópico apresentado 155

Capítulo XII — Zelador, Porteiro, Faxineiro e Servente de Prédios Residenciais ... 157
1. Disciplina legal 157
2. Conceitos e noções gerais 157
3. Diferenciação entre porteiro e empregado doméstico 157
4. Representação processual dos empregados 158
5. Releitura sistematizada do tópico apresentado 159

Capítulo XIII — Propagandista e Vendedor de Produtos Farmacêuticos 160
1. Base legal 160
2. Aspectos gerais 160
3. Conceitos e funções 161
4. Propagandista e vendedor de produtos farmacêuticos equiparado 161
5. Idade mínima para exercer a profissão 161
6. Aplicação subsidiária da CLT nos casos de penalidades disciplinares 162
7. Desempenho de função diferente 162
8. Releitura sistematizada do tópico apresentado 163

Capítulo XIV — Fisioterapeuta e Terapeuta Ocupacional 164
1. Preceitos normativos 164
2. Conceito e distinção 164
3. Aplicação da CLT e da Constituição Federal 164
4. Jornada de trabalho 165
5. Jornada reduzida 166
6. Releitura sistematizada do tópico apresentado 166

Capítulo XV — Mecanógrafo ou Digitador 167
1. Regulamento legal 167
2. Ponto conceitual 167
3. Jornada de trabalho 167
4. Intervalo intrajornada 167
5. Prorrogação de jornada 168
6. Digitador, equiparado ao mecanógrafo 168
7. Descaracterização da atividade de mecanógrafo 169
8. Doenças inerentes à profissão 169

9. Inconstitucionalidade do item 17.6.4, da NR-17, da Portaria n. 3.214/1978 . 170
10. Releitura sistematizada do tópico apresentado 170

Capítulo XVI — Trabalhadores em Frigorífico 171
1. Regulamentação da atividade 171
2. Conceitos iniciais 171
3. Jornada de trabalho 171
4. Repouso intrajornada 171
5. Descaracterização do trabalho em câmaras frias 172
6. Direito à insalubridade 172
7. Releitura sistematizada do tópico apresentado 173

Capítulo XVII — Operadores Cinematográficos 175
1. Aspectos normativos 175
2. Pontos iniciais 175
3. Duração da jornada de trabalho 175
4. Prorrogação da jornada em função de exibições extraordinárias 176
5. Intervalos interjornadas 176
6. Possibilidade de justa causa por descuido com os equipamentos de projeção 177
7. Releitura sistematizada do tópico apresentado 177

Capítulo XVIII — Técnico em Radiologia 179
1. Instituto legal da profissão 179
2. Disposições conceituais 179
3. Requisitos necessários para exercer a profissão de técnico em radiologia ... 179
4. Jornada de trabalho 179
5. Trabalho noturno 180
6. Direito à insalubridade 180
7. Base de cálculo da insalubridade 180
8. Salário profissional 181
9. Significado da Súmula n. 358 do Tribunal Superior do Trabalho 181
10. Penalidades disciplinares 181
11. Funcionamento das escolas técnicas 182
12. Releitura sistematizada do tópico apresentado 182

Capítulo XIX — Trabalhador Voluntário 183
1. Base regulamentadora 183
2. Conceito de trabalhador voluntário 183

3. Elemento diferenciador entre trabalhador empregado e do voluntário 184
4. Quem pode servir-se do trabalho voluntário 184
5. Requisitos formais necessários para firmar o termo de adesão 185
6. Possibilidade de ressarcimento de despesas feitas pelo voluntário 185
7. Releitura sistematizada do tópico apresentado 186

Capítulo XX — Estagiário 187
1. Base disciplinadora 187
2. Conceito de estagiário e finalidade do estágio 187
3. Modalidades de estágio no direito brasileiro 187
4. Quem pode ser estagiário 187
5. Quem pode "admitir" estagiário 188
6. Termo de compromisso de estágio 188
7. Diferença entre estagiário e aprendiz 188
8. Obrigação das instituições de ensino 189
9. Necessidade de observância da Lei n. 8.666/1993 189
10. Obrigações da parte concedente de estágio 189
11. Agentes de integração e vedação de cobranças de valores a título de remuneração 190
12. Responsabilidade civil dos agentes de integração 190
13. Direitos dos estagiários 190
14. Estágio feito por estudantes estrangeiros 190
15. Jornada de "trabalho" do estagiário 191
16. Redução do trabalho nos dias de provas 191
17. Prazo máximo de duração do estágio 191
18. Férias (recesso) do estagiário 192
19. Limitação ao número de contratação de estagiários em face do quadro de pessoal da instituição concedente 192
20. Vagas destinadas a estagiários portadores de deficiência 192
21. Observância obrigatória da legislação de medicina e higiene do trabalho 193
22. Estágio deve ser anotado na Carteira de Trabalho e Previdência Social? 193
23. Estágio por estudantes gestantes 193
24. Consequências do descumprimento das regras de estágio 193
25. Impossibilidades de receber serviços de estagiários 194
26. Estagiário não é segurado obrigatório do INSS 194
27. Releitura sistematizada do tópico apresentado 194

Capítulo XXI — Aeronauta 197
  1. Base normativa 197
  2. Conceito de aeronauta.. 197
  3. Classificações legais dos tripulantes.. 197
  4. Regime de trabalho... 198
  4.1. Escalas de serviços 198
  4.2. Jornada de trabalho... 198
  4.3. Dilatação da jornada de trabalho do aeronauta.................. 199
  4.4. Limites de voos e de pousos 199
  4.5. Viagem 200
  4.6. Trabalho noturno 200
  4.7. Repouso semanal remunerado 201
  4.8. Hora de voo 201
  4.9. Sobreaviso e reserva.. 201
  4.10. Tempo destinado a repouso... 202
  5. Período destinado a folga periódica 203
  6. Remuneração e concessões.. 203
  7. Férias 204
  8. Alimentação 204
  9. Assistência médica 205
  10. Uniforme 205
  11. Transferência provisória e definitiva do aeronauta 205
  12. Releitura sistematizada do tópico apresentado................... 206

Capítulo XXII — Aeroviário 208
  1. Tutela disciplinadora da profissão 208
  2. Conceito de aeroviário 208
  3. Aeroviário equiparado.. 208
  4. Enquadramento de mecânico como aeroviário..................... 208
  5. Jornada de trabalho normal.. 209
  6. Jornada de trabalho especial para trabalho em pista 209
  7. Intervalos interjornada obrigatórios 209
  8. Trânsito de aeroviário conta como tempo de trabalho 210
  9. Remuneração 210
  10. Férias do aeroviário 210
  11. Transferência provisória e definitiva 210

12. Direito a ajuda de custo na transferência provisória 211
13. Direito a ajuda de custo na transferência definitiva 211
14. Adicional de periculosidade 211
15. Folga semanal e obrigatoriedade de coincidir com os domingos 212
16. Trabalho da mulher e do menor 212
17. Normas de higiene e segurança do trabalho 213
18. Releitura sistematizada do tópico apresentado 214

Capítulo XXIII — Petroquímico 215
1. Ordem jurídica disciplinadora da profissão 215
2. Conceito de petroquímico 215
3. Jornada de trabalho 215
4. Hora reduzida ao trabalhador petroquímico 216
5. Direito ao adicional noturno 216
6. Direito ao repouso de 24 horas consecutivas 216
7. Sobreaviso 217
8. Adicional de periculosidade 217
9. Releitura sistematizada do tópico apresentado 217

Capítulo XXIV — Ferroviário 219
1. Fundamento normativo da profissão 219
2. Conceitos iniciais de ferroviário 219
3. Categoria de trabalhadores da profissão de ferroviário 219
4. Jornada de trabalho do trabalhador ferroviário 220
5. Duração do trabalho em casos de necessidades urgentes. Horas extras ilimitadas? 220
6. Sistema de horas extras *sui generis* aplicável ao ferroviário 221
7. Intervalo para refeição e descanso para o maquinista 222
8. Intervalos entre jornadas de trabalho 222
9. Tempo à disposição do empregador 223
10. Frações acima de dez minutos consideram-se como meia hora 223
11. Horas de sobreaviso 224
12. Horas de prontidão 224
13. Empregados extranumerários 225
14. Possibilidade legal de justa causa do ferroviário 225
15. Adicional pago a título de transferência 226
16. Releitura sistematizada do tópico apresentado 226

Capítulo XXV — Músico ... 228
1. Lei que regulamenta a profissão ... 228
2. Histórico legislativo da regulamentação da profissão ... 228
3. Classificação dos profissionais da música ... 228
4. Registro do músico no órgão de classe e o exercício da profissão ... 229
5. Trabalho do músico em equipe e contratação ... 230
6. Trabalho de forma autônoma ou subordinada ... 230
7. Contrato de trabalho do músico e suas peculiaridades ... 231
8. Jornada de trabalho ... 232
9. Tempo destinado para intervalos, pausas e descansos ... 232
10. Trabalho dos músicos estrangeiros ... 233
11. Releitura sistematizada do tópico apresentado ... 234

Capítulo XXVI — Mãe Social ... 237
1. Legislação aplicável ... 237
2. Conceito sobre mãe social ... 237
3. Considerações sobre casas lares ... 237
4. Atribuições da mãe social ... 238
5. Direitos assegurados à mãe social ... 238
6. Requisitos específicos necessários para ser mãe social ... 238
7. Penalidades aplicáveis à mãe social ... 239
8. Releitura sistematizada do tópico apresentado ... 239

Capítulo XXVII — Representante Comercial Autônomo ... 240
1. Base regulamentadora ... 240
2. Natureza jurídica do contrato de representação comercial ... 240
3. Conceito de representante comercial autônomo ... 240
4. Representação comercial e relação de emprego ... 241
5. Da diferença entre representante comercial e do vendedor empregado ... 242
6. Obrigatoriedade de registro no conselho de classe ... 243
7. Impedidos de exercer a representação comercial ... 244
8. Requisitos caracterizadores do contrato de representação comercial ... 244
9. Elementos obrigatórios no contrato de representação comercial ... 245
10. Obrigações do representante comercial autônomo ... 245
11. Obrigações do representado ... 246
12. Motivos justos para rescisão do contrato pelo representante comercial ... 246

13. Motivos justos para rescisão do contrato pelo representado 247
14. Denúncia do contrato de representação e suas consequências 248
15. Proibição da cláusula *del credere* 248
16. Releitura sistematizada do tópico apresentado 249

Capítulo XVIII — Radialista 252
1. Base regulamentar da profissão 252
2. Conceito de radialista 252
3. Conceito de empresa de radiodifusão 252
4. Empresas de radiodifusão equiparadas 252
5. Registro do profissional radialista 252
6. Atividades do radialista e suas divisões 253
7. Contrato de trabalho do radialista e sua natureza jurídica 253
8. Jornada de trabalho do radialista 254
9. Do repouso semanal e férias do radialista 254
10. Das funções acumuladas do radialista 254
10.1. Acúmulo de funções do radialista no mesmo setor 255
10.2. Do acúmulo de funções do radialista em setores diferentes 255
10.3. Do acúmulo de funções do radialista quando for chefe 255
11. Textos para a memorização do radialista 256
12. Trabalho prestado fora da empresa 256
13. Direitos autorais assegurados ao profissional radialista 256
14. Cláusula de exclusividade inserida no contrato de trabalho do radialista 256
15. Releitura sistematizada do tópico apresentado 256

Capítulo XXIX — Treinador Profissional de Futebol 258
1. Norma aplicada à profissão 258
2. Conceito de treinador profissional de futebol 258
3. Empregador do treinador de futebol 258
4. Função de treinador de futebol: preferências no momento da admissão 258
5. Direitos do treinador profissional de futebol 258
6. Deveres do treinador de futebol 259
7. Anotações na carteira profissional 259
8. Obrigatoriedade do registro do contrato de trabalho nos "órgãos" desportivos 259
9. Releitura sistematizada do tópico apresentado 259

Capítulo XXX — Atleta Profissional 261
1. Legislação aplicável à profissão 261
2. Noções iniciais 261
3. Conceito de empregador do atleta profissional de futebol 261
4. Conceito de empregado profissional de futebol 262
5. Do contrato de trabalho do atleta profissional de futebol 262
5.1. Conteúdo necessário 262
5.2. Contrato de formação 263
5.3. Duração do contrato 264
5.4. Da capacidade civil para contratar 264
5.5. Contratação de atleta profissional estrangeiro 265
5.6. Cláusula penal 265
5.7. Suspensão do contrato de trabalho 266
5.8. Interrupção do contrato de trabalho do atleta profissional 266
5.9. Rescisão do contrato de trabalho 267
5.9.1. Justa causa do empregado 267
5.9.2. Resilição ou distrato 268
5.9.3. Rescisão indireta 269
5.9.4. Cessão ou transferência 269
6. Do poder disciplinar do empregador do atleta profissional de futebol 269
6.1. Da aplicação de multa 270
6.2. Dos deveres do empregador do atleta profissional de futebol 271
6.3. Dos deveres do atleta profissional de futebol 271
7. Da jornada de trabalho do atleta profissional de futebol 271
7.1. Intervalos interjornada e intrajornada 272
7.2. Concentração e pré-temporada 273
7.3. Descanso semanal remunerado 274
7.4. Férias 274
8. Da remuneração do atleta profissional de futebol 274
8.1. Luvas 275
8.2. Bicho 275
8.3. Direito de arena 276
8.4. Adicional noturno 277
8.5. Hora extras 278
9. Direito de imagem 279
10. Atleta profissional de futebol convocado para a seleção nacional 280

11. Prescrição 281
12. Acidentes de trabalho 281
13. Competência da Justiça do Trabalho 281
14. Releitura sistematizada do tópico apresentado 282

Capítulo XXXI — Químico 284
1. Referência legislativa aplicável à profissão 284
2. Obrigação de admitir químicos 284
3. Jornada de trabalho 284
4. Salário profissional 285
5. Adicional noturno 285
6. Releitura sistematizada do tópico apresentado 285

Referências Bibliográficas 287

Considerações Iniciais

Este livro, *Direito do Trabalho — Profissões Regulamentadas Sistematizado*, foi escrito em linguagem objetiva, simples e de modo claro. Seus destinatários são, sobretudo, estudantes de graduação em direito, ciências contábeis e administração de empresas e, fundamentalmente, candidatos a concursos públicos na área trabalhista, como juiz do trabalho, procuradores do trabalho, auditores-fiscais do trabalho, analista e técnicos de tribunais regionais do trabalho, assim como para candidatos a exame da Ordem dos Advogados do Brasil (OAB).

A obra apresenta uma investigação essencialmente científico-jurídica das leis que disciplinam as profissões regulamentadas objeto deste estudo, sem prejuízo de análises centrais sob os enfoques jurisprudencial, doutrinário e sumular, o que, sem dúvida, auxiliará o enriquecimento e produtividade na assimilação do conteúdo. A linguagem é simples, direta e fácil de ser compreendida, ou seja, não existe a exigência de "embargos declaratórios" para entender as consignações feitas na obra.

O escopo central de estudos são as profissões regulamentadas, quer sejam as dispostas na Consolidação das Leis do Trabalho, quer sejam as disciplinadas em leis trabalhistas extravagantes. Intentou-se explorar os inúmeros pontos polêmicos dessas matérias.

Não se teve a pretensão de esgotar o tema, muito menos de abordá-lo como "dono da verdade". Espera-se, apenas, que este livro sirva de orientação segura para que os estudantes possam alcançar seus objetivos. Assim, estar-se-á contribuindo não só para o sucesso nos estudos como também para a construção da ciência jurídica.

Saliente-se, todavia, que a intenção é fornecer meios aos estudiosos para compreensão dessa parte do direito do trabalho pouco explorada de forma sistemática e articulada, subsidiado na Constituição Federal, Consolidação das Leis do Trabalho, súmulas do Tribunal Superior do Trabalho, jurisprudência e doutrina. Trata-se de assuntos pouco analisados em amplitude. Por tal vácuo, essa obra encontra-se plenamente sujeita a críticas e a sugestões.

Apresentação

É engano pensar que a Consolidação das Leis do Trabalho é uma panaceia apta a curar todos os conflitos jurídicos oriundos da relação de trabalho. Pelo contrário, a norma celetista brasileira é um remédio ultrapassado que não responde às simples "patologias" jurídicas oriundas das relações de labor.

A CLT há muito se encontra em inércia e em completo estado agonizante. Sua principal marca negativa, fundamentalmente, é o divórcio entre suas normas enferrujadas e a tutela das novas profissões que surgiram com o advento de novos métodos e técnicas modernas de labor. Destarte, a principal lei trabalhista e os fatos jurídicos provenientes da relação de trabalho andam de mãos separadas, uma divergência irremediável.

A consolidação normativa foi instituída na década de quarenta. Nesta época, o Brasil era um país eminentemente agrário, a indústria de base era incipiente e a força de labor estava assentada sobre a mão de obra bruta, rural e pouco especializada. Não havia tantas profissões e técnicas de trabalho como têm hoje. O quadro era pintado por trabalhadores com poucas instruções ou, na melhor das afirmações, insipientes no domínio de técnicas de trabalho modernas. Em outras palavras, fundamentalmente, o contrato de trabalho regia a relação entre braço/força física/capital em estado embrionário.

O cenário político, cultural, econômico, sociológico e jurídico no Brasil não é mais o mesmo de outrora: saímos de uma sociedade rural para uma sociedade industrial, passamos a ocupar a sexta economia mundial, deixando, assim, de ser uma nação de trabalhadores rurais para sermos obreiros urbanos, da indústria, operários de novas tecnologias nas relações entre homem e máquina. Enquanto isso, a Consolidação das Leis do Trabalho continua a mesma, que foi feita para reger uma sociedade de quase sete décadas atrás.

Essas mudanças na sociedade, a rigor, vieram escoltadas por novas exigências, sobretudo no que diz respeito a uma força de trabalho profissional mais qualificada e com domínios de novos postos de trabalho. De outro modo, também surgiu a premente necessidade de uma legislação laboral eficiente e comprometida com a rápida evolução social-trabalhista que se deu no decorrer de quase setenta anos, ou seja, leis casadas com a proteção jurídica atual do trabalhador.

A saída política legislativa para proteger os trabalhadores das novas profissões que não são assistidos dignamente pela obsoleta Consolidação das Leis do Trabalho, o legislador brasileiro, preferiu criar novas leis trabalhistas especiais de proteção a aspectos pontuais de certas profissões. Deste modo, desenvolveu centenas de leis trabalhistas extravagantes disciplinando diversos pontos das novas relações de trabalho no território brasileiro.

A rigor, advirta-se que muitas leis de tutelas especiais ainda poderão surgir com o passar dos tempos, seja para reger profissões já existentes (por exemplo, caixa de supermercado), ou para disciplinar novas técnicas e meios de trabalho que advirão com o desenvolvimento do binômio: trabalho humano/tecnologia (por exemplo, pilotos de ônibus espaciais).

Neste sentido, foram estudadas de forma intensa trinta e uma das principais profissões que têm leis próprias regendo seus pormenores. Desta forma, o livro apresenta uma análise das normas que disciplinam as profissões regulamentadas, sem prejuízo de análises centrais sob os enfoques jurisprudencial, doutrinário e sumular, o que, sem dúvida, auxiliará o enriquecimento e produtividade na assimilação do conteúdo proposto.

Por oportuno, esta obra tem como escopo inovar no Direito do Trabalho brasileiro o estudo sistematizado dessas inúmeras profissões regulamentadas ou de forma não menos adequado: tutelas especiais de trabalho.

Convido, portanto, todos os estudiosos do Direito do Trabalho que tenham interesse de somar reflexões na discussão desta obra para, assim, seguirmos construindo a ciência jurídica reflexiva e científica.

Que este livro sirva, pois, para atender à necessidade imediata e segura dos estudantes que queiram adquirir conhecimento da vasta gama de tutelas especiais de proteção ao trabalhador.

O autor

Introdução

O trabalho humano há muito deixou de ser uniforme. Em outras palavras, a evolução da humanidade e o rápido desenvolvimento tecnológico, sobretudo após a Revolução Industrial, fizeram surgir a heterogeneização das profissões e condições especiais de trabalho. Com isso, apareceram novos postos de labor, novas profissões, peculiares, e métodos de trabalho diversificados.

O vetusto texto consolidado esgotou-se há muito tempo por não comportar a nova realidade sociológica, econômica, moral, política e tecnológica que gravitam hodiernamente em torno dos novos paradigmas do trabalho humano, especialmente nos países em desenvolvimento econômico, a exemplo do Brasil.

O trabalho humano se desenvolve dentro de estritas peculiaridades. Cada profissão tem seus pontos particulares que exigem uma legislação específica para se amoldar aos aspectos jurídicos de proteção da jornada de trabalho, saúde do trabalhador, intervalos interjornadas, intrajornada, formas e elementos essenciais do pacto laboral, dentre inúmeros aspectos pontuais desses trabalhadores, garantindo assim o conteúdo contratual mínimo de proteção ao trabalho e assegurando a dignidade pessoal de cada obreiro.

O legislador brasileiro vem, aos poucos, buscando dar tutela jurídica específica a novas funções na sociedade. Inúmeras profissões passaram a ser regulamentadas e, por óbvio, ganharam uma proteção jurídica compartimentada, saindo assim do raio de tutela da obsoleta Consolidação das Leis do Trabalho. Temos, como exemplos mais recentes, a Lei n. 12.592, de 18 de janeiro de 2012, que regulamentou a profissão de cabeleireiro, barbeiro, esteticista, manicure, pedicure, depilador e maquiador, além da Lei 12.619, de 30 de abril de 2012, que regulamentou o exercício da profissão de motorista.

A análise do tema feita no presente livro é diferente da abordada em outras obras, isso porque se teve aqui a premente preocupação de discorrer os assuntos à luz da Constituição Federal, da doutrina, da jurisprudência e das súmulas, especialmente as do Tribunal Superior do Trabalho.

Vários diplomas extravagantes de labor são analisados de forma pormenorizada sob diversos aspectos. Deste modo, mergulhou nas mais profundas dúvidas e controvérsias de cada uma deles. No final de cada capítulo, é feito um resumo articulado para maior assimilação da matéria, chamado releitura sistematizada do tópico apresentado.

No capítulo 1, é feita a análise profunda de diversos aspectos da tutela laboral do obreiro advogado. Fartos aspectos jurídicos da profissão do *homo forensis* são discutidos, especialmente jornada de trabalho, advogado empregado em desempenho de cargo em confiança, equiparação salarial, salário profissional, adicional noturno, adicional de horas extras e responsabilidade civil do advogado.

O capítulo 2, por sua vez, versa sobre o trabalho do mineiro de subsolo, verificando aspectos variados do trabalho desses profissionais, como jornada de labor, descansos para repouso, dilatação da jornada de trabalho, doenças ocupacionais inerentes à profissão, dentre outros pontos de interesse para uma boa compreensão do tema.

No capítulo 3, é discutida a tutela legal que rege o trabalho doméstico no Brasil. A profissão é rica em discussão e, por tal razão, existem diversos pontos controversos na doutrina e na jurisprudência, como, por exemplo, a tênue diferença entre o empregado doméstico e o diarista. Também é examinado o conceito de empregado e empregador doméstico, sucessão de empregador doméstico, poder disciplinar e diretivo do empregador, jornada de trabalho, descontos proibidos no salário, entre outros pontos.

O trabalho rural é analisado no capítulo 4. Enfocaram-se elementos caracterizadores da relação de emprego rural, jornada de trabalho, trabalho noturno, adicional noturno, moradia do rurícola e sua família, aviso prévio especial, atividades insalubres, férias, entre diversos outros pontos inerentes ao assunto em quadro.

A norma que tutela a profissão de médicos e cirurgião dentista é estudada no capítulo 5, inclusive a jornada de trabalho, salário profissional, residência médica, duração da jornada de médicos na administração pública federal, adicional de insalubridade, intervalo interjornada, entre outros tópicos.

No capítulo 6, são elencadas as normas que tutelam a profissão do jornalista, enfocando o conceito de jornalista, funções de jornalista, jornada de trabalho, dilatação da jornada de labor, intervalos obrigatórios e descanso semanal remunerado.

Os aspectos que protegem o labor do telefonista, como jornada de trabalho, intervalos interjornadas e extrajornadas, operador de televendas e telex, são analisados de forma pormenorizada no capítulo 7.

No capítulo 8, temos a norma que versa sobre o profissional bancário. São estudados seus tópicos mais proeminentes perante a jurisprudência e a doutrina, sobretudo a jornada de trabalho, remuneração dos bancários, gratificação de quebra de caixa, dilatação da jornada de trabalho do bancário, cargo de confiança e de chefia, exclusão de horas extras, advogado empregado de banco, adicional de transferência e justa causa do bancário.

O estudo da profissão do professor é feito no capítulo 9. Por oportuno, é introduzido o conceito de professor, empregador do professor, liberdade de cátedra, definição de hora-aula e sua duração, jornada de trabalho, descanso interjornada, trabalho noturno, adicional noturno, vedação ao trabalho aos domingos, remuneração das horas-aulas, redução do número de aulas, férias e recesso escolar, gala ou luto do professor, equiparação salarial, entre outros assuntos.

Os próximos capítulos versam sobre diversas tutelas especiais. Inclui-se vigilante, cabineiro de elevador ou ascensorista, zelador, porteiro, faxineiro e servente de prédios residenciais, propagandista e vendedor de produtos farmacêuticos, fisioterapeuta e terapeuta ocupacional, mecanógrafo ou digitador, trabalhadores em frigorífico, operadores cinematográficos, técnico em radiologia, trabalhador voluntário, trabalhador estagiário, aeronauta, aeroviário, petroquímico, ferroviário, músico, mãe social, representante comercial autônomo, radialista, treinador profissional de futebol, atleta profissional e químico.

Destarte, implementou-se um estudo sistematizado e articulado de trinta e uma tutelas especiais do trabalhador, dando a cada uma delas um rigor expositivo, sobretudo nas profissões que têm uma maior fermentação doutrinaria e jurisprudencial, possibilitando, deste modo, um mais amplo aproveitamento dos estudos nessa seara.

Capítulo I
Advogado

1. Regramento legal

O exercício do ofício de advogado é regulamentado pela Lei n. 8.906, de 4 de julho de 1994. No que diz respeito ao advogado empregado, o Capítulo V do Título I da predita norma, em seus arts. 18 a 21, traça uma série de regras especiais trabalhistas aplicadas ao *homo forensis*.[1] No mesmo sentido, os arts. 11, 12, 37 e 39 do Regulamento Geral do Estatuto da Advocacia e da Ordem dos Advogados do Brasil disciplinam, dentre outros aspectos, o trabalho do advogado empregado com dedicação exclusiva.

2. Disposições preliminares

À compreensão do tema, importa salientar, em termos restritos, que a profissão de advogado é entendida como aquela exercida por indivíduos formados em ciências jurídicas e sociais e devidamente inscritos na Ordem dos Advogados do Brasil, conforme preceitua o art. 3º do referido Estatuto.

As atividades dos licenciados pela OAB consistem em defender, orientar, consultar direitos e deveres, assessorar, patrocinar e pleitear pretensões particulares perante órgãos judiciais ou administrativos.

De um modo geral, os advogados patrocinam os anseios jurídicos dos cidadãos, conduzindo, assim, as pretensões deles até os sentimentos dos julgadores e recebendo como refluxo os provimentos jurisdicionais escoltados pelo ideal de justiça.

Urge anotar, desde logo, que Cândido Rangel Dinamarco, explicita:

Patrocinar significa elaborar petições iniciais, defesas, recursos ou resposta a eles e peças escritas em geral, bem como participar de audiências etc. Continua o autor observando que: não se incluem entre os atos postulatórios e são realizados pela própria parte o depoimento pessoal (arts. 342 ss.), a participação em tentativas conciliatórias (art. 125, inc. V, art. 331 etc.) e outros atos personalíssimo (DINAMARCO, 2009, p. 294).

A atual Constituição Federal, no art. 133, preleciona que a profissão de advogado é indispensável à administração da justiça, sendo inviolável por seus atos e manifestações no exercício da profissão, nos limites da lei. Entenda-se deste modo que o citado preceito

---

(1) Sobre o tema, cumpre frisar de plano que as normas grafadas na Consolidação trabalhista e nos arts. 18 a 21 do Estatuto dos Advogados do Brasil e da OAB não são aplicáveis aos advogados públicos que laboram para órgãos públicos da administração direta, autárquica e fundacional (União, Estados-membros, Distrito Federal ou Municípios). Esses profissionais, todavia, pertencem a regime diverso, e, portanto, são equiparados aos servidores públicos.

contido na Carta política de 1988 elevou o mister do advogado a um patamar constitucional.

É interessante, ainda averbar o que diz Paulo Lôbo:

O princípio da indispensabilidade não foi posto na Constituição como favor corporativo aos advogados ou para reserva de mercado profissional. Sua *ratio* é de evidente ordem pública e de relevante interesse social, como instrumento de garantia e efetivação da cidadania. É garantia da parte e não do profissional (LÔBO, 2007, p. 32).

Os atos e manifestações do advogado no exercício da profissão são invioláveis,[2] nos limites da lei. Em outros termos, a disciplina constitucional pode ser inferida da seguinte forma: os esforços laborais dos advogados são, precipuamente, necessários para a efetivação da justiça, sem os quais a justiça torna-se carente, vaga, imperfeita e incompleta.

Assim se manifesta Ronaldo Poletti sobre o tema:

O advogado é indispensável à administração da justiça, no sentido da justiça distributiva, abrangendo tanto a *iurisdictio* como a *iudicatio*. Prosseguindo, observa ainda o autor: a inviolabilidade é uma garantia semelhante à dos tribunos romanos. O tribuno da plebe, em Roma, era sagrado. Ninguém, absolutamente, ninguém, nem os cônsules, nem o senado, nem qualquer magistrado podia interceptar-lhe o movimento, não em nome ou como seu representante, mas como a *longa manu* dela (POLETTI, 2009, p. 389).

Vale destacar que o art. 8º do Estatuto da Ordem dos Advogados do Brasil determina os requisitos formais e obrigatórios para que um indivíduo adquira a habilitação postulatória para exercer a profissão de advogado no Brasil. Destarte, deverá o candidato à profissão apresentar, antes de tudo, capacidade civil, diploma ou certidão de graduação em direito obtido em instituição de ensino oficialmente autorizada e credenciada, título de eleitor e quitação do serviço militar, ser brasileiro, aprovação em exame de ordem, não exercer atividade incompatível com a advocacia, ter idoneidade moral e prestar compromisso perante o Conselho.

Impõe-se, ainda, uma observação: tais requisitos são cumulativos. Na falta de qualquer um deles, o pedido de habilitação não será conferido pela Ordem dos Advogados do Brasil ao candidato para exercer a profissão de advogado, visto que são requisitos disposto *ex lege*.

3. Advogado autônomo ou profissional liberal

Em termos evolutivos, pode-se dizer que a profissão de advogado em regra é livre. O advogado exerce seu trabalho sem subordinação ao tomador de seus serviços

---

(2) Nesse sentido, aliás, a correta lição de Uadi Lammêgo Bulos: "A inviolabilidade do advogado não configura uma imunidade penal ampla e absoluta, porque 'o nobre exercício da advocacia não se confunde com um ato de guerra em que todas as armas, por mais desleais que sejam, possam ser utilizadas' (STJ, 5ª T., RHC 4.889, rel. Min. Assis Toledo, v. u., decisão de 2.10.1995)". *In*: BULOS, Uadi Lammêgo. *Curso de direito constitucional*. 4. ed. São Paulo: Saraiva, 2009. p. 1.255.

técnico-jurídicos. Deste modo, na sua atuação, age pelo seu sentimento de autonomia. Não se encontra, portanto, adstrito a subordinação jurídica, tampouco, a vozes de mando de um empregador. Caminha pelos seus anseios éticos, técnicos e morais na prestação do labor.

Aliás, Julpiano Chaves Cortez pondera: "A profissão de advogado é uma profissão liberal por compreender o exercício de uma atividade intelectual dependente de habilitação, com formação acadêmica ou universitária" (CORTEZ, 2000, p. 9).

Por via de consequência, vale a pena anotar que atividade liberal é, sobretudo, exercida por profissionais habilitados em certas áreas das ciências e pode ser exercida de maneira autônoma, sem qualquer submissão hierárquica a patrão ou a empregador. Não recebe vozes imperativas de mando dirigente. Esses profissionais atuam sem a supervisão de amo ou senhorio, eis a grande vantagem apontada por muitos juristas.

Lembre-se que não só os advogados podem exercer o seu trabalho de forma autônoma. Inúmeras outras profissões também possibilitam trabalhar sem chefe. Os exemplos típicos são arquitetos, engenheiros, químicos, médicos, dentistas, jornalistas, contadores, economistas, psicólogos, enfim, profissionais que trabalham livres e por conta própria.

Consoante o art. 22 do Estatuto da Ordem dos Advogados do Brasil, a prestação de serviço profissional assegura aos inscritos na OAB o direito aos honorários convencionados, aos fixados por arbitramento judicial e aos de sucumbência. Daí a fonte de onde o advogado autônomo tira suas parcelas alimentares para sobrevivência.

O advogado autônomo é responsável pelos atos que, no exercício profissional, venha a praticar com dolo ou culpa,[3] bem como em caso de lide temerária. A responsabilidade será solidária com o seu cliente, desde que, é claro, coligado com ele para lesar a parte contrária, o que será apurado em ação própria.

A esse respeito, Amauri Mascaro Nascimento pondera:

> O trabalho autônomo do advogado é a forma exercida por maior número de profissionais e se expressa mediante uma relação jurídica com os clientes, caracterizando-se com prestação de serviços autônomos do Código Civil à qual se aplicam, também, regras especiais do Estatuto da Advocacia e da OAB, formalizando contrato de honorários com o cliente segundo as regras previstas pelo art. 22 e seguintes do Estatuto (NASCIMENTO, 2005, p. 98).

É interessante, por fim, averbar que, uma vez presente a relação de trabalho, não sendo de emprego, aplica-se as disposições da norma estatutária especial que rege a profissão de advogado, bem como as normas de direito comum, o *locatio operarum*. De outro modo, existindo a relação de emprego, o advogado perceberá de acordo com

---

(3) Assim, pois, é correta observação de Carlos Roberto Gonçalves: "O advogado responde pelos erros de fato ou de direito cometidos no desempenho do mandato". *In*: GONÇALVES, Carlos Roberto. *Responsabilidade civil*. 11. ed. rev. São Paulo: Saraiva, 2009. p. 431.

as normas do Estatuto da Ordem dos Advogados do Brasil, assim como segundo os meios contratuais ajustados.

4. Advogado empregado

O advogado empregado encontra-se submetido à hierarquia, atuando de forma subordinada. Menciona-se, amiúde, os requisitos fático-jurídicos que fazem com que o advogado seja um empregado e não autônomo. Deverão estar presentes os seguintes: pessoa física, pessoalidade, não eventualidade, onerosidade e subordinação jurídica. Advirta-se, mais uma vez, que a subordinação do advogado não é total. A condição de empregado não minora sua atuação técnica nem lhe subtrai a autonomia própria de sua atividade, ou seja, mesmo sendo empregado, o *homo forensis* terá toda a liberdade para atuar dentro da técnica de sua profissão.

O advogado empregado desenvolverá as atividades de consultoria, audiências, trabalhos forenses, assistência jurídica a empregador, elaboração de contratos, pareceres jurídicos e assessoria jurídica, dentre inúmeros outros atos privativos de advogados. Evidentemente, dentro de um complexo de subordinação hierárquica inerente a qualquer espécie de trabalhador, recebendo ordens e sendo dirigido para os fins de perquirições "empresariais" e econômicas do empregador.

Ademais, e conforme determina o Estatuto da Ordem dos Advogados do Brasil, mesmo o advogado sendo empregado subordinado, a sua consciência de independência técnica profissional será livre para tomar decisões técnicas. Atente-se, contudo, que essa liberdade não dará imunidade ao advogado em relação a ordens ilegais do senhorio empregador.

Nessa direção, também discursando sobre tal aspecto, Homero Batista Matheus da Silva lembra:

> Em qualquer profissão o empregado pode se opor ao cumprimento de uma ordem abusiva ou ilegal, capaz de provocar até mesmo a rescisão indireta do contrato de trabalho, na forma do art. 483 da CLT. Na profissão do advogado, por muito mais motivo poderá haver a oposição do trabalhador em relação a um procedimento que, se não for exatamente ilegal, pode muitas vezes ser imoral ou desprovido de ética (SILVA, 2009, p. 36).

Por fim, lembre-se que o advogado empregado será aquele que tem vínculo de emprego. Também não se pode olvidar, sobretudo, que tal subordinação não retira do advogado suas premissas laborais básicas: a livre consciência técnica e a independência profissional. Em linhas mais claras: o advogado é quem dá a última palavra sobre a interposição de um recurso ou acerca de uma estratégia processual.

5. Advogado associado

Os advogados autônomos, de acordo com o art. 15 do Estatuto da Ordem dos Advogados, podem reunir-se em sociedade civil de prestação de serviços de advocacia.

Assim sendo, o *homo forensis* pode agregar-se para colaboração profissional em sociedade civil de prestação de serviços de advocacia, regularmente registrada no Conselho Seccional da OAB, em cuja base territorial tiver sede a associação.

Além disso, o art. 39 do Regulamento Geral do Estatuto da OAB frisa que a sociedade de advogados pode associar-se com advogados. E acrescenta ainda: os contratos de associação serão, obrigatoriamente, averbados no registro da sociedade de advogados.

O art. 40 do mesmo diploma, por sua vez, dispõe que os advogados sócios e os associados respondem subsidiária e ilimitadamente pelos danos causados diretamente ao cliente nas hipóteses de dolo[4] ou culpa e por ação ou omissão no exercício dos atos privativos da advocacia, sem prejuízo da responsabilidade em que possa incorrer.

Desta forma, advogado associado não é um sócio do escritório de advocacia, apenas associa-se e, conforme pactuado, divide os resultados dos lucros da sociedade de advogados.

Ressalte-se, ainda, que a relação "laboral" não forma vínculo de emprego; no entanto um ponto deve ser alertado: tanto os advogados sócios quanto os associados respondem subsidiariamente pelos danos causados por dolo, culpa, ação ou omissão em face dos constituintes.

6. Jornada de trabalho

A jornada de trabalho do advogado empregado tem suas peculiaridades. Existe aí um tratamento diferenciado em relação às demais profissões regulamentadas. Alguns pontos são ímpares no direito trabalhista brasileiro, como, por exemplo, o adicional noturno, que é de 25%,[5] e o adicional de horas extras, que é de 100%.

6.1. Do advogado com dedicação exclusiva

Para que se possa atingir a compreensão acerca do advogado com dedicação exclusiva, devem-se fazer algumas considerações contextuais. Nessa direção, dedicação exclusiva, neste particular, é o regime de trabalho que for expressamente previsto[6] em contrato

---

(4) Por sua clareza e síntese, vale a pena destacar, entre tantas decisões, a proferida pelo TJ/PR: "Responsabilidade civil do advogado. Responsabilidade subjetiva (art. 14, § 4º, do CDC e art. 32 do estatuto da advocacia). Profissional que deixa de arguir a prescrição de verbas trabalhistas, bem como deixa de recorrer da sentença que não a reconhece. Erros inescusáveis. Danos materiais. Teoria da perda de uma chance. Dano concreto, fruto da omissão do advogado culpa concorrente da vítima (município) ao deixar de propor ação rescisória indenização correspondente a 70% dos danos". *In:* Tribunal de Justiça do Estado do Paraná, 3ª Câmara Cível, Apelação civil n. 580736-9, rel. Josély Dittrich Ribas, julgado: 25.11.2010.

(5) Vale observar a tempo que o trabalhador rural também tem adicional noturno de 25% (vinte e cinco por cento).

(6) Advirta-se, desde logo, que o Tribunal Superior do Trabalho vem admitindo a chamada cláusula de exclusividade tácita. Assim: "Dedicação exclusiva – Lei n. 8.906/94 – O Tribunal Regional, ao delinear o quadro fático da demanda, afirmou que no registro de empregado constava a jornada de 8h às 18h, com uma hora e quinze minutos de intervalo; que o reclamante exercia de fato essa jornada, além de que as declarações de testemunha foram no sentido que o autor era único empregado da empresa e

individual de trabalho. E, ainda, deverá haver uma remuneração adicional às horas que excederem a jornada normal de oito horas diárias.

Saiba-se que "o regime de dedicação exclusiva compreende a jornada do advogado empregado, que não ultrapasse 40 horas semanais, prestada ao empregador". (Regulamento Geral do Estatuto da Advocacia, art. 12, *caput* e a Ordem dos Advogados do Brasil).

Apesar de o advogado ter um contrato de trabalho com dedicação exclusiva de trabalho em oito horas por dia, não estará impedido de exercer atividades laborais com percepção de valores pecuniários exteriores ao contrato de trabalho exclusivo. Deste modo, poderá, também, atuar em outras causas como, por exemplo, advogado autônomo.

A esse respeito, aliás, observou Amauri Mascaro Nascimento, quando explica:

O advogado com dedicação exclusiva deve ter jornada normal diária de oito horas e semanal de quarenta. Indevidas serão, nesse caso, horas extraordinárias, a não ser as excedentes a tal período. A dedicação exclusiva é excludente da jornada limitada de quatro horas, e o seu conceito é regulamentar, correspondendo ao regime de quarenta horas semanais para o mesmo empregador, não a caracterizando o fato de o advogado exercer outras atividades remuneradas fora dela (NASCIMENTO, 2005, p. 978).

Neste passo, assim pode ficar entendido: o advogado com dedicação exclusiva terá como jornada de trabalho oito horas por dia e quarenta horas semanais. Ainda, assim, ele poderá prestar labor a outro empregador fora da jornada de quarenta horas semanais pactuadas com exclusividade ou, como prediz a tutela especial de trabalho do advogado: considera-se dedicação exclusiva o regime de trabalho que for expressamente previsto em contrato individual de trabalho.

6.2. Do advogado empregado

A norma que regra o trabalho do advogado empregado considera como jornada de trabalho o tempo em que o empregado (advogado) esteja à disposição do empregador, aguardando ou executando ordens,[7] salvo disposição especial expressamente consignada.

Acertada, pois, a lição segundo a qual "jornada de trabalho é o tempo em que o empregado fica à disposição do empregador, executando ou aguardando o recebimento

---

que trabalhava em tempo integral. Nesse contexto, verifica-se que a dedicação exclusiva restou demonstrada, sendo irrelevante que o reclamante realizasse outros serviços, pois, ainda que ocorrido no § 3º. Categoria profissional diferenciada é a que se forma dos empregados que exerçam profissões ou funções diferenciadas por força de estatuto profissional especial ou em consequência de vida singulares".

(7) Esse dispositivo, na verdade, contém o mesmo fundamento encontrado no art. 4º da Consolidação das Leis do Trabalho ao dispor: "Considera-se como tempo de serviço efetivo o período em que o empregado esteja à disposição do empregador, aguardando ou executando ordens, salvo disposição especial expressamente consignada".

de ordens. A jornada normal do trabalhador comum, regra geral, é de oito horas por dia" (CORTEZ, 2000, p. 57).

Convém anotar que o art. 20 do estatuto de tutelas especiais do labor do advogado dispõe que a jornada de trabalho do advogado empregado, no exercício da profissão, não poderá exceder a duração diária de quatro horas contínuas e vinte horas semanais, salvo acordo ou convenção coletiva ou em caso de dedicação exclusiva. Prelude ainda a norma:

Considera-se como período de trabalho o tempo em que o advogado estiver à disposição do empregador, aguardando ou executando ordens, no seu escritório ou em atividades externas, sendo-lhe reembolsadas as despesas feitas com transportes, hospedagem e alimentação.

A jornada normal de trabalho do advogado empregado, portanto, deve ser limitada na duração de quatro horas por dia e 20 horas por semana. As horas que extrapolarem esta aritmética serão consideradas extraordinárias e, por óbvio, incidirá o devido adicional.

Por derradeiro, importa dizer que de acordo com o art. 4º da Lei n. 9.527/97 não aplica a jornada de trabalho de quatro horas aos advogados empregados que laborem na Administração pública direta e indireta da União, Estados, Distrito Federal, e Municípios. O mesmo vale para as autarquias, fundações públicas, empresas públicas e sociedades de economia mista.

6.3. Trabalho noturno do advogado

Trabalho noturno é aquele desempenhado no período da noite. Um ponto deve ser esclarecido ante tal afirmação: algumas tutelas especiais de trabalho preveem diferentes considerações sobre o trabalho noturno, *verbi gratia*, a Consolidação das Leis do Trabalho que, no art. 73, § 2º, prevê que será considerado trabalho noturno para os trabalhadores urbanos o trabalho executado entre as 22h de um dia e as 5h do dia seguinte. De outro modo, a tutela especial que regra a profissão do trabalhador rural determina como noturno o trabalho executado na lavoura entre as 21h e as 5h do dia seguinte. Para o rurícola que trabalha na pecuária considera-se trabalho noturno o desenvolvido entre as 20h de um dia e as 4h do dia seguinte.

A tutela trabalhista especial que rege a profissão do advogado empregado também estabeleceu o período considerado de trabalho noturno. Destarte, prevê o art. 20, § 3º, que as horas trabalhadas no período das vinte horas de um dia até as cinco horas do dia seguinte são remuneradas como noturnas, acrescidas do adicional de 25%.

Impõe-se, deste modo, os seguintes termos conclusivos sobre o trabalho noturno do advogado empregado: considera-se horário noturno de trabalho o exercido entre as 20h de um dia e as 5h do dia seguinte. Para o advogado não haverá hora reduzida, será a normal, de 60 minutos, isso porque a tutela especial não determinou tal exceção fictícia.

Ao aventar sobre tal temática, Julpiano Chaves Cortez elabora um excelente raciocínio em relação à omissão da tutela especial sobre hora reduzida de 52 minutos e 30 segundos. O doutrinador grafa: "[...] a lei estatutária, como lei especial, ao deixar de considerar a duração da hora noturna de 52:30, deliberadamente, não quis seguir a exceção da CLT" (CORTEZ, 2000, p. 87).

7. Advogado empregado em desempenho de cargo de confiança

Em primeiro lugar, deve-se fixar o sentido da locução cargo de confiança. Na verdade, é sobretudo "aquele exercido por diretores, gerentes, caixas etc., pela confiança que lhes tem o empregador. É o cargo em que o empregado vem a exercer funções do empregador, com poder de direção, decisão de representação perante outros empregados e terceiros". (DINIZ, 2005, p. 597)

A despeito disso, o empregador tem segurança, firmeza e fé no seu empregado. Por tal razão, repassa a ele poderes de mando e de chefia para agir como se ele fosse.

Nada obsta que o advogado empregado possa exercer cargo de confiança e, assim sendo, estará inserido nos pormenores do art. 62, II da CLT (fora da incidência de adicional por horas extraordinárias).

Assevere-se, no entanto:

[...] isso não significa que o advogado esteja também excluído da incidência do art. 62, II, da CLT, que retira o trabalhador, ocupante de cargo de confiança, do capítulo sobre duração do trabalho e, em consequência, do direito às horas extraordinárias. Acontece que, para enquadrá-lo no referido preceito legal, não basta o mandado *ad judicia* que o habilite a atuar em juízo, sendo necessário, ainda, poderes de mando em setor vital da empresa e padrão salarial diferenciado, tornando-o o *alter ego* do empregador (BARROS, 2008, p. 59).

Ressalte-se que o advogado empregado, uma vez ocupante de cargo de confiança, a nosso sentir, estará inserido nas regras do art. 62 da Consolidação das Leis do Trabalho, isso porque, no silêncio da norma tutelar especial, aplica-se a lei geral, a saber, a referida Consolidação das Leis do Trabalho.

8. Equiparação salarial

O art. 7º, inciso, XXX, da Constituição Federal de 1988, determina a proibição de diferença de salários, de exercício de funções e de critérios de admissão por motivo de sexo, idade, cor ou estado civil. No mesmo tom, também por força do inciso XXXI, proíbe qualquer discriminação no tocante a salário e critérios de admissão do trabalhador.

O inciso XXXII do predito artigo, por sua vez, veda ainda a distinção entre trabalho manual, técnico e intelectual ou entre os profissionais respectivos.

Neste passo, diante dos mandamentos constitucionais, evidencia-se facilmente que não podem existir diferenças salariais discriminatórias entre obreiros que exerçam o mesmo labor. Frise-se que a importância do instituto da equiparação salarial é coibir o abuso e injustiças nas relações laborais.

O codificador pátrio consagrou, através do art. 461 da Consolidação das Leis do Trabalho: "Sendo idêntica a função, a todo trabalho de igual valor, prestado ao mesmo empregador, na mesma localidade, corresponderá igual salário, sem distinção de sexo, nacionalidade ou idade".

Trabalho de igual valor é entendido o que for feito com igual produtividade e com a mesma perfeição técnica entre pessoas cuja diferença de tempo de serviço não seja superior a dois anos.

Observe-se, a rigor, que, para existir a equiparação jurídica salarial, é necessário coexistirem alguns requisitos: identidades de funções, identidade de empregador, identidade de local de trabalho, trabalho de igual valor, ausência de quadro de carreira e simultaneidade na prestação dos serviços.

A legislação laboral não exclui a equiparação entre obreiros na forma de trabalho intelectual. Essa equiparação, aferindo a capacidade intelectiva de criação, destreza mental entre dois indivíduos, não é uma tarefa fácil de se verificar, isso porque dentro de cada ser existe um padrão ímpar de criatividade espiritual. Eis um tópico sobre o tema: "Daí a dificuldade encontrada para se deferir a equiparação salarial entre advogados" (BARROS, 2008, p. 51).

Em uma análise acurada do requisito intelectualidade, entende-se que será possível equiparar o salário entre advogados. Além do mais, saiba-se que a equiparação é um direito fundamental social insculpido na Constituição Federal de 1988.

A rigor, a Carta de 1988 é categórica ao prelecionar:

> A proibição de diferença de salários, de exercício de funções e de critérios de admissão por motivo de sexo, idade, cor ou estado civil. [...] é vedada qualquer discriminação no tocante a salário e critérios de admissão do trabalhador. Também, proíbe a distinção discriminatória entre trabalho manual, técnico, e intelectual ou entre os profissionais respectivos.

Portanto, eis a grande importância da equiparação jurídica salarial, a justiça na percepção das parcelas alimentares retributivas pelo labor prestado.

9. Direitos do advogado empregado

Os direitos dos advogados empregados são, basicamente, os mesmos dos trabalhadores tutelados pela Consolidação das Leis do Trabalho e pela Norma Fundamental.

9.1. Salário profissional

Cumpre observar que Julpiano Chaves Cortez citando Amauri Mascaro do Nascimento explica que "denomina-se salário profissional aquele fixado como mínimo de uma profissão com o que se caracteriza como uma espécie de gênero mínimo salarial" (NASCIMENTO, 2005 *apud* CORTEZ, 2000, p. 55).

Em outras palavras, o salário mínimo profissional é aquele de uma determinada classe de profissionais estabelecido por lei específica como o mínimo a ser pago aos componentes da categoria.

De acordo com o determinado no art. 19 da norma tutelar especial, o salário mínimo profissional do advogado será fixado em sentença normativa, salvo se ajustado em acordo ou convenção coletiva de trabalho.

Deve ser aventado, para o bem do entendimento:

A Lei n. 8.906/94 não estabeleceu salário profissional para os advogados empregados, como ocorreu em relação os médicos e cirurgiões-dentista, aos técnicos em radiologia, aos engenheiros etc., o Estatuto optou pela via da flexibilização, deixando que as próprias partes (empregados e empregadores) ou seus representantes sindicais, quando for o caso, o façam, por meio de negociação coletiva de trabalho (convenção e/ou acordo coletivo) [...] (CORTEZ, 2000, p. 56).

Em síntese, verifica-se: a lei especial que disciplina o advogado empregado entendeu por bem não estabelecer o salário mínimo profissional para os advogados com vínculo de emprego, deixando assim ser fixado em sentença, acordo ou convenção coletiva de trabalho.

9.2. Reembolsos das despesas

Reembolsar, em curtas linhas, é a "indenização" por valores gastos, recomposição. Quando se ouve dizer que alguém será reembolsado de valores que gastou à ordem ou em benefício de outrem, leia-se que está sendo indenizado, compensado pelos gastos efetuados a proveito de alguém.

O atual Estatuto da Advocacia determina no art. 20, § 1°, da Lei n. 8.906/94, segunda parte, que o advogado empregado será reembolsado das despesas feitas com transporte, hospedagem e alimentação. Evidentemente, que este rol não é taxativo, pois outros gastos podem ser reembolsados quando devidamente provados.

Despesas feitas por advogados empregados são aquelas provenientes de serviços externos, como viagem, por exemplo, quando o advogado for participar de audiências em comarcas distantes da qual foi contratado, despesas com transportes, estacionamentos, pedágios, alimentação, hospedagem, enfim, todos os gastos que o advogado empregado efetuar em função do emprego serão devidamente reembolsados.

A tutela especial não é omissa no que diz respeito à natureza jurídica das despesas efetuadas com viagem, alimentação e hospedagem. Determina, portanto, que essas parcelas integrem o salário ajustado do advogado.

Nas corretas palavras de Cortez (2000, p. 79), assim temos: "A lei dos advogados não diz que as despesas feitas com transportes, hospedagem e alimentação" não integram a remuneração, como fez a lei especial dos Aeronautas (Lei n. 7.183/84). Esta norma estabelece no art. 40 (parágrafo único): "Não se consideram integrantes da remuneração as importâncias pagas pela empresa a título de ajudas de custo, assim como as diárias de hospedagem, alimentação, e transporte1". Portanto, a Lei n. 8.906/94, como lei especial, não abriu exceção à regra geral prevista no § 2º do art. 457 da CLT.

Impõe-se concluir, deste modo, que as despesas efetuadas pelo advogado com transporte, sobretudo, hospedagem e alimentação em função do emprego, indiscutivelmente, serão reembolsadas e também quaisquer outros gastos que comprovadamente venha a realizar no seu mister de suprir necessidades para o empregador.

9.3. Adicional noturno

Adicional noturno é o acréscimo ao salário do obreiro pelo desempenho de sua atividade laboral no período da noite, compensando-o pelo desgaste do complexo-energético-intelectivo do trabalhador.

Adicional, no sentido comum, significa algo que se acrescenta. No sentido jurídico, "é um acréscimo salarial que tem como causa o trabalho em condições mais gravosas para quem o presta" (NASCIMENTO, 2005, p. 843).

O art. 7º, inciso IX, da Constituição Federal determina que a remuneração do trabalho noturno será superior à do diurno. Em mesmo sentido, o art. 73 da Consolidação das Leis do Trabalho estabelece que o trabalho noturno terá remuneração superior à do diurno e, para esse efeito, sua remuneração terá acréscimo de 20%, pelo menos, sobre a hora diurna.

A norma que tutela a profissão de advogado empregado determina no art. 20, § 3º: "As horas trabalhadas no período de vinte horas de um dia até as 5 horas do dia seguinte são remuneradas como noturnas, acrescidas do adicional de vinte e cinco por cento".

Não se deve olvidar que o estatuto especial não expressou que o advogado empregado terá a hora noturna reduzida. Neste silêncio, entende-se, por questão de especificidade, inaplicável a chamada hora reduzida fictícia. Então, sendo assim, a hora de trabalho noturno do advogado empregado será de 60 minutos.

Saiba-se, no entanto:

Para o advogado, o legislador reservou duas expressivas vantagens: conceito de noite desde 20h00 até 5h00, o que representa duas horas a mais em relação à Consolidação das Leis do Trabalho, e adicional noturno de 25%, o que o iguala ao trabalhador rural (SILVA, 2009, p. 315).

Finalmente, relembre-se que o adicional noturno do advogado empregado terá acréscimo de 25%, com incidência sobre o salário contratual entre empregado e empregador.

9.4. Honorários de sucumbência do advogado empregado

Honorários de sucumbência, segundo ensina Diniz, é o:

Estipêndio a que tem direito o advogado por patrocinar a causa e por ter sido vencedor na demanda. A parte vencida no processo, pelo princípio processual da sucumbência, tem o dever de pagá-los à vencedora (DINIZ, 2005, p. 859).

Conclui, portanto, a *ut supra* autora: "A prestação de serviço profissional assegura ao inscrito na Ordem do Advogado do Brasil o direito aos convencionados ou fixados por arbitramento judicial e aos de sucumbência" (DINIZ, 2005, p. 859).

O Estatuto da Ordem dos Advogados do Brasil, no art. 21, determina que nas causas em que for parte o empregador, ou pessoa por ele representada, os honorários de sucumbência são devidos aos advogados empregados.

Neste diapasão, além do salário convencionado entre empregado e empregador, o advogado empregado terá direito aos honorários de sucumbência na integralidade.

Lembre-se, que o art. 14 do Regulamento Geral do Estatuto da Ordem dos Advogados do Brasil confere que os honorários de sucumbência, por decorrerem precipuamente do exercício da advocacia e só acidentalmente da relação de emprego, não integram o salário ou a remuneração, não podendo, assim, ser considerados para efeitos trabalhistas ou previdenciários. Frise-se, assim que os honorários de sucumbência dos advogados empregados constituem fundo comum, cuja destinação é decidida pelos profissionais integrantes do serviço jurídico da empresa ou por seus representantes.

O art. 20 do Código de Processo Civil considera, no entanto, que a sentença condenará o vencido a pagar ao vencedor as despesas que antecipou e os honorários advocatícios. Essa verba honorária será devida, também, nos casos em que o advogado funcionar em causa própria.

Atente-se, por derradeiro, que os honorários de sucumbência não terão natureza salarial, logo não integram o salário profissional.

9.5. Não prestar serviços estranhos à relação de emprego

O advogado empregado não está obrigado à prestação de serviços profissionais de interesse pessoal dos empregadores fora da relação de emprego.

A norma contida nesta afirmação é salutar e tem como escopo coibir abusos praticados por empregadores contra advogados empregados.

O advogado não está "obrigado" a imprimir seu labor em atividades profissionais fora das quais foi contratado, bem como de interesses pessoais dos empregadores.

Nesse sentido, Julpiano Chaves Cortez ressalta:

> O parágrafo em questão reflete o princípio da alteração consentida e não prejudicial ao empregado, também conhecido como princípio da inalterabilidade do contrato de trabalho no art. 468 da CLT: "Nos contratos individuais de trabalho só é lícita a alteração das respectivas condições, por mútuo consentimento, e, ainda assim, desde que não resultem, direta ou indiretamente, prejuízos ao empregado, sob pena de nulidade da cláusula infringente desta garantia" (CORTEZ, 2000, p. 49).

Em sistematização, pode-se anunciar o seguinte exemplo: imagine-se advogado empregado em um supermercado. O seu labor é defender judicial e extrajudicial os interesses da pessoa jurídica de direito privado. Não é lícito que os sócios determinem que *homo forensis* ajuíze um divórcio ou até mesmo faça uma defesa trabalhista em face da empregada doméstica do proprietário do mercado. Nesta situação fática, o advogado deverá se recusar (ou só prestará os referidos serviços se quiser) a desempenhar esse serviço de interesse pessoal dos empregadores.

Não se olvide que o advogado empregado pode cumprir as exigências dos empregadores, claro, mas para isso cobrará honorários acertados e estranhos ao salário contratual do contrato de emprego.

9.6. Horas extras com adicional de, no mínimo, 100%

O art. 7º, inciso XVI, da Carta Magna garante a remuneração do serviço extraordinário superior, no mínimo, em 50% ao do normal. Em palavras mais elucidativas, aos trabalhadores em geral que são englobados pela Consolidação das Leis do trabalho, uma vez trabalhado em jornada acima de 8 horas, nasce o acréscimo na remuneração sobre a hora normal suplementar de, no mínimo, 50%.

Vale ressaltar, nesse contexto, que o art. 20, § 2º, da Lei n. 8.906/1994, dispõe: "As horas trabalhadas que excederem a jornada normal[(8)] são remuneradas por um adicional não inferior a cem por cento sobre o valor da hora normal, mesmo havendo contrato escrito".

Em relação às regras de prorrogação previstas na CLT, a norma especial estatutária apenas determinou que o adicional não seja inferior a 100% sobre o valor da hora normal. No mais, nada dispôs, o que significa que se deve seguir a regra geral do diploma obreiro que trata dos casos de prorrogação da jornada normal de trabalho (CORTEZ, 2000, p. 80).

Por certo, o advogado tem norma mais vantajosa em relação aos trabalhadores regidos pela Consolidação das Leis do Trabalho. A norma especial consigna uma vantagem além da instituída na Constituição Federal de 1988. Não se olvide, todavia, que quando as horas extras são habituais, integram-se ao salário do obreiro para todos os fins (ex.: 13º salário, férias, dentre outras parcelas).

10. Responsabilidade civil dos advogados

O advogado, como qualquer outro profissional liberal ou empregado, responde civil, penal e administrativamente pelos atos ilícitos ou abusos de direito que venha praticar no exercício mandato ou da advocacia.

Ponderam Nelson Nery e Rosa Andrade Nery:

Como já esclarecia Aguiar Dias, ao contrário do Direito francês, em que a função do advogado representa um múnus público, confiado a um oficial público, a quem

---

(8) Lembre-se, todavia, que a jornada normal de trabalho do advogado encontra-se inscrita na Lei n. 8.906/1994 (art. 20): "A jornada de trabalho do advogado empregado, no exercício da profissão, não poderá exceder a duração diária de quatro horas contínuas e a de vinte horas semanais, salvo acordo ou convenção coletiva ou em caso de dedicação exclusiva".

a lei impõe, independentemente mesmo da vontade das partes, certos deveres legais, no nosso sistema jurídico o "advogado não é oficial público e, assim, sua responsabilidade é puramente contratual, salvo o caso de assistência judiciária" (DIAS, p. 329 *apud* STOCO, 2000, *in* NERY JUNIOR; NERY, 2010, p. 1.145).

O próprio regulamento da profissão do advogado é enfático ao prenunciar no art. 32 da Lei n. 8.906/94: "O advogado é responsável pelos atos que, no exercício profissional, praticar com dolo ou culpa". E ainda no parágrafo único do predito artigo enumera: "Em caso de lide temerária, o advogado será solidariamente responsável com seu cliente, desde que coligado com este para lesar a parte contrária, o que será apurado em ação própria".

Lembra Paulo Nader:

O exercício da advocacia, em qualquer de suas especialidades e formas da atuação, exige um conjunto de predicados do profissional. Afora a seriedade ao lidar com a coisa alheia, que não é pressuposto da advocacia, mas da vida em sociedade em geral, impõe-se o preparo intelectual para o desempenho da nobre e difícil missão. No elenco dos Mandamentos do Advogado, o jurista uruguaio Eduardo Couture, seu autor, incluiu: "Estuda — O Direito se transforma constantemente. Se não seguires seus passos, serás cada dia um pouco menos advogado" (NADER, 2010, p. 435).

10.1. Do advogado autônomo

Na dissertação de Julpiano Chaves Cortez, temos: "A profissão de advogado é uma profissão liberal, por compreender o exercício de uma atividade intelectual dependente de habilitação, com formação acadêmica ou universitária" (CORTEZ, 2000, p. 9).

Como já dito, atividade liberal, sobretudo, é aquela exercida por profissionais habilitados em certas áreas das ciências e pode ser exercida de maneira autônoma, sem qualquer submissão hierárquica a patrão ou a empregador.

Neste sentido, aliás:

O trabalho autônomo do advogado é a forma exercida por maior número de profissionais e se expressa mediante uma relação jurídica com os clientes, caracterizando-se com prestação de serviços autônomos do Código Civil à qual se aplicam, também, regras especiais do Estatuto da Advocacia e da OAB, formalizando contrato de honorários com o cliente segundo as regras previstas pelo art. 22 e seguintes do Estatuto. (NASCIMENTO, 2005, p. 98)

O advogado autônomo é responsável pelos atos que, no exercício profissional,[9]

---

(9) Foi o que decidiu o TJ/PR na apelação Cível n. 50.164096-2, 9ª Câmara Cível: "Ação de reparação por danos materiais e morais. Responsabilidade civil do advogado. Negligência no exercício da profissão. Apresentação de recurso intempestivo e de outro instruído deficientemente. Dano moral. Configuração. Dano material. Ausência de comprovação. Recurso parcialmente provido." *In*: Tribunal de Justiça, 9ª Câmara Cível, Apelação cível n. 50.164096-2, relª Dulce Maria Cecconi, Julgado: 20.12.2004.

venha a praticar com dolo[10] ou culpa,[11] bem como em caso de lide temerária. A responsabilidade será, no entanto, solidária com o seu cliente, desde que, é claro, coligado com ele para lesar a parte contrária, o que será apurado em ação própria.

Deve-se erigir um questionamento: qual é a natureza jurídica da responsabilidade do profissional da advocacia? Objetiva ou subjetiva? Ressalte-se, a propósito, que o art. 14 (§ 4º) do Código de Defesa do Consumidor dispõe: "A responsabilidade pessoal dos profissionais liberais será apurada mediante a verificação de culpa". Portanto, o advogado responderá civilmente na modalidade culposa.

Em primaz explicação, Arnaldo Rizzardo adverte:

> Já se depreende aí que não se trata de obrigação de resultado, exceto em situações singelas, ou em intervenções e postulações que não demandam controvérsias, discussões, divergências, recursos, preponderância de correntes doutrinárias ou teses, dissídios na jurisprudência [...]. Realmente, não assume o advogado a obrigação de vencer a causa[12]. Se assim prometesse, já poderia com culpa, sujeitando-se a indenizar caso perder a ação, posto que ludibriou a parte (RIZZARDO, 2009, p. 351).

---

(10) Arnaldo Rizzardo explica: "Para incidir a responsabilidade impende que fique provada a prática com dolo ou a culpa. Quanto ao dolo, ou o propósito de lesar o cliente ou a parte representada, não se apresentam maiores dificuldades. Na culpa é que se encontra o amplo campo de situações que conduzem à responsabilização, as quais decorrem das infrações dos deveres impostos aos advogados, de modo especial, e que interessa, ao caso, a que está no inc. IX do art. 34 da Lei n. 8.906, consistente em 'prejudicar, por culpa grave, interesse confiado ao seu patrocínio'". *In:* RIZZARDO, Arnaldo. *Responsabilidade civil:* Lei n. 10.406, de 10.01.2002. 4. ed. Rio de Janeiro: Forense, 2009. p. 352.

(11) Neste particular, saliente-se que Arnaldo Rizzardo ainda anota alguns casos que denotam culpa do advogado: a) Aconselhamento errado, que se exemplifica no enganoso incitamento a ingressar com uma ação judicial, ou a propagar a inviabilidade de se tentar o caminho judicial quando da violação de um direito, ou a incutir no cliente a convicção que deve satisfazer uma pretensão de terceiro, a qual, na verdade, revela-se incabível. Transmitem-se informações ou ideias totalmente antijurídicas e descabíveis, descambando em prejuízos para a pessoa que o procura; b) A falta de diligência ou prudência, não se importando com o andamento do processo, deixando de cumprir as diligências ordenadas pelo juiz, como o não comparecimento nas audiências, a omissão em recorrer; c) O descumprimento do mandato, não seguindo as orientações do cliente, como se não promove, antes de ajuizar a lide, a tentativa de acordo, ou a notificação constitutiva de mora, ou arrolamento de testemunhas indicadas; d) A incapacidade profissional, como o equivocado rito processual imposto pela lei para a lide; a ignorância da lei sobre a matéria que defende; a omissão no estudo e na indicação de precedentes, de jurisprudência, de doutrina, de modo a esclarecer o juízo e a dar embasamento jurídico a ação; e) Ajuizamento de ações inviáveis, ou erro na escolha do procedimento, contrárias ao direito, sendo facilmente perceptível o descabimento, como a propositura de uma ação de execução, e não de enriquecimento indevido, no caso de prescrição do cheque; f) A ignorância da matéria na qual atua, e, assim, formulando erradamente o pedido, e não dando o enfoque que impõe a lei. Sabe-se que, para exercer a advocacia, não basta ter meras noções de direito; g) A desídia no cuidar o processo, com o esquecimento de prazos, a retenção indevida do processo, a desatenção em indicar testemunhas ou em apresentar quesitos, e, assim, nas demais providências que lhe incube atender e h) A omissão em alegar matérias pertinentes à defesa, e que poderiam importar na extinção da própria lide, como de preliminares de incapacidade *ad causam*, de extinção da própria lide, como de prescrição, de ilegitimidade passiva, de impossibilidade jurídica do processo. *In:* RIZZARDO, Arnaldo. *Responsabilidade civil:* Lei n. 10.406, de 10.01.2002. 4. ed. Rio de Janeiro: Forense, 2009.

(12) Atente-se que a aceitação da causa pelo advogado não gera por si só obrigação de resultado, mas uma obrigação de meio.

Não se pode esquecer o entendimento de que o advogado autônomo ou liberal, quando praticar condutas ilícitas (dolo ou culpa) no exercício do labor, fundamentalmente, terá responsabilidade contratual. A natureza jurídica da responsabilidade será, conforme denota o art. 14, § 2º do Código de Defesa do Consumidor: os profissionais liberais (advogados, arquitetos, engenheiros, dentre outros) terão sua responsabilidade pessoal apurada mediante a verificação de culpa em sentido *lato sensu*.

10.2. Dos advogados associados

Os advogados autônomos, de acordo com o art. 15 do Estatuto da Ordem dos Advogados, podem formar sociedade civil de prestação de serviço de advocacia. Assim, passa a existir aí uma sociedade civil de prestação de serviços, por óbvio, quando regularmente registrada no Conselho Seccional da OAB, em cuja base territorial tiver sede a associação.

O art. 39 do Regulamento Geral do Estatuto da OAB dispõe que a sociedade de advogados pode associar-se com advogados. E acrescenta ainda: os contratos de associação serão, obrigatoriamente, averbados no registro da sociedade de advogados.

Perceba-se, ainda que, no mesmo sentido, o art. 40 do diploma da advocacia dispõe que os advogados sócios e os associados respondem subsidiária e ilimitadamente pelos danos causados diretamente ao cliente nas hipóteses de dolo ou culpa e por ação ou omissão no exercício dos atos privativos da advocacia, sem prejuízo da responsabilidade em que possa incorrer.

Destarte, advogado associado não é um sócio do escritório de advocacia, apenas associa-se e, conforme pactuado, divide os resultados dos lucros da sociedade de advogados. Ressalte-se, ainda, que a relação não forma vínculo de emprego. No entanto, um ponto deve ser alertado: tanto os advogados sócios quanto os associados respondem subsidiariamente pelos danos causados por dolo, culpa, ação ou omissão aos constituintes.

Pelos exposto, indubitavelmente, erigem-se alguns questionamentos: quem responde pelos danos causados ao cliente (o advogado ou a sociedade)? E, ainda, a responsabilidade será individual, ou seja, do advogado que assinou a inicial, contestação ou recurso?

A resposta para essas indagações pode ser encontrada no próprio estatuto que disciplina a profissão de advogado. Estritamente, o art. 17 determina: "Além da sociedade, o sócio responde subsidiariamente e ilimitadamente pelos danos causados aos clientes por ação ou omissão no exercício da advocacia, sem prejuízo da responsabilidade disciplinar em que possa incorrer".

Nestas linhas singulares, Nelson Nery e Rosa Andrade Nery explicam:

> [...] a responsabilidade, em casos tais, é da sociedade de advogados, pois foi esta quem celebrou contrato de prestação de serviços com o cliente, salvo se o advogado tiver subscrito o contrato em nome pessoal e do instrumento de procuração

tenha constado apenas o seu nome e não os de todos os advogados integrantes do escritório. Subsidiariamente, porém, responderá o advogado encarregado daquela causa, atuando nos autos. Se mais um tiver atuado, ambos responderão solidariamente, nos termos do art. 942 do CC de 2002 (Lei 10.406, de 10.1.2002). Haverá solidariamente apenas entre os advogados, pessoas físicas, que atuam nos autos (STOCO, 2000, *in* NERY JUNIOR; NERY, 2010, p. 1161).

De toda sorte, infere-se, essencialmente, que a responsabilidade do advogado associado será, sobretudo, subsidiária[13] (não solidária). Isso quer dizer que "somente após frustrada a possibilidade de obter o ressarcimento do responsável principal é que se poderá reclamar a satisfação da dívida do responsável subsidiário" (STOCO, 2000, *in* NERY JUNIOR; NERY, 2010, p. 1.162).

10.3. Dos advogados empregados

Em linhas passadas, foi salientado que o advogado empregado encontra-se submetido à hierarquia, com subordinação, mas que ela não é total, isso porque a qualidade de empregado não retira do advogado a isenção técnica, muito menos reduz a independência profissional inerente à advocacia. Também deve ser relembrado que tal subordinação não isenta o advogado de suas premissas laborais básicas: a livre consciência técnica e independência profissional inerente à advocacia.

O advogado empregado será aquele que tem vínculo de emprego. Na verdade, é aquele advogado contratado por empresa, associação, sociedade, clubes, institutos, enfim, entre outros empregadores. Observe-se, no entanto, que, neste caso, o regime de trabalho será o celetista.

Advirta-se, sobretudo, que o advogado empregado desenvolverá as atividades de consultoria, audiências, trabalhos forenses, assistência jurídica a empregador, elaboração de contratos, pareceres jurídicos e assessoria jurídica. Não se olvide que o advogado cuidará das questões judiciais ou extrajudiciais da empresa, sociedade, associação, dentre inúmeros outros atos privativos de advogados. Evidentemente, sua ação será dentro de um complexo de subordinação hierárquica inerente a qualquer espécie de trabalhador.

A norma que rege o labor dos advogados determina que mesmo o advogado sendo profissional subordinado, a sua consciência de independência técnica profissional será livre para tomar decisões técnicas. Atente-se, porém, que essa liberdade não dará imunidade ao advogado perante ordens[14] ilegais do senhorio empregador.

---

(13) Não se pode confundir responsabilidade subsidiária com solidária, isso porque nesta todos os devedores são, fundamentalmente, considerados responsáveis pela integridade da dívida, assim sendo, o credor pode exigir o pagamento por inteiro de qualquer um deles. Destarte, aquele que pagar a dívida integral terá direito de reaver o valor que pagou dos demais devedores. Ao passo que aquela existe, a rigor, dois responsáveis: uma principal e outro subsidiário, na verdade, cobra-se primeiro o responsável principal, caso exista impossibilidade de adimplemento é que se parte para o devedor "reserva".

(14) Note-se que neste particular, Homero Batista Matheus da Silva, discursando a esse respeito, lembra: "Em qualquer profissão o empregado pode se opor ao cumprimento de uma ordem abusiva ou ilegal,

Nos casos de danos causados por advogado nessa situação, ou seja, empregado, quem arcará com o adimplemento pelos danos? Será o advogado ou o seu empregador?

Algumas observações devem ser feitas: no caso de o advogado ser celetista, evidentemente, ajuizará as ações em nome de seu empregador para o qual foi contratado. Assim:

> [...] advogado contratado pela CLT, sua relação com o empregador é contratual, mas por força do contrato de trabalho. Nesse caso, mostrando-se ineficiente sob o aspecto profissional, indolente e, enfim, cometer qualquer falta grave, inclusive no que se refere à sua atuação como profissional da área jurídica, poderá ser demitido por justa causa (STOCO, 2010, p. 1.160).

Neste diapasão, na prática de atos causadores de prejuízos (por dolo ou culpa) do advogado empregado (por exemplo, deixe de ajuizar determinada ação, ignore prazos e de contestar ou recorrer), todo o desfecho do litígio dar-se à luz do contrato de trabalho.

Sobre o tema, é digno de análise o pensamento de Rui Stoco:

> Decorrendo dano, por força de sua má atuação, poderá, sem prejuízo da demissão, ser responsabilizado pelo ex-empregador, com base no direito comum, pelo prejuízo que causou, ou seja, segundo as regras da lei civil, com supedâneo na responsabilidade subjetiva. Na segunda hipótese, mostrando-se despreparado para o mister, ou cometendo qualquer das faltas[15] previstas na legislação trabalhista como de natureza grave, também poderá ser demitido com justa causa (STOCO, 2000, *in* NERY JUNIOR; NERY, 2010, p. 1.160).

Por fim, deve ser realçado que nas situações em que o empregador seja demandado de forma isolada e que venha a sofrer uma condenação por danos morais ou materiais, terá ele, conforme determina o art. 934 do Código Civil de 2002, direito a manejar ação de regresso contra o causador do dano (no caso o advogado empregado).

---

capaz de provocar até mesmo a rescisão indireta do contrato de trabalho, na forma do art. 483 da CLT. Na profissão do advogado, por muito mais motivo poderá haver a oposição do trabalhador em relação a um procedimento que, se não for exatamente ilegal, pode muitas vezes ser imoral ou desprovido de ética". *In:* SILVA, Homero Batista Matheus da. *Curso de direito do trabalho aplicado:* livro das profissões regulamentadas. Rio de Janeiro: Elsevier, 2009. v. 4. p. 36.

(15) Observe-se colhido na jurisprudência um caso de desídia: "Apelação Cível. Ação de indenização por danos materiais e morais responsabilidade civil do advogado profissional que deixa de efetuar o preparo das custas de recurso especial. Fato incontroverso - erro inescusável. Obrigação de meio que não elide o dever de prestar serviços de forma adequada, e de acordo com os interesses do cliente. Mandante que teve cerceado o seu direito de ver apreciado seu recurso especial. Culpa configurada dever de indenizar danos materiais valor complementar que a seguradora teve de pagar ao segurado. Perda de uma chance. Alta probabilidade de reversão do acórdão recorrido. Jurisprudência consolidada do superior tribunal de justiça. Restituição devida. Verbas sucumbenciais suportadas naquela demanda. Dever de ressarcir honorários" *In:* Tribunal de Justiça do Estado do Paraná, Recurso Inominado, Acórdão n. 13.20090014662-0, relª Ana Paula Kaled A. Rotunno, Turma Recursal Única, publicado: DJ, 1º.10. 2010.

10.4. Responsabilidade do profissional da advocacia pela perda de uma chance

Inicialmente, sobretudo, faz-se necessário esclarecer a locução "perda de uma chance". Assim, por perda de uma chance em linhas acessíveis pode ser entendido o cerceamento de uma oportunidade, de uma ocasião favorável[16] ao indivíduo. Ou até mesmo, no particular em *causu*, a perda de avizinhas probabilidades de êxito em determinada ação judicial por ineficiência, incúria ou despreparo do profissional da advocacia,[17] denotando assim erro inescusável.[18]

Ernesto Lippmann aponta:

[...] embora raras as manifestações doutrinária e jurisprudencial em decorrer desse tema, quando dele se ocupam, utilizam a expressão perda de uma chance para referir-se, no tocante à atividade de advogado, à perda de uma oportunidade que o cliente sofre, causada por falha daquele profissional, de ver examinada em juízo uma pretensão ou de ver reformada em seu favor uma decisão judicial que lhe foi desfavorável e contra a qual cabia recurso[19] (LIPPMANN, Ernesto, 2001, in NERY JUNIOR; NERY, 2010, p. 1.172).

---

(16) Conforme preleciona a jurisprudência neste particular: "Responsabilidade civil do advogado responsabilidade subjetiva (art. 14, § 4º, do CDC e art. 32 do Estatuto da Advocacia) profissional que deixa de arguir a prescrição de verbas trabalhistas, bem como deixa de recorrer da sentença que não a reconhece erros inescusáveis danos materiais teoria da perda de uma chance dano concreto, fruto da omissão do advogado culpa concorrente da vítima (município) ao deixar de propor ação rescisória indenização correspondente a 70% dos danos". *In*: Tribunal de Justiça do Estado do Paraná, 10ª Câmara Cível, Recurso de Apelação Cível n. 12.682562-9, rel. Luiz Lopes, Publicado: DJ, 24.11.2010.

(17) Nesse particular: "Dano moral – responsabilidade civil Advogado – negligência – caracterização – causídico contratado pela autora – Não propositura tempestiva da medida judicial – fato que ocasionou perdas à cliente – verba devida – ação procedente – recurso não provido". *In*: Tribunal de Justiça do Estado de São Paulo, 35ª Câmara de Direito Privado, Apelação Cível n. 888.852-0/9, rel. Clóvis Castelo, Julgado: 24.4.2006.

(18) Advirta-se que Rui Stoco conceitua erro inescusável como sendo, "o chamado erro grosseiro, chulo, inadmissível para um profissional que cursou a universidade por vários anos e submeteu-se à verificação prévia de proficiência junto à sua entidade de classe, como condição para obter credenciamento e exercer a profissão." *In*: STOCO, Rui. Responsabilidade civil do advogado à luz das recentes alterações legislativas. *Revista dos Tribunais*, São Paulo, n. 797, p. 1.141-1.169, mar. 2000. *In*: NERY JUNIOR, Nelson; NERY, Rosa Maria de Andrade (Org.). *Responsabilidade civil*: doutrinas essenciais: indenizabilidade e direito do consumidor. São Paulo: Revista dos Tribunais, 2010. v. 4. p. 1149.

(19) Nesse sentido: "Recurso Inominado. Reclamação. Indenização por danos materiais e morais. Responsabilidade civil do advogado. Documento e procuração dados à advogado para ajuizamento de ação. Demanda não proposta ao argumento de que o autor não lograria êxito. Perda de uma chance. Inocorrência relação de consumo. Aplicação do CDC. Responsabilidade subjetiva - art. 14, § 4o, do CDC. Ilegitimidade passiva do segundo reclamado que não figurou como parte no contrato. Com relação ao primeiro reclamado, deve-se analisar a chamada 'perda de uma chance'. Neste tema a doutrina e jurisprudência tem cada vez mais se aprofundado. Entendimento no qual se exige para a configuração da perda da chance de comprovação de erro inescusável e demonstração inequívoca de êxito na demanda". *In*: Tribunal de Justiça do Estado do Paraná, Recurso Inominado, Acórdão n. 13.20090014662-0, relª Ana Paula Kaled A. Rotunno, Turma Recursal Única, Publicado: DJ, 1º.10.2010.

Sobre o assunto, Sérgio Novaes Dias assevera:

Na perda de uma chance nunca[20] se saberá qual seria o resultado do julgamento se o ato houvesse sido praticado, como, no exemplo da ausência de recurso, nunca se saberá com absoluta certeza se a decisão que o cliente desejava que fosse reexaminada seria reformada em seu favor, ou não (DIAS, 1999, p. 13).

Convém observar, todavia, que o predito autor ainda explica:

[...] nos casos de perda de uma chance o advogado é responsável[21] pelos danos sofridos pelo cliente desde que exista uma relação de causalidade adequada entre o ato ou a omissão do advogado e o dano, ou seja, que, em termos de probabilidade, num prognóstico feito *a posteriori*, os danos tenham decorrido necessariamente, direta e imediatamente da falha cometida pelo advogado (DIAS, 1999, p. 15).

Não se pode perder de vista, por último, que, detectado que o advogado causou danos ao cliente ou empregador por incúria, desídia,[22] erro inescusável, má prestação do serviço,[23] imperícia, falta de diligência[24] ou qualquer outro ato que venha a

---

(20) Deve-se mencionar, no entanto, que existem doutrinadores que rechaçam aplicação da teoria de perda de uma chance. Neste sentido, a propósito, Rui Stoco adverte: "Ora, admitir a possibilidade de o cliente obter reparação por perda de uma chance é o mesmo que aceitar ou presumir que essa chance deve ver a ação julgada conduzirá, obrigatoriamente, a uma decisão a ele favorável. E ainda completa: será também admitir a existência de um dano não comprovado e que não se sabe se ocorreria." *In:* STOCO, Rui. Responsabilidade civil do advogado à luz das recentes alterações legislativas. *Revista dos Tribunais,* São Paulo, n. 797, p. 1.141-1.169, mar. 2000. *In:* NERY JUNIOR, Nelson; NERY, Rosa Maria de Andrade (Org.). *Responsabilidade civil:* doutrinas essenciais: indenizabilidade e direito do consumidor. São Paulo: Revista dos Tribunais, 2010. v. 4. p. 1168.

(21) Afirmação que se coaduna com a jurisprudência: "Apelação Cível Ação de Reparação de Danos. Responsabilidade civil do advogado perda de uma chance. Responsabilidade subjetiva, aplicação dos arts. 14, § 4º, do CDC, e 32, da Lei n. 8.906/1994, obrigação de meio submissão prévia à comissão de conciliação, mera faculdade do trabalhador, ausência de obrigatoriedade encaminhamento pelo reclamante das testemunhas residentes em outra comarca à audiência de instrução e julgamento, ausência do alegado prejuízo informação errônea quanto à realização da audiência de instrução. Ausência do autor para prestar depoimento pessoal que implicou em sua confissão ficta. Culpa concorrente caracterizada art. 945, do CC alusão incorreta de páginas em recurso ordinário que não trouxe qualquer prejuízo ao seu julgamento". *In:* Tribunal de Justiça do Estado do Paraná, 9ª Câmara Cível, Recurso de Apelação, Acórdão n. 9.691573-1, rel. Renato Braga Bettega, publicado: DJ 12.4.2011.

(22) Assim entende a jurisprudência: "Apelação Cível. Responsabilidade civil do advogado. Atribuição de conduta desidiosa que resultou no atraso do procedimento de execução de título judicial. Inexistência de erro crasso ou perda de prazo. Êxito no processo de conhecimento. Direitos do cliente assegurados. Executados residentes em campo grande. Exequentes beneficiários da justiça gratuita. Causídico que passou por problemas de saúde (AVC). Inexistência de dano. Demora na execução. Dissabor. Sentença mantida. Recurso desprovido". *In:* Tribunal de Justiça do Estado do Paraná, 10ª Câmara Cível, Apelação Civil n. 24.575896-7, rel. Arquelau Araujo Ribas, julgado: 18.1.2010.

(23) Ressalve-se, entretanto, que neste particular entende a jurisprudência: "Apelação cível - responsabilidade civil do advogado — má prestação de serviço — perda da chance — pagamento de indenização em 50% dos danos materiais — redistribuição de sucumbência — 50% para cada parte. Embora a atividade profissional do advogado seja de meio, não de resultado, deve obrar com todo o zelo, dedicação e conhecimento técnico em busca de oferecer, como no caso enfocado, a melhor defesa em prol do seu cliente. Não o fazendo a ponto de não atender o pregão em audiência no juizado cível, ao ponto de interpor recurso intempestivo em favor de somente um dos clientes, ao ponto de deixar fluir 'in albis', na execução, o prazo para oposição de embargos, deve indenizar o cliente por danos materiais. Recurso parcialmente provido". *In:* Tribunal de Justiça do Estado do Paraná, 8ª Câmara Cível, Apelação Cível n. 37.372681-0, rel. Carvilio da Silveira Filho, julgado: 1º.3.2007.

(24) Assim: "Apelação Cível. Indenização por danos morais. Responsabilidade civil do advogado. Não apresentação de contrarrazões, atuação negligente, não demonstrada erro grosseiro não caracterizado,

tolher as chances de um órgão jurisdicional se pronunciar sobre a tutela de recurso, responderá, conforme o caso, por danos pela perda de uma chance.

10.5. Responsabilidade por inviolabilidade de segredo profissional

A normativa de regência do advogado dispõe no art. 34 (inciso VII) que constitui infração disciplinar "violar, sem justa causa, sigilo profissional".

Inicialmente, sem muitas digressões, pode-se entender por segredo profissional o zelo pelas informações que o advogado recebe de clientes no exercício da profissão. O advogado tem de, obrigatoriamente, guardar para si todas as declarações feitas pelo constituinte nos limites dos muros dos autos judiciais ou órgãos administrativos, bem como dentro de seu escritório, sob pena de incidir na tipificação penal prevista no art. 154 do Código Penal,[25] punição pelo órgão de classe e, dependendo do caso, dever de indenização por danos morais.

Saliente-se, no entanto, que Rui Stoco explica que esse direito:

[...] não se traduz em regra absoluta, comportando mitigação, tanto que o preceito primário da norma incriminadora coloca a inexistência de justa como elementar do crime, tratando-se, pois, de tipo anormal (STOCO, 2000, *in* NERY JUNIOR; NERY, 2010, p. 1.162).

Portanto, ressalte-se, todavia, que o advogado pode, por imperiosidade do bem comum, revelar segredos profissionais e nem por isso estará cometendo ilícito civil, administrativo ou penal. Neste ponto, a norma de regência da profissão é clara quando aduz: "violar, sem justa causa, sigilo profissional".

Observe-se, sobretudo, que a inviolabilidade não é absoluta quando se figure justa causa (interesse de toda a sociedade ou de parte dela). Neste diapasão, havendo presente tal razão, o advogado não será obrigado a indenizar por danos morais ou materiais.

10.6. Apropriação indevida de valores pertencentes ao constituinte

Não se pode perder de vista que o profissional da advocacia, como quaisquer outros tem de primar pela ética, respeito, seriedade, honrar as leis e, acima de tudo,

---

responsabilidade afastada sentença mantida recurso desprovido. 1. "O trabalho do profissional liberal, como o do advogado, consiste em obrigação de meio e não de resultado, pois não assume o patrono a obrigação de sair vitorioso na demanda. Deverá, ainda, haver a comprovação de culpa, com base no art. 14, § 4º, do código de defesa do consumidor, a qual não demonstrada não gera o dever de indenizar." (RIO GRANDE DO SUL, Tribunal de Justiça, 5ª Câmara Cível, Apelação Cível n. 70007974660, rel. Antônio Vinícius Amaro da Silveira, julgado: 5.8.2004). 2. A ausência de contrarrazões ao recurso da parte adversa, por si só, não revela atuação negligente do profissional do direito, sobretudo quando não comprovado o dano. *In:* Tribunal de Justiça do Estado do Paraná, 9ª Câmara Cível, Apelação Cível n. 21.647918-9, rel. Francisco Luiz Macedo Junior, julgado: 4.5.2010.

(25) Sobre a punição do profissional da advocacia, Rui Stoco ensina: "Revelando o segredo de seu cliente, mas comprovando justa causa para sua conduta, não cometerá o crime a sua obrigação de reparar por dano moral". *In:* STOCO, Rui. Responsabilidade civil do advogado à luz das recentes alterações legislativas. *Revista dos Tribunais*, São Paulo, n. 797, p. 1141-1169, mar. 2000. *In:* NERY JUNIOR, Nelson; NERY, Rosa Maria de Andrade (Org.). *Responsabilidade civil:* doutrinas essenciais: indenizabilidade e direito do consumidor. São Paulo: Revista dos Tribunais, 2010. v. 4. p. 1162.

ser honesto. Neste diapasão, o advogado não pode, diga-se, mais do que ninguém, contornar a clareza do sistema jurídico e moral para burlar normas e se apropriar indevidamente de valores dos seus constituintes.[26]

A jurisprudência nacional é categórica ao rechaçar essa conduta:

> Apelação Cível — Ação de Ressarcimento de Danos — Responsabilidade civil do advogado — Profissional que retém quantia de seu cliente indevidamente — Propositura de ação de prestação de contas — Honorários contratuais — Restituição do desembolso — Dano material caracterizado — Sentença reformada. Tendo se descurado do dever contratual, agindo com desvelo indesculpável na *praxis* forense — retenção indevida de valores — é evidente que o requerido descumpriu o contrato, fazendo jus o apelante, ao valor desembolsado para o patrocínio da demanda, na busca do valor retido. Recurso conhecido e provido. (TJ/PR, Recurso de Ap. Cível n. 6.693608-7, relª Desª Rosana Amara Girardi Fachin, 9ª Câmara Civil, DJ de19.5.2011)

Ficou mais que entendido que o advogado responde, sobretudo, pelos atos que praticar no exercício da profissão sempre que restarem evidenciados, de forma inequívoca, o dano e o respectivo nexo de causalidade com a sua ação ou omissão culposa ou dolosa. Além de ilícito civil e administrativo, o advogado comete crime de apropriação indébita, conforme preleciona a tipificação do art. 168 do Código Penal Brasileiro.

11. Releitura sistematizada do tópico apresentado

• O exercício do ofício de advogado encontra-se regulamentado pela Lei n. 8.906, de 4 de julho de 1994.

• A Constituição Federal assegura que a profissão de advogado é indispensável à administração da justiça, sendo inviolável por seus atos e manifestações no exercício da profissão nos limites da lei.

• Os atos e manifestações do advogado no exercício da profissão são invioláveis nos limites da lei.

---

(26) Assim reverbera a jurisprudência: "Ação de cobrança de valores recebidos por advogado em ação devidamente ajuizada e não repassados ao cliente — Improcedência — Apelação insistindo na sua reforma — Advogado que desiste da ação de execução intentada pelo seu constituinte e que não demonstra ter-lhe efetuado a entrega do montante reclamado — Relação de consumo evidenciada — Ausência de demonstração da existência de fato impeditivo, modificativo ou extintivo do direito do autor — Inversão do ônus da prova nos termos do art. 6º, inciso VIII, do CODECON — Danos materiais evidenciados — ausência de danos morais — Ação procedente — Recurso provido. 1. O exercício da advocacia implica na prestação de serviço a que se refere o código de defesa do consumidor. 2. Se o advogado, em nome do cliente, formula pedido de extinção de execução e obtém, dá a entender que recebera o montante exigido e, em sendo cobrado em ação judicial do respectivo montante, deve fazer prova efetiva de sua entrega, sob pena de responder por ele. 3. Presentes os requisitos exigidos pelo art. 6º, inc. VIII, do CODECON, é de se inverter o ônus da prova, e, se o advogado dele não se desincumbiu — já que tal regra é de julgamento, podendo, por isso, inclusive, vir a ser utilizada em segunda instância — é de se julgar procedente a ação no que pertine aos danos efetivamente demonstrados. 4. O mero contratempo ou dissabor decorrente do descumprimento contratual que não abala o prestígio da parte lesada, não constitui dano moral passível de reparação". *In:* Tribunal de Justiça do Estado do Paraná, 8ª Câmara Cível, Apelação Cível n. 44.172263-8, rel. Ivan Bortoleto, julgado: 31.3.2006.

• Os advogados podem exercer seu trabalho de forma autônoma ou serem empregados.

• Estatuto da Ordem dos Advogados do Brasil dispõe que a prestação de serviço profissional assegura aos inscritos na OAB o direito aos honorários convencionados, aos fixados por arbitramento judicial e aos de sucumbência.

• O advogado autônomo é responsável pelos atos que, no exercício profissional, praticar com dolo ou culpa e em caso de lide temerária.

• O Estatuto da Ordem dos Advogados do Brasil (OAB) determina que, mesmo o advogado sendo empregado subordinado, terá autonomia e independência técnico-profissional.

• Subordinação empregatícia não retira do advogado suas premissas laborais básicas: a livre consciência técnica e independência profissional inerente à advocacia.

• Os advogados autônomos podem reunir-se em sociedade civil de prestação de serviço de advocacia após regular registro no Conselho Seccional da OAB em cuja base territorial tiver sede.

• Os advogados sócios e os associados respondem subsidiária e ilimitadamente pelos danos causados diretamente ao cliente, nas hipóteses de dolo ou culpa e por ação ou omissão, no exercício dos atos privativos da advocacia, sem prejuízo da responsabilidade em que possa incorrer.

• O regime de dedicação exclusiva compreende a jornada do advogado empregado, que não ultrapasse 40 horas semanais, prestada ao empregador.

• O advogado que tenha um contrato de trabalho com dedicação exclusiva de trabalho em oito horas por dia, não estará impedido de exercer atividades laborais com percepção de valores pecuniários exteriores ao contrato de trabalho exclusivo.

• O advogado empregado, no exercício da profissão, não poderá exceder a duração diária de quatro horas contínuas e de vinte horas semanais, salvo acordo ou convenção coletiva ou em caso de dedicação exclusiva.

• Considera-se horário noturno de trabalho do advogado empregado o exercido entre as vinte horas de um dia e as cinco horas do dia seguinte. Não haverá hora reduzida e a hora de trabalho será a normal, de 60 minutos.

• O adicional de horas extras do advogado empregado será de no mínimo 100% sobre a hora normal.

• O advogado empregado, uma vez sendo ocupante de cargo de confiança, estará inserido nas regras do art. 62 da CLT.

• O salário mínimo profissional do advogado será fixado em sentença normativa, salvo se ajustado em acordo ou convenção coletiva de trabalho.

• O advogado empregado será reembolsado das despesas feitas com transporte, hospedagem e alimentação.

- O adicional noturno do advogado empregado terá acréscimo de 25%. A incidência será sobre o salário contratual entre empregado e empregador.
- O Estatuto da Ordem dos Advogados do Brasil determina que nas causas em que for parte o empregador do advogado, ou pessoa por ele representada, os honorários de sucumbência são devidos aos advogados empregados.

Capítulo II
Mineiro de Subsolo

1. Tutelas legais

O trabalho do mineiro de subsolo é disciplinado pelos arts. 293 a 301 da Consolidação das Leis do Trabalho. Existe também a Norma Regulamentar n. 22, que disciplina de modo específico a segurança e saúde ocupacional na mineração. Ademais, a referida norma teve seu conteúdo alterado pela redação da Portaria n. 2.037, de 15-12-1999.

A convenção n. 176 da Organização Internacional do Trabalho traz orientações sobre a segurança e saúde em locais de trabalho em minas, assim como a Recomendação n. 183 traça aspectos de segurança laboral.

2. Conceito de mineiro de subsolo

O mineiro de subsolo é aquele indivíduo que exerce sua atividade explorando minas, é o profissional que trabalha "no subsolo onde se encontram metais, minérios, água, ou outros produtos que possam ser explorados". (DINIZ, 2005, p. 311)

Nesse contexto, Alice Monteiro de Barros, em definição de minas de subsolo explica que, minas são:

> [...] locais subterrâneos ou de superfície, que impliquem as seguintes atividades: exploração de minerais capazes de acarretar alteração no solo, por meios mecânicos; extração de minerais, excluídos nas duas hipóteses o gás e o petróleo; a preparação, incluídas a trituração, concentração ou a lavagem de material extraído e todas as máquinas, equipamentos, acessórios, instalações, edifícios e estruturas de engenharia civil utilizadas em relação com as atividades a que nos referimos acima (BARROS, 2008, p. 345).

Interessa listar, todavia, que a convenção n. 176 da Organização Internacional do Trabalho exclui da atividade de mineiros a exploração de petróleo e gás natural. A rigor, essas atividades de explorador de petróleo são regidas pela Lei n. 5.811/72, que serão vistas no momento adequado.

3. Jornada e módulo semanal de trabalho

A jornada de trabalho do minerador pode ser lida da seguinte maneira: "A duração normal de trabalho efetivo para os empregados em minas de subsolo não excederá de 6 (seis) horas diárias[27] ou de 36 (trinta e seis) semanais". (CLT, art. 293, *caput*).

---

(27) Não se olvide que, quando o minerador trabalhar na superfície, a jornada é de oito horas de labor.

Do enunciado, dois aspectos merecem ser salientados: um, a jornada de trabalho não poderá ser superior a seis horas. A regra, no entanto, comporta exceções (vide itens 3.1 e 3.2). Dois, prevê a disposição que o módulo semanal é de 36 horas. Reprise-se que esse mandamento também comporta exceção, isso porque é possível haver horas extraordinárias.

Cabe fazer uma afirmação relativa à jornada reduzida de trabalho. Nesse sentido, Homero Batista assegura que "o minerador detém jornada reduzida de seis horas e direito a uma pausa remunerada de quinze minutos a cada três horas de esforço contínuo" (SILVA, 2009, p. 109).

A respeito desse tema, as razões para uma jornada reduzida encontram como guarida o exercício extenuante do labor em minas de subsolo. A exigência física neste trabalho é quase desumana. Daí a ponderação de jornada reduzida feita pelo legislador.

3.1. Dilatação da jornada legal de trabalho

Em verdade, por força do disposto no art. 295 da norma trabalhista, é permitida a prorrogação da jornada estabelecida na tutela especial endoceletista:

> A duração normal do trabalho efetivo no subsolo poderá ser elevada até 8 (oito) horas diárias ou 48 (leia 44 horas determinado pela CF/88) horas semanais, mediante acordo escrito entre empregado e empregador ou contrato coletivo de trabalho, sujeita essa prorrogação à prévia licença da autoridade competente em matéria de higiene do trabalho. (CLT, art. 295)

Dentro desse aspecto, e considerando a autorização endoceletista, não se vê dissonância com a Constituição Federal. Por se tratar de atividade penosa, a simples autorização da lei não dá aval para exceder as horas legais. A doutrina, especialmente, a relacionada à medicina e segurança do trabalho, aponta uma série de requisitos que impossibilitam o trabalho além das seis horas. Advirta-se que, dependendo da profundidade da mina, tipos de minérios, condições térmicas subterrâneas, pressões internas e formas de retiradas dos elementos explorados, dados esses imperativos, não será possível o mineiro exceder o horário legal de trabalho. Dependendo do caso, a rigor, pode-se até mesmo reduzir o número de horas para aquém do estabelecido.

A melhor doutrina sobre o tema, no entanto, exige alguns requisitos especiais para a jornada ser dilatada por mais duas horas. Parece-nos, todavia, que a reserva legal assume um escopo humanístico de higiene e segurança ocupacional do trabalho.

Arnaldo Süssekind entende que a jornada normal de trabalho só pode ser prorrogada por mais duas horas quando:

> [...] atendidos os seguintes requisitos: a) acordo **escrito** entre empregado e empregador ou contrato coletivo de trabalho entre as respectivas entidades sindicais; b) autorização prévia da autoridade competente em matéria de segurança e medicina do trabalho; c) respeito ao limite máximo de 2 horas suplementares por dia, vale dizer, 8 horas diária ou 48 semanais (44 conforme a CF/88); d) pagamento

das horas suplementares com o acréscimo de 50% sobre o salário-hora normal (SÜSSEKIND et al., 2002, p. 1.052).

Por fim, vale registrar que a prorrogação da jornada, portanto, só poderá ser admitida nos casos em que o acréscimo não cause prejuízos ao complexo-energético--intelectivo do mineiro. Vislumbrada, deste modo, ameaça ou lesão ao patrimônio físico do obreiro, o órgão competente não poderá autorizar a prorrogação do trabalho, e, pelo contrário, em certos casos poderá até determinar a redução de seis horas.

3.2. Jornada de trabalho determinada pelo órgão fiscalizador

A duração normal do trabalho efetivo no subsolo poderá ser inferior a seis horas diárias, por determinação da autoridade de que trata este artigo, tendo em vista condições locais de insalubridade e os métodos e processos de trabalho adotado (CLT, art. 295, parágrafo único).

Há que se afirmar, preliminarmente, que a redução de seis horas poderá se dar não só em função das condições de insalubridade do ambiente e dos métodos de trabalho adequados. A nosso sentir, evidentemente que a profundidade da mina, os tipos de rochas e os minerais extraídos também darão motivo para redução da carga diária de trabalho. Trata-se, em verdade, de conceitos jurídicos indeterminados, "dos métodos de trabalho adequados".

Os conceitos são amplos, com efeito, e a autoridade competente irá avaliar o contexto concreto da "vida da mina" e determinar a redução de jornada. Destarte, parece, pois, estar com a razão Homero Batista ao asseverar que "a autoridade trabalhista poderá até mesmo impor uma redução na jornada de seis horas, se lhes parecer excessivamente penosa a atividade em determinada mina". (SILVA, 2009, p. 111)

Assim, na iminência de perigo na mina (gases, água, desabamento, etc.), podem as autoridades agir de plano.

Além disso, há que se consignar, também, o ponto de vista de Süssekind, ao esclarecer que "essa providência compete ao Ministério do Trabalho, através dos órgãos competentes em matéria de segurança[28] e medicina do trabalho". (SÜSSEKIND et al., 2002, p. 1.052).

Após essas afirmações, restam, porém, alguns aspectos indagatórios pontuais em estudo: em quantas horas deverá ser reduzida a jornada abaixo do limite de seis horas? E, ainda, o salário do obreiro também será reduzido? Antes, porém, deve-se ter

---

(28) Atente-se, todavia, que o Decreto n. 6.341, de 3 de janeiro de 2008 dispõe: "Às Superintendências Regionais do Trabalho e Emprego, unidades descentralizadas subordinadas diretamente ao Ministro de Estado, compete a execução, supervisão e monitoramento de ações relacionadas a políticas públicas afetas ao Ministério do Trabalho e Emprego na sua área de jurisdição, especialmente as de fomento ao trabalho, emprego e renda, execução do Sistema Público de Emprego, as de fiscalização do Trabalho, mediação e arbitragem em negociação coletiva, melhoria contínua nas relações do trabalho, e de orientação e apoio ao cidadão, observando as diretrizes e procedimentos emanados do Ministério".

em mente as razões pelas quais o legislador quis a redução da jornada de trabalho. É cediço que o trabalho em minas de subsolo é uma das atividades mais extenuantes que se conhece na história da humanidade. O desgaste é descomunal para os operários. Também existe, entre esses profissionais, uma constante tensão de soterramento, gases ou explosões. A *ratio legis*, a nosso sentir, é proteger a vida e a integridade física do mineiro e, acima de tudo, prestigiar a dignidade pessoal do trabalhador.

Diante de situações de periculosidade ou insalubridade acima das permitidas, método ou processo de trabalhos agressivos ao mineiro, o número de horas a serem reduzidas ficará a critério técnico do órgão competente. Em verdade, o valor da vida deve sobrepor-se ao valor do capital. Assim, a redução deve ser o suficiente para compensar as agressões ao organismo do minerador. Há que se considerar, entretanto, que o órgão deverá ordenar, precipuamente, a atenuação da intensidade das más condições de trabalho, insalubridade, métodos e processo de produção utilizados nas minas de subsolo.

A duração do tempo de redução fica, sobretudo, a cargo do órgão do Ministério do Trabalho. A autoridade deverá, ao detectar a insalubridade/periculosidade acima do normal ou métodos e processos agressivos ao obreiro, agir de ofício, impondo uma imediata regularização do ambiente de trabalho.

Parece-nos, portanto, que a mantença do tempo de redução da jornada perdurará até o cerceamento dos perigos. Desse modo, pensamos também que, como prevê a lei, não sendo sanadas as irregularidades, o órgão pode interditar o estabelecimento ou o setor de trabalho (CLT, art. 161).

Por fim, vale registrar que a redução de jornada não acarretará redução de salários. O empregado não pode ser "penalizado" por atos incautos ou riscos do negócio do empregador. Os reflexos da redução não podem servir de *capitis deminutio* para o obreiro. Toda a análise desses aspectos deve ser conjugada com os arts. 2º[29] e 448 da norma celetista. Neste caso, o empregador não terá "prejuízo", apenas arcará com o ônus da desorganização ou riscos do seu negócio frente à legislação social fundamental.

3.3. *Período para descanso intrajornada*

Versa o art. 298 da Consolidação das Leis do Trabalho que "Em cada período de 3 (três) horas consecutivas de trabalho, será obrigatória uma pausa de 15 (quinze) minutos para repouso, a qual será computada[30] na redução normal de trabalho efetivo".

---

(29) Advirta-se, de todo modo, que o empregador assume todos os riscos advindos do negócio, logo, cabe a estes não só os bônus, responderá também pelos ônus: "Arca com os riscos de sua atividade econômica".

(30) Observe que nesse sentido a jurisprudência é clara ao entender que neste caso rege a teoria sobre a jornada de trabalho como tempo à disposição do empregador. Assim promana: "Horas extras. Empregado em mina de subsolo tem direito à jornada de seis horas diárias (art. 293 da CLT) com uma pausa de 15 minutos a cada período de três horas consecutivas de trabalho, os quais serão computados na duração normal da jornada, a teor do disposto no art. 298 da CLT". *In:* Tribunal Regional do Trabalho de Minas Gerais, 3ª Região, Recurso Ordinário n. 00033-2007-094-03-00-9, rel. Juiz Marcus Moura Ferreira, 1ª T., julgado: 15.10.2007, publicado: DJMG, 19.10.2007.

A princípio, é importante ressaltar que estamos diante do instituto do descanso (pausa), intervalo intrajornada.

Aparentemente, a dicção do artigo em estudo é de fácil interpretação. Podemos pensar, assim: o mineiro terá uma jornada ficta de cinco horas e meia. Receberá por seis horas, consideradas como normais.

Por outro lado, Homero Batista, mostra, no entanto, uma saudável reflexão sobre essa temática:

> Na jornada básica de seis horas (art. 293), teremos, por exemplo, início do expediente às 10h00, pausa das 13h00 às 13h15, retornado, às 13h15, pausa para o lanche (art.71) das 14h00 às 14h15 e encerramento da jornada às 16h00. Note-se, a rigor, que a inserção do intervalo para refeição e descanso sobre esse cálculo jogou por terra o direito à outra pausa de quinze minutos do art. 208, pois ali se prevê o direito ao intervalo adicional apenas em caso de três horas consecutivas de trabalho (SILVA, 2009, p. 112).

É oportuno fazer uma observação: a última parte do art. 298 da consolidação trabalhista consigna que pausa intrajornada "será computada na duração normal de trabalho efetivo". (CLT, art. 298)

Destarte, a jornada normal de seis horas corresponderá a um período de trabalho efetivo de cinco horas e meia, devendo, contudo, o operário receber o salário de seis horas (RALPH, 1990, p. 272).

3.4. Pressupostos para a dilatação de horas legais de seis para oito horas

Para existir um aumento de horas de trabalho do mineiro, a saber, de seis para oito horas, devem fazer-se presentes algumas condições prévias. Nesse particular, o art. 295 dispõe:

> A duração normal do trabalho efetivo no subsolo poderá ser elevado até 8 (oito) horas diárias ou 44 (quarenta e quatro) semanais, mediante acordo escrito entre empregado e empregador ou contrato coletivo de trabalho, sujeita essa prorrogação à prévia licença[31] da autoridade competente em matéria e higiene do trabalho. (CLT, art. 295)

Epidermicamente, pode-se inferir os pressupostos necessários para que possa ser perfectibilizada a legalidade do labor extraordinário. Assim, temos o acordo de forma escrita entre obreiro e empregador ou contrato coletivo de trabalho entre os sindicatos de ambas as categorias. Também precisa, a nosso sentir, talvez, o requisito mais importante de todos: prévia autorização da autoridade competente em matéria de segurança e higiene do trabalho sobre as condições de insalubridade ou periculosidade da mina. É bom frisar, entretanto, que incidirá sobre essas horas a mais, um adicional

---

[31] A Súmula de número 349 do TST dispõe que: "A validade de acordo coletivo ou convenção coletiva de compensação de jornada de trabalho em atividade insalubre prescinde de inspeção prévia da autoridade competente em matéria de higiene do trabalho." (Constituição Federal, art. 7º, XIII; CLT, art. 60).

de horas extras de, no mínimo, 50% sobre a hora trabalhada. Não se pode deixar de olvidar, ainda, nesse aspecto peculiar, que as horas dilatadas devem ser estabelecidas em limite máximo de duas horas.

4. Comunicação da iminência de perigo na mina de subsolo

Vale observar que o art. 299 da Consolidação das Leis do Trabalho versa que "Quando nos trabalhos de subsolo ocorrerem acontecimentos que possam comprometer a vida ou saúde do empregado, deverá a empresa comunicar o fato imediatamente à autoridade regional do trabalho, do Ministério, Indústria e Comércio".

O primeiro fato a que o leitor deve estar atento é que o dispositivo em nenhum momento usa o termo acidente. Assim, importa listar que a norma alerta tão somente da iminência de perigo no local de trabalho, quando, "ocorrerem acontecimentos que possam comprometer a vida ou saúde de empregado". Parece-nos, de bom pensar, que na simples suspeita de desabamento, estalos anormais, enchentes, corrente de gases, ou qualquer prenúncio de anormalidade, fundamentalmente, a empresa responsável pela mina deverá imediatamente dar o toque de retirada aos obreiros e, ao mesmo tempo, fazer a comunicação às autoridades de fiscalização do trabalho. Tal "rigidez" apresenta-se como principal fronte de proteção da vida, dignidade e saúde do minerador.

A atuação *legis manus longa* para proteger o trabalhador é consequência natural nas minas de subsolo. Diante desse aspecto, a propósito, é interessante anotar a lembrança de Homero Batista, ao explicar o item 22.5.1, da Norma Regulamentar 22:

> São direitos dos trabalhadores: a) interromper suas tarefas sempre que constarem evidências que representem riscos graves e iminentes para a sua segurança e saúde ou de terceiros, comunicando imediatamente o fato a seu superior hierárquico, que diligenciará as medidas cabíveis; e b) ser informados sobre os riscos existentes no local de trabalho, que possam afetar a segurança e saúde (SILVA, 2009, p. 112).

Também no que tange esse aspecto, Tuffi Messias Saliba lembra:

> Segundo a NR-22, a suspensão temporária ou definitiva da lavra deverá ser comunicada ao órgão regional do Ministério do Trabalho e Emprego, sendo que para segunda hipótese todos os seus acessos deverão ser vedados, na forma da legislação em vigor (SALIBA, 2004, p. 162).

O assunto ainda merece uma observação: após a constatação de iminência de desabamento, a empresa responsável pela mina de subsolo deve fazer a comunicação ao órgão do Ministério do Trabalho. Neste caso, não se trata da comunicação de acidente de trabalho (CAT) contido na Lei n. 8.213/91. Por esta norma, após qualquer acidente, a empresa deve comunicar o fato à Previdência Social até o primeiro dia útil seguinte ao da ocorrência e, em caso de morte, de imediato, à autoridade competente, sob pena de multa variável entre o limite mínimo e o limite máximo do salário de contribuição. Esse instituto, a propósito, não se revela preventivo, mas tem caráter previdenciário. A comunicação deverá ser após o acontecimento do infortúnio de trabalho.

Assim, por sua vez, a regra do art. 299 da Consolidação das Leis do Trabalho é uma comunicação preventiva e tem apenas escopo fiscalizatório. É um pedido de fiscalização ou de medidas de providências.

A ação da autoridade deverá ocorrer assim que se constate a simples iminência de possível acidente do trabalho. Tenha-se por certo, todavia, que o órgão encarregado de tomar atitudes na dicção da lei é a Superintendência Regional do Trabalho, antiga Delegacia Regional do Trabalho.

5. Doenças profissionais comuns nos mineiros de subsolo

Trabalhar em minas de subsolo é perigoso e insalubre:

A mineração é um dos ramos de atividade que apresentam maior índice de acidente do trabalho, além da exposição aos fatores de risco físicos, químicos, biológicos e ergonômicos passíveis de produzir doenças do trabalho. Desse modo, a legislação deu tratamento especial aos empregados desse setor e regras especiais, de forma que lhes garanta a segurança e a saúde (SALIBA, 2004, p. 123).

Doença profissional é uma das espécies do gênero das chamadas doenças ocupacionais, ergopatias, tecnopatias ou doenças profissionais típicas.

É produzida ou desencadeada pelo exercício do trabalho peculiar a determinada atividade e constante da respectiva relação elaborada pelo Ministério do Trabalho e Previdência Social.

Monteiro e Bertagni analisam ergopatias:

[...] dada a sua tipicidade, prescidem de comprovação do nexo de causalidade com o trabalho. Há uma presunção legal nesse sentido. Decorrem de micro traumas que cotidianamente agridem e vulneram as defesas orgânicas, e que, por efeito cumulativo, terminam por vencê-las, deflagrando o processo mórbido. Por exemplo, os trabalhadores de mineração, sabe-se de há muito que estão sujeitos à exposição do pó de sílica, e, portanto, com chances de contrair a silicose, sendo, pois, esta considerada uma doença profissional [...] (MONTEIRO; BERTAGNI, 2009, p. 17).

O trabalho em minas de subsolo é rústico, penoso e exige muito esforço físico. Destarte, esses profissionais estão suscetíveis a uma série de doenças ocupacionais, além, é claro, dos acidentes típicos e atípicos.

Entre estes profissionais, vem-se constatando uma série de afecções, como tenossinovites, espicondilites, bursites, tendinites do supraespinhoso e bicipital, cistos sinoviais, dedo de gatilho, contratura ou moléstia de Dupy Tren, síndrome do túnel de carpo, síndrome cervicobranquial e síndrome da tensão do pescoço. Enfim, uma lista enorme de patologias que decorrem, fundamentalmente, do labor em minas de subsolo.

Há que se ter sempre presente a ideia de que as referidas doenças atacam diversas partes do organismo, *verbi gratia*, sistema muscular, esquelético, tendões, pulmões, coração e tecido cartilaginoso dos mineiros, claramente relacionadas com as formas e posturas de trabalho.

Outras patologias graves podem agredir diretamente o organismo do trabalhador em minas de subsolo. Deste modo, têm-se pneumoconioses como:

Toda doença pulmonar decorrente da inalação de poeiras inorgânicas (minerais) e orgânicas em suspensão dos ambientes de trabalho, levando a alteração do parênquia e suas possíveis manifestações clínicas, radiológicas e da função pulmonar (MONTEIRO; BERTAGNI, 2009, p. 97).

A doutrina acertada aventa que a enfermidade silicose tem como "agente causador a poeira de sílica-livre (S, O2) ou dióxido de sílica atingem os alvéolos dos pulmões, formando nódulos que os enrijece e que levam à redução da capacidade respiratória" (MONTEIRO; BERTAGNI, 2009, p. 98).

A asbestose é uma doença causada pelo contato com o asbesto ou amianto. A asbestose assume importância relevante, porque os efeitos mais graves da exposição, além da pneumoconiose ou fibrose pulmonar difusa, são câncer de pulmão, a inflamação e calcificação da pleura e mesotelioma maligno, os quais, via de regra, sobretudo o último, aparecem muito tempo depois, quando os trabalhadores expostos se encontram na quinta ou sexta décadas (VIEIRA, 1995 *apud* MONTEIRO; BERTAGNI, 2009).

Por fim, vale registrar que todas essas patologias precitadas, na verdade, são consideradas acidente de trabalho. E, assim sendo, segundo mandamento constitucional, o empregador responde pelos danos que os seus empregados sofrem em função do trabalho.[32] É imperioso existir o seguro contra acidentes de trabalho, a cargo do empregador, sem excluir a indenização a que este está obrigado quando incorrer em dolo ou culpa.

6. Transferência compulsória de trabalhador para superfície por razões de saúde

Sempre que, por motivo de saúde, for necessária a transferência do empregado, a juízo da autoridade competente em matéria de segurança e da medicina do trabalho, dos serviços no subsolo para os de superfície, é a empresa obrigada a realizar essa transferência, assegurando ao transferido a remuneração atribuída ao trabalhador de superfície em serviço equivalente, respeitada a capacidade profissional do interessado (CLT, art. 300).

O estatuído no referido artigo é norma de ordem cogente, ou seja, de ordem pública e de interesse de toda a sociedade. A rigor, é um direito fundamental à saúde que assiste o obreiro. Destarte, o empregador, ao detectar a iminência ou sintoma de alguma doença

---

(32) Preleciona o art. 7º (inciso XXVIII) da Constituição Federal de 1988 que são direito dos trabalhadores urbanos e rurais, dentre outros: seguro contra acidentes de trabalho, a cargo do empregador, sem excluir a indenização a que este está obrigado, quando incorrer em dolo ou culpa.

que impeça o mineiro de exercer seu labor com plenitude, terá de transferi-lo para outra função menos penosa e agressiva. Claro, a transferência também pode ser a pedido do obreiro, apresentadas as devidas razões.

Em consonância com o bem-estar e a segurança do obreiro, a doutrina social entende que "a transferência será obrigatória, se for verificado prejuízo à saúde do trabalhador, com a constatação feita pela autoridade competente ou determinada pelo empregador, se constatadas essas condições" (MARTINS, 2007, p. 255).

Nesse diapasão, a norma preceitua, ainda, que a empresa será obrigada a realizar essa transferência, assegurando ao transferido para a superfície serviço equivalente, respeitada a capacidade profissional do interessado.

Vale destacar que Gabriel Saad expõe uma observação pertinente à temática em curso:

> [...] consoante o preceito legal, o novo serviço tem de ser compatível com a capacidade profissional do interessado e a sua remuneração guardará equivalência com os outros empregados da superfície. [...] Está implícito nesse dispositivo que o salário do trabalhador na superfície poderá ser menor que aquele percebido no subsolo. A hipótese vulnera o prescrito no inciso VI, do art. 7º da Constituição da República: irredutibilidade do salário, salvo o disposto em convenção ou acordo coletivo de trabalho (SAAD, 2009, p. 430).

Surge um questionamento: neste caso de transferência, não estaria havendo uma alteração contratual digitada no art. 468 da Consolidação trabalhista? A resposta, a propósito, se impera negativa. Neste particular estamos diante de uma autorização *ex lege*, ou seja, a própria norma autoriza tal expediente por parte do empregador. Por ser norma de ordem pública, adere automaticamente ao contrato de trabalho do obreiro.

De modo didático, um ponto que deve ser regrado é o que diz respeito à natureza jurídica da transferência do obreiro para a superfície. A princípio, convém registrar o posicionamento de Sergio Pinto Martins quando assevera:

> Deve ser a transferência por motivo de saúde acatada tanto pelo empregador como pelo empregado, sendo uma norma de ordem pública. Trata-se de determinação compulsória aplicada a ambas as partes do contrato de trabalho (MARTINS, 2007, p. 225).

Assim, como já dito, estamos diante de uma transferência por força *ex lege*, mudança cogente determinada pela norma fundamental social.

Em resumo: sempre que o mineiro estiver acometido por pestes que reduzam seu potencial de trabalho, ele será, obrigatoriamente, transferido do subsolo para a superfície, assegurado o salário equivalente à nova função, respeitando-se a capacidade profissional do interessado.

7. Idade exigida para trabalhar em mina de subsolo

A normativa que repousa no art. 301 da Consolidação das Leis do Trabalho permite o trabalho em minas de subsolo somente a indivíduos do sexo masculino que tenham idade compreendida entre 21 e 50 anos.

Defronte dessa vedação, algumas indagações podem emergir: tal norma não seria discriminatória e, como consequência, contrária à Constituição? A rigor, se a observação for feita dentro de uma visão unifocal, a resposta descamba para a afirmação positiva. No entanto, em uma análise multifocal, facilmente, percebe-se que não existe afronta aos direitos sociais fundamentais e aos direitos individuais.

A norma do artigo em estudo não macula o art. 7º (inciso XXX) da Constituição Federal, que proíbe distinção de qualquer tipo no momento em que o empregador for admitir empregados. Não existe discriminação, "mas estabelece critérios físicos para a admissão no trabalho, em razão de o trabalho ser considerado penoso para o trabalhador, além de insalubre, sendo prejudicial ao menor de 21 anos e ao maior de 50 anos" (MARTINS, 2007, p. 256).

A limitação de idade para o trabalho em subsolo não é motivo de controvérsia, sendo bastante razoável que a proibição normalmente ligada ao adolescente, para trabalhos insalubres e penosos, ganhe aqui contorno maior também para o jovem de 18 a 21 anos, e, ainda, para o adulto acima 50 anos. O vigor físico demandado para esse tipo de profissão fala por si só (SILVA, 2009, p.113).

É importante ressaltar, no entanto, que é gritante o senso de ponderação ao deparar com a norma contida no art. 301 da CLT. Assinale-se, todavia, que não existe qualquer tipo de discriminação do empregador no momento da admissão. O fundamento da norma é tão somente proteger adolescente e homens pré-senis do trabalho rude das minas de subsolo. Existe aí um caráter protetivo do complexo-físico dos obreiros neste tipo de trabalho. É sabido, no entanto, que o labor em minas de subsolo exige vigor músculo-esquelético em alto nível.

8. Trabalho da mulher e do menor em minas de subsolo

Somente homens que tenham entre 21 e 50 anos podem ser contratados para trabalhar em minas de subsolo (CLT, art. 301). De outro modo, a Constituição Federal escolta o princípio da igualdade: "Todos são iguais perante a lei, sem distinção de qualquer natureza", "Homens e mulheres são iguais em direitos e obrigações, nos termos desta Constituição" (art. 5º, inciso I, Constituição Federal de 1988). Além do mais, vai além ao prenunciar a "Proibição de qualquer discriminação no tocante a critérios de admissão por motivo de sexo, idade, cor ou estado civil".

Diante dessas disposições constitucionais, é fácil perceber que a norma proibitiva infraconstitucional não está em consonância com a Lei Maior quando proíbe que mulheres trabalhem em minas de subsolo (discriminação por motivo de sexo) e também não são permitidos homens que tenham idade abaixo de 21 anos, tampouco maiores de 50 anos (discriminação por motivo de idade).

Nada obstante, é oportuno lembrar que a Lei n. 9.029/1995 tipifica como crime, dentre outros expedientes discriminatórios, o empregador usar, no momento de contratar trabalhadores, meios ou práticas que causem discriminação de sexo e/ou idade.

O entendimento da doutrina é no sentido de que a norma especial endoceletista não foi recepcionada pela Constituição Federal de 1988. Resta clarificado um ponto: o objetivo da norma social fundamental é proteger *ex lege* o trabalho extenuante de mulheres, menores de idade e homens adultos com idade pré-senil. Isso porque, como já dito, o trabalho em minas de subsolo requer uma atividade músculo-esquelética sobre--humana dos indivíduos que ali aplicam a energia de trabalho. Dada as condições de idade ou de genética, vê-se que não é possível que mulheres, adolescentes ou homens idosos atuem nas funções típicas de minerador. Claro, pode atuar em outras funções que não requeiram esforço acima de sua capacidade.

Obtempera Alice Monteiro de Barros em acertado posicionamento:

> O caráter penoso do trabalho realizado em subterrâneos e os abusos praticados no emprego de mulheres nas minas acabaram por dar ensejo à adoção da Convenção n. 45, da OIT, em 1935, embora com a oposição de alguns países adeptos do trabalho feminino nesses locais, por interesses econômicos. Essa Convenção foi ratificada pelo Brasil e por vários países. Ela proíbe o trabalho de mulheres de qualquer idade, nos subterrâneos de minas, ou seja, na extração de substâncias situadas sob a superfície da terra. O seu art. 3º atribui-lhe uma certa flexibilidade; faculta à legislação nacional excluir dessa proibição as mulheres que ocupam cargo de direção e que não realizam trabalho manual; as empregadas em serviços de saúde e de bem estar; as mulheres que, durante seus estudos, realizam práticas na parte subterrânea da mina, a título de formação profissional, e quaisquer outras que, eventualmente, necessitem descer ao interior de uma mina, no exercício de uma profissão que não seja manual. (BARROS, 2008, p. 340)

A Norma Regulamentar n. 22 prevê:

> Em mina de subsolo só serão permitidos e realizados estudos ou estágios práticos aos candidatos que tenham no mínimo 18 anos de idade e estejam aprovados em exame médico clínico radiológico; o primeiro ano deste aprendizado será de aulas teóricas e práticas na superfície e subsolo, durante cada turma de três horas diárias, contendo a programação de ensinamentos sobre a segurança e medicina do trabalho em mina (NR-22 art. 22, item 1.4).

Analise-se a proibição de mulheres e menores de 21 anos laborarem em minas de subsolo. A norma especial endocelestista não prenuncia qualquer tipo de discriminação, tanto por motivo de sexo ou de idade. Vislumbra-se neste ponto, tão somente, a intenção de uma rígida proteção ao complexo-energético-intelectivo de mulheres e jovens com idade não superior a permitida por lei.

Nesse contexto, Alexandre de Moraes ressalta um ponto interessante a esse respeito quando explica:

> A correta interpretação desse dispositivo torna inaceitável a utilização do *discriminen* de sexo, sempre que o mesmo seja eleito com o propósito de desnivelar materialmente o homem da mulher; [...] o princípio da isonomia não pode ser

entendido em termos absolutos. O tratamento diferenciado é admissível e se explica do ponto de vista histórico [...] (MORAES, 2007, p. 34).

Por derradeiro, aposte-se no entendimento de que não existe discriminação nos dizeres do art. 301 da Consolidação das Leis do Trabalho. Este dispositivo foi plenamente recepcionada pela Constituição Federal de 1988. A *intentio legis* da norma visa, sobretudo a proteger a mulher, o menor de 21 anos e o maior de 50 anos. Assim sendo, não há que falar que o instituto de proteção especial é irrazoável ou contorna a clareza da Carta. Atenha-se, portanto, que o que a lei pretende expurgar são as intenções de irrazoabilidades injustificadas.

9. Releitura sistematizada do tópico apresentado

- A profissão de mineiro de subsolo é disciplinada pelos arts. 293 a 301 da Consolidação das Leis do Trabalho e pela Norma Regulamentar (NR-22), que disciplina regras específica de segurança e saúde ocupacional na mineração.
- Mineiro de subsolo é aquele que trabalha em minas explorando metais, minérios, água ou outros minerais.
- A jornada de trabalho efetivo para os empregados em minas de subsolo não excederá de seis horas diárias ou de 36 horas semanais.
- A lei permite a prorrogada até oito horas diárias ou 44 horas semanais, mediante acordo escrito entre empregado e empregador ou contrato coletivo de trabalho.
- A duração normal do trabalho efetivo no subsolo poderá ser inferior a seis horas diárias, por determinação da autoridade de segurança e medicina do trabalho, tendo em vista condições locais de insalubridade e os métodos e processos de trabalho adotado.
- Em cada período de três horas consecutivas de trabalho, será obrigatória uma pausa de 15 minutos para repouso, a qual será computada na redução normal de trabalho efetivo.
- Na iminência de perigo que possa comprometer a vida ou saúde do minerador, a empresa administradora da mina deverá comunicar o fato imediatamente à autoridade regional do trabalho, a melhor entender, a Superintendência Regional do Trabalho.

Capítulo III
Empregado Doméstico

1. Base normativa da profissão

O trabalho doméstico é regido pela Lei n. 5.859, de 11 de dezembro de 1972, e pelo decreto regulamentador n. 71.885, de 9.3.1973. A Constituição Federal prevê um restrito rol de direitos sociais aplicáveis aos empregados domésticos. Deste modo: "São assegurados à categoria dos trabalhadores domésticos os direitos previstos nos incisos IV, VI, VIII, XV, XVII, XVIII, XIX, XXI e XXIV, bem como a sua integração à previdência social" (art. 7º, parágrafo único da Constituição Federal de 1988).

2. Empregador doméstico

Inicialmente pode-se enfatizar que a lei regulamentadora da profissão dos empregados domésticos não trouxe a definição de empregador doméstico. A definição, porém, pode ser encontrada no art. 3º (inciso II) do Decreto que regula a Lei n. 5.859/1972, que assim conceitua: "Considera empregador doméstico a pessoa ou família que admite a seu serviço empregado doméstico".

Outra norma brasileira que define empregador doméstico é o inciso II do art. 15 da Lei n. 8.212/1991 quando dispõe: "Empregador doméstico é a pessoa ou família que admite a seu serviço, sem finalidade lucrativa, empregado doméstico".

Da interpretação a *contrario sensu* do conceito de obreiro doméstico, também é possível saber quem é juridicamente empregador nas relações de trabalho doméstico no Brasil. Doméstico é aquele que presta serviços de natureza contínua e de finalidade não lucrativa[33] à pessoa ou à família no âmbito residencial. Logo, só pode figurar como empregador a família ou pessoa que não tenha no núcleo empregatício fins lucrativos.

A pessoa inscrita no conceito de empregador doméstico, na verdade, é a pessoa natural[34] ou pessoa física. Deste modo, só pessoa física pode figurar como empregador doméstico. Pessoas jurídicas, como empresas, corporações industriais ou escritórios, não podem ser considerados empregadores domésticos. A razão disso é simples: aí

---

(33) Destarte, caso o trabalho executado pelo obreiro doméstico gere algum lucro econômico ao empregador, fundamentalmente, forma-se entre empregado e empregador uma relação de emprego comum, ou seja, regido pela CLT.

(34) Assim a jurisprudência chancela: "Recurso de Revista. Vínculo de emprego. Empregado doméstico é a pessoa física que presta, com pessoalidade, onerosidade e subordinadamente, serviços de natureza contínua e de finalidade não lucrativa à pessoa ou à família, em função do âmbito residencial destas [...]. Recurso de Revista conhecido e provido". *In:* BRASIL, Tribunal Superior do Trabalho, Recurso de Revista n. 338300-46.2008.5.09.0892, 4ª T., relª Maria de Assis Calsing, julgado: 10.6.2011.

existem fins econômicos. Além do mais, tal situação foge da normativa instalada na lei do doméstico (empregador doméstico é a pessoa física ou família).

O vocábulo família, segundo Sergio Pinto Martins (2009, p. 130), "é bastante amplo, podendo ter bastantes significados". Portanto, hoje o termo família pode ser reduzido, às vezes, a um pai e a um filho, a uma mãe com sua filha ou até mesmo a irmãos que morem juntos. Enfim, parentes que habitem na mesma residência podem figurar como empregador.

Esse agrupamento familiar pode ser duradouro ou efêmero, pois, para fins de identificação conceitual de família empregadora, a duração é indiferente.

Em resumo sistematizado, é imperioso concluir que empregador doméstico só pode ser pessoa física ou a instituição de agrupamentos naturais, a família. Não podem figurar como empregador doméstico empresas, escritórios, conglomerados de empresas ou qualquer pessoa jurídica.

3. Empregado doméstico

Empregado familiar, de acordo com o que prevê a Lei n. 5.859/1972 (art. 1º, *caput*), é aquele que "presta serviços de natureza contínua e de finalidade não lucrativa à pessoa ou à família no âmbito residencial destas".

Domésticos podem ser cozinheiro, governanta, babá, lavadeira, faxineiro, vigia, motorista particular, jardineiro, acompanhante de idosos, damas de companhia, copeiro, mordomo, arrumadeira, passadeira, enfermeira particular, entre outros, que prestem serviço no âmbito familiar e que preencham os requisitos formadores do vínculo de emprego. O caseiro também é considerado empregado doméstico. Neste caso, o sítio onde exercer o labor, necessariamente, não poderá desenvolver atividade econômica ou qualquer outro meio que desvirtue a natureza não lucrativa.

Alguns aspectos devem ser entendidos. Por primeiro, o que diz respeito à prestação de serviços de natureza contínua.[35] Por trabalho contínuo pode-se entender aquele

---

(35) Neste sentido a decisão aventando que para existir vínculo de emprego doméstico tem de existir continuidade do labor: **"Recurso de Revista. Vínculo empregatício. Diarista. Continuidade na prestação do serviço.** I. O Tribunal Regional não reconheceu o vínculo empregatício entre as partes por entender ausente o requisito da continuidade. Consignou que — embora não reste a menor dúvida de que a recorrente prestou em favor do recorrido serviços de natureza doméstica, no âmbito de sua residência, de modo pessoal, permanente e oneroso, seguramente não o fez de modo contínuo, requisito essencial à caracterização da relação de emprego doméstico. II. O posicionamento adotado pelo Tribunal Regional está em harmonia com a jurisprudência desta Corte Superior, no sentido de que a caracterização da continuidade é indispensável ao reconhecimento do vínculo de emprego do trabalhador doméstico e de que o labor realizado em apenas dois ou três dias na semana não configura tal requisito. Estando a decisão regional em conformidade com a jurisprudência atual e iterativa desta Corte Superior, o conhecimento do recurso de revista por divergência jurisprudencial encontra óbice na Súmula n. 333 desta Corte e no § 4º do art. 896 da CLT. Recurso de revista que não se conhece". *In:* Tribunal Superior do Trabalho, Recurso de Revista n. 171300-70.2006.5.01.0065, 4ª T., rel. Fernando Eizo Ono, publicado: DEJT, 26.8.2011.

que não é esporádico, inconsistente, ocasional, enfim, não pode ser descontínuo na fruição do labor.

Ressalte-se que "a lei não fixa critério para determinar o que é trabalho contínuo. A nosso ver, serviço de natureza contínua é o trabalho que não é eventual, não tendo, no entanto, de ser obrigatoriamente diário" (FREITAS JUNIOR; ARAÚJO, 2008, p. 31).

Nada obstante, cabe ressaltar que, caso não exista um contínuo fluxo de labor, o trabalhador doméstico não será considerado empregado doméstico, mas sim, diarista, um eventual, posição essa que vem sendo firmada pela Justiça do Trabalho.[36]

A continuidade que a lei extraceletista menciona, na verdade, é a mesma dos elementos fático-jurídicos contidos no art. 3º da Consolidação das Leis do Trabalho. Qual é ela? Reside na expectativa certa de que o trabalhador irá voltar ao posto de trabalho no dia seguinte.

Importa o elemento fático não ter finalidade lucrativa na relação de trabalho. Quer dizer, a rigor, não deve existir intuito de gerar economia, renda ou obter lucro no núcleo onde o doméstico trabalhe. *Verbi gratia*, o motorista de uma família, incumbido de conduzir um idoso três vezes por semana até um consultório médico, não é o mesmo que trabalha em uma agência de viagens conduzindo turistas. Naquela, o trabalhador será doméstico, porque não existe aí o intuito de lucros. Enquanto nesta, essencialmente, será considerado motorista normal, visto que aí encontra presente o claro escopo econômico. Outro exemplo ajuda a entender: imagine-se que um empregador doméstico decida abrir um restaurante em sua residência e use os serviços do obreiro familiar. Ele deixará de ser empregado doméstico, haja vista ter aí a finalidade lucrativa.

Trabalho realizado no âmbito residencial para pessoa ou família, este requisito pode ser definido e entendido de forma ampla: considera-se âmbito residencial o núcleo comum de concentração dos membros de uma família.

Explique-se: o obreiro doméstico, não precisa, necessariamente, imprimir sua força de serviços no âmbito residencial, mas sim para o âmbito residencial. Deste modo, poderá atuar distante do conglomerado familiar e, mesmo assim, não deixará de ser doméstico.

Neste diapasão, uma enfermeira particular que esteja cuidando de um enfermo, mesmo sendo em uma clínica, evidentemente que de forma contínua, será considerada empregado doméstico. Nesta ação, não se encontra trabalhando dentro do núcleo familiar,

---

(36) Nesse sentido a jurisprudência consolidada: "Recurso de Revista. Vínculo de emprego - Caracterização. A teor do art. 1º da Lei n. 5.859/72, constitui elemento indispensável à configuração do vínculo de emprego doméstico, a continuidade na prestação dos serviços. Assim, sendo incontroverso que a reclamante somente trabalhava duas vezes por semana para a reclamada, não há como reconhecer o vínculo empregatício. Ademais, esta Corte, já vem decidindo que no caso de diarista doméstica, que labore apenas uma ou duas vezes por semana em residência, não se vislumbra o vínculo de emprego, mas apenas prestação de serviços. Recurso de revista conhecido e desprovido". *In:* Tribunal Superior do Trabalho, Recurso de Revista n. 239400-41.2006.5.09.0005, 2ª T., rel. Renato de Lacerda Paiva, publicado: 25.3.2011.

mas seu labor está a serviço de uma pessoa física, com finalidade não lucrativa. O legislador se utilizou de uma expressão muito mais ampla de família do que o sentido da expressão normal aceita pelo direito civil.

Por fim, também será empregado doméstico o que trabalhe para membros de uma mesma família, diga-se unidade familiar, ainda que em locais diversos. Sendo de forma constante, deverá ser considerado doméstico, assim entende o Tribunal Superior do Trabalho.[37]

3.1. Empregado doméstico e diarista: ponto diferenciador

Por primeiro, faz-se necessário esclarecer quem é considerado diarista no direito do trabalho brasileiro. Entende-se por diarista o trabalhador autônomo (sem vínculo de emprego) que presta seus serviços, geralmente, no âmbito doméstico ou fora dele.

Já foi dito que a lei que disciplina o trabalho doméstico dispõe que doméstico é aquele que presta serviços de natureza contínua e de finalidade não lucrativa à pessoa ou à família no âmbito residencial destas.

Serviço contínuo pode ser entendido como aquele sucessivo, ininterrupto, constante, contínuo[38] e não intercalado. Essas características só se encontram nas relações de emprego doméstico.

Nas relações de trabalho diarista não existe o elemento fático-jurídico continuidade, isso porque o diarista labora em dias não aprazados (dentro de um contrato de trabalho), ou seja, seus serviços não se realizam diariamente.

Daí nascem inúmeras dúvidas entre empregado doméstico e diarista. Não é fácil, portanto, enquadrar essas duas "espécies" de trabalhadores.

Nem por isso, contudo, se podem confundir esses dois obreiros. O diarista não presta serviço de natureza contínua. Além disso, deve haver também outras circunstâncias: o diarista dispõe de toda a liberdade para avençar com o proprietário da residência o horário para prestar o labor (neste caso, não se encontra o elemento fático-jurídico

---

(37) A jurisprudência é clara nesse sentido: "Agravo de instrumento em recurso de revista. Empregada doméstica. Vínculo de emprego. A Corte Regional, soberana na análise do conjunto fático-probatório, concluiu que a reclamante prestava serviços de faxina em dias diferentes e em locais distintos, mas para pessoas de uma mesma unidade familiar. Ademais, consignou que 'não obstante a prova dos autos revele que o serviço era realizado a cada dia na casa de um familiar, tal circunstância não afasta a continuidade dos serviços prestados, na medida em que os beneficiários constituem uma unidade familiar, tanto que os serviços eram contraprestados de forma centralizada, no minimercado de propriedade reclamada e do seu irmão Juarez' (fl. 135-v/136). Para que este Tribunal Superior do Trabalho julgue de forma diversa, seria necessário o reexame dos fatos e da prova da demanda; procedimento inviável, no entanto, em face do óbice contido na Súmula n. 126 do TST. Agravo de instrumento a que se nega provimento". In: Tribunal Superior do Trabalho, Agravo de Instrumento em Recurso de Revista n. 88640-60.2007.5.04.0013, 7ª T., rel. Pedro Paulo Manus, Publicado: 19.8.2011.

(38) Paulo Emilio Ribeiro de Vilhena nesse sentido explica: "A permanência é requisito do contrato de trabalho, mas a continuidade constitui-se exigência mais rigorosa, aplicável apenas ao trabalho doméstico". In: VILHENA, Paulo Emilio Ribeiro de. Relação de emprego. São Paulo: Saraiva, 1975. p. 288.

subordinação jurídica), o pagamento é feito no final de cada prestação de serviço (não é salário e sim honorários pelo serviço) e pode prestar serviços para diversos donos de casas (revela, assim, a não exclusividade).

Na verdade, o ponto diferenciador entre o diarista (autônomo) e o empregado doméstico é, dentre outros aspectos apontados, a continuidade do trabalho,[39] trabalho não episódico, não eventual, constante, sucessivo, itens existentes na relação deste último com o tomador do serviço.

3.2. Poder diretivo e disciplinar do empregador doméstico

Um dos elementos fático-jurídicos configuradores da relação de emprego é a subordinação à qual o empregado está submetido. Por subordinação jurídica entende-se o estado que o empregado encontra-se de acatar ordens justas e relacionadas à relação de emprego. Em outros termos, como explica Gustavo Felipe Barbosa Garcia (2008, p. 136), "significa que a prestação dos serviços é feita de forma dirigida pelo empregador, o qual exerce o poder de direção".

No trabalho doméstico, a propósito, existe uma peculiaridade entre empregador e empregado, isso porque se encontram presentes vários aspectos que não se acham em outras relações de trabalho. O labor é exercido dentro de uma intimidade funcional: "O empregado doméstico vê e ouve detalhes dos negócios e vida privada dos moradores e das pessoas que frequentam seu local de trabalho" (FIORELLI; FIORELLI; MALHADAS JUNIOR, 2009, p. 11).

Outro ponto especial dessa relação é a troca de sentimentos que existe entre patrão e doméstico. O doméstico vive "as emoções de nascimentos, casamentos, formaturas, doenças, períodos de convalescença, falecimentos e muitas outras são compartilhadas" (FIORELLI; FIORELLI; MALHADAS JUNIOR, 2009, p. 12).

Desta forma, às vezes, a empregada doméstica sabe de mais detalhes da vida dos membros da família do que os próprios componentes do núcleo familiar, por exemplo, pode ser a primeira a saber da gravidez da filha ou do fim do namoro do filho do empregador.

Tais fatos tornam, todavia, difícil um convívio com a plena isenção de profissionalismo. O empregador, em caso de falta cometida pelo doméstico, pode aplicar todas as penalidades disciplinares na medida e gradação devidas. A legislação trabalhista nacional prevê as seguintes penas: advertência escrita e reservada, suspensão contratual e a mais grave, dispensa por justa causa. Como regra, não pode ter pena de multa na relação de emprego doméstico.

---

(39) Assim já decidiu o Tribunal Superior do Trabalho: "O reconhecimento do vínculo empregatício com o empregado doméstico está condicionado à continuidade na prestação dos serviços, o que não se aplica quando o trabalho é realizado durante apenas alguns dias da semana". *In:* Tribunal Superior do Trabalho. *Notícias do TST.* Disponível em: <www.tst.gov.br>. Acesso em: 10 nov. 2010.

3.3. Sucessão do empregador doméstico

A relação de emprego doméstico é permeada de peculiaridades, envolve emoções, confiança e respeito ao mesmo tempo. Mesmo assim a natureza do contrato de trabalho não deixa de ser *intuitu personae* para o doméstico.

A sucessão de empregador é entendida como a substituição da responsabilidade pelos créditos e direitos patronais anteriores que não foram pagos por motivos de mudanças fáticas na estrutura do polo empregador. Assim, é quando acontece uma mudança na propriedade da empresa, deste modo, o novo proprietário passa a ser o responsável pelos créditos laborais.

Nas relações domésticas não se aplica a sucessão trabalhista constante nos arts. 10 e 448 da Consolidação das Leis do Trabalho, conforme manda o art. 7º, alínea "a" da mesma norma.

Em comento, Sergio Pinto Martins assim se manifesta:

> Falecendo o empregador doméstico, seus herdeiros não passarão a ser o empregador doméstico, salvo se morarem na mesma casa, quando o empregador doméstico será considerado a família. Aqui, se doméstico presta serviços para as mesmas pessoas da família que morarem na casa, mesmo com o falecimento do pai, que era empregador, o contrato de trabalho é firmado com a família [...]. (MARTINS, 2009, p. 16)

A doutrina e jurisprudência majoritárias reverberam que não é possível existir a sucessão de empregadores domésticos. Contudo, no que diz respeito aos créditos e direitos laborais deixados pelo empregador falecido, os herdeiros deverão responder na integridade.

4. Inaplicabilidade da CLT às relações de emprego doméstico

A norma que rege as relações de emprego doméstico trouxe tratos pormenorizados das peculiaridades desta relação de emprego. O art. 7º da Consolidação das Leis do Trabalho, de forma peremptória, exclui a aplicação de suas normas às relações de emprego doméstico[40]. Neste passo dicciona a *ut supra* norma:

> Os preceitos constantes da presente Consolidação, salvo quando for, em cada caso, expressamente determinado em contrário, não se aplicam aos empregados domésticos, assim considerados aqueles que prestam serviços de natureza não econômica à pessoa ou à família, no âmbito residencial destas. (CLT, art. 7º, alínea "a")

---

(40) Valentin Carrion lembra: "Nem a lei dos empregados domésticos nem a Constituição Federal revogaram o art. 7º, a, da CLT, na parte em que os exclui da proteção geral, pelo que permanecem as limitações expressas ou tácitas". *In:* CARRION, Valentin. *Comentários à consolidação das leis do trabalho, legislação complementar e jurisprudência.* 35. ed. São Paulo: Saraiva, 2010. p. 57.

5. Aparente conflito entre a CLT e o decreto regulamentador da lei do doméstico

Por tudo aquilo firmado anteriormente, ficou dito que as disposições celetistas não são aplicadas aos empregados domésticos, conforme menciona a norma consolidada:

> Os preceitos constantes da presente Consolidação, salvo quando for, em cada caso, expressamente determinado em contrário, não se aplicam: aos empregados domésticos, assim considerados aqueles que prestam serviços de natureza não econômica à pessoa ou à família, no âmbito residencial destas. (CLT, art. 7º, alínea "a")

Acontece que o regulamento da Lei n. 5.859/72, o Decreto n. 71.885/73, no art. 2º prevê: "Excetuado o capítulo referente a férias, não se aplicam aos empregados domésticos as demais disposições da Consolidação das Leis do Trabalho".

Como se vê, existe uma dissonância entre lei e regulamento. Daí surge uma indagação: aplica-se o decreto (eivado de ilegalidade por disciplinar assunto estranhos da fidelidade da lei) ou aplica-se a lei? Quanto a esta indagação, a resposta é negativa e nos valemos do escólio de Sergio Pinto Martins para sustentar essa afirmação:

> Parece, contudo, que a alínea a do art. 7º da CLT se refere à parte da norma consolidada que trata do direito material do trabalho, e não à parte de direito processual do trabalho, pois, não fosse assim, não haveria como aplicar as regras processuais da CLT num processo trabalhista de empregado doméstico (MARTINS, 2009, p. 33).

A jurisprudência, no entanto, entende que neste particular se aplica a Consolidação das Leis do Trabalho, que é mais vantajosa para o trabalhador doméstico.

6. Jornada de trabalho

O parágrafo único do art. 7º da Constituição Federal não estendeu aos domésticos as normas sobre jornada de trabalho, logo não são devidas a esses profissionais horas extras, pausas interjornadas e adicional noturno.

Alice Monteiro de Barros explica:

> Somos favoráveis à extensão da tutela sobre duração do trabalho ao doméstico, como, aliás, já previa o anteprojeto de autoria de Evaristo de Moraes Filho, desde que se adapte à natureza do trabalho executado. Logo, se a jornada de trabalho não lhe pode ser imposta de forma rígida, nada impede que se lhe assegure um descanso consecutivo entre uma jornada e outra (BARROS, 2008, p. 216).

A jornada de trabalho do doméstico não está estatuída por nenhuma norma jurídica. A rigor, nem mesmo a Constituição Federal a institui, apenas de forma peremptória exclui a sua aplicação às relações de trabalho doméstico. Desta forma, mesmo que o doméstico trabalhe o excedente a oito horas diárias, o empregador não está obrigado a pagar horas extraordinárias. A própria carta constitucional dispõe sobre a reserva de obrigação de fazer ao prenunciar: "Ninguém é obrigado a fazer ou deixar de fazer alguma coisa senão em virtude de lei". Assim, o empregador não tem obrigação legal de pagar horas extras ao doméstico.

7. Direitos do doméstico constitucionalmente assegurados

A Constituição Federal de 1988 garantiu os seguintes direitos sociais aos empregados domésticos: salário mínimo, irredutibilidade salarial, repouso semanal remunerado, gozo de férias anuais remuneradas com, pelo menos, 1/3 a mais do que o salário normal, licença à gestante sem prejuízo do emprego e do salário, com duração de 120 dias, licença-paternidade, aviso prévio de pelo menos 30dias, aposentadoria e integração à Previdência Social.

Os obreiros domésticos têm outros direitos assegurados por leis infraconstitucionais, como Carteira de Trabalho e Previdência Social, devidamente anotada, feriados civis e religiosos, férias proporcionais, no término do contrato de trabalho, estabilidade no emprego em razão da gravidez, licença-paternidade de cinco dias corridos, vale-transporte, Fundo de Garantia do Tempo de Serviço (FGTS), sendo que esse benefício é de liberalidade do empregador, seguro-desemprego concedido exclusivamente quando incluído no FGTS.

Quanto aos direitos previdenciários, os empregados domésticos terão direito aos seguintes benefícios: auxílio-doença pago pelo INSS, aposentadoria por tempo de contribuição, aposentadoria por idade, aposentadoria por invalidez, auxílio-reclusão, pensão por morte, abono anual e salário maternidade.

8. FGTS: faculdade do empregador e repercussão no seguro--desemprego

O art. 3º-A da Lei n. 5.859/72 instituiu que é facultada a inclusão do empregado doméstico no Fundo de Garantia do Tempo de Serviço - FGTS, de que trata a Lei n. 8.036, de 11 de maio de 1990, mediante requerimento do empregador, na forma do regulamento.

O ato de inscrição do empregado doméstico no FGTS é mera liberalidade do empregador, inexistindo, assim, qualquer penalidade para o empregador doméstico que não inscrever o empregado familiar no FGTS.

Destaca-se, por oportuno, que o Decreto n. 3.361 de 10 de fevereiro de 2000, que regulamenta em parte as inovações trazidas pela lei dos domésticos, preceitua no art. 1º que o empregado doméstico poderá ser incluído no Fundo de Garantia do Tempo de Serviço de que trata a Lei n. 8.036, de 11 de maio de 1990, mediante requerimento do empregador.

Ponto marcante do referido decreto é: uma vez efetivado o primeiro depósito na conta vinculada, o empregado doméstico será automaticamente incluído no FGTS.

Ressalte-se apenas, para não deixar dúvidas, que efetivado o ato de depósito, ou seja, uma vez incluído o empregado doméstico no FGTS, torna-se irretratável com relação ao respectivo vínculo contratual e sujeita o empregador às obrigações e penalidades previstas na Lei n. 8.036/1990.

9. Descontos de salário permitidos

O salário do empregado é considerado intangível. Em termos mais claros: existe uma rede jurídica de proteção sobre a remuneração do obreiro. Tal proteção se dá porque a remuneração tem natureza alimentar. Ainda, em reforço, a Constituição Federal veda a irredutibilidade ou retenção dolosa do salário por parte do empregador, além de estabelecer um mínimo básico suficiente para saciar as necessidades básicas do trabalhador e de sua família.

Também é vedado, pela legislação trabalhista, o sistema de pagamento chamado de *truck system*.[41] Desta forma, o salário goza de uma proteção; é proibida a ação que cause descontos abusivos e ilegais.

Também as disposições legislativas garantem a proteção do salário perante credores do empregado, tornando-o impenhorável. Garante, ainda, a proteção contra os credores do empregador.

Afirmar, todavia, que essa proteção é absoluta é equivocado. A legislação brasileira, no entanto, admite diversos descontos. Evidentemente, fala-se aqui de descontos legais ou ajustados previamente entre empregado e empregador. Várias são as leis que autorizam o empregador a efetuar descontos no salário do obreiro por diversas razões.

9.1. Faltas injustificadas ao trabalho

Ao empregador doméstico, é lícito descontar do salário do empregado os valores referentes às faltas ao serviço, as não justificadas ou as que não foram previamente autorizadas por qualquer membro do núcleo familiar.

Sergio Pinto Martins frisa: "Poderá ser feito o desconto do repouso semanal remunerado, pois a condição deste é que o empregado trabalhe a semana toda e seja pontual [...]." (MARTINS, 2009, p. 58)

O art. 473 da Consolidação das Leis do Trabalho apresenta situações fáticas da vida do empregado ou de seus familiares que o autorizam a faltar ao trabalho sem acarretar qualquer desconto de seu salário. A isso, chama-se de falta justificada. Assim, o empregado poderá deixar de comparecer ao serviço sem prejuízo do salário: até dois dias consecutivos em caso de falecimento do cônjuge, ascendente, descendente, irmão ou pessoa que, declarada em sua carteira de trabalho e previdência social, viva sob sua dependência econômica; até três dias consecutivos em virtude de casamento; por um dia, em caso de nascimento de filho no decorrer da primeira semana; por um dia,

---

(41) A sistemática prevista na Consolidação: "À empresa que mantiver armazém para venda de mercadorias aos empregados ou serviços estimados a proporcionar-lhes prestações *in natura* exercer qualquer coação ou induzimento no sentido de que os empregados se utilizem do armazém ou dos serviços". (CLT, art. 462, § 2º).

a cada 12 meses de trabalho, em caso de doação voluntária de sangue devidamente comprovada; até dois dias consecutivos ou não, para o fim de se alistar eleitor, nos termos da lei respectiva, no período de tempo em que tiver de cumprir as exigências do Serviço Militar, nos dias em que estiver comprovadamente realizando provas de exame vestibular para ingresso em estabelecimento de ensino superior; pelo tempo que se fizer necessário, quando tiver que comparecer a juízo; pelo tempo que se fizer necessário, quando, na qualidade de representante de entidade sindical, estiver participando de reunião oficial de organismo internacional do qual o Brasil seja membro.

9.2. Adiantamentos de parte da remuneração

Adiantamentos de salário é a antecipação[42] de uma parte do valor da remuneração do empregado doméstico. Desta forma, não é tecnicamente um desconto, é o recebimento de um valor deslocado da data de pagamento da remuneração.

Frise-se, porém, que, para maior segurança, os adiantamentos concedidos devem sempre ser feitos mediante recibo.

9.3 Contribuição previdenciária (INSS)

Na verdade, a contribuição previdenciária é obrigatória, de acordo com a lei. Assim, o empregador doméstico é obrigado a, dentro do prazo legal, efetuar o desconto e repassar ao Instituto Nacional de Seguridade Social.

O art. 20 da Lei n. 8.212/90 determina que a contribuição do empregado, inclusive o doméstico, e a do trabalhador avulso, é calculada mediante a aplicação da correspondente alíquota sobre o seu salário de contribuição mensal, de forma não cumulativa, observado o disposto no art. 28, de acordo com a seguinte tabela.

Por fim, ainda, segundo a lei, as alíquotas aplicadas às contribuições sobre o salário do empregado doméstico é de 8%, 9% e 11%, evidentemente, dentro da faixa de renda contributível em que o doméstico estiver inserido.

9.4. Danos causados à pessoa ou à família

Dano consiste na lesão (diminuição ou destruição) que, devido a certo evento, sofre uma pessoa, contra sua vontade, em qualquer bem ou interesse jurídico, patrimonial ou moral (DINIZ, 2005, p. 3).

O art. 462 da Consolidação das Leis do Trabalho assegura que ao empregador é vedado efetuar qualquer desconto nos salários do empregado,[43] salvo quando este resultar de adiantamentos, de dispositivos de lei ou de contrato coletivo.

---

(42) Sobre o adiantamento de parte do salário, o art. 462 da CLT deixa claro que o empregador pode fazer a "retenção" da parte que adiantou. É uma disposição lógica e racional.

(43) O TST editou a Súmula n. 342 para atenuar o preceito do art. 462 da CLT. Assim dispõe o verbete: "Descontos salariais efetuados pelo empregador, com a autorização prévia e por escrito do empregado, para ser integrado em planos de assistência odontológica, médico-hospitalar, de seguro, de previdência privada, ou de entidade cooperativa, cultural ou recreativa associativa dos seus trabalhadores, em seu benefício e dos seus dependentes, não afrontam o disposto pelo art. 462 da CLT, salvo se ficar demonstrada a existência de coação ou de outro defeito que vicie o ato jurídico".

Na verdade, o parágrafo primeiro do referido artigo faz uma ressalva quando dispõe que, em caso de dano causado pelo empregado, o desconto será lícito, desde que esta possibilidade tenha sido acordada ou na ocorrência de dolo do empregado.

Em palavras mais claras, pode-se ratificar: se o empregado doméstico causar danos a pessoa ou a membro do núcleo familiar na forma dolosa, será descontado do salário do doméstico o valor referente ao prejuízo, mesmo sem autorização do obreiro. O mesmo não acontece nos danos culposos, ou seja, aqueles atos laborais nos quais existam falhas nos deveres de observância e de cuidado (imprudência, a negligência e a imperícia). Nesta situação, para haver o desconto, tem, necessariamente, de existir uma prévia autorização do empregado. Então, neste diapasão, os danos culposos só podem ser descontados se existir um prévio ajuste entre empregador e empregado familiar.

9.5. Utilidades

O art. 2º-A da lei que disciplina a relação do emprego doméstico dispõe que é vedado ao empregador doméstico efetuar descontos no salário do empregado por fornecimento de alimentação, vestuário, higiene ou moradia.

Existe, no entanto, uma ressalva feita pela referida norma: poderão ser descontadas as despesas com moradia quando ela se referir a local diverso da residência em que ocorrer a prestação de serviço e desde que essa possibilidade tenha sido expressamente acordada entre as partes (art. 1º, § 1º da Lei n. 5.859/1972).

Magno Luiz Barbosa enfatiza:

[...] a questão da moradia não se restringe apenas ao doméstico que reside no âmbito familiar do empregador. Existem os casos em que o empregador fornece ao empregado moradia diversa à da prestação do serviço. Nesses casos, é necessário que observemos o § 1º do mencionado art. 2º da Lei n. 5.859/72 (BARBOSA, 2008, p. 66).

No mesmo sentido é a opinião de Sergio Pinto Martins, enfatizando: "A moradia poderá ser descontada do doméstico, desde que não seja residência onde trabalhe e o desconto seja expressamente acordado [...]". (MARTINS, 2009, p. 85)

Ainda, em exatos termos, as utilidades não têm natureza salarial nem se incorporam à remuneração para quaisquer efeitos legais.

Qualquer outra utilidade fornecida pelo empregador doméstico poderá ser descontada, claro, desde que exista um ajuste prévio entre empregado e empregador. Neste caso, o fornecimento de habitação será considerado salário *in natura*.

9.6. Imposto de Renda

O Imposto de Renda é um tributo que tem como fato gerador o auferimento de renda. O empregado doméstico, pelo seu labor, recebe riqueza. Caso aufira valor compatível com o padrão contributível, o desconto decorrerá por força de lei, portanto, desconto legal e cogente.

É importante ressalvar, todavia, que Freitas Júnior e Medeiros de Araújo explicam:

> Segundo a legislação vigente, o empregador doméstico é o responsável pela retenção e o respectivo recolhimento do Imposto de Renda devido pelo empregado. Não procedendo aos descontos devidos, o empregador tem de pagar, por conta própria, os valores não descontados (FREITAS JÚNIOR; ARAÚJO, 2008, p. 183).

O imposto incidirá sobre o rendimento bruto, sem qualquer dedução, ressalvado o disposto nos artigos nono a 14 desta Lei (Lei n. 7.713/88, art. 3º). Portanto, o doméstico que tiver renda condizente com a tributação fica sujeito à incidência do Imposto de Renda na fonte.

9.7. Vales-transportes

O valor do vale-transporte é custeado entre empregado e empregador, sendo que o empregador pode descontar até 6% do salário contratado, limitado ao montante de vales-transportes recebidos. O empregador arca com a diferença entre o valor descontado e o valor do montante do custo total dos vales-transportes.

A pessoa física ou jurídica que seja empregador, segundo a lei, antecipará ao empregado o vale-transporte para utilização efetiva em despesas de deslocamento residência-trabalho e vice-versa. O vale-transporte será usado no sistema de transporte coletivo público, urbano ou intermunicipal e/ou interestadual com características semelhantes aos urbanos, geridos diretamente ou mediante concessão ou permissão de linhas regulares e com tarifas fixadas pela autoridade competente, excluídos os serviços seletivos e os especiais (Lei n. 7.418/85, art. 1º).

De acordo com o decreto que regulamenta (Decreto n. 95.247/1987) a lei, o empregador doméstico só está exonerado da obrigatoriedade do vale-transporte quando proporcionar, por meios próprios ou contratados, em veículos adequados ao transporte coletivo, o deslocamento, residência-trabalho e vice-versa, de seus trabalhadores (art. 4º).

9.8. Pensão alimentícia

Caso o empregador doméstico seja compelido por mandado judicial a descontar do salário do empregado doméstico valores referentes a pagamento de alimentos, deverá retê-lo e repassar diretamente ao beneficiário (filhos, esposa ou pais etc.) consignado no mandado judicial.

10. Descontos proibidos do salário

O salário do empregado é protegido por diversos meios contra descontos indevidos. Existe uma rede de proteção visando a coibir abusos por descontos vedados por lei.

A remuneração do trabalhador tem natureza alimentar. A Constituição Federal veda a irredutibilidade, retenção dolosa por parte do empregador, além de estabelecer um mínimo básico suficiente para suprir as necessidades básicas do trabalhador e de sua família.

É vedado, ainda, pela legislação trabalhista, o sistema de pagamento chamado de *truck system*. Desta forma, protege a intangibilidade salarial, ou seja, proíbe descontos abusivos e ilegais.

Pode-se dizer que a legislação brasileira admite diversos descontos. Evidentemente, fala-se de descontos legais ou ajustados previamente entre empregado e empregador.

Aqui, portanto, interessam os descontos proibidos. A própria lei que rege a profissão de doméstico cuidou de traçar algumas circunstâncias que vedam ao empregador doméstico efetuar descontos do salário do empregado.

10.1. Empréstimos de natureza civil que o empregado tem com terceiros

Em apressada definição contextual, empréstimos de natureza civil ou comercial são aqueles não correlacionados com o vínculo de emprego. O empregador não pode descontar valores do salário do empregado sob pretexto de quitar eventuais dívidas com terceiros. Assim, é vedado ao empregador doméstico fazer desconto de salário do empregado para, por exemplo, adimplir o passivo de credores do funcionário ou o empregador não pode reter parte da remuneração do doméstico para repassar a uma creche na qual estuda a filha do obreiro.

10.2. Dívidas que o empregado doméstico tem com o empregador

Não há de se confundir dívida civil ou comercial com adiantamentos de salários, já vistos na seção dos descontos permitidos pela legislação. De outro modo, dívidas de natureza civil entre empregador doméstico e doméstico são aquelas estranhas ao contrato. Assim, não podem ser reavidas diretamente com descontos do pagamento de salário. Logo, é vedado ao empregador reaver seus créditos oriundos de negócios jurídicos comerciais efetuando descontos da remuneração do obreiro. Exemplo: empréstimo.

10.3. Alimentação, higiene, vestuário e moradia quando o doméstico resida na residência onde presta o trabalho

Na verdade, o art. 2º-A da lei dispõe: "É vedado ao empregador doméstico efetuar descontos no salário do empregado por fornecimento de alimentação, vestuário, higiene ou moradia" (Lei n. 5.859/72).

Deste modo, é defeso ao empregador fazer descontos do salário com pretexto de pagamento de despesas de moradia, alimentação ou uniformes para o trabalho. Porém, isso só é levado em conta quando o empregado reside na própria casa que presta o labor. A lei ressalva que poderão ser descontadas as despesas com moradia quando ela se referir a local diverso da residência em que ocorrer a prestação de serviço e desde que essa possibilidade tenha sido expressamente acordada entre as partes (art. 2º-A, §1º da Lei n. 5.859/72).

Oportuno se torna dizer que se as despesas permitidas forem descontadas a título de salário-utilidade não terão natureza salarial nem se incorporam à remuneração para quaisquer efeitos.

11. Salário do doméstico

O art. 6º da Lei n. 8.542/92 define salário mínimo como sendo a contraprestação mínima devida e paga diretamente pelo empregador a todo trabalhador por jornada normal de trabalho, capaz de satisfazer, em qualquer região do país, as suas necessidades vitais básicas e as de sua família com moradia, alimentação, educação, saúde, lazer, vestuário, higiene, transporte e previdência social.

A Constituição Federal de 1988 garante um salário mínimo nacional para os trabalhadores. Esse direito é garantido aos empregados domésticos por força do parágrafo único do art. 7º da Carta Magna.

12. Seguro-desemprego: um direito condicional aos domésticos

Determina a norma que o empregado doméstico que for dispensado sem justa causa fará jus ao benefício do seguro-desemprego no valor de um salário mínimo, por um período máximo de três meses, de forma contínua ou alternada.

A Lei n. 7.998/90 institui o seguro-desemprego aos trabalhadores que estejam desempregados, dentre outros casos, na despedida arbitrária. A norma deixa claro, portanto, que o benefício é uma assistência financeira temporária ao trabalhador desempregado em virtude de dispensa sem justa causa, inclusive a indireta, e ao trabalhador comprovadamente resgatado de regime de trabalho forçado ou da condição análoga à de escravo.

O direito ao seguro-desemprego do empregado doméstico, todavia, é condicionado à sua inscrição no FGTS. Lembre-se que a própria norma deixa facultado que tal inscrição é um critério facultativo do empregador, portanto, um ato de mera liberalidade. Não existe qualquer punição para o empregador que se abstiver de inscrever o doméstico.

Uma vez inscrito no FGTS e dispensado sem justa causa, o empregado doméstico, terá direito ao benefício. Saliente-se que outros requisitos, essencialmente, devem ser preenchidos:

a) ter trabalhado como doméstico por um período mínimo de quinze meses nos últimos vinte e quatro meses contados da dispensa sem justa causa;

b) Carteira de Trabalho e Previdência Social, na qual deverão constar a anotação do contrato de trabalho doméstico e a data da dispensa, de modo a comprovar o vínculo empregatício, como empregado doméstico, durante pelo menos quinze meses nos últimos vinte e quatro meses;

c) termo de rescisão do contrato de trabalho atestando a dispensa sem justa causa;

d) comprovantes do recolhimento da contribuição previdenciária e do FGTS, durante o período na condição de empregado doméstico;

e) declaração de que não está em gozo de nenhum benefício de prestação continuada da Previdência Social, exceto auxílio-acidente e pensão por morte;

f) declaração de que não possui renda própria de qualquer natureza suficiente a sua manutenção e de sua família.

Por derradeiro, o instituto regulador dispõe, ainda, que o seguro-desemprego deverá ser requerido dentro do prazo de sete a noventa dias contados da data da dispensado.

O doméstico, após receber o benefício temporário, só terá direito a novo seguro--desemprego se decorrido o período de dezesseis meses para uma nova dispensa sem justa causa.

13. Justas causas aplicadas ao doméstico

Justas causas são, na verdade, o:

Efeito emanado de ato ilícito do empregado que, violando alguma obrigação legal ou contratual, explícita ou implícita, permite ao empregador a rescisão do contrato sem ônus (pagamento de indenizações ou percentual sobre os depósitos do FGTS, 13º salário e férias, estes proporcionais (CARRION, 2010, p. 428).

Ocorrem, portanto, justas causas quando o empregador usa seu poder disciplinar e põe termo ao contrato por ter o empregado cometido falta disciplinar inscrita, em regra, no art. 482 da Consolidação celetista.

O § 2º do art. 6.º-A da Lei do Empregado Doméstico determina: "No caso de o doméstico cometer faltas laborais aplica o art. 482 da Consolidação do Trabalho". Advirta-se que o predito artigo define o elenco dos conceitos entendidos como faltas cometidas pelo empregado no desempenho do trabalho.

Para os empregados domésticos, é considerada justa causa, para a rescisão do contrato de trabalho, as hipóteses previstas no art. 482, com exceção das alíneas "c" e "g" e do seu parágrafo único, da Consolidação das Leis do Trabalho, e duas hipóteses contidas no decreto regulamentador da Lei do Vale-transporte:

a) ato de improbidade;

b) incontinência de conduta ou mau procedimento;

c) condenação criminal do empregado, passada em julgado, caso não tenha havido suspensão da execução da pena;

d) desídia no desempenho das respectivas funções;

e) embriaguez habitual ou em serviço;

f) ato de indisciplina ou de insubordinação;

g) abandono de emprego;

h) ato lesivo da honra ou da boa fama praticado no serviço contra qualquer pessoa, ou ofensas físicas, nas mesmas condições, salvo em caso de legítima defesa, própria ou de outrem;

i) ato lesivo da honra ou da boa fama ou ofensas físicas praticadas contra o empregador e superiores hierárquicos, salvo em caso de legítima defesa, própria ou de outrem;

j) prática constante de jogos de azar;

k) declaração falsa para obtenção de vale transporte;

l) utilizar indevidamente o vale-transporte.

14. Garantia de estabilidade no emprego

Estabilidade é a garantia de permanecer no emprego temporariamente sem que o empregador possa usar seu poder potestativo de despedir o empregado. São diversas as razões no direito brasileiro que neutralizam o poder unilateral do empregador de romper o vínculo de emprego. Por exemplo, o empregado sindicalizado na direção de sindicatos, acidentados, representante da CIPA, empregado eleito diretor de cooperativa, membros de conciliação prévia e gravidez, enfim, existe uma série de situações transitórias em que o empregador só poderá rescindir o contrato de trabalho do empregado quando ele cometer justa causa.

O art. 4º-A da lei doméstica consigna que é vedada a dispensa arbitrária ou sem justa causa da empregada doméstica gestante desde a confirmação da gravidez até cinco meses após o parto.

O empregador não pode desconsiderar essa norma de ordem pública, sob pena de ser obrigado a reintegrar a empregada ao seu posto de trabalho.

Alice Monteiro de Barros explica:

> Diante desse fato, não vemos como obrigar uma família, em sua residência, a manter uma empregada doméstica, reintegrando-a, sob pretexto de garantia de emprego, mas de pagar-lhe os seus efeitos, que se restringirão à reparação pecuniária correspondente [...] (BARROS, 2008, p. 207).

A reintegração da empregada doméstica não é aconselhada pela doutrina. As razões são muitas e, diga-se, bem adequadas e racionais. O emprego doméstico é cheio de peculiaridades. O labor é exercido, geralmente, na residência do empregador, em um espaço delimitado. Não seria salutar ter dentro da própria residência um litígio de proporções constrangedoras. Portanto, em caso de despedida de empregada doméstica que esteja no período de estabilidade, dada as peculiaridades da relação de emprego doméstico, a melhor saída é o empregador tão somente arcar com indenização correspondente a todo o período de estabilidade provisória.

15. Exigências legais pré-contratuais que o empregador pode fazer na admissão

O trabalho doméstico, em regra, é aquele efetuado dentro da residência da família. Por tal ocasião, o empregado tem acesso a todos os compartimentos da residência, cuida de bens valiosos, manuseia alimentos, cuida de crianças, idosos, enfim, a função requer acima de tudo uma pessoa íntegra e sadia para cuidar do lar doméstico.

O art. 2º da norma que trata do doméstico determina que, para admissão ao emprego, deverá o empregado doméstico apresentar Carteira de Trabalho e Previdência Social, atestado de boa conduta, atestado de saúde, a critério do empregador.

O dispositivo é claro ao estabelecer que o empregado "deverá" apresentar documentos que provem sua boa conduta e saúde. Existe aí um imperativo emanado da norma.

Neste diapasão, o empregador poderá solicitar, a seu critério, outros documentos para se resguardar de eventuais perigos ao lar e aos membros da família. Por exemplo, para o cargo de babá, o patrão pode requerer exame de sanidade mental, antecedentes criminais, enfim, pode checar a idoneidade do candidato. Claro, tais ações exigem ponderação para não ferir direitos constitucionais garantidos.

16. Responsabilidade civil das agências de empregados domésticos

O empregador doméstico pode se resguardar com diversos meios quando for contratar um empregado doméstico. Foi visto que pode adotar critérios rigorosos de contratação com o fim de não trazer para dentro de sua residência pessoas com condutas desabonadoras e inidôneas.

Visando a proteger os milhares de lares domésticos de todo o Brasil, foi instituída a Lei n. 7.195/1984, que responsabiliza civilmente as agências especializadas na indicação de trabalhadores domésticos por ilícitos praticados pelos trabalhadores indicados.

De acordo com o art. 1º da referida norma, as agências especializadas na indicação de empregados domésticos são civilmente responsáveis pelos atos ilícitos cometidos por eles no desempenho de suas atividades.

Nesse sentido, Sergio Pinto Martins (2009, p. 27) salienta: "A responsabilidade passa a ser objetiva, por estar prevista em lei".

Interessa saber, contudo, o prazo que a lei dá para responsabilidade da agência pela indicação de candidatos a emprego doméstico. Atenha-se que o lapso temporal é de doze meses. Assim, no ato da contratação, a agência firmará compromisso com o empregador, obrigando-se a reparar qualquer dano que venha a ser praticado pelo empregado contratado no período de um ano.

O termo "qualquer dano" grifado na norma, na verdade, refere-se a danos patrimoniais e extrapatrimoniais que o empregado familiar venha a causar nas relações de labor. Pode ser tanto dano causado ao lar doméstico como danos causados pelo empregado a terceiros que tenham como "nexo" a relação de trabalho. Por exemplo, um motorista de uma família que, sob a influência de bebidas alcoólicas no exercício do labor, vem a colidir com o carro de um taxista. Neste caso, a agência será responsabilizada pela indicação de trabalhador relapso e negligente. É claro, dentro do aprazado pela lei (doze meses).

Saliente-se, ainda, que a competência para processar e julgar danos causados por funcionários indicados pelas agências não será da Justiça do Trabalho, isso porque a relação não é de trabalho, e sim civil.

17. Releitura sistematizada do tópico apresentado

• A profissão de doméstico é regida pela Lei n. 5.859/1972 e pelo Decreto regulamentador n. 71.885, de 9-3-1973.

• A Constituição Federal prevê no art. 7º um restritivo rol de direitos sociais aplicáveis aos empregados domésticos.

• Empregador doméstico é a pessoa ou família que admita a seu serviço empregado doméstico.

• A Lei n. 8.213/1991 também define quem é o empregador doméstico no Brasil como sendo empregador doméstico - a pessoa ou família que admite a seu serviço, sem finalidade lucrativa, empregado doméstico.

• Empregado doméstico é aquele que presta serviços de natureza contínua e de finalidade não lucrativa à pessoa ou à família no âmbito residencial delas.

• O art. 7º, alínea "a", da CLT, de forma peremptória exclui a aplicação de suas normas às relações de emprego doméstico.

• Nas relações domésticas não se aplica a sucessão trabalhista constante nos arts. 10 e 448 da CLT, conforme mandamento contido no art. 7º, *a*, da mesma norma.

• O parágrafo único do art. 7º da Constituição Federal de 1988 não estendeu aos domésticos as normas sobre jornada, logo, não é devido ao doméstico horas extras, pausas interjornadas e adicional noturno.

• A jornada de trabalho do doméstico não se encontra estatuída por nenhuma norma jurídica, a rigor, nem mesmo a Constituição Federal a institui, apenas de forma peremptória exclui a sua aplicação às relações de trabalho doméstico.

• Além dos direitos constantes na Carta, aos domésticos são assegurados Carteira de Trabalho e Previdência Social, devidamente anotada, feriados civis e religiosos, férias proporcionais no término do contrato de trabalho, estabilidade no emprego em razão da gravidez, licença-paternidade de cinco dias corridos, vale-transporte, Fundo de Garantia do Tempo de Serviço (FGTS) (esse benefício é de liberalidade do empregador), seguro-desemprego (concedido se incluído no FGTS).

- Os direitos previdenciários são auxílio-doença, aposentadoria por tempo de contribuição, aposentadoria por idade, aposentadoria por invalidez, auxílio-reclusão, pensão por morte, abono anual e salário-maternidade.

- O ato de inscrição do empregado doméstico no FGTS é mera liberalidade do empregador.

- É vedado pela legislação trabalhista o sistema de pagamento chamado de *truck system* para o doméstico.

- A legislação pertinente ao empregado doméstico permite ao empregador efetuar desconto por diversas razões legais.

- Ao empregador doméstico é lícito descontar do salário do empregado os valores referentes às faltas ao serviço não justificadas ou que não foram previamente autorizadas por qualquer membro do núcleo familiar.

- Nos danos culposos, só podem ser efetuados descontos do salário se existir um prévio ajuste para tanto entre empregador e empregado doméstico.

- O direito ao seguro-desemprego do empregado doméstico é condicionado à inscrição dele no FGTS.

- É vedada a dispensa arbitrária ou sem justa causa da empregada doméstica gestante desde a confirmação da gravidez até cinco meses após o parto.

- A norma que trata do doméstico determina que para admissão ao emprego deverá o empregado doméstico apresentar Carteira de Trabalho e Previdência Social; atestado de boa conduta; atestado de saúde, a critério do empregador.

- As agências especializadas na indicação de empregados domésticos são civilmente responsáveis pelos atos ilícitos cometidos por eles no desempenho de suas atividades por um prazo de doze meses.

Capítulo IV
Empregado Rural

1. Regulamento da profissão e inaplicabilidade da CLT

O trabalhador rural é regido pela Lei n. 5.889, de 8 de junho de 1973, e pelo Decreto Regulamentar n. 73.626/1974. Por via de consequência, não se aplica ao empregado rural as disposições da Consolidação das Leis do Trabalho, ressalvados mandamentos contrários, conforme pronuncia o art. 7º, alínea b, da CLT.

2. Conceito de empregado rural

O conceito de empregado rural é dado pela própria lei que disciplina a profissão. Assim, entende-se como empregado rural toda pessoa física que, em propriedade rural ou prédio rústico,[44] presta serviços de natureza não eventual a empregador rural, sob a dependência dele e mediante salário.

Saliente-se, por oportuno, que tanto o empregado rural como o urbano, obrigatoriamente, devem ser pessoa natural. Além disso, devem ser não eventual e devem trabalhar de modo contínuo, isso é, com expectativas renovadas a cada dia de volta do obreiro ao posto de labor. Também deve existir a dependência. Neste caso, a dependência prescrita em lei é a econômica. E o último elemento é o salário, que nada mais é do que a contraprestação ajustada pela prestação do labor.

Em sistematização didática, pode-se resumir: empregado rural é a pessoa física que presta serviço no âmbito rural para empreendimentos com finalidade econômica e com os elementos fático-jurídicos formadores do vínculo de emprego.

Deve-se levar em conta, ainda, a finalidade econômica do empregador. Inexistindo tal finalidade o empregado, por óbvio, não será considerado empregado rural, mas sim caseiro ou doméstico.

3. Conceito de empregador rural

A norma especial também trouxe o conceito de empregador rural. Em outras palavras, considera-se empregador rural pessoa física ou jurídica, proprietário ou não, que explore atividade agroeconômica em caráter permanente ou temporário, diretamente ou através de prepostos e com auxílio de empregados.

Portanto, empregador rural pode ser tanto pessoa física ou jurídica que desenvolva atividade econômica de forma contínua ou por prazo determinado.

---

(44) Sobre o tema, vale transcrever o que ensina De Plácido e Silva: "O prédio rural, em oposição ao urbano, é o que está situado no campo, ou fora do perímetro urbano das cidades, vilas ou povoações". *In:* SILVA, De Plácido e. *Vocabulário jurídico.* 12. ed. Rio de Janeiro: Forense, 1996. p. 421.

4. Elementos caracterizadores da relação de emprego

Os elementos fático-jurídicos que caracterizam a relação de emprego rural são os mesmos do empregado urbano, ou seja, o trabalho deve ser prestado por pessoa física, de forma contínua, mediante subordinação, pessoalidade e mediante pagamento de salário.

5. Diferença entre trabalhador urbano e rural

A diferença entre trabalhador rural e urbano consiste, basicamente, no seguinte ponto: aquele trabalha em prédio rústico (exploração agrícola, agroextrativista, pecuária) com fins econômicos e fora do perímetro urbano. Já este, por sua vez, presta seu labor no perímetro urbano, em indústrias, fábricas, lojas, enfim, atividades desenvolvidas nas cidades ou conglomerados urbanos, vilarejos, metrópoles ou megalópoles.

Atente-se, por último, que, em certas circunstâncias, mesmo o trabalho não sendo feito em cidades, pode ser considerado trabalho urbano.[45] Tome-se, como exemplo, um fotógrafo que trabalhe para uma revista na selva amazônica. Seu labor não está sendo aplicado em cidades, contudo, as circunstâncias o fazem um trabalhador urbano.

6. Jornada de trabalho

A jornada de labor do empregado rural é de oito horas de trabalho por dia e quarenta e 44 horas semanais. Note-se que a Constituição Federal de 1988 equiparou o trabalhador rural ao urbano.

7. Intervalos interjornadas e entre as jornadas

Intervalos interjornada são aqueles descansos feitos dentro de uma jornada de trabalho, ou seja, são curtas pausas para alimentação ou higienização mental durante uma jornada.

A lei dos rurícolas prevê que, em qualquer trabalho contínuo de duração superior a seis horas, será obrigatória a concessão de um intervalo para repouso ou alimentação, observados os usos e costumes da região, não se computando este intervalo na duração do trabalho.

A norma não determina a duração do intervalo, apenas enfatiza que será observado o costume da região. Esclareça-se, por exemplo: um trabalhador rural amazônico tem uma dinâmica de pausas para descanso diferente de um trabalhador rural do sul do Brasil. A norma de forma acertada deixa o tempo de intervalos a critério dos usos e costumes da região.

Os intervalos entre jornadas ou extrajornadas são aquelas "suspensões" do trabalho feitas no fim de uma jornada até o começo de outro no dia seguinte. Entre

---

(45) Para bem da verdade, deve-se ressaltar que a orientação Jurisprudencial de n. 315 persuade: "É considerado trabalhador rural o motorista que trabalha no âmbito de empresa cuja atividade é preponderantemente rural, considerando que, de modo geral, não enfrenta o trânsito das estradas e cidades".

duas jornadas de trabalho haverá um período mínimo de onze horas consecutivas para descanso (art. 5º, parte final). Neste ponto, existe uma disciplina semelhante[46] contida no art. 66 da norma celetista.

8. Moradia do rurícola e família

A norma ruralista determina que a cessão pelo empregador, de moradia e de sua infraestrutura básica, assim, como de bens destinados à produção para sua subsistência e de sua família, não integram o salário do trabalhador rural, desde que caracterizados como tais, em contrato escrito celebrado entre as partes, com testemunhas e notificação obrigatória ao respectivo sindicato de trabalhadores rurais. Essas concessões não têm, a rigor, natureza salarial quando celebrados em contratos escritos e forem indispensáveis à prestação do labor.

9. Trabalho noturno

O trabalho noturno do rurícola deve ser definido de acordo com a espécie de trabalho desenvolvido. Caso desenvolva seu labor na lavoura, o trabalho noturno será considerado das 21h de um dia até as 5h do dia seguinte. Se as atividades forem desenvolvidas na pecuária, por sua vez, será entre as 20h de um dia e as 4h do dia seguinte.

10. Adicional noturno

O adicional pelo trabalho noturno, na verdade, é uma recompensa paga ao empregado pelo desgaste físico e pelas disfunções biológicas que o empregado sofre ao trabalhar à noite. No particular do trabalho do homem do campo, a tutela do rural disciplina que o trabalho noturno será acrescido de 25%[47] sobre a remuneração normal.

11. Descontos permitidos no salário e salário *in natura*

A lei do rurícola tem mecanismos de controle dos descontos feito pelo empregador rural nos salários dos trabalhadores.

Dispõe o art. 9º da norma que, salvo as hipóteses de autorização legal ou decisão judiciária, só poderão ser descontadas do empregado rural as seguintes parcelas, calculadas sobre o salário mínimo:

a) até o limite de 20% pela ocupação da morada;

b) até o limite de 25% pelo fornecimento de alimentação sadia e farta, atendidos os preços vigentes na região;

c) adiantamentos em dinheiro.

---

(46) O art. 66 da Consolidação trabalhista salienta: "Entre 2 (duas) jornadas de trabalho haverá um período mínimo de 11 (onze) horas consecutivas para descanso".

(47) Não se olvide que o rural tem uma vantagem em relação ao acréscimo de adicional noturno (25%). O urbano tem 20%. O art. 73 da CLT traça o trabalho noturno terá remuneração superior à do diurno e, para esse efeito, sua remuneração terá acréscimo de 20%, pelo menos, sobre a hora diurna.

As parcelas descontadas devem, necessariamente, ser especificadas de forma clara e deverão ser previamente autorizadas. Não sendo assim, serão nulas de pleno direito. O escopo da norma é evitar que empregadores rurais se aproveitem da pouca instrução do empregado rural para praticar abusos, com deduções de salários de forma abusiva.

Por fim, outro ponto importante da lei é a determinação que dispõe que quando mais de um empregado residir na mesma morada, o desconto será dividido proporcionalmente pelo número de empregados, vedada, em qualquer hipótese, a moradia coletiva de famílias.

12. Trabalho do menor na agricultura

Ao empregado rural maior de dezesseis anos é assegurado salário mínimo igual ao de empregado adulto (Lei n. 5.989/73, art. 11).

Em entendimento a *contrario sensu*, pode-se inferir que a lei do rural não aceita o trabalho do menor na qualidade de aprendiz (dos 14 aos 16 anos).

Esse ponto não foi recepcionado pela Constituição de 1988, visto que ela autoriza o trabalho de aprendiz dos 14 aos 16 anos sem qualquer ressalva neste particular.

A lei afirma ainda que ao empregado menor de 16 anos é assegurado salário mínimo fixado em valor correspondente à metade do salário mínimo estabelecido para o adulto. Da mesma forma, esse ponto não foi acolhido pela Carta porque existe uma fragrante discriminação no tocante a salário.

13. Empregador rural equiparado

Equipara-se ao empregador rural a pessoa física ou jurídica que, habitualmente, em caráter profissional, e por conta de terceiros, execute serviços de natureza agrária, mediante utilização do trabalho de outrem (art. 4º da lei ruralista).

Note-se, no entanto, que deve haver habitualidade na utilização da mão de obra de terceiros. Caso não exista uma continuidade dos serviços, não se pode considerar como empregador rural equiparado.

14. Aviso prévio especial

Aviso prévio é a comunicação formal do empregado ou empregador destinado a romper o contrato de trabalho. Não é o fim do avençado, é apenas um modo de dizer que se pretende pôr fim ao liame jurídico preestabelecido.

Observe que a lei que disciplina a relação de trabalho rural trouxe uma peculiaridade no aviso prévio. Dispõe que, durante o prazo do aviso, se a rescisão tiver sido promovida pelo empregador, o empregado rural terá direito a um dia por semana, sem prejuízo do salário integral, para procurar outro trabalho (art. 15 da Lei n. 5.889/1973).

Alice Monteiro de Barros explica:

> [...] não vemos como aplicar ao rurícola o disposto no art. 488, parágrafo único da CLT, que faculta ao empregado trabalhar com redução de duas horas diária

ou então faltar ao serviço por sete dias corridos. É que a legislação especial trata do assunto, não cabendo, portanto, invocar-se, por analogia, a regra contida no dispositivo consolidado [...] (BARROS, 2008, p. 493).

A quantidade de dias destinados à duração do aviso prévio será, todavia, igual à dos trabalhadores urbanos (de no mínimo 30 dias)[48] e a cada semana o rural terá um dia à sua escolha para tentar acomodar-se em outro trabalho.

15. Responsabilidade solidária do empregador rural

Outro meio de proteção da lei sobre o empregado rural é a responsabilidade solidária de grupos econômicos de empregadores rurais. Determina o estatuto que sempre que uma ou mais empresas, embora tendo cada uma delas personalidade jurídica própria, estiverem sob direção, controle ou administração de outra, ou ainda quando, mesmo guardando cada uma sua autonomia, integrem grupo econômico ou financeiro rural, serão responsáveis solidariamente nas obrigações decorrentes da relação de emprego.

16. Atividades insalubres

Nos locais de trabalho rural serão observadas as normas de segurança e higiene estabelecidas em portaria do Ministro do Trabalho e Previdência Social. Aplica-se ao empregado rural todas as normas de medicina e higiene do trabalho. Logo, o rurícola terá direito à insalubridade ou à periculosidade grafadas na Consolidação das Leis do Trabalho, bem como a todos os demais meios para sua proteção (os chamados Equipamentos de Proteção Individual).

17. Férias

A cada doze meses de trabalho, os empregados rurais terão férias de trinta dias corridos. A propósito, lembre-se que a Constituição equiparou o trabalhador rurícola ao urbano. É a mesma diretiva contida na norma celetista (período aquisitivo de 12 meses e período concessivo dentro dos próximos 12 meses).

18. Contrato de trabalho temporário do rurícola

O trabalho temporário é disciplinado pela Lei n. 6.019/1974. As empresas de trabalho temporário só podem ser urbanas, portanto, não é possível contratar rurícolas para trabalho temporário.

19. Sucessão do empregador rural

Sucessão trabalhista dá-se quando ocorre a transferência temporária ou definitiva de titularidade de uma unidade econômico-empregadora para outro gestor-proprietário.

---

(48) Lembre-se de que foi instituída a Lei n. 12.506, de 11 de outubro de 2011, que dispõe sobre a nova forma de concessão de aviso prévio. Ao aviso prévio previsto neste artigo serão acrescidos três dias por ano de serviço prestado na mesma empresa até o máximo de 60 dias, perfazendo um total de até 90 dias.

Tal mudança não afeta os contratos de trabalhos, mantendo-se assim íntegros os negócios jurídicos avençados. Todos os direitos trabalhistas acompanham o negócio e o sucessor responde pelos créditos oriundos da relação de labor.

Vários são os motivos que podem gerar a sucessão de empregadores: arrendamento, venda, doações, morte do proprietário, enfim, uma série de fatos. A responsabilidade pelos créditos trabalhistas ficam a cargo de quem adquiriu o negócio do sucessor.

Nada obstante, em remate pode-se afirmar que, nas relações de trabalho rural, é possível haver tais fatos. Neste caso, a sucessão de empregadores acorrerá normalmente, sem qualquer empecilho.

20. Prescrição dos créditos trabalhistas

O prazo prescricional para o trabalhador rural exigir seus créditos trabalhistas perante a Justiça de Trabalho é igual ao do trabalhador urbano, ou seja, dois anos, a contar da extinção do contrato de trabalho, para reclamar os últimos cinco anos.

21. Releitura sistematizada do tópico apresentado

• O trabalhador rural é regido pela Lei n. 5.889/1973 e o decreto regulamentar n. 73.626/1974.

• Não se aplica a CLT ao empregado rural, ressalvados mandamentos contrários.

• Empregado rural é toda pessoa física que, em propriedade rural ou prédio rústico, presta serviços de natureza não eventual a empregador rural, sob a dependência deste e mediante salário.

• Empregador rural pode ser a pessoa física ou jurídica, proprietário ou não, que explore atividade agroeconômica em caráter permanente ou temporário, diretamente ou através de prepostos e com auxílio de empregados.

• Os elementos que caracterizam a relação de emprego rural são as mesmas do empregado urbano: pessoa física, laborar de forma contínua, mediante subordinação, pessoalidade e mediante pagamento de salário.

• A jornada de trabalho do empregado rural é de oito horas de trabalho por dia e quarenta e quatro horas semanas.

• Aos rurícolas, em qualquer trabalho contínuo de duração superior a seis horas, será obrigatória a concessão de um intervalo para repouso ou alimentação, observados os usos e costumes da região.

• Os intervalos não serão computados na duração do trabalho.

• Entre duas jornadas de trabalho haverá um período mínimo de onze horas consecutivas para descanso.

• A cessão pelo empregador de moradia e de sua infraestrutura básica, assim como bens destinados à produção para sua subsistência e de sua família, não integram o salário do trabalhador rural, desde que caracterizados como tais, em contrato escrito celebrado entre as partes, com testemunhas e notificação obrigatória ao respectivo sindicato de trabalhadores rurais.

• O trabalho noturno do rurícola na lavoura será o desenvolvido entre as 21h de um dia e as 5h do dia seguinte. Se as atividades forem desenvolvidas na pecuária, será entre as 20h de um dia e as 4h do dia seguinte.

• O trabalho noturno será acrescido de 25% sobre a remuneração normal.

• Só poderão ser descontadas do empregado rural as seguintes parcelas: até o limite de 20% pela ocupação da morada; até o limite de 25% pelo fornecimento de alimentação sadia e farta, atendidos os preços vigentes na região e adiantamentos em dinheiro.

• Equipara-se ao empregador rural a pessoa física ou jurídica que, habitualmente, em caráter profissional, e por conta de terceiros, execute serviços de natureza agrária, mediante utilização do trabalho de outrem.

• Durante o prazo do aviso prévio, se a rescisão tiver sido promovida pelo empregador, o empregado rural terá direito a um dia por semana, sem prejuízo do salário integral, para procurar outro trabalho.

• Quando mais de uma empresa, embora tendo cada uma delas personalidade jurídica própria, estiverem sob direção, controle ou administração de outra, ou ainda quando, mesmo guardando cada uma sua autonomia, integrem grupo econômico ou financeiro rural, serão responsáveis solidariamente nas obrigações decorrentes da relação de emprego.

• A cada doze meses de trabalho, o rural terá trinta dias corridos de férias.

• Não é possível contratar rurícolas para trabalho temporário.

• O prazo prescricional para o trabalhador rural exigir seus créditos trabalhistas perante a Justiça de Trabalho é igual ao do trabalhador urbano, ou seja, dois anos a contar da extinção do contrato de trabalho para reclamar os últimos cinco anos.

Capítulo V
Médico e Cirurgião-Dentista

1. Base regulamentadora da profissão e leis pertinentes

A profissão de médico e de cirurgião-dentista é normatizada pela Lei n. 3.999, de 15 de dezembro de 1961. A Lei n. 9.436/1997 de 5 de fevereiro de 1997 dispõe sobre a jornada de trabalho de médico, médico de saúde pública, médico do trabalho e médico veterinário, da administração pública federal direta, das autarquias e das fundações públicas federais. Por sua vez, a Lei n. 6.932, de 7 de julho de 1981, disciplina a atividade do médico residente no Brasil. A Medida Provisória n. 536, de 24 de junho de 2011, trouxe algumas alterações na sistemática do médico residente.

2. Jornada de trabalho

A duração normal do trabalho do médico, salvo acordo escrito, será de no mínimo de duas horas e no máximo de quatro horas diárias. Para os auxiliares será de quatro horas diárias.

A norma médica traça os intervalos interjornadas. Dispõe assim que, a cada noventa minutos de trabalho, gozará o médico de um repouso de dez minutos.

No caso de médicos e auxiliares que contratarem com mais de um empregador, é vedado o trabalho além de seis horas diárias.

Quando o médico ou auxiliar (laboratórios, radiologista e outros auxiliares) tiverem mais de um vínculo de emprego, a jornada de trabalho não pode ultrapassar seis horas. Tal restrição tem uma salutar razão de existir: a profissão médica requer atenção e muita concentração no bom desempenho do exercício do labor.

É de se verificar, a rigor, que a lei faz uma ressalva quando dispõe que excepcionalmente, e mediante acordo escrito, ou por motivo de força maior, poderá ser o horário normal acrescido de horas suplementares em número não excedente de duas.

Nada obstante, observe-se, que essa dilatação de horas deve ser somente quando decorrer de força maior. Por exemplo: médico ou cirurgião dentista tem de fazer uma cirurgia com duração ininterrupta de oito horas.

O trabalho noturno terá remuneração superior à do diurno e, para esse efeito, sua remuneração terá um acréscimo de 20%, pelo menos, sobre a hora diurna. E a remuneração da hora suplementar não será nunca inferior a 50% da hora normal.

3. Salário profissional

Salário profissional é aquele estabelecido como mínimo de uma profissão. Em outras palavras, salário mínimo profissional é aquele de uma determinada classe de profissionais estabelecido por lei específica, com o mínimo possível aos componentes da categoria.

O art. 4º da Lei n. 3.999/61 dispõe: "Que é salário-mínimo dos médicos a remuneração mínima, permitida por lei, pelos serviços profissionais prestados por médicos, com a relação de emprego, a pessoas físicas ou jurídicas de direito privado".

O salário profissional é pago aos médicos e dentistas nos moldes do art. 5º: "Fica em quantia igual a três vezes e o dos auxiliares a duas vezes mais o salário-mínimo comum das regiões ou sub-regiões em que exercerem a profissão".

A súmula de n. 143 do Tribunal Superior do Trabalho estabelece que o salário profissional dos médicos e dentistas guarda proporcionalidade com as horas efetivamente trabalhadas, respeitado o mínimo de 50 mensais.

Saliente-se que a Corte trabalhista, ainda, através da Súmula n. 370, fixa:

Tendo em vista que as Leis n. 3.999/1961 e 4.950/1966 não estipularam a jornada reduzida, mas apenas estabelecem o salário mínimo da categoria para uma jornada de 4 horas para os médicos e de 6 horas para os engenheiros, não há que se falar em horas extras, salvo as excedentes à oitava, desde que seja respeitado o salário mínimo/horário das categorias.

4. Residência médica

A Lei n. 6.932, de 7 de julho de 1981, instituiu as atividades do médico residente no Brasil. A Medida Provisória n. 536, de 24 de junho de 2011, disciplinou uma série de medidas e proteção ao médico residente no território brasileiro.

Residência médica pode ser entendida como a modalidade de ensino de pós-graduação destinada a médicos sob a forma de cursos de especialização, caracterizada por treinamento em serviço, funcionando sob a responsabilidade de instituições de saúde, universitárias ou não, sob a orientação de profissionais médicos de elevada qualificação ética e profissional (art. 1º).

Alice Monteiro de Barros explica:

As instituições de saúde só poderão propiciar a residência médica após seu credenciamento pela Comissão Nacional de Residência Médica. A admissão em qualquer curso dessa natureza pressupõe processo de seleção, estabelecido por programa aprovado pela referida Comissão. É vedada a utilização da expressão "residência médica" para designar qualquer programa fora do crivo desta entidade (BARROS, 2008, p. 298).

A norma médica prevê que o médico-residente será filiado ao Regime Geral de Previdência Social (RGPS) como contribuinte individual (§ 1º, art.1º).

É garantido ao médico-residente licença paternidade de cinco dias ou a licença maternidade de 120 dias.

A instituição de saúde responsável por programas de residência médica poderá prorrogar, nos termos da Lei n. 11.770/2008 (art. 4º, §3º), quando requerido pela médica-residente, o período de licença maternidade em até 60 dias.

A normativa determina que a instituição de saúde responsável por programas de residência médica oferecerá ao médico-residente durante todo o período de residência:

a) condições adequadas para repouso e higiene pessoal durante os plantões;

b) alimentação;

c) moradia, se, nos termos do regulamento, comprovada a necessidade.

O médico residente fará jus a um dia de folga semanal e a 30 dias consecutivos de repouso por ano de atividade (art. 5º, § 1º).

Vale advertir, sobretudo, que a instituição responsável pela residência médica tem de observar fielmente os pressupostos necessários de regulamentação da residência médica, sob pena de incidir no art. 9º da Consolidação das Leis do Trabalho (a saber, ser reconhecido o vínculo de emprego diretamente com a instituição que recebe o médico residente).

5. Duração do trabalho dos médicos na administração pública federal

A Lei n. 9.436/1997 determina que os profissionais médicos que trabalhem na administração pública federal direta, nas autarquias e nas fundações públicas federais, se quiserem, poderão ter sua jornada aumentada de trabalho acima da estipulada pela Lei n. 3.999/61.

O art. 1º na prenunciada legislação prevê:

A jornada de trabalho de quatro horas diárias dos servidores ocupantes de cargos efetivos integrantes das categorias funcionais de médico, médico de saúde pública, médico do trabalho e médico veterinário, de qualquer órgão da Administração Pública Federal direta, das autarquias e das fundações públicas federais, corresponde aos vencimentos básicos fixados na tabela constante do anexo da norma. (Lei n. 9.436/97, art. 1º)

Os ocupantes dos cargos efetivos integrantes das categorias funcionais poderão, mediante opção funcional, exercer suas atividades em jornada de oito horas diárias, observada a disponibilidade orçamentária e financeira (Lei n. 9.436/1997, art. 1º, § 1°).

Em consonância com o acatado, portanto, a opção pelo regime de 40 horas semanais de trabalho corresponde a um cargo efetivo com duas jornadas de 20 horas semanais de trabalho se efetivará mediante decisão do profissional médico.

6. Cargos de chefia, exclusividade médica

Outro ponto de relevância na Lei n. 3.999/61 é o que determina a obrigatoriedade de chefia de serviço médico e odontológico serem exercidos somente por médicos e odontólogos, devidamente habilitados na forma da lei.

7. Adicional de insalubridade

O médico ou cirurgião dentista que exercerem seu labor em condições de insalubridade terão direito ao adicional de insalubridade. O referencial básico para os cálculos de insalubridade será, portanto, o salário mínimo profissional.

8. Intervalo interjornada obrigatório

Intervalo interjornada é uma pausa para descanso dentro de uma jornada de trabalho. A finalidade desde descanso é recuperar o estado psíquico e energético do trabalhador.

A norma médica e odontológica prevê, todavia, que a cada 90 minutos de trabalho gozará o médico de um repouso de dez minutos.

9. Releitura sistematizada do tópico apresentado

• A profissão de médico e cirurgião dentista é normatizada pela Lei n. 3.999, de 15 de dezembro de 1961.

• A duração normal do trabalho do médico, salvo acordo escrito, será de no mínimo duas horas e no máximo de quatro horas diárias. Para os auxiliares, será de quatro horas diárias.

• A jornada de trabalho é de quatro horas diárias dos servidores ocupantes de cargos efetivos integrantes das categorias funcionais de médico, médico de saúde pública, médico do trabalho e médico veterinário, de qualquer órgão da administração pública federal direta, das autarquias e das fundações públicas federais.

• A opção pelo regime de 40 horas semanais de trabalho se efetivará mediante decisão do profissional médico com a administração pública.

• O salário mínimo profissional dos médicos é de quantia igual a três vezes e o dos auxiliares a duas vezes mais o salário mínimo comum das regiões ou sub-regiões em que exercerem a profissão.

• A súmula de n. 143 do Tribunal Superior do Trabalho estabelece que o salário profissional dos médicos e dentistas guarda proporcionalidade com as horas efetivamente trabalhadas, respeitado o mínimo de 50 mensais.

• A Súmula de número 370 do TST fixa que tendo em vista que as Leis ns. 3.999/1961 e 4.950/1966 não estipularam a jornada reduzida, mas apenas estabelecem o salário mínimo da categoria para uma jornada de quatro horas para os médicos e de seis horas para os engenheiros, não há que se falar em horas extras, salvo as excedentes à oitava, deste que seja respeitado o salário mínimo/horário das categorias.

• Residência médica é a modalidade de ensino de pós-graduação destinada a médicos sob a forma de cursos de especialização, caracterizada por treinamento em serviço, funcionando sob a responsabilidade de instituições de saúde, universitárias ou não, sob a orientação de profissionais médicos de elevada qualificação ética e profissional.

• É garantido ao médico-residente licença paternidade de cinco dias ou a licença maternidade de 120 dias.

• A instituição de saúde responsável por programas de residência médica poderá prorrogar, nos termos da Lei n. 11.770/2008, quando requerido pela médica--residente, o período de licença-maternidade em até 60 dias.

• O médico residente fará jus a um dia de folga semanal e a 30 dias consecutivos de repouso por ano de atividade.

• Os cargos de chefia de serviço médico e odontológico devem ser exercidos somente por médicos e odontológos devidamente habilitados na forma da lei.

• A cada 90 minutos de trabalho, gozará o médico de um repouso de dez minutos.

Capítulo VI
Jornalista

1. Regramento legal aplicável ao jornalista

O ofício de jornalista tem dois regulamentos: a Consolidação das Leis do Trabalho, arts. 302 a 316, e o Decreto-lei n. 972[49], de 17 de outubro de 1969, regulamentado pelo Decreto regulamentar n. 83.284, de 13 de março de 1979.

2. Conceito de jornalista

Várias tutelas especiais se preocupam em definir inúmeros aspectos das profissões que regulamentam. A tutela endoceletista que cuida do trabalho dos jornalistas profissionais, a rigor, define que "Jornalista é o trabalhador intelectual cuja função se estende desde a busca de informações até a redação de notícias e artigos e a organização, orientação e direção desse trabalho" (Decreto-lei n. 972/69, art. 2º).

Em consonância com o acatado, mesmo que o jornalista exerça seu labor de forma empregado ou autônomo, o conceito da profissão não passa por mutação conceitual,

---

(49) Saiba-se, que o Plenário do Supremo Tribunal Federal em decisão da data de 17.6.2009, proferida nos autos do Recurso Extraordinário tendo como relator o Ministro Gilmar Ferreira Mendes, decidiu pela inconstitucionalidade do inciso V, do art. 4º do Decreto-lei em comento. "Por maioria, o Plenário do Supremo Tribunal Federal (STF) decidiu, nesta quarta-feira, que é inconstitucional a exigência do diploma de jornalismo e registro profissional no Ministério do Trabalho como condição para o exercício da profissão de jornalista. O entendimento foi de que o art. 4º, inciso V, do Decreto-lei n. 972/1969, baixado durante o regime militar, não foi recepcionado pela Constituição Federal (CF) de 1988 e que as exigências nele contidas ferem a liberdade de imprensa e contrariam o direito à livre manifestação do pensamento inscrita no art. 13 da Convenção Americana dos Direitos Humanos, também conhecida como Pacto de San José da Costa Rica. A decisão foi tomada no julgamento do Recurso Extraordinário (RE) 511961, em que se discutiu a constitucionalidade da exigência do diploma de jornalismo e a obrigatoriedade de registro profissional para exercer a profissão de jornalista. A maioria, vencido o ministro Marco Aurélio, acompanhou o voto do presidente da Corte e relator do RE, ministro Gilmar Mendes, que votou pela inconstitucionalidade do dispositivo do Decreto-lei n. 972. Para Gilmar Mendes, "o jornalismo e a liberdade de expressão são atividades que estão imbricadas por sua própria natureza e não podem ser pensados e tratados de forma separada", disse. "O jornalismo é a própria manifestação e difusão do pensamento e da informação de forma contínua, profissional e remunerada", afirmou o relator. O RE foi interposto pelo Ministério Público Federal (MPF) e pelo Sindicato das Empresas de Rádio e Televisão do Estado de São Paulo (Sertesp) contra acórdão do Tribunal Regional Federal da 3ª Região que afirmou a necessidade do diploma, contrariando uma decisão da 16a Vara Cível Federal em São Paulo, numa ação civil pública. No RE, o Ministério Público e o Sertesp sustentam que o Decreto-lei n. 972/69, que estabelece as regras para exercício da profissão — inclusive o diploma —, não foi recepcionado pela Constituição de 1988. Além disso, o art. 4o, que estabelece a obrigatoriedade de registro dos profissionais da imprensa no Ministério do Trabalho, teria sido revogado pelo art. 13 da Convenção Americana de Direitos Humanos de 1969, mais conhecida como Pacto de San Jose da Costa Rica, ao qual o Brasil aderiu em 1992. Tal artigo garante a liberdade de pensamento e de expressão como direito fundamental do homem. In: BRASIL. Supremo Tribunal Federal. Notícias do STF: Supremo decide que é inconstitucional a exigência de diploma para o exercício do jornalismo." 17 jun. 2009. Disponível em: <http://www.stf.jus.br/portal/cms/vernoticiadetalhe.asp?idconteudo=109717>. Acesso em: 20 out. 2011.

visto que exercem as mesmas funções, que são buscar informações e outros afazeres inerentes à atividade regulamentada.

3. Conceito de empresa jornalística

Na verdade, a norma celetista trouxe o conceito de empregador jornalista quando preocupou-se em definir empresa jornalista. Dada a diversidade de funções que envolvem o mundo jornalístico a CLT dicciona:

> Consideram-se empresas jornalísticas aquelas que têm a seu cargo a edição de jornais, revistas, boletins e periódicos, ou a distribuição de noticiário, e, ainda, a radiodifusão em suas seções destinadas à transmissão de notícias e comentários. (CLT, 302 § 1º)

Por sua vez, o Decreto-lei n. 972, de 17 de outubro de 1969 também suscita a definição de empresa jornalística ao enunciar:

> Considera-se empresa jornalística, para os efeitos deste decreto-lei, aquela que tenha como atividade a edição de jornal ou revista, ou a distribuição de noticiário, com funcionamento efetivo, idoneidade financeira e registro legal. (Decreto-lei n. 972/69, art. 3º)

É de sobremodo importante assinalar a excelente observação postada neste particular por Cândia Ralph:

> [...] o § 1º do art. 3º do Decreto-lei n. 972, que revogou o § 2º do art. 302 da CLT; é, pois, aquela que tem por atividade a edição de jornal ou revista ou a distribuição de noticiário, com funcionamento efetivo, idoneidade financeira e registro legal. A seção ou serviço de empresa de radiodifusão, televisão ou divulgação cinematográfica ou de agência de publicidade, onde as atividades já especificadas sejam exercidas, será também considerada empresa jornalística (RALPH, 1990, p. 235).

Mesmo entendimento é seguido por Sergio Pinto Martins ao afirmar: "O § 2º do art. 302 da CLT está revogado tacitamente pelo § 1º do art. 3º do Decreto-lei n. 972, que tem redação um pouco diferente ao conceituar empresa jornalística [...]" (MARTINS, 2007, p. 258).

O conceito exato de empresa jornalística é o grafado no art. 3º do Decreto-lei n. 972, de 1969. A razão dessa afirmação, na verdade, dá-se por entender ser o conceito mais adequado e condizente com as atividades desenvolvidas pelas empresas de comunicação social.

4. Empresa jornalística equiparada

A empresa jornalística tem seus equipares. Em linhas mais claras, também pode ser considerado como empregador do jornalista a seção ou serviço de empresa de radiodifusão, televisão ou divulgação cinematográfica, ou de agência de publicidade, onde sejam exercidas as atividades previstas no artigo[50] 2º da lei.

---

[50] Assim dispõe o art. 2º do Decreto-lei n. 972/69: "Redação, condensação, titulação, interpretação, correção ou coordenação de matéria a ser divulgada, contenha ou não comentário, comentário ou crônica,

5. Funções do jornalista

As atividades de jornalistas empregados são amplas e diversificadas. O Decreto-lei foi pormenorizado ao definir e detalhar diversas hipóteses que, mesmo *prima facie* não parecendo atribuições de jornalistas, contudo, serão considerados legalmente jornalísticas.

Nesse sentido, Alice Monteiro de Barros explica: "A conjugação de ambas as normas fornece o quadro completo do que seja jornalista profissional, em seu conceito legal" (BARROS, 2008, p. 276).

Saliente-se, que o art. 6º da normativa preleciona: "As funções desempenhadas pelos jornalistas profissionais, como empregados, serão assim classificadas:

a) Redator: aquele que além das incumbências de redação comum tem o encargo de redigir editoriais, crônicas ou comentários;

b) Noticiarista: aquele que tem o encargo de redigir matéria de caráter informativo, desprovida de apreciação ou comentários;

c) Repórter: aquele que cumpre a determinação de colher notícia ou informações, preparando-a para divulgação;

d) Repórter de Setor: aquele que tem o encargo de colher notícias ou informações sobre assuntos pré-determinados, preparando-as para divulgação;

e) Rádio-Repórter: aquele a quem cabe a difusão oral de acontecimento ou entrevista pelo rádio ou pela televisão, no instante ou no local em que ocorram, assim com o comentário ou crônica, pelos mesmos veículos;

f) Arquivista-Pesquisador: aquele que tem a incumbência de organizar e conservar, cultural e tecnicamente, o arquivo redatorial, procedendo à pesquisa dos respectivos dados para a elaboração de notícias;

g) Revisor: aquele que tem o encargo de rever as provas tipográficas de matéria jornalística;

h) Ilustrador: aquele que tem a seu cargo criar ou executar desenhos artísticos ou técnicos de caráter jornalístico;

i) Repórter-Fotográfico: aquele a quem cabe registrar, fotograficamente, quaisquer fatos ou assuntos de interesse jornalístico;

---

pelo rádio ou pela televisão, entrevista, inquérito ou reportagem, escrita ou falada, planejamento, organização, direção e eventual execução de serviços técnicos de jornalismo, como os de arquivo, ilustração ou distribuição gráfica de matéria a ser divulgada, planejamento, organização e administração técnica dos serviços de que trata a alínea "a", ensino de técnicas de jornalismo e coleta de notícias ou informações, seu preparo para divulgação e revisão de originais de matéria jornalística, com vistas à correção redacional e à adequação da linguagem, organização e conservação de arquivo jornalístico e pesquisa dos respectivos dados para a elaboração de notícias e execução da distribuição gráfica de texto, fotografia ou ilustração de caráter jornalístico, para fins de divulgação".

j) Repórter-Cinematográfico: aquele a quem cabe registrar cinematograficamente, quaisquer fatos ou assuntos de interesse jornalístico;

l) Diagramador: aquele a quem compete planejar e executar a distribuição gráfica de matérias, fotografias ou ilustrações de caráter jornalístico para fins de publicação.

Bom é dizer, por derradeiro, que o mesmo artigo determina que também serão privativas de jornalista profissional as funções de confiança pertinentes às atividades descritas no art. 2º, como editor, secretário, subsecretário, chefe de reportagem e chefe de revisão.

6. Jornada de trabalho

A duração normal do trabalho dos empregados jornalistas não deverá exceder a cinco horas, tanto de dia como de noite (CLT, art. 303).

Não importa, todavia, se o jornalista exerça suas atividades pelo período do dia ou da noite. Por óbvio, sendo à noite, o profissional jornalista terá o devido adicional noturno de no mínimo 20% sobre a remuneração.

Sergio Pinto Martins lembra:

Mesmo em se tratando de trabalho realizado à noite, deve-se aplicar a noite reduzida noturna ao jornalista, de 52' e 30", pois o art. 303 da CLT é omisso sobre o tema, mas não exclui a aplicação do art. 73 da CLT [...] (MARTINS, 2007, p. 258).

Outro ponto que deve ser esboçado: o horário noturno dos jornalistas será o celetista, ou seja, aquele desempenhado entre as 22h de um dia e as 5 horas do dia seguinte.

Um aspecto proeminente que importa salientar é o contido no art. 9º do Decreto-lei:

> O salário de jornalista não poderá ser ajustado nos contratos individuais de trabalho, para a jornada normal de cinco horas, em base inferior à do salário estipulado, para a respectiva função, em acordo ou convenção coletiva de trabalho, ou sentença normativa da Justiça do Trabalho. (Decreto-lei n. 972/1969, art. 9º)

7. Dilatação da jornada de trabalho

A jornada de trabalho do jornalista de cinco horas não é um mandamento legal absoluto. Diversos imperativos circunstanciais podem requerer que esses profissionais estendam seu labor por algumas horas a mais.

No sentido dessa ideia, o art. 304 da norma celetista pondera que a duração normal do trabalho pode ser elevada a sete horas, mediante acordo escrito, em que se estipule aumento de ordenado correspondente ao excesso do tempo de trabalho e se fixe um intervalo destinado a repouso ou a refeição.

Neste passo, a jornada de trabalho do jornalista pode ser acrescida de mais duas horas, totalizando assim sete horas.

Para haver horas extraordinárias de trabalho, deverá, todavia, ser convencionado através de acordo entre o jornalista e seu empregador. A Consolidação das Leis do

Trabalho não exige que seja acordo coletivo de trabalho, importando tão somente uma avença entre empregado e empregador, como já dito, um simples acordo de trabalho.

Outra dicção importante que não pode ser olvidada é a que diz respeito ao aumento do labor em face de força maior,[51] ou seja, acontecimentos do acaso. Frente a esses reclamos da imprevisibilidade e inevitáveis, poderá o empregado prestar serviços por mais tempo do que aquele permitido pela normativa, para além de sete horas de labor diário.

Nestas situações, a rigor, o excesso de horas deve ser comunicado à Superintendência Regional do Trabalho no prazo de cinco dias e, claro, com a indicação expressa dos seus motivos imperiosos.

Alerte-se, a propósito, que não se pode confundir esse prazo específico do jornalista com aquele prazo de comunicação previsto no § 1º do art. 61 da Consolidação das Leis do Trabalho, que, na verdade, determina o prazo de dez dias para o empregador comunicar o excesso de trabalho em caso de imperiosidade causados por força maior. Os dois prazos são específicos e não se confundem.

Uma indagação pode nascer após preditas afirmações sobre dilatação da jornada de trabalho do jornalista para além das sete horas em caso de força maior. Assim, até quantas horas de trabalho o jornalista pode imprimir no seu ofício? A melhor resposta deve ser buscada na fonte da ponderação. Explica-se: determina o § 2º do art. 61 da Consolidação das Leis do Trabalho que, nesses casos, o obreiro trabalhe pelo um período máximo de até 12 horas. No caso do jornalista, não existe um trato semelhante na seção que disciplina suas obrigações; no entanto, nem por isso a prorrogação deve ficar entregue às condições absurdas de jornadas dos obreiros antepassados (13, 15 ou até 18 horas de trabalhos). O melhor entendimento é o de aplicar o limite de 12 horas de trabalho insculpidos no art. 61 da CLT.

Saliente-se, ainda, que as horas de serviço extraordinário terão um acréscimo de, no mínimo, 50 % sobre o valor da hora normal de trabalho.

8. Intervalos interjornadas e extrajornadas obrigatórios

Na regulamentação dos profissionais jornalistas não existe a disciplina de intervalos intrajornadas. Contudo, nem por isso, deixam de ser aplicáveis esses institutos de ordem pública destinados a descanso e a higiene mental.

A saída mais inteligente, a nosso sentir, é a aplicação da norma geral da Consolidação das Leis do Trabalho. Neste caso, o art. 71 predispõe: "Não excedendo de 6 horas o trabalho, será, entretanto, obrigatório um intervalo de 15 minutos quando a duração ultrapassar 4 horas".

A concessão desse intervalo, portanto, não fará com que ele seja computado na duração do trabalho.

---

(51) Saliente-se, a rigor, que a definição de força maior encontra-se no art. 501 da CLT: "Entende-se por força maior todo o acontecimento inevitável, em relação à vontade do empregador, e para a realização do qual este não concorreu, direta ou indiretamente".

A cada período diário de trabalho, haverá um intervalo mínimo de dez horas destinado ao repouso (CLT, art. 308). Ressalte-se, ainda, que aqui se trata de intervalos entre as jornadas de trabalho.

Lembre-se, no entanto, que, como regra geral, o art. 66 da Consolidação das Leis do Trabalho disciplina que, entre duas jornadas de labor, deverá obrigatoriamente haver um intervalo de 11 horas. Essa situação não se aplica ao jornalista.

A norma seccional que tutela a profissão de jornalista é específica, portanto, prevalece tal disciplina, ou seja, o tempo destinado ao jornalista para descanso é de no mínimo dez horas entre duas jornadas de trabalho, não se aplicando assim o art. 66 da lei.

9. Descanso semanal remunerado

Conforme impõe o art. 307 da Consolidação das Leis do Trabalho, a cada seis dias de trabalho efetivo corresponderá um dia de descanso obrigatório, que coincidirá com o domingo, salvo acordo escrito em contrário, no qual será expressamente estipulado o dia em que se deve verificar o descanso.

Note-se, sobretudo, que o preceito deixa em primeiro plano o descanso no domingo, excetuando, para segundo plano, uma avença escrita entre empregado e empregador dispondo sobre outro dia a ser destinado ao repouso semanal remunerado.

10. Excluídos da aplicabilidade de horas extras

Na estrutura de um empreendimento ou organização existem pessoas que ocupam as funções de chefia, fiscalização ou outro cargo de administração. Esses indivíduos não estão adstritos a "padrões" de jornada de trabalho. Em linhas mais esclarecedoras: a legislação dá carta branca para esses gestores atuarem sem preocupação de jornada de trabalho. Nesse caminhar, o art. 62, inciso II da Consolidação das Leis do Trabalho. Há, na verdade, uma imunidade às normas de dilatação de horas extraordinárias destinadas aos profissionais que tenham poder de mando e de gestão.

Deste modo, os jornalistas que ocupem as funções de direção, redator-chefe, fiscalização, secretário, chefe e subchefe de redação, chefe de ilustração, chefe de oficina, enfim, outros profissionais para os quais não seja possível o controle de jornada, podem, portanto, ter jornada de trabalho além das cinco e sete horas sem incidência em horas extras, ou seja, não receberão adicional das horas trabalhadas a mais de oito horas.

11. Assessor de imprensa não é jornalista

Assessor de impressa pode ser entendido em curtas palavras como sendo aquele profissional que orienta e prepara informações de um órgão ou pessoa, ou ainda, desenvolve tarefas de relações públicas, enfim, divulga informações a mando e direção de entidades ou de alguém.

Posta assim a questão, surge uma dúvida precípua: estes profissionais são considerados jornalistas? Estão acobertados pela disciplina normativa que rege os jornalistas profissionais?

A esse respeito, Alice Monteiro de Barros dosa a seguinte ponderação ao explicar:

> A jurisprudência do TST inclina-se no sentido de afastar o enquadramento do assessor de imprensa como jornalista, ao argumento de que esta atividade não compreende a busca de informação para redação de notícias e artigos, tampouco organização, orientação e direção de trabalhos jornalísticos, na forma do art. 302, § 1º, da CLT, limitando-se a divulgar notícias, como intermediário (BARROS, 2008, p. 270).

É de ser revelado, a nosso sentir, que a jurisprudência da Corte trabalhista vem sendo inteligente em não chancelar o enquadramento do assessor de impressa como jornalista profissional. As razões da não aceitação são claras e razoáveis: jornalista é o enumerado pelo art. 302, § 1º da Consolidação das Leis do Trabalho e art. 2º do Decreto-lei n. 972. Portanto, somente é jornalista aquele que garimpa informação para redação de notícias e artigos, organiza, orienta e dirige trabalhos jornalísticos. Essa não é a ocupação do assessor de imprensa.

12. Releitura sistematizada do tópico apresentado

• A profissão de jornalista é regida por dois regulamentos: a Consolidação das Leis do Trabalho e o Decreto-lei n. 972, de 17 de outubro de 1969, e seu regulamento de n. 83.284, de 13 de março de 1979.

• Jornalista pode ser definido como o trabalhador intelectual cuja função se estende desde a busca de informações até a redação de notícias e artigos e a organização, orientação e direção desse trabalho.

• Consideram-se empresas jornalísticas aquelas que têm a seu encargo a edição de jornais, revistas, boletins e periódicos, ou a distribuição de noticiário, e, ainda, a radiodifusão em suas seções destinadas à transmissão de notícias e comentários.

• O Decreto-Lei n. 972, de 17 de outubro de 1969, considera empresa jornalística aquela que tenha como atividade a edição de jornal ou revista, ou a distribuição de noticiário, com funcionamento efetivo, idoneidade financeira e registro legal.

• Também é equiparada a empregador jornalístico e a empresa jornalística a seção ou serviço de empresa de radiodifusão, televisão ou divulgação cinematográfica ou agência de publicidade.

• As funções de jornalistas podem ser redator, noticiarista, repórter, repórter de setor, rádio-repórter, arquivista-pesquisador, revisor, ilustrador, repórter-fotográfico, repórter-cinematográfico e diagramador.

• A duração normal do trabalho dos empregados jornalistas não deverá exceder a cinco horas, tanto de dia como à noite.

• A duração normal do trabalho do jornalista pode ser elevada a sete horas, mediante acordo escrito, em que se estipule aumento de ordenado, correspondente ao excesso do tempo de trabalho, com um intervalo destinado a repouso ou à refeição.

• No caso de força maior, aplica-se ao jornalista o limite máximo de doze horas de trabalho.

• O serviço extraordinário terá um acréscimo de, no mínimo, 50 % sobre o valor da hora normal de trabalho.

• A regulamentação dos profissionais jornalistas não disciplinou os intervalos intrajornadas. Nada obstante, aplica-se o art. 71 da CLT: um intervalo de 15 minutos quando a duração ultrapassar 4 horas. Acima disso, o intervalo para almoço será de no mínimo uma hora.

• A concessão desse intervalo não será, de modo algum, computada na duração do trabalho.

• A cada seis dias de trabalho efetivo corresponderá um dia de descanso obrigatório, que coincidirá com o domingo, salvo acordo escrito em contrário.

• Os jornalistas que ocupem as funções de direção, redator-chefe, fiscalização, secretário, chefe e subchefe de redação, chefe de ilustração, chefe de oficina, ou aqueles para os quais não seja possível o controle de jornada, estão isentos de horas extraordinárias de labor.

• No entendimento da jurisprudência e da doutrina, assessor de imprensa não se enquadra como jornalista.

Capítulo VII
Telefonista

1. Referência legal da profissão

Os telefonistas são tutelados pelos arts. 227 a 231 da Consolidação das Leis do Trabalho.

2. Quem é considerado trabalhador telefonista?

Para entender o conceito de telefonista, necessariamente, tem-se de entender o conceito de "empresas que explorem[52] o serviço de telefonia". A rigor, são empresas que usam para o desempenho de suas funções o telefone. Tem-se como exemplo empresas de televendas, empresas de consultas através de telefone, empresas de cobranças, enfim, uma série de atividades que demandam o uso de telefone. Logo, quem opera neste labor é considerado telefonista.

O conceito de trabalhador telefonista é entendido como sendo o profissional que através de telefone recebe informações de cunho profissional, armazena, codifica, transmite ou redireciona ligações telefônicas de maneira ininterrupta.

3. Jornada de trabalho

A regra do trabalho do telefonista é de seis horas de trabalho por dia. O art. 227 é claro ao evidenciar:

> Nas empresas que explorem o serviço de telefonia, telegrafia submarina ou subfluvial, de radiotelegrafia ou de radiotelefonia, fica estabelecida para os respectivos operadores a duração máxima de seis horas contínuas de trabalho por dia ou 36 (trinta e seis) horas semanais. (CLT, art. 227)

A norma celetista dá duas "opções" de jornada de trabalho (Explico: na verdade a lei determina o *minus* dia e o *minus* semanal) ao telefonista quando usa a conjunção alternativa "ou": "Seis horas contínuas de trabalho por dia ou 36 horas semanais[53]".

Mister se faz ressaltar o que dispõe a Consolidação:

> Para os empregados sujeitos a horários variáveis, fica estabelecida a duração máxima de 7 (sete) horas diárias de trabalho e 17 (dezessete) horas de folga, deduzindo-se deste tempo 20 (vinte) minutos para descanso, de cada um dos empregados, sempre que se verificar um esforço contínuo de mais de 3 (três) horas. (CLT, art. 229)

Consoante a noção cediça, em outro ponto pode-se entender: "São considerados empregados sujeitos a horários variáveis, além dos operadores, cujas funções exijam

---

(52) O sentido do vocábulo "explorar" quer dizer, sobretudo, empresas que buscam o resultado de lucro, assim, retirar e movimentar lucro pelas atividades de exploração de trabalhos de telefonistas.
(53) Leia-se "módulo de trabalho semanal de 36 horas".

classificação distinta, os que pertençam a seções de técnica, telefones, revisão, expedição, entrega e balcão". (CLT, art. 229, § 1º)

4. Intervalos interjornadas (descanso e refeição)

Os telefonistas, como qualquer outro profissional, terão um intervalo interjornada destinado a descanso e refeição. A afirmativa é decorrência natural do direito de proteção à higidez física e mental dos indivíduos, norma de ordem pública.

O bom entendimento do período de intervalo do telefonista deve, necessariamente, buscar auxílio no art. 71, que é explícito:

> Em qualquer trabalho contínuo, cuja duração exceda de 6 (seis) horas, é obrigatória a concessão de um intervalo para repouso ou alimentação, o qual será, no mínimo, de 1 (uma) hora e, salvo acordo escrito ou contrato coletivo em contrário, não poderá exceder de 2 (duas) horas. (CLT, art. 71)

Ainda reverbera a normativa: "Não excedendo de 6 (seis) horas o trabalho, será, entretanto, obrigatório um intervalo de 15 (quinze) minutos quando a duração ultrapassar 4 (quatro) horas". (CLT, art. 71, § 1º).

Neste passo, a jornada de trabalho do telefonista tem como regra a duração de seis horas de labor por dia ou o cumprimento de 36 horas de trabalho semanal.

Pode, no entanto, haver casos em que o telefonista trabalhará somente quatro horas, ou melhor, laborará menos horas em um dia e compensensará[54] em outro para completar o módulo semanal de 36 horas. Sendo assim, nestes dias "reduzidos", terá um descanso interjornada de 15 minutos. De outro lado, caso labore seis horas, terá, obrigatoriamente, um intervalo para refeição de, no mínimo, uma hora.

Importa postar, ainda, que os intervalos de descanso não serão computados na duração do trabalho.

5. Telefonista que trabalha em mesa

Ao telefonista de mesa de empresas que não explore serviços ou atividades empresarias de telefonia, aplica-se, neste caso, os mandamentos do art. 227 e seus parágrafos da norma celetista.

A rigor, nesse sentido, o Tribunal Superior do Trabalho editou a súmula de n. 178 que assim dispõe: "É aplicável à telefonista de mesa de empresa que não explora o serviço de telefonia o disposto no Art. 227 e seus parágrafos, da CLT".

Note-se, neste particular, que o telefonista fica em uma mesa atendendo, repassando ou redistribuindo ligações telefônicas. Mesmo que a empresa não tenha sua atividade preponderante como de telefonia, aplica-se a esse particular a hora reduzida de seis horas.

---

(54) Observe, todavia, que pode existir também neste caso a chamada semana espanhola, disposição contida da orientação jurisprudencial n. 323 da SDI-1 que, na verdade, nada mais é do que uma compensação de jornada de trabalho.

6. Trabalhador que opera telex tem jornada reduzida?

A orientação jurisprudencial n. 213 da SDI-I do Tribunal Superior do Trabalho grafa que "o operador de telex de empresa, cuja atividade econômica não se identifica com qualquer uma das previstas no art. 227 da CLT, não se beneficia de jornada reduzida".

7. Operador de televendas

A Orientação Jurisprudencial n. 273 da SDI-1 do TST enuncia:

> A jornada reduzida que trata o art. 227 da CLT não é aplicável, por analogia, ao operador de televendas, que não exerce suas atividades exclusivamente como telefonista, pois, naquela função, não opera mesa de transmissão, fazendo uso apenas dos telefones comuns para atender e fazer as ligações exigidas no exercício da função.

Posta assim a questão, importa ressaltar, todavia, que Sergio Pinto Martins salienta:

> Operadores de *telemarketing* e de mesa de aplicação financeira ou de títulos e valores mobiliários não são telefonistas. Apenas usam o telefone para fazer o seu mister, isto é, vendas, mas não transferem ou fazem ligações para outras pessoas, como ocorre com a telefonista (MARTINS, 2007, p. 229).

Operador de televendas ou telemarketing, portanto, não se confunde com telefonista. A razão da afirmação é simples: aquele não faz ligações, redistribui ou anota informações de cunho corporativo (funções típicas de telefonistas e não de vendedores por telefone).

8. Recepcionista tem hora reduzida de telefonista?

Existe na doutrina e na jurisprudência uma discussão se o recepcionista que atende telefone tem direito a jornada reduzida como se fosse telefonista.

Alice Monteiro de Barros é categórica ao posiciona-se que neste particular:

> [...] não nos parece possa ser equiparado ao telefonista o empregado que alterna essas funções com as de recepcionista, pois a jornada reduzida se justifica quando o trabalho em telefonia é contínuo capaz de lesar a saúde do trabalhador [...] (BARROS, 2008, p. 507).

A propósito, o mesmo se pode dizer dos operadores de *telemarketing*. Para eles também é negada a jornada de trabalho reduzida analogicamente ao telefonista. Aqui, a explicação da negativa é a seguinte: faltam os elementos motivadores que dão razão ao direito à hora reduzida: intensidade das ligações e complexidade de postura no atendimento das ligações e penosidade do trabalho.

Por fim, uma análise merece ser pontuada: o recepcionista não tem como função principal fazer ligações ou transferências de chamadas telefônicas recebidas em mesa com telefone. A rigor, é um profissional incumbido de fazer múltiplas tarefas. Logo, a nosso sentir, não terá direito à jornada reduzida do telefonista.

9. Releitura sistematizada do tópico apresentado

• O telefonista é tutelado pelos arts. 227 a 231 da Consolidação das Leis do Trabalho.

• Telefonista é o profissional que opera sistema de telefonia recebendo e distribuindo internamente ou externamente ligações.

• Nas empresas que explorem o serviço de telefonia, telegrafia submarina ou subfluvial, de radiotelegrafia ou de radiotelefonia, fica estabelecida para os respectivos operadores a duração máxima de seis horas contínuas de trabalho por dia ou 36 horas semanais.

• Aos empregados sujeitos a horários variáveis fica estabelecida a duração máxima de sete horas diárias de trabalho e 17 horas de folga, deduzindo-se deste tempo 20 minutos para descanso de cada um dos empregados sempre que se verificar um esforço contínuo de mais de três horas.

• Para os telefonistas, o intervalo para refeição será de no mínimo de uma hora. Caso haja dias com jornada menor que seis horas terá o telefonista um intervalo de no mínimo 15 minutos.

• Aplica-se ao telefonista de mesa de empresa que não explora o serviço de telefonia o disposto no art. 227 e seus parágrafos da CLT.

• O operador de telex de empresa, cuja atividade econômica não se identifica com qualquer uma das previstas no art. 227 da CLT, não se beneficia de jornada reduzida.

• A jornada reduzida de que trata o art. 227 da CLT não é aplicável, por analogia, ao operador de televendas, que não exerce suas atividades exclusivamente como telefonista, pois, naquela função, não opera mesa de transmissão, fazendo uso apenas dos telefones comuns para atender e fazer as ligações exigidas no exercício da função.

Capítulo VIII
Bancário

1. Lei disciplinadora da profissão de bancário

A profissão do bancário tem toda a sua regulamentação na Consolidação das Leis do Trabalho. A normativa desse profissional encontra-se nos arts. 224 a 226 da Consolidação. Ainda existe o art. 508 da mesma lei que regulamenta a possibilidade de justa causa do empregado bancário.

2. Jornada de trabalho

Preconiza a consolidação trabalhista:

> A duração normal do trabalho dos empregados em bancos, casas bancárias e Caixa Econômica Federal será de 6 (seis) horas contínuas nos dias úteis, com exceção dos sábados, perfazendo um total de 30 (trinta) horas de trabalho por semana. (CLT, art. 224)

Para o bancário, o módulo semanal de trabalho será tão somente 30 horas e de 180 horas de trabalho mensal.

A Súmula de número 124 do Tribunal Superior do Trabalho esclarece esse ponto ao consignar: "Para o cálculo do valor do salário-hora do bancário mensalista, o divisor a ser adotado é de 180 (cento e oitenta)". Neste passo, para encontrar o valor do salário hora do empregado bancário o correto é dividir o valor mensal percebido por 180 (cento e oitenta) horas mensais, eis aí o valor da hora de trabalho.

Todavia, vale esclarecer, o trabalho noturno do bancário é permitido e, nessa qualidade, a hora de trabalho será a reduzida, com duração de 52 minutos e 30 segundos.

Não se pode perder de vista que a tutela normativa ainda registra: "A duração normal de trabalho ficará compreendida entre sete e vinte e duas horas, assegurando-se ao empregado, no horário diário, um intervalo de quinze minutos para alimentação". (CLT, art. 224, § 1º)

Observe, sobretudo, que, por força do art. 226 da Consolidação das Leis do Trabalho, "O regime especial de 6 (seis) horas de trabalho também se aplica aos empregados de portaria e de limpeza, tais como porteiros, telefonistas de mesa, contínuos e serventes, empregados em bancos e casas bancárias".

Nesse compasso, esses empregados só são bancários para fins de vantagens trabalhistas, ou seja, não desenvolvem, por exemplo, atividades de manuseios de numerários, transferências de valores de uma conta para outra, ou qualquer transação bancária, porém, para fins de jornada de trabalho e consequentes vantagens são para todos os efeitos considerados bancários.

Em crítica a esse dispositivo Gabriel Saad, é enfático ao preconizar:

> Não vemos razão de ordem biológica, social ou econômica que justifiquem ou expliquem a inclusão de empregados de portaria e de limpeza, tais como porteiros, contínuos e serventes, que trabalhem em bancos, entre os favorecidos por uma jornada de seis horas. Seu trabalho, em verdade, não apresenta as características daquele executado pelo empregado incumbido de operações verdadeiramente bancárias. Seguindo o exemplo dos bancos, no futuro, os empregados de limpeza e de portaria dos hospitais sentir-se-ão no direito de postular a mesma jornada reduzida dos médicos (de 2 a 4 horas). No que tange às telefonistas de mesa, pensamos que o artigo sob comentário agiu com acerto concedendo-lhes a mesma jornada de 6 horas dos genuínos bancários. Aquelas empregadas cumprem um trabalho esgotante e, por isso, merecem a jornada reduzida de trabalho. (SAAD, 2009, p. 397)

Ressalte-se, todavia, que a Súmula n. 117 do Tribunal Superior do Trabalho dispõe: "Não se beneficiam do regime[55] legal relativo aos bancários os empregados de estabelecimentos de crédito pertencente a categorias profissionais diferenciadas[56]".

Determina a Consolidação Trabalhista:

> A direção de cada banco organizará a escala de serviço do estabelecimento de maneira a haver empregados do quadro da portaria em função, meia hora antes e até meia hora após o encerramento dos trabalhos, respeitando o limite de 6 (seis) horas diárias. (CLT, art. 226, parágrafo único)

Em última análise, a exigência legal diz respeito tão somente ao pessoal de portaria de estabelecimentos bancários. Portanto, para os porteiros será resguardada a presença deles meia hora antes de iniciar o expediente bancário e meia hora após o encerramento. Enfim, em todos os casos, os porteiros trabalharão as seis horas devidas.

3. Remuneração dos bancários

A remuneração do bancário é composta por toda a estrutura das normas globais aplicadas a outros profissionais. Deve-se esclarecer, todavia, que, para essa categoria, existe uma série de precedentes normativos consolidados a que se aplicam as mais diversas peculiaridades dos profissionais bancários.

---

(55) Nesse sentido: "Bancários. Categoria diferenciada. Serralheiro. À luz das Súmulas ns. 117 e 257, do TST, o serralheiro não é considerado bancário, não estando sujeito à jornada especial de seis horas. Inaplicável o art. 226 da CLT. Recurso de revista parcialmente conhecido e não provido". In: Tribunal Superior do Trabalho, Recurso de Revista n. 744.925/2001.1, 6ª T., rel. Horácio Raimundo de Senna Pires. Publicado: DJU, 29.2.2008.

(56) Atente-se, portanto, que a CLT define de forma esclarecedora o que é categoria de profissionais diferenciados: "Categoria profissional diferenciada é a que se forma dos empregados que exerçam profissões ou funções diferenciadas por força de estatuto profissional especial ou em consequência de condições de vida singulares". (CLT, art. 511, § 3º)

Por primeiro, um ponto proeminente diz respeito ao instituto da quebra de caixa. O Tribunal Superior do Trabalho editou a súmula de número 247 consubstanciando o seguinte entendimento: "A parcela paga aos bancários sob a denominação 'quebra de caixa' possui natureza salarial, integrando o salário do prestador dos serviços, para todos os efeitos legais".

Essa parcela é paga somente ao caixa de banco. Antes, muito se discutia sobre a natureza jurídica desse instituto. Parte da doutrina entendia como tendo natureza indenizatória, enquanto outra parte preconizava, por sua vez, que a natureza era salarial. A referida súmula veio, portanto, para pacificar esse entendimento, deixando esclarecido que a natureza é salarial.[57]

Também faz parte da remuneração do bancário papéis ou valores posto à venda pelos bancos de empresas pertencentes a mesmo grupo econômico. O TST, através da Resolução Administrativa n. 121/1979, editou a Súmula de número 93 aduzindo:

> Integra a remuneração do bancário a vantagem pecuniária por ele auferida na colocação ou venda de papéis ou valores mobiliários de empresas pertencentes ao mesmo grupo econômico, se exercida essa atividade no horário e local de trabalho e com o consentimento, tático ou expresso, do banco empregador.

Do mesmo modo, outra verba é incorporada à remuneração do bancário, segundo os mandamentos do Verbete de número 226: "A gratificação por tempo de serviço integra o cálculo das horas extras". Por sua vez, a Súmula de número 240 do TST dispõe: "O adicional por tempo de serviço integra o cálculo da gratificação prevista no art. 224, § 2º, da CLT".

A rigor, entenda-se que os verbetes sumulares harmonizam as vantagens que integram a remuneração os adicionais como, por exemplo, anuênio, quinquênio, triênio ou biênio.

Um ponto saliente, no entanto, deve ser enaltecido. A Súmula de número 109 do TST enfatiza: "O bancário não enquadrado no § 2º do art. 224 da CLT, que receba gratificação de função, não pode ter o salário relativo a horas extraordinárias compensado com o valor daquela vantagem".

O precitado enunciado sumular deixa claro que para os empregados bancários que exercem função de confiança e não estejam adstritos à jornada de trabalho de oito horas, o valor pago a esse título não pode ser compensado com as horas adicionais devidas além da sexta hora de labor. A razão desse posicionamento do Tribunal Superior do Trabalho é vislumbrada através da seguinte ideia: o valor pago ao bancário incumbido em cargos de confiança não é pelas horas extras em si, mas, sobretudo, pela carga de responsabilidades que ele tem nas funções de gestão que desempenha.

---

(57) Sergio Pinto Martins explica: "O TST entende que o valor pago a título de quebra de caixa possui natureza salarial e integra o salário do obreiro para todos os fins legais (S.247). Entretanto, a quebra de caixa tem natureza indenizatória ou compensatória para quando houver prejuízo no caixa e o empregado tiver de pagá-lo. Se a verba quebra de caixa é paga sem que haja qualquer falta de numerário no caixa do empregado, terá natureza salarial, pois desvirtua de sua finalidade". In: MARTINS, Sergio Pinto. Comentários à CLT. São Paulo: Atlas, 2007. p. 225.

4. Gratificação por quebra de caixa e sua natureza

Boa parte desse ponto já foi esclarecida em um dos itens predecessores, por isso, não se faz necessário repeti-los aqui. Contudo, para uma melhor compreensão do instituto da parcela de quebra de caixa, devem ser feitas algumas considerações epidérmicas.

Ficou dito que a Súmula de número 247 do TST anuncia: "A parcela paga aos bancários sob a denominação 'quebra de caixa' possui natureza salarial, integrando o salário do prestador dos serviços, para todos os efeitos legais".

Não se olvide, todavia, que só tem direito a receber essa parcela o bancário que trabalhe em atividades tipicamente de caixa. A quebra de caixa tem dois escopos, cada um, dependendo do caso, dará a natureza jurídica dessa parcela. Se for fornecida a título de compensação por desfalque causado por erro ou troco passado a maior pelo bancário, ou seja, para recompor prejuízos, terá natureza indenizatória ou compensatória. Por outro lado, se o valor for pago ao bancário sem o intuito de recompor prejuízo, terá, portanto, natureza remuneratória.

5. Sábado é considerado jornada de trabalho para o bancário

Desde a década de 80, o Tribunal Superior do Trabalho, através da Súmula de n. 113, entende que "o sábado do bancário é dia útil não trabalhado e não dia de repouso remunerado, não cabendo assim, a repercussão do pagamento de horas extras habituais sobre a sua remuneração".

O sábado para o bancário é como dia de trabalho para todos os fins, contudo, não existe aí labor. Não se pode olvidar, no entanto, que não se trata de descanso semanal remunerado. O repouso semanal será, preferencialmente, aos domingos, conforme dispõe o art. 1º da Lei n. 605/1949.

6. Dilatação da jornada de trabalho do bancário (uma excepcionalidade)

O verbete celetista (art. 225) traz uma ressalva na jornada de trabalho do bancário, ou seja, admite a dilatação da jornada de seis horas para oito horas.

Dispõe o referido artigo: "A duração normal de trabalho dos bancários poderá ser excepcionalmente prorrogada até 8 (oito) horas diárias, não excedendo de 40 (quarenta) horas semanais, observados os preceitos gerais sobre a duração do trabalho".

Observe, todavia, que o limite de horas extras não pode ser superior a oito horas por dia. O módulo semanal não pode exceder de quarenta horas. Não se esqueça de que o sábado do bancário é dia útil, porém, não trabalhado.

A dilatação da jornada de trabalho está vinculada ao vocábulo excepcionalmente, ou seja, só pode aumentar as horas de trabalho do bancário, além das normais, quando existir uma anormalidade que exija labor além das seis horas legais.

Bem lembra Sergio Pinto Martins:

> Excepcionalmente quer dizer de forma anormal, esporádica. Se a prorrogação é ordinária, normal, comum, não é excepcional. O certo seria o bancário apenas prorrogar sua jornada de forma excepcional e não todos os dias [...] (MARTINS, 2007, p. 225).

Anote, ainda, que é de opinião unívoca que a prorrogação de trabalho deverá ser consubstanciada através de acordo ou convenção coletiva, nunca de forma unilateral por parte do empregador.

7. Vedação de pré-contratação de horas extras

O verbete do Tribunal Superior do Trabalho de número 199 (item I) preceitua:

> A contratação de serviço suplementar, quando da admissão do trabalhador bancário, é nula. Os valores assim ajustados apenas remuneram a jornada normal, sendo devidas as horas extras com o adicional de, no mínimo, 50% (cinquenta por cento), as quais não configuram pré-contratação, se pactuadas após a admissão do bancário.

Todavia, vale esclarecer que a súmula veda que o empregador bancário, no momento da contratação, estipule em contrato de trabalho horas extras de trabalho, rotineiramente, além do normal estipulado no preceito normativo.

A CLT admite expressamente a dilatação da jornada de trabalho, contudo expõe que somente é permitido prolongar o labor de forma excepcional. Logo, é nula a contratação que tente desvirtuar esse mandamento. Caso assim fosse, seria um claro contorno à clareza do art. 9º da Consolidação trabalhista.

Com isso, é importante frisar que a súmula (item II) ainda prediz: "Em se tratando de horas extras pré-contratadas, opera-se a prescrição total se a ação não for ajuizada no prazo de cinco anos, a partir da data em que foram suprimidas".

8. Intervalo interjornada para repouso e alimentação

Versa o art. 224, § 1º da Consolidação das Leis do Trabalho:

> A duração normal do trabalho estabelecida neste artigo ficará compreendida entre 7 (sete) e 22 (vinte e duas) horas, assegurado-se ao empregado, no horário diário, um intervalo de 15 (quinze) minutos para alimentação.

É assegurado ao bancário um intervalo não superior a quinze minutos para alimentação. Essa sagrada pausa não é somada à jornada de trabalho.

Nesse sentido, o Tribunal Superior do Trabalho, através da Orientação Jurisprudencial n. 178, da Seção Especializada em Dissídios Individuais (SDI-I), consubstanciou o seguinte entendimento: "Não se computa, na jornada do bancário sujeito a seis horas diárias de trabalho, o intervalo de quinze minutos para lanche ou descanso".

9. Trabalhadores de empresas de crédito, investimento e financiamento são bancários?

O mundo das instituições financeiras é um complexo de transações e movimentações de capitais. Bancos aparecem travestidos de instituições ou organizações, aparentemente, estranhos às atividades desenvolvidas por corporações bancárias.

Bem lembra Alice Monteiro de Barros:

> [...] a economia moderna criou empresas de crédito, financiamento e investimento, conhecidas como financeiras, que se destinam à concessão de empréstimos a médio e longo prazo, dedicando-se à administração de fundos de investimentos; elas praticam no mercado financeiro a intermediação ou aplicação de recursos financeiros ou a custódia de valores de terceiros (BARROS, 2008, p. 145).

Tentando entrar em consonância com essa realidade, o Tribunal Superior do Trabalho editou a Súmula de número 55 com o seguinte preceito:

> As empresas de crédito, financiamento ou investimento, também denominadas "financeiras", equiparam-se aos estabelecimentos bancários para os efeitos do art. 224 da Consolidação das Leis do Trabalho.

Assim, é de se dizer, todavia, que os afazeres imprimidos por essas empresas muito se avizinham àqueles desempenhadas pelos funcionários dos bancos. Eis, portanto, o escopo sumular e jurisprudencial[58] da equiparação entre os trabalhadores de "financeiras"[59] e empregados bancários para fins de jornada de trabalho, horas extras e outras vantagens destinadas aos profissionais bancários.

10. Empregados de empresas de processamento de dados são bancários?

Outro ponto interessante é o que diz respeito aos empregados de empresas de processamentos de dados que atuam nas dependências de bancos desenvolvendo atividades de computação eletrônica de informações e dados. Desse excerto, essencialmente, arma-se uma indagação: esses profissionais de processamento de dados são considerados bancários?

Note-se: existia acesa na doutrina uma fervorosa discussão sobre a atividade desses profissionais. Em linhas mais esclarecedoras, indagava-se se eles desempenhavam a mesma função dos profissionais bancários. Logo, caso a resposta fosse positiva, seriam

---

(58) Nessa direção: "Financeira. Enquadramento com atividade bancária. Aplicação do art. 224 da CLT. Quando as atividades preponderantes exercidas pela empresa são típicas de uma instituição financeira, impõe-se o enquadramento dos empregados na categoria profissional dos bancários. O enquadramento sindical do empregador, nos termos do § 2º do art. 511 da CLT, com exceção das categorias diferenciadas. Hipótese em que deve ser observada a jornada disposta no art. 224 da CLT, assim com os instrumentos normativos da categoria dos bancários. Aplicação da Súmula n. 55 do C. (TST, TRT 2ª R., Recurso Ordinário n. 02570200500502008, 6ª T., rel. Ivani Contini Bramante, publicado: DOE, 6.6. 2008).

(59) Observe-se que, em sentido oposto, a Súmula de número 119 do TST consubstancia que corretora e distribuidoras de títulos de créditos e valores não são bancários. Assim dispõe o verbete: "Os empregados de empresas distribuidoras e corretoras de títulos e valores mobiliários não têm direito à jornada especial dos bancários".

considerados bancários para fins de jornada de labor e outros direitos inerentes à classe desses profissionais.

O insigne Francisco Antonio de Oliveira pondera:

> Os bancos passaram a constituir empresas de processamento de dados, para as quais direcionam grande parte ou todo o seu trabalho bancário informatizado. [...] Com esse ardil e engenho, os bancos passaram a contratar verdadeiros bancários para jornada de 8 (oito) horas, quando o correto seria jornada de 6 (seis) horas (CLT, art. 224) (OLIVEIRA, 2008, p. 467).

A Súmula de número 239 do Tribunal Superior do Trabalho pacificou a questão relativa a essa dúvida. Assim, consubstancia o verbete:

> Bancário. Empregado de empresa de processamento de dados. É bancário o empregado de empresa de processamento de dados que presta serviço a banco integrante do mesmo grupo econômico, exceto quando a empresa de processamento de dados presta serviços a banco e a empresas não bancárias do mesmo grupo econômico ou terceiros.

Nessa seara, oportuno esclarecer que Francisco Antonio de Oliveira ainda observa: "Buscou esse verbete coibir abusos e artifícios que proliferaram de tempos para cá" (OLIVEIRA, 2008, p. 467).

Por seu turno, o muitas vezes citado Sergio Pinto Martins salienta: "[...] a Súmula do TST só deve ser aplicada em caso de fraude, não devendo ser interpretada literalmente, mas há necessidade de se verificar se houve fraude em certa hipótese para observá-la" (MARTINS, 2007, p. 220).

Por todo o exposto, é imperioso concluir que é bancário o empregado de empresa de processamento de dados eletrônicos que presta serviço a banco que pertence a mesmo grupo econômico.

11. Cargo de confiança e chefia, exclusão de horas extras

Cargo de confiança é aquele exercido por diretores, gerentes, gestores temporários ou definitivos. O empregador deposita no empregado poderes para agir em seu nome. Mune o obreiro com poderes de representação, de mando, de coordenação e de ordenação para exercitar o pleno gerenciamento do empreendimento.

No cargo em confiança, o obreiro exerce as funções em substituição ao empregador, munido de poderes de mando, gestão, chefia, representação e decisão[60] perante os demais empregados e terceiros.

---

(60) Nesse sentido Chancela o acórdão do TRT 2ª Região: "Bancário. Cargo de confiança configurado. Horas extras indevidas. O salário mensal diferenciado, inequivocadamente mais elevado que aquele pago aos trabalhadores comuns das entidades bancárias, somado ao recebimento de comissão de função e à circunstância de a reclamante chefiar vários subordinados, ter assinado autorizada conjunta e exercer poderes disciplinares são suficientes para gerar a conclusão que a mesma era exercente de cargo de confiança bancário, nos moldes do art. 224, § 2º da CLT, sujeito à jornada diária de 8 horas. Inexigíveis amplos poderes de mando, representação e atuação na condição de *longa manus* do empregador. No mesmo sentido, a Súmula n. 287 do C. TST. Cargo de confiança não caracterizado". In: Tribunal Regional do Trabalho, 2ª R., Recurso Ordinário n. 01488-2006-064-02-00-4. 4ª T., rel. Paulo Augusto Câmara. Publicado: DOESP, 15.7.2008.

O art. 62 da Consolidação celetista esposa o entendimento de que estão fora da incidência das jornadas extraordinárias[61] os empregados que exercem atividades externas incompatíveis com a fixação de horário de trabalho e, ainda, os gerentes, assim considerados os exercentes de cargos de gestão, aos quais se equiparam, para efeito do disposto neste artigo, os diretores e chefes de departamento ou filial.

Por seu turno, o art. 224 da Consolidação Trabalhista é claro e específico sobre o tema:

> As disposições deste artigo não se aplicam aos que exercem funções de direção, gerência[62], fiscalização, chefia e equivalentes, ou que desempenhem outros cargos de confiança, desde que o valor da gratificação não seja inferior a 1/3 (um terço) do salário do cargo efetivo. (CLT, art. 224, § 2º)

Conforme explicação de Sergio Pinto Martins:

> [...] o cargo de confiança disciplinado pelo § 2º do art. 224 da CLT é um cargo de confiança especial, de confiança técnica, não se assemelhando exatamente ao descrito no inciso II do art. 62 da CLT, não sendo necessariamente a pessoa que substitui o empregador em seus impedimentos, representa-o, como gerente. Para caracterizar o cargo de confiança não se exige amplos poderes de mando[63], representação e substituição do empregador. Entretanto, o empregado bancário deve exercer alguma função de chefia ou semelhante ou desempenhar efetivamente algum cargo de confiança [...] (MARTINS, 2007, p. 222).

Observe que o Verbete de número 287 do TST esposa o seguinte entendimento:

> A jornada de trabalho do empregado de banco gerente de agência é regida pelo art. 224, § 2º, da CLT. Quanto ao gerente-geral de agência bancária, presume-se o exercício de encargo de gestão, aplicando-se-lhe o art. 62 da CLT.

A dicção do verbete formaliza a exegese de que o gerente-geral de agências bancárias exerce cargos de gestão, logo aplicam-se as "imunidades de adicionais de horas extras

---

(61) Nesse caminho, cumpre, entretanto, alertar que a jurisprudência anota que "a exceção prevista no art. 224, § 2º, da CLT não é tão restrita quanto a do art. 62 do mesmo estatuto. A caracterização do cargo de confiança no setor bancário nem sempre exige amplos poderes de mando nem subordinados e nem, ainda, assinatura autorizada. Fator determinante é o grau de confiança, que deve estar acima do comum, além daquele que é inerente a qualquer relação de emprego". *In:* Tribunal Regional do Trabalho 2ª R., Recurso Ordinário n. 01109-2007-381-02-00-7, 11ª T., rel. Eduardo de Azevedo Silva, Publicado: DOESP, 12.8.2008.

(62) A luz do exposto é forçoso subsidiar o vocábulo com o seguinte acórdão: "Cargo de confiança. Gerência. Comprovado nos autos que o reclamante exercia funções a nível de gerência, configuradas pela delegação de poderes limitados de mando e gestão, típicos dos cargos de chefia contemplados no art. 224, § 2º da CLT, não faz jus à jornada de trabalho reduzida, porquanto, devidas horas extras apenas a partir da oitava diária". *In:* Tribunal Regional do Trabalho 2ª R., Recurso Ordinário n. 01214200504302003, 4ª T., rel. Paulo Augusto Câmara, Publicado: DOE, 18.4.2008.

(63) Atente-se, todavia, que a visão do citado autor encontra-se em plena consonância com a jurisprudência majoritária de muitos Tribunais Regionais do Trabalho: "Inexigíveis amplos poderes de mando, representação e atuação na condição de *longa manus* do empregador". *In:* Tribunal Regional do Trabalho 2ª R., Recurso Ordinário n. 01488-2006-064-02-00-4, 4ª T., rel. Paulo Augusto Câmara, Publicado: DOESP, 15.7.2008.

gerais" insculpidas no inciso II, art. 62, da norma celetista. O bancário gestor, na verdade, se encontra imbuído em cargo de gestão. Assim sendo, esses profissionais não têm jornada de trabalhado agendada ou fixa. Podem, portanto, entrar no exercício do labor em horários cômodos. Explique-se: os gerentes podem iniciar seu labor no banco mais cedo ou mais tarde e podem, ainda, sair mais cedo ou por conta própria dilatarem sua jornada de trabalho.

A presunção de que esses profissionais exercem cargos de gestão é relativa (*juris tantum*).[64] Incumbe, portanto, a ele demonstrar através de provas que não desempenhava tal cargo.

Lembre-se, por derradeiro, de que a Súmula de número 102 (itens III e IV) do Tribunal Superior do Trabalho insculpe os seguintes mandamentos pertinentes ao assunto:

> [...] ao bancário que exerce o cargo de confiança previsto no artigo no art. 224, § 2º, da CLT são devidas as 7ª e 8ª horas, como extras, no período em que se verificar o pagamento a menor da gratificação de 1/3" (III). [...] o bancário sujeito à regra do art. 224, § 2º, da CLT cumpre jornada de trabalho de 8 (oito) horas, sendo extraordinárias as trabalhadas além da oitava. (IV). (TST, Súmula n. 102, itens III e IV)

É de se concluir, então, que aos bancários não se aplica a incidência de horas extras para os que exercem funções de direção, gerência, fiscalização, chefia e equivalentes ou que desempenhem outros cargos de confiança, desde que o valor da gratificação não seja inferior a um terço do salário do cargo.

12. Advogado empregado de banco

Já ficou registrado neste livro (capítulo referente ao trabalho do advogado) que este profissional pode exercer seu labor de forma autônoma como profissional liberal, sem subordinação a chefe ou empregador, ou como empregado. Neste caso encontra-se submetido à hierarquia laboral.

Sobre o trabalho do advogado em bancos, vários pontos merecem realces, sobretudo no que diz respeito ao enquadramento desse profissional na categoria dos bancários.

Oportuno relembrar o que diz Homero Batista:

> [...] os advogados bancários acabam assimilando mais as rotinas bancárias do que as atividades propriamente jurídicas ou forenses. Surge uma dúvida de alta indagação sobre o exato enquadramento do advogado. Entenda-se bem: de um lado, temos o entendimento da súmula 117[65] quanto ao afastamento das categorias diferenciadas das vantagens conferidas aos bancários; de outro lado, como não existe um rol taxativo de categorias diferenciadas, pode-se questionar se a

---

(64) Neste sentido, dispõe a súmula n. 12 do TST ao asseverar que: as anotações apostas pelo empregador na carteira profissional do empregado não geram presunção *juris et de jure* mas apenas *juris tantum*.

(65) A predita súmula enuncia ainda: "Não se beneficiam do regime legal relativo aos bancários os empregados de estabelecimentos de crédito pertencentes a categorias profissionais diferenciadas".

situação do advogado é a mesma situação do médico do trabalho, do vigilante armado ou do arquiteto. Esses três profissionais tendem a manter seu estatuto profissional independentemente de onde quer que atuem (SILVA, 2009, p. 12).

Dadas as peculiaridades da profissão do advogado, o Tribunal Superior do Trabalho estabeleceu ressalvas a essa categoria. A Corte entende que, mesmo sendo de categoria profissional diferenciada, quando em labor nos estabelecimentos bancários, essencialmente, os operadores do direito passam a pertencer à classe dos profissionais bancários.

O Tribunal Superior do Trabalho através da Súmula n. 102 pacificou: "[...] o advogado empregado de banco, pelo simples exercício da advocacia, não exerce cargo de confiança, não se enquadrando, portanto, na hipótese do § 2º do art. 224 da CLT" (TST, Súmula n. 102, item V).

A jornada de trabalho[66] do advogado empregado em bancos será a normal do bancário de seis horas de trabalho.[67] Ressalte-se, todavia, que, caso detenha função de chefia (função de confiança), a jornada será de oito horas.

Assim, à luz do exposto, é forçoso concluir que o advogado empregado em banco se enquadrará na categoria de bancário e, por conseguinte, sua jornada de trabalho será de seis horas, ressalvadas, contudo, as situações de função de confiança, com jornada de oito horas.

13. Vigilante de banco é bancário?

Quando se tratar da profissão de vigilante, a súmula de número 257, do Tribunal Superior do Trabalho, prescreve: "O vigilante, contratado diretamente por banco ou por intermédio de empresas especializadas, não é bancário".

(66) Assim caminha o entendimento insculpido no seguinte acórdão do TST quando estabelece: "Advogado empregado de banco. Mero exercício da função de advogado. Impossibilidade de enquadramento na exceção do art. 224, § 2º, da CLT. Súmula n. 102, V, do TST. Não conhecimento. Esta Corte, por meio do item V da Súmula n. 102 da convenção da Orientação Jurisprudencial n. 222 da SBDI-1, firmou o entendimento no sentido de que o simples exercício da advocacia não enquadra o advogado empregado de banco na exceção do art. 224, § 2º, da CLT, *in litteris*. 'O advogado empregado de banco, pelo simples exercício da advocacia, não exerce cargo de confiança, não se enquadrando, portanto, na hipótese do § 2º do art. 224 da CLT'. Tendo o regional consignado que não restou demonstrado e exercício de função de confiança, resta evidente que a tese adotada está de acordo com a Súmula anteriormente referida, em especial quanto a seus itens I e V, restando aplicável o óbice consignado no art. 896, § 4º, da CLT. Recurso não conhecido". *In:* Tribunal Superior do Trabalho, Recurso de Revista n. 1.575/2003-042-01-00.7, 4ª T., relª Maria de Assis Calsing, Publicado: DJU, 1º.8.2008.

(67) Cuida-se, apresentar outro acórdão em plena consonância com o pré-registrado: "Advogado de banco que não se encontra sujeito à jornada estabelecida no art. 20 do Estatuto da Advocacia, por não trabalhar com dedicação exclusiva, sujeita-se à jornada normal de seis horas do bancário geral, prevista no *caput* do art. 224 da CLT, desde que não venha exercer cargo de confiança, sendo certo, segundo inteligência da Súmula n. 102/TST, que o simples exercício do cargo de advogado não é suficiente a alçar o empregado ao nível de cargo de confiança para efeito de incidência do § 2º do art. 224 da CLT. 4. Recursos conhecidos, desprovidos o do reclamante e parcialmente provido o do autor". *In:* Tribunal Regional do Trabalho, 10ª R., Recurso Ordinário n. 00406-2007-017-10-00-4, 2ª T., rel. Juiz Gilberto Augusto Leitão Martins, Publicado: DJU, 25.1.2008.

É de se perceber *prima facie* que a tutela especial aplicada ao bancário não incide ao vigilante ou vigia quando contratado por banco. Ressalte-se, todavia, que a contratação mesmo sendo direta ou por meio de empresas interpostas não enquadrará o referido obreiro como profissionais bancários para fins de jornada de trabalho.

Sobre o assunto, é preciso o magistério de Francisco Antonio de Oliveira: "Assim, pouco importa seja o vigilante contratado diretamente pelo estabelecimento financeiro ou por meio de empresas especializadas em serviços de segurança: a sua jornada não será de seis horas, posto que não é bancário" (OLIVEIRA, 2008, p. 493).

No mesmo sentido é a opinião de Sergio Pinto Martins:

[...] a orientação da Súmula 257 do TST é coerente com a Lei n. 7.102, pois esta permite a terceirização de serviços de vigilância e transporte de valores. Logo, não se poderia falar que o vigilante que presta serviços em banco seria bancário, diante daquele comando legal, pois o trabalho do vigilante não seria mais extenuante que o do bancário, de modo a ser contemplado com jornada de seis horas. A Lei n. 7.102 não dispõe, inclusive, que o vigilante deveria ter jornada de trabalho de seis horas, o que mostra que sua jornada de trabalho seria a normal, de oito horas [...] (MARTINS, 2008, p. 154).

Portanto, os vigilantes ou vigias que trabalham nos estabelecimentos financeiros contratados diretamente pelos bancos ou via terceirização de empresas especializadas em segurança não estão assistidos pelos direitos ofertados aos bancários. A razão é simples: seu labor não tem a ver com as atividades de bancário.

14. Vigias, porteiros, serventes, faxineiros empregados de banco têm hora reduzida?

Os estabelecimentos bancários ou seus similares são instituições complexas e, por óbvio, exigem um exército de profissionais para desempenharem com perfeição suas atividades, sejam atividades típicas (por exemplo, o caixa, gerência, entre outros), sejam atividades atípicas, como vigias, porteiros, serventes e faxineiros.

Convém, então, enfatizar que esse ponto vem insculpido no art. 226 da Consolidação das Leis do Trabalho: "O regime especial de 6 (seis) horas de trabalho também se aplica aos empregados de portaria e de limpeza, tais como porteiros, telefonistas de mesa, contínuos e serventes, empregados em bancos e casas bancárias".

Destarte, a jornada de trabalho de seis horas aplica-se somente aos obreiros de portaria, telefonistas de mesa, serventes e contínuos. A norma celetista é peremptória e clara: incide somente sobre empregados de portaria e de limpeza.

No que diz respeito à jornada de trabalho do telefonista de mesa que trabalha em banco, não precisaria ser disciplinada pela seção que trata do direito do profissional bancário. Já há um tratamento específico no art. 227 da norma celetista. A tutela legal estabelece jornada de trabalho de seis horas.

Observe-se, por derradeiro, que motorista de bancos, secretárias, serralheiros[68] e vigilantes não se enquadraram na categoria dos bancários. O mesmo vale para os telefonistas que não trabalham em mesa.

15. Adicional de transferência do bancário

O art. 469 da Consolidação das Leis do Trabalho expressamente consagra:

> Ao empregador é vedado transferir o empregado, sem a sua anuência, para localidade diversa da que resultar do contrato, não se considerando transferência a que acarreta necessariamente a mudança de seu domicílio. [...] não estão compreendidos na proibição deste artigo os empregados que exerçam cargos de confiança e aqueles cujos contratos tenham como condição, implícita ou explícita, a transferência, quando esta decorra de real necessidade de serviço. (CLT, art. 469)

O ponto de partida para uma correta visão do problema é o que segue: qual o entendimento de condição ou cláusula de transferibilidade implícita ou explícita? Posta assim, a questão é de se dizer que explícitas são aquelas cláusulas inseridas no contrato de trabalho conhecidas e avençadas no pacto laboral. Em outras linhas, o empregado e empregador *ab initio* do contrato sabem da possibilidade de transferência. Exemplos são empregados em circos, reflorestamento, obreiros de linhas de alta tensão. Aí existe, portanto, a premente presunção da real possibilidade de transferência.

Por sua vez, as cláusulas de trabalho com condição de transferência implícita são aquelas que contêm meras previsões de alteração sem amplas certezas de uma efetiva concretização. Ressalte-se, desde logo, que não é mansa e pacífica a questão. Existe certa restrição na doutrina. Isso porque, sobretudo, deve existir aí efetiva e real necessidade de transferência do obreiro.

Então, surge outro questionamento direcionado e específico: nos contratos dos profissionais bancários, existem cláusulas com condições implícitas ou explícitas de transferências?

Nesta monta, os argumentos trazidos por Alice Monteiro de Barros escoltam com inteligência a resposta ao questionamento:

> [...] as atividades econômicas desenvolvidas pela organização bancária exigem que elas possuam agências em diversos pontos do país. Logo, comprovada a real necessidade de serviço, o bancário deverá acatar a ordem de transferência, que, se provisória, ensejará o pagamento do adicional de 25% (Orientação Jurisprudencial n. 113 da SDI-I do C. TST) (BARROS, 2008, p. 159).

Não se deve olvidar, finalmente, que a doutrina laboral brasileira de forma majoritária vem entendendo que nos contratos de trabalho dos bancários há condições implícitas de deslocamento do profissional, ou seja, cláusula real de transferência.

---

(68) Nesse sentido o seguinte acórdão: "Bancário. Categoria diferenciada. Serralheiro. À luz das Súmulas ns. 117 e 257 do TST, o serralheiro não é considerado bancário, não estando sujeito à jornada especial de seis horas. Inaplicável o art. 226 da CLT. Recurso de revista parcialmente conhecido e não provido". *In:* Tribunal Superior do Trabalho, Recurso de Revista n. 744.925/2001.1, 6ª T., rel. Horácio Raimundo de Senna Pires, Publicado: DJU, 29.2.2008.

16. Possibilidade de justa causa do bancário

O instituto da justa causa nas relações de trabalho tem uma contínua e fermentosa discussão em sede doutrinaria e jurisprudencial. Sempre existe acesa controvérsia a respeito dessa medida, considerada drástica e desgastante na relação jurídica entre obreiro e empregador.

A dispensa com justa causa acontece quando o empregador entende de pôr fim ao vínculo de emprego, usando, assim, seu poder disciplinar, tendo em vista falta grave praticada pelo empregado.

É a medida mais severa que o empregador pode tomar quando o empregado incide em uma das hipóteses, em regra, enumeradas no art. 482 da Consolidação do trabalho.

Nesse passo, o art. 508 da norma celetista consagra a regra de hipótese de justa causa do bancário. Assim, dispõe: "Considera-se justa causa, para efeito de rescisão de contrato de trabalho do empregado bancário, a falta contumaz de pagamento de dívidas legalmente exigíveis".

Trata-se de uma justa causa própria ou específica, sobretudo porque somente o bancário é destinatário dessa hipótese de incidência disciplinar.

A princípio, duas observações devem ser desenhadas: a uma, o que é falta contumaz de pagamento de dívidas legalmente exigíveis? Posta assim a questão, é de se dizer que dívida contumaz requer uma série reiterada de atitudes de inadimplementos das obrigações fundadas em dívidas. E a duas, o que são dívidas legalmente exigíveis? Nesse sentido deve-se dizer que são obrigações contraídas e fundadas em consonância com o sistema jurídico nacional (por exemplo: notas promissórias, duplicatas, contratos e cheques, enfim, obrigações consubstanciadas em documentos ou títulos dentro dos muros do mundo legal).

Em conclusão: a inadimplência para ser considerada falta passível de justa causa do profissional bancário deve atingir diretamente o estabelecimento onde labora. Caso atinja de forma indireta, não existirá causa para despedimento pelo empregador. Explique-se: por exemplo, bancário entra em inadimplência com uma concessionária de automóvel por não pagar a parcela de consórcio de seu veículo. A nosso sentir, não será possível incidir na hipótese legal insculpida no art. 508 da Consolidação das Leis do Trabalho.

17. Releitura sistematizada do tópico apresentado

- A disciplina normativa do bancário está no art. 224 a 226 da CLT, bem como o art. 508 da mesma norma que regulamenta a possibilidade de justa causa do empregado bancário.

- A duração do trabalho dos bancários será de seis horas contínuas nos dias úteis, com exceção dos sábados.

- O regime especial de seis horas de trabalho também se aplica aos empregados de portaria e de limpeza, tais como porteiros, telefonistas de mesa, contínuos e serventes, empregados em bancos e em casas bancárias.

- A parcela paga aos bancários sob a denominação "quebra de caixa" possui natureza salarial, integrando o salário do prestador dos serviços, para todos os efeitos legais.

- O sábado do bancário é dia útil não trabalhado e não dia de repouso remunerado, não cabendo, assim, a repercussão do pagamento de horas extras habituais sobre a sua remuneração.

- A duração normal de trabalho dos bancários poderá ser excepcionalmente prorrogada até oito horas diárias, não excedendo de 40 horas semanais, observados os preceitos gerais sobre a duração do trabalho.

- O TST entende que a contratação de serviço suplementar, quando da admissão do trabalhador bancário, é nula. O bancário terá um intervalo de 15 minutos para alimentação.

- O intervalo de 15 minutos para lanche ou descanso não se computa na jornada do bancário sujeito a seis horas diárias de trabalho.

- O TST consagra o entendimento de que as empresas de crédito, financiamento ou investimento, também denominadas "financeiras", equiparam-se aos estabelecimentos bancários para os efeitos do art. 224 da Consolidação das Leis do Trabalho.

- A Súmula de número 239 do Tribunal Superior do Trabalho entende que é bancário o empregado de empresa de processamento de dados que presta serviço a banco integrante do mesmo grupo econômico, exceto quando a empresa de processamento de dados presta serviços a banco e a empresas não bancárias do mesmo grupo econômico ou terceiros.

- Será considerado bancário em cargos de confiança os que exercem funções de direção, gerência, fiscalização, chefia e equivalentes, ou que desempenhem outros cargos de confiança e o valor da gratificação não seja inferior a um terço do salário do cargo efetivo.

- A jornada de trabalho do advogado empregado em bancos será a normal do bancário, de seis horas de trabalho.

- A Súmula n. 257 do TST pacificou o entendimento de que o vigilante contratado diretamente por banco ou por intermédio de empresas especializadas não é bancário.

- Nos contratos de trabalho dos bancários há condições implícitas de deslocamento ou transferibilidade.

- Considera-se justa causa, para efeito de rescisão de contrato de trabalho do empregado bancário, a falta contumaz de pagamento de dívidas legalmente exigíveis.

Capítulo IX
Professor

1. Norma que regula a profissão

A disciplina que rege o trabalho do professor está prevista nos arts. 317 a 323 da Consolidação das Leis do Trabalho. A norma celetista aplica-se, sobretudo, aos professores empregados, não incidindo, portanto, aos educadores da União, estados, Distrito Federal municípios, autarquias ou fundações, visto que estes profissionais têm vínculo jurídico institucional com a pessoa jurídica de direito público, adquirido por meio de concursos públicos.

2. Conceitos de professor

Os institutos jurídicos que dispõem sobre a profissão de professor não registram quaisquer conceitos desse profissional. Evidentemente, que ficou para a doutrina[69] tal incumbência. Muitos conceitos são aventados, a propósito, todos bem elaborados.

Em verdade, professor é o profissional com a devida instrução e autorização[70] que de modo sistematizado e coordenado transmite o conhecimento através do magistério. Destarte, o professor passa para gerações presentes e futuras toda a produção cultural, levando aos seus alunos o aprendizado e a reflexão sobre a realidade.

3. Empregador do professor

A Consolidação das Leis do Trabalho, em seu art. 2º, considera empregador a empresa, individual ou coletiva que, assumindo os riscos da atividade econômica, admite, assalaria e dirige a prestação pessoal de serviço.

Vale destacar que equiparam-se ao empregador, para os efeitos exclusivos da relação de emprego, os profissionais liberais, as instituições de beneficência, as associações recreativas ou outras instituições sem fins lucrativos que admitirem trabalhadores como empregados (CLT, art. 2º, § 1º).

Nesse sentido, Gérson Marques explica: "Embora se possa conceder empregador como pessoa jurídica (empresa) e, mais raramente, física (ex.: empregador doméstico), no campo da educação ele é pessoa jurídica, a escola" (MARQUES, 2009, p. 53).

---

(69) Emílio Gonçalves conceitua professor: "A pessoa habilitada, nos termos da lei, que profissionalmente exerce o magistério". *In:* GONÇALVES, Emílio. *O magistério particular e as leis trabalhistas.* São Paulo: LTr, 1970. p. 28. Alice Monteiro de Barros, por sua vez, conceitua que professor é o profissional habilitado ou autorizado, que, através das atividades inerentes ao magistério, forma as gerações do país proporcionando-lhes a educação básica e superior. *In:* BARROS, Alice Monteiro. *Contratos e regulamentações especiais de trabalho, peculiaridades, aspectos controvertidos e tendências.* 3. ed. rev., ampl. São Paulo: LTr, 2008.

(70) Leia-se o vocábulo autorização como sendo habilitação, preparação específica para exercer o magistério.

Em última análise, o texto consolidado (arts. 317 e 321) usa a nomenclatura estabelecimento de ensino como sendo todas as instituições de educação e instituição de ensino superior.

3.1. Escolas em geral

As escolas (níveis infantil, fundamental, médio e superior) de modo geral podem admitir professores, figurando como empregadores. Também podem empregar professores instituições que transmitam conhecimentos,[71] como, por exemplo, cursinhos preparatórios para concursos e Exame de Ordem.

Assim, ressalte-se a tempo que escolas técnicas, escolas particulares ou cursinhos que transmitam o conhecimento através de professores serão, portanto, considerados empregadores nas relações educacionais.

3.2. Faculdades

Faculdades são instituições de ensino superior com um curso pelo menos. Para funcionarem, precisam de credenciamento no Ministério da Educação e Cultura (MEC). Seus cursos superiores precisam de autorização prévia e o consequente reconhecimento[72] pelo MEC e serão, obrigatoriamente, avaliados periodicamente.

Urge anotar o que Gérson Marques salienta:

> As faculdades precisam ter quadro de carreira de professores, devidamente registrados como empregados, ressalvados os casos de contratação para substituição emergencial ou para suprir carência efêmera de docente. [...] se, passando algum tempo, sendo positivos os credenciamentos, atender aos demais requisitos da legislação educacional, pode se transformar em Centro Universitário e, quem sabe, em Universidade (arts. 13 e 14, Decreto n. 5.773/2006) (MARQUES, 2009, p. 54).

3.3. Centros universitários

Centros universitários também são instituições de ensino superior com diversas faculdades. Em linhas mais claras, trata-se de um estágio intermediário entre faculdades e universidades para adquirir o *status* de universidades. Ademais, por serem instituições de transmissão de conhecimentos sistematizados, essencialmente, também são empregadores em potencial de professores.

---

(71) Não se olvide, mais uma vez, que ficam excluídos da aplicação da CLT professores da Administração Pública. A norma celetista incide tão somente nos professores empregados, não englobando, portanto, aos professores da União, estaduais, municipais, autárquicos ou fundacionais, visto que estes têm vínculo jurídico institucional-estatutário com a pessoa jurídica de direito público adquirido através de concursos públicos.

(72) Gérson Marques aduz que "o fato de a IES ou quaisquer de seus Cursos funcionarem irregularmente não prejudica os direitos trabalhistas dos professores que ela contrata. São duas realidades, instâncias distintas, independentes: uma, administrativa, travada entre a IES e o MEC; outra, trabalhista, oriunda de uma relação contratual entre IES e seus professores". In: MARQUES, Gérson. *O professor no direito brasileiro*: orientações fundamentais de direito do trabalho. São Paulo: Método, 2009. p. 54.

3.4. Universidades

As universidades são, indubitavelmente, o nível mais alto da educação sistematizada. Também é um potencial empregador de professores, tanto em nível de graduação como de especialização *lato sensu* e especialização *stricto sensu* (mestrado e doutorado).

4. Instrutores de natação, voleibol, musculação, futebol, dança e outros congêneres não são professores

Uma observação deve ser feita sobre os instrutores de academias de ginásticas, clubes, sindicatos, instituições recreativas e seus congêneres. É de se indagar: estes profissionais são considerados professores?

Posta assim a questão, é interessante averbar o que Alice Monteiro de Barros preleciona:

> Não nos parece possam ser enquadrados como professores [...] evidentemente que não se exclui a possibilidade de um instrutor de ginástica, judô, ou caratê vir a ser enquadrado no art. 317 da CLT, mas para isso é *mister* que a atividade integre a disciplina educação física incluída como componente curricular da Educação Básica, construindo um complemento do ensino ministrado; é, aliás, o que prevê o art. 26, § 3º da Lei de Diretrizes e Bases (n. 9.394, de 1996) (BARROS, 2008, p. 417)

Nesse sentido, cabe destacar que esses profissionais só se enquadrarão[73] como professor caso os seus ensinos integrem a grade curricular da educação sistematizada, bem como quando as aulas sejam ministradas através de convênio com instituições e, claro, façam parte da grade curricular (por exemplo, educação física).

5. Registro da profissão perante o Ministério da Educação

O art. 317 da Consolidação é expresso: "O exercício remunerado do magistério, em estabelecimentos particulares de ensino, exigirá apenas habilitação[74] legal e registro no Ministério da Educação".

---

(73) Entendimento esse que vem sendo firmado pela jurisprudência, conforme se evidencia no seguinte acórdão: "Professor de academia de ginástica. Enquadramento. Categoria profissional diferenciada. Não se enquadra na categoria de professor, o instrutor de ginástica em academia, pois nessa função, o trabalhador não exerce o magistério, não sendo exigíveis nem a habilitação legal, nem o registro no Ministério da Educação, requisitos inarredáveis para esse enquadramento, conforme art. 317 da CLT". *In:* Tribunal Regional do Trabalho, 17ª R., Recurso Ordinário n. 0012920030081700, rel. Juiz Carlos Henrique Bezerra Leite, Publicado: DOES, 15.7.2008.

(74) "Deste modo, a jurisprudência vem estabelecendo que monitor de informática, consoante estabelece o art. 317 da CLT, para o exercício remunerado do magistério, em estabelecimento particulares de ensino, exige a habilitação legal e o registro no Ministério da Educação. No caso, as instâncias ordinárias, responsáveis pela análise fático-probatória, evidenciaram não haver prova da habilitação do Reclamante junto ao Ministério da Educação. Assim, ausente o requisito estabelecido em Lei, não como enquadrar na categoria profissional pretendida o Empregado contrato como Monitor de informática. Recurso conhecido e desprovido." *In:* Tribunal Superior do Trabalho, Recurso de Revista n. 284/2003-085-15-00.3, 4ª T., rel. Ives Gandra da Silva Martins Filho, Publicado: DJU, set. 2007.

Nessa esteira, a redação deste artigo foi dada pela Lei n. 7.855, de 24.10.1989. Esta norma veio para suprir a necessidade de registro dos professores perante o Ministério do Trabalho como pressuposto para o legal desempenho do labor.

A Lei n. 9.394/96, norma de Diretrizes e Bases da Educação, derrogou parte do *caput* do art. 317 da Consolidação das Leis do Trabalho. A lei específica passou a não mais exigir que professores façam o registro de sua profissão no Ministério da Educação para poderem exercer o magistério.

6. Cursos livres: desnecessidade de habilitação legal

Cursos livres podem ser lidos como sendo preparatórios para vestibulares, cursinhos preparatórios para concursos, cursos de idiomas ou informática. Nestes cursos não se exige do professor habilitação especial, portanto, é dispensado o registro perante o MEC. Os arts. 62[75] e 66[76] da Lei n. 9.394/1996 dão suporte racional para esse entendimento.

Neste sentido, Sergio Pinto Martins deixa asseverado: "Professores empregados de escolas de idiomas ou de cursos livres pertencem à categoria dos professores, sendo--lhes aplicado a CLT". (MARTINS, 2007, p. 268)

Estes professores não têm habilitação específica. No entanto, frise-se: nem por isso estão afastados da incidência de aplicabilidade da Consolidação das Leis do Trabalho. Desta forma, esses profissionais técnicos operam com as mesmas técnicas magisteriais. Seria impensável não enquadrar esses educadores como professores, sem aplicar as disposições da CLT (arts. 317 a 323).

Aos professores de cursos livres, como preparatórios para vestibular, provas do Enem, concursos públicos, Exame de Ordem, formação profissional como de informática, idiomas, dispensa-se também a habilitação especial no MEC (interpretação dos arts. 62 e 66 da Lei de Diretrizes e Bases da Educação, 9.394/1996).

7. Liberdade de cátedra e o pluralismo de ideias

A Constituição Federal de 1988 elenca vários princípios aplicáveis à educação. São proposições basilares que irão nortear o ensino sistematizado e organizado em todo o Brasil. O art. 206 da Carta garante que, dentre outros preceitos, o ensino será ministrado com base nos seguintes princípios: igualdade de condições para o acesso e permanência na escola, liberdade de aprender, ensinar, pesquisar e divulgar o pensamento, a arte e o saber, pluralismo de ideias e de concepções pedagógicas e coexistência de instituições públicas e privadas de ensino.

---

(75) Dispõe o art. 62 da Lei n. 9.394/1996 que a formação de docentes para atuar na educação básica far-se-á em nível superior, em curso de licenciatura, de graduação plena, em universidades e institutos superiores de educação, admitida, como formação mínima para o exercício do magistério na educação infantil e nas quatro primeiras séries do ensino fundamental, a oferecida em nível médio, na modalidade Normal.

(76) Determina o art. 66 da Lei n. 9.394/1996 que a preparação para o exercício do magistério superior far-se-á em nível de pós-graduação, prioritariamente em programas de mestrado e doutorado.

O pluralismo de ideias e de concepções de pensamentos pedagógicos são elementos integradores entre as diversas culturas e pensamentos. Nenhum sistema educacional pode ter uma única fonte produtora de pensamentos, muito menos uma única concepção pedagógica, sob pena de engessamento do consciente intelectual da nação.

Por sua vez, o art. 207 da mesma Carta, assegura ainda que as universidades gozam de autonomia didático-científica, administrativa e de gestão financeira e patrimonial e obedecerão ao princípio de indissociabilidade entre ensino, pesquisa e extensão.

Anote-se, a propósito, que Gérson Marques cita Enriqueta Expósito e explica:

> A liberdade de ensino abarca todo um conjunto de direitos norteadores do sistema educacional, sendo-lhe verdadeiro princípio organizativo, do qual não derivaria nenhum direito subjetivo cuja titularidade houvesse de ostentar uma determinada pessoa ou empresa, e que se projeta em cada um dos direitos que formam o regime educativo. Mais à frente, aponta a liberdade acadêmica, a englobar três direitos fundamentais: a liberdade de cátedra, de investigação e de estudo. Com isso, a autora afirma que há interesse do alunado nas mencionadas liberdades, na medida em que têm acesso a múltiplos conhecimentos (EXPÓSITO, 1995, p. 101-137 *apud* MARQUES, 2009, p. 134).

Ressalte-se, todavia, que a liberdade de ensino perante o direito brasileiro não é absoluta. O Estado dispõe de contornos e metas doutrinárias a serem seguidos pelos educadores.

A nossa Carta constitucional assegura a liberdade de aprender,[77] ensinar,[78] ou seja, é dado aos professores um direito subjetivo para pulverizarem o pensamento, a arte, o saber e a cultura de seu país. Da mesma forma, assegura aos alunos a plena liberdade de aprender sobre esse conhecimento emanado dos mestres.

Uadi Lammêgo Bulos destaca:

> A liberdade de cátedra é um direito subjetivo[79] do professor em ensinar aos seus alunos, sem qualquer ingerência administrativa, ressalvada, contudo, a possibilidade da fixação do currículo escolar pelo órgão competente (BULOS, 2007, p. 1.299).

---

(77) Quando a Constituição assevera o termo liberdade de aprender refere-se ao corpo discente nas escolas, universidades e outros estabelecimentos de ensino, os alunos têm toda a liberdade para apreender o que é transmitido pelas entidades sociais de educação.

(78) Nesse mesmo sentido, quando a Magna Carta se apodera do termo liberdade de ensinar refere-se, sobretudo, ao corpo docente, os educadores são donos de plena liberdade para transmitir o conhecimento, divulgar a arte, saber e cultura aos alunos.

(79) Também é o mesmo pensamento de Henriqueta Expósito quando enfatiza: "A liberdade de cátedra é direito ostentado por seu titular, o professor, e que lho legitima a opor-se a qualquer ingerência externa no desenvolvimento de suas explanações realizadas no exercício da docência, tanto das diretrizes políticas ou ideológicas do Estado ou, mais tecnicamente, dos poderes públicos, quanto de qualquer outra intromissão de terceiros". In: EXPÓSITO, Enriqueta. *La libertad de cátedra*. Madrid: Tecnos, 1995. p. 91.

Nessa linha, várias constituições de diversos países, sobretudo da Europa, asseguraram a liberdade de cátedra aos professores como direito fundamental. Um exemplo é a Constituição de Portugal, que, em seu art. 43, 1, dispõe: "É garantido a liberdade de ensinar e aprender, esse dispositivo encontra-se contido no título dos direitos e garantias fundamentais". Também a Constituição da Espanha assegura no capítulo destinado aos direitos e garantias fundamentais, art. 20, 1, "a", que "El derecho a expresar y difundir libremente los pensamientos, ideas y opiniones mediante la es decir, por escrito o por cualquier otro medio de reproducción".

A liberdade de cátedra é, talvez, o maior fundamento do ensino e da educação. Na verdade, ela é a garantia da livre fruição do pensamento, do saber, da cultura e do aprendizado de que professores dispõem para exalarem com liberdade suas consciências aos educandos. É um pleno direito de livre divulgação do pensamento, portanto, um direito fundamental de expressão.

8. Definição de hora-aula e sua duração

Existe uma distinção entre "hora normal" e "hora-aula" para o direito do trabalho e para efeitos de ensino. Aquela é o período de 60 minutos. Esta, por sua vez, é uma ficção fático-jurídica de unidade de tempo/labor destinada à mensuração do labor dos professores. Podem ser de 40, 45, 50 ou 60 minutos.

A hora reduzida tem por destinatário o professor e não a instituição de ensino na qual o educador trabalha, que deve prestar contas ao MEC, com base na hora de 60 minutos. É por isso que esta unidade de tempo/trabalho pode ser estabelecida também em Acordo ou Convenção Coletiva de Trabalho. (MARQUES, 2009, p. 143)

A portaria 204/1945 fixou que a duração[80] da hora-aula do professor é de 50 minutos durante o dia e de 40 minutos quando efetuadas aulas à noite, isso quando ministradas em estabelecimentos de ensino médio e superior.

9. Jornada de trabalho do professor

A jornada de trabalho do professor é disciplinada de forma rígida[81] pelo art.

---

(80) Atente-se ainda que Gérson Marques enfatiza: "O Dec.-lei 2.028/1940 conferia competência ao Ministério da Educação e Saúde para fixar os critérios de remuneração dos professores e fiscalizar a sua correta aplicação. Fundado neste decreto-lei, foi editada a Portaria 204/1945, fixando a duração da hora-aula em 50 minutos, para o ensino superior e de segundo grau. Embora esta Portaria tenha perdido a vigência no sistema sobrevindo na CF/1946, que não recepcionou a competência do MEC para fixar a remuneração do magistério privado, a moda pegou, virando costume e tradição em todos os níveis de ensino, reiteradamente repetida nas Convenções Coletivas de Trabalho (CCT). Ainda acrescenta o autor que: atualmente, não há lei que imponha, no setor privado, a duração da hora-aula em 50 minutos. No ensino público, há normas que preveem esta duração. São normas de alguns municípios, Estados e até mesmo da União, no plano do ensino superior". *In:* MARQUES, Gérson. *O professor no direito brasileiro:* orientações fundamentais de direito do trabalho. São Paulo: Método, 2009. p. 143.

(81) Esse é, a rigor, o entendimento pacificado da doutrina nacional ao asseverar: "A jornada de trabalho do professor está limitada ao máximo de quatro aulas consecutivas ou seis intercaladas, na forma preconizada pelo art. 318 da CLT. O que exceder desse limite é serviço extraordinário que, por força do disposto no art. 7º, inciso XVI, da Carta Magna, deve ter remuneração superior, no mínimo, em 50% à normal,

318[82] da Consolidação das Leis do Trabalho ao assegurar que o professor, em um mesmo estabelecimento de ensino, não poderá ministrar, por dia, mais de quatro aulas consecutivas nem mais de seis intercaladas.[83]

Nesse contexto, a tutela visa a combater o desgaste físico, a fadiga mental do docente e, em consequência, proporcionar um ensino mais eficiente e promissor. É sabido que a atividade do professor não se restringe apenas a proferir aulas, com transmissão de conhecimentos e experiência adquiridos, mas exige preparo destas aulas, com estudo e reflexão. (BARROS, 2008, p. 421)

Em função do exposto, não se pode olvidar que a normativa em estudo proíbe tão somente o labor excessivo no mesmo estabelecimento. A realidade prova de forma clara que professores acabam por lecionar em diversos estabelecimentos, prejudicando, assim, a qualidade das aulas ministradas.

Apesar de não serem seguidas, algumas portarias determinam que a duração da hora do professor será de 50 minutos no turno do dia e de 45 minutos pelo turno da noite, conforme preveem as Portarias ns. 522/52, 240 e 887/52 do MEC e os pareceres CFE ns. 459/85 e 28/82.

Esse critério de duração de cada aula em 50 e 45 minutos tem como escopo preservar a higiene, saúde e voz do professor. Logo, não é por acaso que foram estatuídas essas diretivas labor/tempo.

Assim, na verdade, é fácil concluir que o limite máximo de seis horas de trabalho para o professor é de seis horas-aula de 50 minutos/dia e 45 minutos no turno da noite num mesmo estabelecimento de ensino. Dito isto, leva-nos a uma frontal inferência que a jornada de trabalho do professor é de, no máximo, seis horas-aulas diárias.

---

sob pena de ofensa ao princípio da isonomia, insculpido no art. 5º, *caput*, da Constituição Federal/88. *In*: BRASIL, Tribunal Superior do Trabalho, Recurso de Revista n. 530030/99, rel. Guedes de Amorim, Publicado: DJU 16.11.2001. Ainda, nesse sentido: o art. 318 da CLT é claro ao dispor que a jornada de trabalho do professor está limitada ao máximo de quatro aulas consecutivas ou seis intercaladas. Assim, sobre o trabalho prestado pelo profissional de ensino, além do limite fixado neste dispositivo celetário, incide o adicional de 50%. já que o art. 7º. inciso XVI. da Carta Magna não estabelece distinção entre categorias profissionais e visa exatamente a desestimular a prática reiterada de exigir do professor a prestação de serviços além do limite legal". *In*: Tribunal Superior do Trabalho, Recurso de Revista n. 317.232/96.8, Ac. 4ª T., rel. Leonaldo Silva, publicado: DJU, 12.11.1999.

(82) O TST promana: "Da exegese do art. 318 da CLT depreende-se que inexiste o limite máximo de seis horas de trabalho para o professor, mas sim de seis horas-aula, num mesmo estabelecimento de ensino, o que leva a conclusão que a jornada de trabalho do professor é de, no máximo, seis horas-aulas diárias". *In*: BRASIL, Tribunal Superior do Trabalho, Recurso de Revista n. 251342/96.1, Ac. 2ª T., rel. Moacyr Roberto Tesch Auersvald, publicado: DJU, 20.11.1998.

(83) Neste sentido a jurisprudência é enfática ao esposar: "A jornada de trabalho do professor está regulada no art. 318 da CLT, que estabelece que o número de aulas não pode ultrapassar o limite fixado de quatro consecutivas ou seis intercaladas. Inaplicável o art. 71 da CLT, portanto, porque a mencionada disposição é incompatível com a norma inscrita no art. 318 da CLT". *In*: Tribunal Regional do Trabalho, 9ª R., Processo n. 15582200501009000, 5ª T., rel. Dirceu Buyz Pinto Junior, Publicado: DJPR, 22.7.2008.

Como se pode notar, desde logo, nem sempre o trabalho do professor se esgota quando ele sai da escola.[84] Em inúmeros casos, o trabalho "acompanha" o educador até sua casa, com correção de provas e elaboração de planos de aulas ou até mesmo uma constante reflexão sobre o conteúdo a ser ensinado quando em aula, com novas metodologias de exposição de conteúdo ou, inevitavelmente, com uma severa busca de atualização de informações sobre a realidade social.

Por derradeiro, convém registrar que o tempo em que o professor gasta[85] para corrigir provas e elaborar aulas não é considerado como se estivesse trabalhando, ou seja, não se considera como horas extraordinárias[86] e, por conseguinte, é indevido o adicional de 50% sobre a hora normal. Nesse sentido, como se pode notar, a doutrina e a jurisprudência do TST entendem que a atividade extraclasse é uma decorrência natural da profissão. Assim, a jurisprudência se manifesta:

> Não faz jus à hora extra o professor quando pratica atividade tida como extraclasse (corrigir provas e trabalhos, preparar aulas e preencher cadernetas), ao passo que mostram-se como decorrência do trabalho específico do magistério, sendo que tais atividades já são remuneradas pelo salário-base do magistério (Ag.-E-RR 101.823/94.7, Cnéa Moreira, Ac. SBDI-1 3.574/96, Tribunal Superior do Trabalho – DJU 18.6.1995).

10. Descanso interjornada e extrajornada

Os descansos interjornadas e extrajornadas são normas de ordem pública, isso porque pertencem ao instituto da medicina e segurança do trabalho. Por tal razão, referem-se ao respeito à dignidade do trabalhador e ao direito fundamental social da redução dos riscos inerentes ao trabalho.

O art. 66 da Consolidação trabalhista convenciona que, entre duas jornadas de trabalho, haverá um período mínimo de 11 horas consecutivas para descanso.[87] Assim,

---

(84) A propósito, Gérson Marques salienta: "Todo professor leva trabalho da escola para casa. Sua atividade não se esgota no ambiente físico da Instituição de Ensino. A aula ministrada em alguns minutos esconde várias horas de preparação, estudo, pesquisa, meditação, leitura, etc. Uma aula, portanto, não se esgota no seu ministramento". In: MARQUES, Gérson. *O professor no direito brasileiro*: orientações fundamentais de direito do trabalho. São Paulo: Método, 2009. p. 144.

(85) No caso de o professor preparar aulas e disponibilizar em sistema de informática fora da jornada curricular é considerado tempo à disposição do empregador, logo terá direito a horas extras, conforme julgado: "TRT, 10ª Região: preparação e disponibilização de material didático em sistema informatizado (*blackboard*). Horas extras. Atividades docentes de preparação e disponibilização de materiais didáticos em sistema informatizado (*Blackboard*), com interação entre professores-alunos, se efetuada fora do horário curricular, enseja pagamento de horas-extras. Recurso parcialmente provido". In: Tribunal Regional do Trabalho, 10ª R., Recurso Ordinário n. 10/2007-007-10-00-0, 1ª T., rel. José Leone Cordeiro Leite,Publicado: DJU-3, 5.10.2007, p. 8; *Suprimento de Jurisprudência LTr*, 51/2007. p. 407.

(86) Sobre o tema, destacamos a seguinte jurisprudência do TST: "As atividades extraclasse, quais sejam, as de elaboração e preparo de aulas e pesquisa extraclasse, são pré-condições ínsitas ao exercício do magistério, haja vista que essa atividade diz respeito à própria formação do professor que, aprioristicamente, deve estar gabaritado à dação das aulas". In: Tribunal Superior do Trabalho, Recurso de Revista n. 101.823/94.7, 2ª T., rel. Vantuil Abdala, Ac. 2.187/95, publicado: DJU, 17.6.1995.

(87) Gabriel Saad entende que "é norma imperativa e que resiste a qualquer ajuste entre as partes interessadas. O repouso deve ser de onze horas e consecutivas. Não é dado reduzir esse período nem estabelecer que a sua duração seja menor num dia e mais longa em outro. O período para descanso situa-se entre duas jornadas de trabalho". In: SAAD, Eduardo Gabriel. *CLT comentada*. 42. ed. São Paulo: LTr, 2009. p. 161.

entre o término de uma jornada e o início de outra no dia seguinte, o professor no mesmo estabelecimento, deve ter no mínimo 11 horas consecutivas de descanso para higidez física e mental, uma pausa extrajornada.

Não há olvidar-se de que os descansos interjornadas são aquelas pausas concedidas dentro da jornada de labor. Na verdade, trata-se de normas calcadas no princípio constitucional de redução dos riscos inerentes ao trabalho através da aplicação de normas que garantam a saúde, o descanso, a higiene e a segurança do trabalho (CF, art. 7º, inciso XXII).

Não se pode perder de vista que a Portaria n. 522, de 23 de maio de 1952, do Ministério da Educação, dispõe que os professores que laborem durante três aulas ininterruptas terão um descanso de noventa minutos.

Nessa linha, a Orientação Jurisprudencial n. 307 do TST SDI-1 garante ao obreiro que a não concessão total ou parcial do intervalo intrajornada mínimo, para repouso e alimentação, implica o pagamento total do período correspondente, com acréscimo de, no mínimo, 50% sobre o valor da remuneração da hora normal de trabalho (CLT, art. 71, § 4º).

11. Intervalos entre aulas ou "janela"

O art. 318 da norma celetista dispõe que, num mesmo estabelecimento de ensino, não poderá o professor dar, por dia, mais de quatro aulas consecutivas nem mais de seis intercaladas.

É de ser relevado que um professor não pode, portanto, executar a cátedra em número de aulas que transborde o limite de quatro aulas contínuas nem exceder a seis aulas intercaladas.

Este impeditivo de aulas não pode, contudo, ser executado num mesmo estabelecimento, evidentemente, como já foi predito. Nossa realidade mostra que professores se desdobram para lecionar em diversas "casas" de ensinos, buscando, assim uma remuneração que satisfaça o adimplemento do pesado custo de vida brasileiro. Excedem, assim, os limites de aulas, porém, em escolas diferentes.

A fadiga física e mental desses profissionais acarreta a perda de qualidade do ensino que ministram, o que prejudica interesses fundamentais da coletividade (SAAD, 2009, p. 436).

Entre cada aula, comumente, existe um intervalo que, no meio da profissão de professor, é conhecido como janela. Muitas dúvidas surgem e a principal, fundamentalmente, é se esse tempo é contado como tempo à disposição do empregado.

Posta assim a questão, é de se dizer que se o professor permanece à disposição do estabelecimento de ensino. Nesta pausa, também conhecida como janela, deverá receber a paga correspondente (BARROS, 2008, p. 424).

Os intervalos entre as aulas e o tempo gasto pelos professores fora do estabelecimento realizando correções de provas ou preparando aulas não têm previsão legal de remuneração. Muitas normas coletivas, no entanto, vêm alocando estes períodos como tempo de serviço efetivo e sua consequente remuneração como horas extras.

Por derradeiro, o precedente normativo 31 do SDC do Tribunal Superior do Trabalho dispõe sobre a remuneração dos intervalos entre aulas. Assim consagra: "Os tempos vagos (janelas) em que o professor ficar à disposição do curso serão remunerados como aula, no limite de 1 (uma) hora diária por unidade".

12. Jornada noturna e adicional noturno

A Consolidação das Leis do Trabalho considera noturno[88] o trabalho executado entre as 22 horas de um dia e as 5 horas do dia seguinte. Diversas profissões regulamentadas têm regulamentos diferentes de hora noturna de trabalho (*v.g.*: advogado, rurícola).

A falta de tempo em função de trabalho, família ou lazer tem forçado a existência de cursos no período noturno, sendo que, muitas vezes, se estendem até a meia-noite ou mais. Nesse sentido, têm-se notícias de cursos que funcionam a noite inteira, inclusive superiores, que são ministrados madrugada adentro.

A modernidade não conseguiu alterar a contento o metabolismo humano, pois o trabalho noturno é muito mais exaustivo e requer renúncias ao quotidiano social. Daí haver diferenciação entre o trabalho diurno e o noturno, sendo que este deve ser mais bem remunerado como forma de compensar o açoite ao corpo. A legislação prevê, então, o adicional noturno, a ser acrescido ao valor da hora diurna (MARQUES, 2009, p. 219).

---

(88) Sobre o tema, vale transcrever o seguinte julgamento: "É cediço que o trabalho noturno provoca no indivíduo agressão física e psicológica, por supor o máximo de dedicação de suas forças físicas e mentais em período em que o ambiente físico externo induz ao repouso. Somado a isso, ele também tende a agredir, com substantiva intensidade, a inserção pessoal, familiar e social do indivíduo nas micro e macro comunidades em que convive, tornando especialmente penosa para o obreiro a transferência de energia que procede em benefício do empregador. Por essas razões, o Direito do Trabalho sempre tendeu a conferir tratamento diferenciado ao trabalho noturno, seja através de restrições à sua prática (de que é exemplo a vedação a labor noturno de menores de 18 anos), seja através de favorecimento compensatório no cálculo da jornada noturna (redução ficta) e no cálculo da remuneração devida àquele que labora à noite (pagamento do adicional noturno). Se assim o é para aqueles que cumprem jornada noturna normal, com muito mais razão há de ser para aqueles que a prorrogam, porque o elastecimento do trabalho noturno sacrifica ainda mais o empregado. Em suma: se o labor de 22h00 às 05h00 é remunerado com um adicional, considerando-se as consequências maléficas do trabalho nesse horário, com mais razão a prorrogação dessa jornada, após a labuta por toda a noite, deve ser quitada de forma majorada. Se o empregado cumpre integralmente sua jornada de trabalho no período noturno, prorrogando-a no horário diurno, é devido o adicional no tocante à prorrogação, nos termos da Súmula n. 60, II/TST. Embora a supracitada súmula faça referência ao adicional noturno, entende-se ser devida, também, a hora reduzida no cálculo das horas prorrogadas no período diurno, ou seja, para aquelas prestadas após às 05h00 da manhã (art. 73, § 5º, CLT). Assim, não há como assegurar o processamento do recurso de revista quando o agravo de instrumento interposto não desconstitui os fundamentos da decisão denegatória, que subsiste por seus próprios fundamentos. Agravo de instrumento desprovido". *In:* Tribunal Superior do Trabalho, Agravo de Instrumento no Recurso de Revista n. 34741-31.2008.5.04.0008, 6ª T., rel. Mauricio Godinho Delgado, publicado: DJU, 5.10.2010.

Deve-se aclarar que, caso o professor ministre aulas entre os períodos de 22h e 5 horas do dia seguinte, terá direito ao adicional noturno[89] de, no mínimo, 20% ou à porcentagem que estiver avençado em convenção ou acordo coletivo de trabalho.

13. Vedação do trabalho aos domingos

Está previsto no art. 319 do texto consolidado: "Aos professores é vedado, aos domingos, a regência de aulas e o trabalho em exames".

A regra é a vedação do trabalho dos professores aos domingos, quer seja lecionando, quer seja aplicando quaisquer exames aos discentes.

Sobre o tema, Victor Russonamo, comentando essa normativa, esclarece: "O repouso hebdomadatário recai, forçosa e integralmente em domingo, pois o trabalho semanal do professor exclui, sem qualquer exceção, a possibilidade de serviço em domingo". (RUSSONAMO, 1990, p. 298)

A norma legal mostra que ao professor é vedado o trabalho aos domingos. Isso quer dizer, a *contrario sensu*, que o sábado será um dia útil para ministrar aulas, podendo ser exigido trabalho nesse dia. (MARTINS, 2007)

Todo trabalhador tem direito ao repouso de um dia na semana pelo menos (CF, art. 7º, inciso, XV). Por óbvio, ao professor não pode ser diferente. Também tem direito ao repouso semanal remunerado.[90]

É garantido ao professor repouso semanal remunerado de acordo com o disposto no art. 7º (§ 2º) da Lei n. 605/49. No salário do professor percebido com base no valor da hora-aula não está inserido o repouso semanal remunerado.

No mesmo sentido, a Súmula n. 351 do TST assevera: "O professor que recebe salário mensal à base de hora-aula tem direito ao acréscimo de 1/6 a título de repouso semanal remunerado, considerando-se para esse fim o mês de quatro semanas e meia".

---

(89) Nesse caminhar, a jurisprudência vem consagrando-se essa proteção: "Professor. Direito ao adicional noturno. O só fato de o legislador (CLT, art. 317 a 323) não pode conduzir à ilação de que o trabalho prestado por este profissional no horário noturno, das 22:00 às 05:00 horas, não é contemplado pelo acréscimo estatuído do art. 73 da CLT. Afinal, os efeitos deletérios e de fadiga, que justificam a edição dor referido art. 73, permanecem presentes para o trabalhador que se dedica ao ofício da docência. E o preceito especial só sucumbe ao genérico naquilo em que conflitantes, como preleciona Segadas Vianas: "Quanto à prorrogação do trabalho e ao trabalho noturno, não havendo disposições especiais, aplicam-se as regras gerais (tratando da temática específica dos professores)'. In: VIANAS, Segadas *et all*. *Instituições de direito do trabalho*. 17. ed. São Paulo: LTr, 2002. v. 2. p. 1.043. De resto: 'A remuneração do trabalho noturno superior ao diurno goza de assento constitucional (art. 7o, IX), aplicável, pois, a toda classe de trabalhadores indistintamente'. Nesse sentido preleciona Alice Monteiro de Barros: "Caso as aulas sejam ministradas entre as 22 horas de um dia e as 5 horas do dia seguinte, o trabalhador fará jus ao adicional noturno assegurado em preceito constitucional." *In:* BARROS, Alice Monteiro. *Curso de direito do trabalho*. São Paulo: LTr, 2008. p. 672. Tribunal Regional do Trabalho, 3ª R., Recurso Ordinário n. 01444200706503006, 1ª T., relª Deoclécia Amorelli Dias, publicado: DJMG, 11.7.2008).

(90) "Devido ao professor o pagamento do descanso semanal obrigatório por não estar compreendido na remuneração calculado nos termos do art. 320 da CLT." *In:* Tribunal Superior do Trabalho, Recurso de Revista n. 143.454/94.0, Ac. 8.221/96, 4ª T., rel. Leonardo Silva, publicado: DJU, 18.6.1995.

Assevere-se, por fim, que, caso o professor trabalhe aos domingos, em casos excepcionais, a Lei n. 605/1949 assegurará sua compensação em um dia da semana ou seu pagamento dobrado.

14. Diretor de colégio enquadra-se no art. 62, II, da CLT?

O inciso II do art. 62 da Consolidação das Leis do Trabalho exclui os empregados que laboram em certas peculiaridades da incidência da adstrição da jornada de trabalho. Assim, a norma joga certos obreiros para fora da incidência de horas extraordinárias.

Não se aplicam as jornadas extraordinárias para os gerentes, assim considerados os exercentes de cargos de gestão, aos quais se equiparam, para efeito do disposto neste artigo, os diretores e chefes de departamento ou filial.

Os diretores de escolas privadas, a rigor, exercem cargo de gerentes. Atuam ordenando, comandando e organizando o funcionamento da instituição escolar. Por tal razão, encontram-se em áreas de aplicação do art. 62, II, da CLT.

Na ótica da legislação laboral, o diretor de escola, para ser classificado como gerente, e, por conseguinte, ser excluído da percepção de horas extras, deverá, portanto, receber a título de compensação uma gratificação de 40% superior aos demais professores da instituição.

15. Remuneração pelas horas-aulas

A remuneração dos professores será fixada pelo número de aulas semanais, na conformidade dos horários (CLT, art. 320).

A remuneração será baseada na hora-aula efetivamente prestada. O pagamento far-se-á mensalmente, considerando-se para este efeito cada mês constituído de quatro semanas e meia (CLT, art. 320, § 1º).

A normativa especial do professor não permite que a remuneração seja paga por dia, semanal ou quinzenal. O pagamento far-se-á mensalmente.

O texto consolidado dispõe, ainda, que o mês do professor terá duração de quatro semanas e meia. Existe aí, portanto, mais uma ficção do direito laboral.

Para encontrar o salário do professor deve-se fazer a seguinte operação: valor da hora-aula vezes o número de aulas semanais multiplicado por 4,5 (mês do professor). É assim que se chega ao montante a ser percebido no mês.

Vencido cada mês, será descontada, na remuneração dos professores, a importância correspondente ao número de aulas a que tiverem faltado (CLT, art. 320, § 2º).

Sempre que o estabelecimento de ensino tiver necessidade de aumentar o número de aulas marcadas nos horários, remunerará o professor, findo cada mês, com uma importância correspondente ao número de aulas excedentes (CLT, art. 321).

16. O significado da expressão "remuneração condigna" do professor, contida no art. 323 da CLT

O art. 323 da Consolidação das Leis do Trabalho traz uma expressão um tanto curiosa quando afirma que não será permitido o funcionamento do estabelecimento particular de ensino que não remunere condignamente os seus professores ou não lhes pague pontualmente a remuneração de cada mês.

Essa norma é escassa de entendimento e inútil perante a legislação laboral. É vaga e não tem alcance real e prático. Além do mais, fere direitos constitucionalmente assegurados, como a livre iniciativa.

Reflete Sergio Pinto Martins:

Se esse dispositivo fosse aplicado à risca, muitas escolas já teriam fechado, pois, de modo geral, o professor ganha mal e, para ter um salário melhor, tem de ministrar aulas em várias escolas ao mesmo tempo, trabalhando em três períodos (manhã, tarde e noite) (MARTINS, 2007, p. 276).

Na visão de Gabirel Saad:

[...] o *caput* deste artigo viciado de inconstitucionalidade. Pretende dispensar aos estabelecimentos de ensino tratamento bem diferente daquele que a lei reserva aos demais empregados quando também acusados de não pagar salário condigno a seus empregados (SAAD, 2009, p. 440).

Remuneração condigna, na verdade, é um reconhecimento salarial digno ao professor, dando, portanto, condições de manter sua própria vida e a vida de sua família. A rigor, o sentido finalístico desta locução é o que expressa inciso IV do art. 6º da Constituição Federal de 1988: que o salário seja capaz de atender a suas necessidades vitais básicas e as de sua família com moradia, alimentação, educação, saúde, lazer, vestuário, higiene, transporte e previdência social.

17. Descontos salariais e licenças remuneradas

O tema de descontos salariais é tão sério que o constituinte originário insculpiu na Constituição Federal de 1988: "O salário será protegido na forma da lei e é vedada a sua retenção dolosa" (CF, art. 7º, inciso X). Leia-se aqui como descontos abusivos e arbitrários.

No âmbito infraconstitucional, o art. 462 da Consolidação das Leis do Trabalho é firme ao asseverar que ao empregador é vedado efetuar qualquer desconto nos salários do empregado, salvo quando este resultar de adiantamentos, de dispositivos de lei ou de contrato coletivo.

Em caso de dano causado pelo empregado, porém, o desconto será lícito, desde que esta possibilidade tenha sido acordada ou na ocorrência de dolo do empregado.

Nesta linha, o TST preocupado com esse instituto, editou a Súmula de n. 342:

> Descontos salariais efetuados pelo empregador, com a autorização prévia e por escrito do empregado, para ser integrado em planos de assistência odontológica, médico--hospitalar, de seguro, de previdência privada, ou de entidade cooperativa, cultural ou recreativa associativa dos seus trabalhadores, em seu benefício e dos seus dependentes, não afrontam o disposto pelo art. 462 da CLT, salvo se ficar demonstrada a existência de coação ou de outro defeito que vicie o ato jurídico. (TST, Súmula n. 342)

A regra no Direito do Trabalho é a vedação ao desconto de salário sem justificativa legal, convencional ou por atos dolosos causados pelo empregador. Deste modo, busca-se blindar o salário do obreiro de ataques arbitrários por parte do empregador e até mesmo de estranhos. A razão disso é simples: o salário é intangível, isto é, ninguém pode apoderar-se dele.

No que diz respeito às licenças remuneradas, o § 3º do art. 320 da norma consolidada garante que não serão descontadas, no decurso de nove dias, as faltas verificadas por motivo de gala ou de luto em consequência de falecimento do cônjuge, do pai ou mãe ou de filho.

A natureza jurídica dessa falta é de típica interrupção do contrato de trabalho, uma vez que não existe labor, contudo o empregador permanece efetuando o pagamento como se o obreiro estivesse em pleno exercício da função.

O empregador também não pode descontar do salário do professor que deixar de comparecer ao serviço e comprove um ou mais dos seguintes motivos: até dois dias consecutivos em caso de falecimento do cônjuge, ascendente, descendente, irmão ou pessoa que, declarada em sua carteira de trabalho e previdência social, viva sob sua dependência econômica; por cinco dia, em caso de nascimento de filho no decorrer da primeira semana; por um dia, a cada 12 meses de trabalho, em caso de doação voluntária de sangue devidamente comprovada; até dois dias, consecutivos ou não, para o fim de se alistar eleitor, nos termos da lei respectiva, no período de tempo em que tiver de cumprir as exigências do Serviço Militar; nos dias em que estiver comprovadamente realizando provas de exame vestibular para ingresso em estabelecimento de ensino superior; pelo tempo que se fizer necessário quando tiver de comparecer a juízo e pelo tempo que se fizer necessário, quando, na qualidade de representante de entidade sindical, estiver participando de reunião oficial de organismo internacional do qual o Brasil seja membro.

Na verdade, trata-se, sobretudo, de faltas justificadas genéricas da Consolidação das Leis do Trabalho. Ao empregador é vedado descontar do salário do obreiro o valor referente aos dias faltados, se provados esses motivos justos.

18. Redução do número de aulas

Uma das regras básicas de proteção do trabalhador é a que assevera a não assunção da responsabilidade pelo obreiro das ruínas[91] do empreendimento onde labore. O

---

(91) No seguinte acórdão ficou cingido: "Professores. Salários relativos ao período do recesso escolar. Extinção do estabelecimento. Devidos. O § 3º do art. 322 da CLT estabelece o direito dos professores ao recebimento do período relativo às férias escolares na hipótese de despedida ao término do ano letivo, o que deve ser observado não obstante a extinção do estabelecimento, uma vez que a norma não comporta exceção,

art. 3º da Consolidação das Leis do Trabalho determina que o empregador assume os riscos da atividade econômica.

A rigor, a norma dispõe que o patrão é dono dos lucros advindos pelo empreendimento, contudo também cabe a ele arcar com os prejuízos do negócio, ou seja, são do empregador os bônus bem como os ônus da atividade econômica.

Um ponto importante deve ser observado: no início de cursos as salas de aulas encontram-se lotadas de alunos, contudo, com o fluir do ano, pode haver uma evasão[92] escolar em decorrências de diversos fatores.

Vale ratificar que, nesses casos, o número de aulas, indubitavelmente, será sensivelmente reduzido. Daí nasce um problema: quando o salário do professor for calculado nos números de aulas, o salário deverá ser reduzido em função da evasão dos alunos?

Posta assim a questão, é de se dizer que Alice Monteiro de Barros (2008, p.425) conclui que haverá, sem dúvida, redução salarial, capaz de implicar rescisão indireta do contrato em face da alteração contratual lesiva, a não ser que ela se opere mediante acordo ou convenção coletiva, na forma do preceito constitucional (art. 7º, VI).

O Tribunal Superior do Trabalho vem nadando contra a doutrina ao editar a Orientação Jurisprudencial n. 244 da SDI-1 estabelecendo que "A redução da carga horária do professor, em virtude, da diminuição do número de alunos, não constitui alteração contratual, uma vez que não implica redução do valor da hora-aula".

No mesmo sentido o Precedente Normativo n. 78 do Pleno da SDC/TST: "Não configura redução salarial ilegal a diminuição de carga horária motivada por inevitável supressão de aulas eventuais ou de turmas".

A Corte trabalhista vem contornando claramente o art. 3º da Consolidação das Leis do Trabalho.[93] Neste ponto, o TST atua transferindo para o professor os riscos e os ônus do fracasso da atividade econômica do dono da atividade empresarial. Considera que não existe aí alteração ilícita do contrato de trabalho.

---

além do que os empregados não podem ficar prejudicados por tal situação. Sentença mantida". *In:* Tribunal Regional do Trabalho, 4ª R., Recurso Ordinário n. 00169200756104003, 2ª T., rel. Juiz Hugo Carlos Sheuermann, publicado: DOERS, 23.3.2008.

(92) "A variação anual da carga horária do professor causada pela redução do número de alunos não importa em infração do art. 468 da CLT, porquanto inexiste no ordenamento jurídico brasileiro norma legal que assegure o direito de manutenção da mesma carga horária do ano anterior. Não há, portanto, ilegalidade na redução da carga horária, o que ocorreria somente se houvesse a redução do valor da hora-aula. Recurso de revista conhecido e desprovido." *In:* Tribunal Superior do Trabalho, Recurso de Revista n. 290.634/96.3, SP, Ac. 1ª T., rel. Ronaldo José Lopes Leal, publicado: DJU, 19.3.1999.

(93) Sobre o tema destacamos a seguinte jurisprudência: "Não caracteriza violação dos arts. 468 da CLT e 7º, VI, da Carta Magna o ato de o empregador - estabelecimento de ensino reduzir a carga horária do professor. Não havendo redução do valor da hora-aula, mas ajuste da carga horária do Reclamante às necessidades do estabelecimento de ensino, é legítimo o exercício do *jus variandi* do empregador. Ademais, nenhum dos arestos indicados enfrenta a afirmação do egrégio Regional, no sentido de que a norma coletiva da categoria profissional não dispõe de modo contrário à redução da carga horária do professor (óbice do Enunciado n. 23 do TST)". *In:* Tribunal Superior do Trabalho, Recurso de Revista n. 705594/00, relª Eneida Melo, publicado: DJU, 29.6.2001.

19. Férias e recesso escolar

No período de exames e no de férias escolares é assegurado aos professores o pagamento, na mesma periodicidade contratual, da remuneração por eles percebida, na conformidade dos horários, durante o período de aulas (CLT, art. 322).

Durante o período de férias escolares ou recesso, os professores terão direito a receber o pagamento de salários periodicamente como se tivessem laborando em sala de aula.

Nesse contexto, a súmula de n. 10 do TST, em plena consonância com a norma celetista, garante: "É assegurado aos professores o pagamento dos salários no período de férias escolares. Se despedido sem justa causa ao terminar o ano letivo ou no curso dessas férias, faz jus aos referidos salários".

Não se pode confundir, todavia, recesso[94] escolar com férias anuais do professor. Enquanto aquele é o período de intervalo das atividades das escolas em geral, estas, por sua vez, são uma decorrência natural do direito de descanso anual para recomposição das energias disciplinado pelos arts. 129 a 153 da Consolidação das Leis do Trabalho.

Deste modo, o professor tem direito a férias anuais remuneradas, que não se confundem com as férias escolares. Geralmente, as férias do professor são em meses em que não há aulas, como janeiro ou julho. Normalmente, as férias dos professores têm sido fixadas em julho, em que não há aulas nem exames (MARTINS, 2007, p. 273).

Não se exigirá dos educadores, no período de exames, a prestação de mais de oito horas de trabalho diário, salvo mediante o pagamento complementar de cada hora excedente pelo preço correspondente ao de uma aula (CLT, art. 322, § 1º).

Em verdade, o art. 322 (§ 2º) da tutela celetista cinge que no período de férias não se poderá exigir dos professores outro serviço senão o relacionado com a realização de exames.

No recesso escolar, o professor de acordo com o art. 4º, do texto consolidado, encontra-se como se estivesse trabalhando. É o que consagra o referido parágrafo: "É considerado trabalho o período em que o empregado esteja à disposição do empregador,[95] aguardando ou executando ordens" (CLT, art. 4º).

---

(94) Assim entendeu o TST: "Recesso escolar. Não se confundem férias do professor com recesso escolar/férias dos alunos, mas não há nenhum impedimento legal para que o professor usufrua seu descanso anual no período de recesso escolar". *In:* Tribunal Superior do Trabalho, Recurso de Revista n. 203.949/95.0, Ac. 11 130/97, 5ª T., rel. Fernando Eizo Ono, publicado: DJU, 20.2.1998.

(95) Sobre o tema, destacamos, ainda, a seguinte jurisprudência: "Horas-extras cursos via internet. Se a empresa, ao oferecer cursos de treinamentos via internet aos seus empregados, impõe-lhes a obrigatoriedade de participação, sob pena inclusive de advertência e de não obter ascensão na carreira, deve remunerar o tempo correspondente como extra, caso inexista a possibilidade de a frequência ocorrer durante o expediente normal de trabalho, pois no lapso de tempo dedicado ao estudo o empregado obviamente ficará privado de usufruir do seu regular descanso, por ato emanado do empregador. Aplica-se a regra do art. 4º, *caput*, da CLT". *In:* Tribunal Regional do Trabalho, 18ª R., Recurso Ordinário n. 00600/2007, 2ª T., rel. Platon Teixeira de Azevedo Filho, publicado: DJE/TRT 178/07, 25.10.2007, p. 45; *Suplemento Trabalhista LTr*, 51/2007.

Assim, no curso do recesso ou férias escolares, de acordo com a tutela específica, o professor fica à disposição da escola empregadora. Neste tempo, o educador pode, a qualquer instante, ser convocado pelo empregador para diversas tarefas, como planejamento de cronogramas de aulas, exames de alunos em recuperação, exames especiais ou participação em cursos de aperfeiçoamento. Trata-se, assim, de interrupção de contrato de trabalho.

Por último, as férias dos educadores, como já mencionado, não se confunde com as escolares que, geralmente, têm início no mês de dezembro. O direito às férias dos professores, na verdade, é um direito individual que este adquire a cada doze meses[96] de trabalho e podem plenamente coincidir com o tempo de recesso escolar (dezembro/janeiro ou no mês de julho).

20. Gala ou luto para os professores

Não serão descontadas, no decurso de nove dias, as faltas verificadas por motivo de gala ou de luto em consequência de falecimento do cônjuge, do pai ou mãe ou de filho (CLT, art. 320, § 3º).

Gala é o casamento, enquanto luto é a perda de um ente querido (cônjuge, do pai ou mãe, ou de filho), o período de dor *post mortem* de familiares.

Estas faltas são justificadas para a Justiça do Trabalho. Não se pode confundir com os motivos justificadores de faltas contidas no art. 473 da Consolidação das Leis de Trabalhista, que garante somente dois dias para caso de morte de familiares do obreiro.

Não se pode olvidar, ainda, que o art. 320 da norma celetista traz somente dois motivos específicos pelos quais justificam a ausência do profissional ao trabalho (casamento e nojo). As demais hipóteses de justificações de faltas contidas no art. 473 são aplicadas aos professores, como, por exemplo, doença, testemunhar em juízo, representação sindical etc.

Ainda sobre o tema, Alice Monteiro de Barros afirma: "Esse tratamento diferenciado leva em consideração que a função de lecionar é mais prejudicada pelo estado de espírito alterado." (BARROS, 2008, p. 426)

---

(96) Sergio Pinto Martins (2007, p. 274) frisa que o professor não poderá, porém, vender parte de suas férias (CLT, art. 143), justamente porque no mês de férias não poderá trabalhar 10 dias, já que não haverá aulas a ministrar no recesso escolar. *In:* MARTINS, Sergio Pinto. *Comentários à CLT*. São Paulo: Atlas, 2007. No mesmo sentido Valentin Carrion (2010, p. 275) entende que as circunstâncias próprias do professor obstam a que transacione uma parte de suas férias (art. 143), pela impossibilidade do trabalho de professor durante o recesso escolar, que é a época em que goza. Em frontal oposição dessas ideias Gérson Marques assevera: "Não vejo nenhum obstáculo à sobredita venda, considerando que podem ocorrer aulas de reforço, disciplinas de férias, cursos rápidos (inclusive preparatórios a certames, como da OAB), além de ser necessário o desempenho de certas tarefas, embora administrativas, na escola. A venda das férias não pode ser integral, mas a dos dez dias (abono) é permitida". *In:* MARQUES, Gérson. *O professor no direito brasileiro:* orientações fundamentais de direito do trabalho. São Paulo: Método, 2009. p. 197.

Sergio Pinto Martins (2007, p. 272) entende que a determinação do § 3º do art. 320 da CLT viola o princípio da igualdade (Constituição Federal, art. 5º, *caput*), pois o professor tem faltas diferenciadas das previstas nos incisos I e II do art. 473 da CLT, algo que nenhuma outra profissão possui.

A nosso sentir, não se vislumbra qualquer inconstitucionalidade nesse dispositivo, isso porque, dentre as inúmeras profissões regulamentadas, existem peculiaridades que exigem regulamentações diferenciadas. Além do mais, nada impede, por exemplo, que qualquer outra profissão venha e ter um período maior de ausências justificadas ao trabalho. Em sendo assim, estará em sintonia com os princípios básicos do direito do trabalho.

Em última análise, a natureza jurídica dessas ausências, a propósito, é de interrupção do contrato de trabalho. Mesmo não trabalhando, o professor terá sua remuneração livre de qualquer desconto.

21. Equiparação salarial

Versa o art. 5º da Consolidação das Leis do Trabalho que para todo trabalho de igual valor corresponderá salário igual, sem distinção de sexo.

Por sua vez, o art. 7º da Constituição Federal de 1988 dispõe, em vários incisos, itens como a proibição de diferença de salários, de exercício de funções e de critério de admissão por motivo de sexo, idade, cor ou estado civil (XXX); a vedação de qualquer discriminação no tocante a salário e critérios de admissão do trabalhador portador de deficiência (XXXI); e a proibição de distinção entre trabalho manual, técnico e intelectual ou entre os profissionais respectivos (XXXII).

Também nesse sentido, o art. 461 da CLT garante que, sendo idêntica a função, a todo trabalho de igual valor, prestado ao mesmo empregador, na mesma localidade, corresponderá igual salário, sem distinção de sexo, nacionalidade ou idade.

Trabalho de igual valor será o que for feito com igual produtividade e com a mesma perfeição técnica, entre pessoas cuja diferença de tempo de serviço não for superior a dois anos (CLT, art. 461, § 1º).

Nesse contexto, saliente-se que essas afirmações não prevalecerão quando o empregador tiver pessoal organizado em quadro de carreira, hipótese em que as promoções deverão obedecer aos critérios de antiguidade e merecimento. (CLT, art. 461, § 2º)

A equiparação salarial, a rigor, no direito brasileiro acima de tudo, é um forte fator de justiça social. Para tanto, a norma traça que, idêntica a função, a todo trabalho de igual valor, prestado ao mesmo empregador, terá um salário correspondente, sem distinção de sexo, nacionalidade ou idade. Outro exemplo está na determinação de que, quando o trabalho for feito com igual produtividade e com a mesma perfeição técnica, haverá salário igual.

O professor exerce, primordialmente, trabalhos intelectuais. A legislação laboral não registra qualquer óbice à equiparação salarial entre profissionais nesta qualidade, restando livre essa possibilidade.

Vale destacar, nesse contexto:

> Forçoso reconhecer, entretanto, a dificuldade de se aferir a identidade funcional e a mesma perfeição técnica, pois o trabalho intelectual possui características individuais que dificultam a adoção de critérios objetivos de avaliação. Por esses motivos, em geral, a jurisprudência não tem admitido equiparação salarial entre professores que ministram aulas de matérias distintas (BARROS, 2008, p. 430).

De certo modo, vê-se difícil buscar e equacionar a equiparação entre professores, isso porque, como dito, os educadores exercem atividade essencialmente intelectual. Dada essa peculiaridade, torna-se difícil encontrar critérios objetivos e seguros para avaliar os fatores que ensejam a equiparação. Não se pode entender esses óbices como intransponíveis e deve-se tentar encontrar elementos probatórios para chegar a uma solução justa e objetiva.

22. Releitura sistematizada do tópico apresentado

- A profissão de professor tem regulamentação prevista nos arts. 317 a 323 da CLT.
- Professor é o profissional com a devida instrução que, de modo sistematizado e coordenado, transmite o conhecimento através do magistério.
- Considera empregador a empresa, individual ou coletiva, que, assumindo os riscos da atividade econômica, admite, assalaria e dirige a prestação pessoal de serviço.
- Instrutores de natação, voleibol, musculação, futebol, dança e outros congêneres não são professores.
- Professores de cursos livres, como preparatórios para vestibular, provas no Enem, concursos públicos, Exame de Ordem, formação profissional, como de informática e idiomas, estão dispensados da habilitação especial no MEC.
- A liberdade de cátedra é o maior fundamento do ensino e da educação. Ela é a garantia de fruição do pensamento, do saber, da cultura e do aprendizado que professores dispõem para transmitir o conhecimento aos educandos.
- A Portaria n. 204/1945 fixou que a duração da hora-aula do professor durante o dia é de 50 minutos e de 40 minutos quando efetuadas aulas à noite, isso quando elas forem ministradas em estabelecimentos de ensino médio e superior. Nos demais estabelecimentos, a hora da aula não será fictícia. Terá 60 minutos ou hora normal.
- Nenhum professor em um mesmo estabelecimento de ensino poderá dar, por dia, mais de quatro aulas consecutivas ou mais de seis intercaladas.

• A Portaria n. 522, de 23 de maio de 1952, do Ministério da Educação, dispõe que os professores que laborem durante três aulas ininterruptas terão um descanso de 90 minutos.

• No estabelecimento de ensino não poderá o professor dar, por dia, mais de quatro aulas consecutivas nem mais de seis intercaladas.

• Considera-se noturno o trabalho executado entre as 22 horas de um dia e as 5 horas do dia seguinte.

• Aos professores é vedado, aos domingos, a regência de aulas e o trabalho em exames.

• Para o diretor de escola ser classificado como gerente, e, por conseguinte ser excluído da percepção de horas extras, deverá, portanto, receber a título de compensação uma gratificação de 40% superior aos demais professores da instituição.

• A remuneração dos professores será fixada pelo número de aulas semanais, na conformidade dos horários (CLT, art. 320).

• A redução da carga horária do professor, em virtude, da diminuição do número de alunos não constitui alteração contratual, uma vez que não implica redução do valor da hora-aula.

• É assegurado aos professores o pagamento dos salários no período de férias escolares. Se despedido sem justa causa ao terminar o ano letivo ou no curso dessas férias, faz jus aos referidos salários.

• Não serão descontadas, no decurso de nove dias, as faltas verificadas por motivo de gala ou de luto em consequência de falecimento do cônjuge, do pai ou mãe, ou de filho.

• A legislação laboral não registra qualquer óbice à equiparação salarial entre professores.

Capítulo X
Vigilante

1. Norma pertinente à profissão

Vale observar que a profissão de vigilante é regida pela Lei n. 7.102, de 20 de junho de 1983. O mencionado diploma é regulamentado pelo Decreto n. 89.056, de 24 de novembro de 1983.

2. Conceito de vigilante

O conceito de vigilante tecnicamente não pode ser dissociado do conceito de vigilância. De acordo com o art. 15, da lei especial em estudo, vigilante é o empregado contratado para a execução das atividades definidas nos incisos I (proceder à vigilância patrimonial das instituições financeiras e de outros estabelecimentos, públicos ou privados, bem como a segurança de pessoas físicas) e II (realizar o transporte de valores ou garantir o transporte de qualquer outro tipo de carga).

A definição de vigilância é encontrada no art. 5º do Decreto que regulamenta a lei. Neste diapasão, vigilância é definida como sendo "a atividade exercida no interior dos estabelecimentos e em transporte de valores, por pessoas uniformizadas e adequadamente preparadas para impedir ou inibir ação criminosa".

De modo sistematizado, pode-se definir vigilante como sendo o profissional habilitado, e com vínculo de emprego com empresas especializadas em segurança privada, que atua com acurado senso de observação, visando a proteger coisas, valores ou pessoas.

3. Jornada de trabalho

A legislação especial não trouxe a determinação da jornada de trabalho. A omissão leva-nos a uma frontal presunção de que para os vigilantes, a jornada de trabalho será a normal, de oito horas por dia e quarenta e quatro semanais. Ou, ainda, conforme prevê a Constituição Federal e a Consolidação das Leis do Trabalho, as categorias profissionais através de acordo ou convenção coletiva de trabalho, podem adotar a seu critério a jornada de trabalho adequada às suas peculiaridades, dentro do permitido dos quadros legais.

4. Requisitos exigidos para ser vigilante

A tutela trabalhista prevê no art. 16 que o exercício da profissão de vigilante só será possível se o candidato preencher os seguintes requisitos: ser brasileiro (nato ou naturalizado), ter idade mínima[97] de 21 anos, ter instrução correspondente à quarta

---

(97) Esse requisito exigido de idade mínima de 21 anos para ser vigilante foi derrogado pelo Código Civil de 2002 no art. 5º. A menoridade cessa aos dezoito anos completos, quando a pessoa fica habilitada

série do primeiro grau, ter sido aprovado em curso de formação de vigilante, realizado em estabelecimento com funcionamento autorizado nos termos da lei; ter sido aprovado em exame de saúde física, mental e psicotécnico; não ter antecedentes criminais registrados e estar quite com as obrigações eleitorais e militares.

Alguns pontos merecem comentários, nesta ordem: o vigilante deverá ter como pressuposto para exercer o labor a aprovação em curso de formação de vigilante, realizado em estabelecimento com funcionamento autorizado por lei. O curso é quem irá avaliar se o vigilante tem aptidões técnicas de observação, noções de situações perigo, treino em tiros, manuseio de armamentos, dentre outros aspectos da atividade diária de um vigilante.

Outro requisito que merece destaque é o que exige que o vigilante tenha sido aprovado em exame de saúde física, mental e psicotécnica (provas que têm como objetivo verificar o controle, da intelectualidade, dotes de personalidade, enfim, verifica se o candidato a vigilante tem condições inaptas ou distúrbios de personalidade). O vigilante deverá apresentar excelente e apurado senso de observação no exercício das atividades ostensivas de vigilância, que por si requerem um obreiro sadio, física e mentalmente.

Conforme determina o art. 18 do Regulamento, o vigilante deverá submeter-se anualmente a rigoroso exame de saúde física e mental, bem como manter-se adequadamente preparado para o exercício da atividade profissional.

A lei impõe, ainda, que o vigilante não tenha registro de antecedentes criminais registrados (processos criminais, condenação penal, enfim, registros da prática de crimes na vida pregressa). Tal dispositivo é salutar porque visa a evitar que criminosos se infiltrem em empresas de valores, com intuito de praticarem crimes de apropriação indevida de bens, furto ou roubo de valores, tanto da empresa de vigilância quanto das empresas tomadoras desse serviço especializado, como por exemplo, bancos, lojas de joias ou transportadoras de cargas.

5. Distinção entre vigilantes, vigias e porteiros

Inicialmente há de se dizer que muito vem sendo confundido nestas três atividades análogas. Vigilante é o profissional que preenche devidamente os requisitos exigidos pela lei que regula a profissão. A ele será permitido, quando em efetivo serviço, portar revólver calibre 32 ou 38 ou usar armas brancas, como cassetete de madeira ou de borracha. Quando empenhados em transporte de valores, poderá, também, portar espingarda de uso permitido, de calibre 12, 16 ou 20, de fabricação nacional.

Já com o vigia não ocorre o mesmo. Ele não é regulamentado pela Lei n. 7.102/83: "Ao passo que este exerce função de menor qualificação, zelando pelo patrimônio do empregador e observando a movimentação das pessoas, mas sem poder de reação" (SILVA, 2009, p. 271).

à prática de todos os atos da vida civil. A idade de 21 anos insculpida na lei do vigilante foi editada em consonância com o Código Civil de 1916. Logo, ao completar 18 anos, o indivíduo está apto quanto à idade a ser vigilante.

Por sua vez, a profissão de porteiro é regrada pela Lei n. 2.757/1956. Este profissional, basicamente, atua em portaria ou cabina de edifícios controlando o fluxo e o refluxo de moradores de condomínios, edifícios ou prédios de apartamentos residenciais. Também não se deve confundi-lo com empregado doméstico, salvo se estiver trabalhando para pessoa ou família.

6. Estabelecimentos financeiros: obrigatoriedade de manter sistema de segurança

O progressivo aumento da violência, principalmente com os chamados crimes contra o patrimônio (furtos, roubos, sequestros, estelionatos, entre outros), levou o legislador a editar não só leis penais ou processuais penais com intuito de coibir as ações impetradas por criminosos cada vez mais agressivos sobre esses bens. O legislador visou também a forçar as instituições que tenham um fluxo vultoso de valores a desenvolverem meios de proteção para evitar o assédio de criminosos nos locais de circulação de valores, bem como proteger a incolumidade física do vigilante.

Desta forma, o art. 1º da norma em estudo veda o funcionamento de qualquer estabelecimento financeiro onde haja guarda de valores ou movimentação de numerário sem sistema de segurança com parecer favorável à sua aprovação, elaborado pelo Ministério da Justiça, na forma desta lei.

A própria lei conceitua estabelecimentos financeiros como:

> Compreendidos como bancos oficiais ou privados, caixas econômicas, sociedades de crédito, associações de poupança, suas agências, postos de atendimento, subagências e seções, assim como as cooperativas singulares de crédito e suas respectivas dependências. (Lei n. 7.102/83, art. 1º, § 1º)

7. Estrutura exigida para o sistema de segurança

Os meios e formas de proteção, também foram regrados pela tutela especial que rege a profissão de vigilante. Destarte, o art. 2º determina que o sistema de segurança deverá incluir pessoas adequadamente preparadas, assim chamadas vigilantes; alarme capaz de permitir, com segurança, comunicação entre o estabelecimento financeiro e outro da mesma instituição; empresa de vigilância ou órgão policial mais próximo; e, pelo menos, mais um dos seguintes dispositivos: equipamentos elétricos, eletrônicos e de filmagens que possibilitem a identificação dos assaltante; artefatos que retardem a ação dos criminosos, permitindo sua perseguição, identificação ou captura; e cabina blindada com permanência ininterrupta de vigilante durante o expediente para o público e enquanto houver movimentação de numerário no interior do estabelecimento.

Para o seguro funcionamento, os estabelecimentos financeiros, além de um sistema de controle, deverão, ainda, atender todas as estruturas de proteção exigidas por lei, não bastando só ter qualquer meio de segurança. Deverá dispor da estrutura adequada, conforme a lei. Eis o grande escopo na norma trabalhista: proteger o máximo possível o vigilante.

8. Prerrogativas asseguradas ao vigilante

Muitos são os requisitos exigidos para o obreiro habilitar-se a exercer a profissão de vigilante. A lei exige uma série de requisitos: exames de saúde, conduta ilibada, testes de acurado senso de observação, entre muitos outros específicos para a profissão.

Não só de exigências faz-se o ofício. Em outras palavras, significa dizer que a tutela trabalhista especial oferta uma série de prerrogativas inerentes a essa categoria. Destarte, de acordo com o art. 19 da Lei n. 7.102/83, é assegurado ao vigilante uniforme especial às expensas da empresa a que se vincular, porte de arma, quando em serviço, prisão especial por ato decorrente do serviço e seguro de vida em grupo, feito pela empresa empregadora.

9. Armamento autorizado para uso na vigilância

O vigilante, na verdade, é um protetor dos bens e valores da sociedade. Está autorizado por lei a usar os meios adequados de reação ou até mesmo a intimidar indivíduos que tentem agredir os bens e valores protegidos por ele.

Prevê o art. 22 do Decreto regulamentador da Lei n. 7.102/83 que será permitido ao vigilante, quando em efetivo serviço, portar revólver calibre 32 ou 38 e utilizar cassetete de madeira ou de borracha.

Determina, ainda, que os vigilantes, quando empenhados em transporte de valores, poderão, também, portar espingarda de uso permitido, de calibre 12, 16 ou 20, de fabricação nacional.

O rol de armamento de fogo é taxativo; no entanto as armas brancas devem ser mitigadas em prol de efetivar uma maior segurança ao vigilante nas defesas de possíveis ataques por agressores ao patrimônio tutelado.

10. Uso de carro-forte no transporte de valores

A legislação de tutela especial extraceletista traçou minudentes aspectos de proteção do obreiro no exercício do ofício de vigilância. A legislação buscou proteger os valores e bens, tanto no interior das empresas privadas de segurança como nos locais onde os vigilantes atuem ou até mesmo nos momentos de deslocamento de bens ou valores.

Determina o art. 9º do Regulamento que o transporte de numerário em montante superior a 500 vezes o maior valor de referência do País, para suprimento ou recolhimento do movimento diário dos estabelecimentos financeiros, será efetuado em veículo especial da própria instituição ou de empresa especializada.

O mesmo dispositivo disciplina, ainda, as características especiais dos veículos destinados a transportar bens ou valores. Assim prevê o § 1º: "Consideram-se especiais, os veículos com especificações de segurança e dotados de guarnição mínima de vigilantes a serem estabelecidas pelo Ministério da Justiça" (Lei n. 7.102/83, art. 9º, § 1º).

Os veículos especiais para transporte de valores deverão ser mantidos em perfeito estado de conservação e deverão periodicamente ser vistoriados pelos órgãos de trânsito e policial competentes.

Oportuno se torna dizer que o art. 10 da mencionada regra prevê também, que nas regiões onde for comprovada a impossibilidade do uso de veículo especial pela empresa especializada ou pelo próprio estabelecimento financeiro, o Banco Central do Brasil poderá autorizar o transporte de numerário por via aérea, fluvial ou outros meios, condicionado à presença de, no mínimo, dois vigilantes.

Por sua vez, aduz o art. 11 que o transporte de numerário entre 200 e 500 vezes o maior valor de referência do País poderá ser efetuado em veículo comum, com a presença de dois vigilantes.

11. Campo de atuação das empresas de segurança privada (vigilante)

A área de atuação dos profissionais vigilantes está vinculada com as áreas de atuação das empresas de vigilância e segurança privada. A exemplo: uma empresa de vigilância que atua somente em serviços de segurança residencial, terá este profissional em vigilância nas residências.

A lei trouxe um leque de áreas onde as empresas de segurança podem atuar: bancos oficiais ou privados, caixas econômicas, sociedades de crédito, associações de poupança, suas agências, postos de atendimento, subagências e seções, assim como as cooperativas singulares de crédito e suas respectivas dependências. Poderão, ainda, os vigilantes, prestar o exercício das atividades de segurança privada a pessoas, estabelecimentos comerciais, industriais, de prestação de serviços e residências, entidades sem fins lucrativos e órgãos e empresas públicas.

Portanto, os vigilantes podem atuar tanto na vigilância ostensiva nos locais precitados como também atuar no transporte, escolta de valores ou mercadorias. Saiba-se, de outra banda, que os vigilantes podem exercer seu labor tanto no setor privado quanto no público, evidentemente, aqui através de empresa de terceirização nos serviços especializados de vigilância.

12. Exigência de bons antecedentes criminais para diretores e demais empregados de empresa de segurança privada

As empresas de segurança privada são, indiscutivelmente, as que exercem uma das funções mais responsáveis da sociedade, isso porque guardam bens, valores ou protegem pessoas na sociedade.

Tais profissionais vigilantes, como também os gerentes, chefes e proprietários de empresas de segurança privada, devem estar de acordo com que preconiza o art. 16 da Lei n. 7.102/83: "Não poderão ter antecedentes criminais registrados".

O escopo da lei é vedar que criminosos ou pessoas com condutas inidôneas se infiltrem dentro de empresas de vigilância para planejarem roubos, furtos ou a prática de outro crime, em especial os chamados crimes contra o patrimônio.

13. Uso do uniforme de vigilante

As tutelas especiais de trabalho, em regra, preocupam-se em estabelecer aspectos pontuais de proteção do obreiro. A tutela que regra a profissão de vigilante é uma exceção nesta seara legislativa. Como se evidenciou ao longo destes escritos, a exemplo temos o tipo de armamento, requisitos básicos de admissão, exames de saúde física e mental, enfim, a legislação foi minudente em quase todos os aspectos endógenos e exógenos de proteção ao obreiro.

O art. 18 da lei determina que o vigilante usará uniforme somente quando em efetivo serviço.

O regulamento da norma primária em seu art. 33 disciplina que o uniforme será adequado às condições climáticas do lugar onde o vigilante prestar serviço e de modo a não prejudicar o perfeito exercício de suas atividades profissionais. Regulamenta ainda as especificações a que o uniforme deverá atender: apito com cordão, emblema da empresa e plaqueta de identificação do vigilante.

Convém ressaltar, de todo modo, que § 2º do artigo em causa dispõe que a plaqueta de identificação anterior será autenticada pela empresa, com validade de seis meses, e conterá o nome, número de registro na Delegacia Regional do Trabalho do Ministério do Trabalho e fotografia tamanho 3 x 4 do vigilante (Lei n. 7.102/1983, art. 33º, § 2º).

Finalmente, o art. 34 preconiza que o modelo de uniforme especial dos vigilantes não será aprovado pelo Ministério da Justiça quando semelhante aos utilizados pelas Forças Armadas e forças auxiliares.

14. Significado da Súmula n. 257 do TST

A Súmula n. 257 do Tribunal Superior do Trabalho prescreve: "O vigilante, contratado diretamente por banco ou por intermédio de empresas especializadas, não é bancário".

A princípio, há de se dizer que, de acordo o art. 4º do Decreto-lei n. 1.034/96, os bancos podem de forma facultativa contratar trabalhadores diretamente com vínculo trabalhista ou através de empresas especializadas em segurança privada, desta forma na chamada contratação terceirizada.

A orientação básica em análise é que o vigilante, tanto contratado de forma direta pelo banco ou através de empresas especializadas em serviços de segurança, não se enquadra na jornada de trabalho ou nas vantagens destinadas aos bancários. Para a classe dos profissionais de vigilância, existe tutela especial, a Lei n. 7.102/1983.

Vale anotar que Francisco Antonio de Oliveira explica:

Assim, pouco importa seja o vigilante contratado diretamente pelo estabelecimento financeiro ou por meio de empresas especializadas em serviços de segurança: a sua jornada não será de seis horas, posto que não é bancário (OLIVEIRA, 2008, p. 493).

O mesmo entendimento é esposado por Sergio Pinto Martins ao frisar:

Verifica que a orientação da Súmula n. 257 do TST é coerente com a Lei n. 7.102, pois esta permite a terceirização de serviços de vigilância e transporte de valores. Logo, não se poderia falar que o vigilante que presta serviços em banco seria bancário, diante daquele comando legal, pois o trabalho do vigilante não seria mais extenuante que o do bancário, de modo a ser contemplado com jornada de seis horas. A Lei n. 7.102 não dispõe, inclusive, que o vigilante deveria ter jornada de trabalho de seis horas, o que mostra que sua jornada de trabalho seria a normal, de oito horas [...] (MARTINS, 2008, p. 154).

Neste passo, portanto, os vigilantes nos estabelecimentos financeiros contratados diretamente pelos bancos ou via terceirização de empresas especializadas em segurança não se enquadram na mesma relação de emprego dos bancários, tampouco, estarão assistidos pelos direitos ofertados a eles.

15. Releitura sistematizada do tópico apresentado

A profissão de vigilante é regida pela Lei n. 7.102, de 20 de junho de 1983 e pelo Decreto n. 89.056, de 24 de novembro de 1983.

• A jornada de trabalho do vigilante será a normal de oito horas por dia e quarenta e quatro semanais.

• Será permitido ao vigilante, quando em efetivo serviço, portar revólver calibre 32 ou 38 ou usar armas brancas, como cassetete de madeira ou de borracha.

• Quando empenhados em transporte de valores, poderão, também, portar espingarda de uso permitido, de calibre 12, 16 ou 20, de fabricação nacional.

• É assegurado ao vigilante: uniforme especial às expensas da empresa a que se vincular, porte de arma quando em serviço e seguro de vida em grupo, feito pela empresa empregadora.

• Para o transporte de numerário em montante superior a 500 vezes o maior valor de referência do País, para suprimento ou recolhimento do movimento diário dos estabelecimentos financeiros, será necessário veículo especial da própria instituição ou de empresa especializada.

• Os gerentes, chefes e proprietários de empresas de segurança privada ou empregados não poderão ter antecedentes criminais registrados.

• O vigilante usará uniforme somente quando em efetivo serviço.

• A Súmula n. 257 do Tribunal Superior do Trabalho dispõe que o vigilante, contratado diretamente por banco ou por intermédio de empresas especializadas, não é bancário.

Capítulo XI
Cabineiro de Elevador ou Ascensorista

1. Disciplina normativa

A profissão de cabineiro de elevador ou popularmente conhecida por ascensorista é regulamentada pela Lei n. 3.270, de 30 de setembro de 1957. O instituto regulamentador, basicamente, disciplina a jornada de trabalho e a vedação da dilatação das horas legais de trabalho. Além disso, cabe enfatizar que os demais preceitos tutelares são encontrados na Consolidação das Leis do Trabalho e, por óbvio, na Constituição Federal de 1988.

2. Jornada de trabalho

O cabineiro de elevador teve a jornada de trabalho estabelecida em seis horas. Antes de mais nada, deve-se ter como certo que os ascensoristas terão um módulo de trabalho semanal de 36 horas e 180 mensais.

Do enunciado erigem fortes indagações sobre diversos aspectos. A rigor, duas são inevitáveis: terá o cabineiro intervalo intrajornada para descanso? No caso de trabalho noturno, aplica-se a hora reduzida? Inicialmente, cabe dizer que as respostas comportam algumas observações.

À primeira indagação pode-se buscar a solução no art. 71 (§ 1º) da Consolidação das Leis do Trabalho, quando consagra: "Não excedendo de 6 (seis) horas o trabalho, será, entretanto, obrigatório um intervalo de 15 (quinze) minutos, quando a duração ultrapassar 4 horas".

De acordo com a exegese do artigo em foco, a concessão dos 15 minutos não pode ser objeto de negociação. Há que se afirmar também, que os intervalos para descanso não serão computados na duração do trabalho.[98]

Enquanto a hipótese de horas reduzida para o trabalho noturno, numa visão acertada, Homero Batista, considera que a norma:

[...] é omissa quanto ao trabalho noturno, mas a dupla vantagem do art. 73 da CLT (hora noturna reduzida e adicional noturno) deve ser igualmente expandida ao ascensorista, sem motivo nenhum para ser negar esse direito (SILVA, 2009, p. 167).

---

(98) Nesse sentido a OJ-SDI1-307: "INTERVALO INTRAJORNADA (PARA REPOUSO E ALIMENTAÇÃO). NÃO CONCESSÃO OU CONCESSÃO PARCIAL. LEI N. 8.923/1994. DJ 11.08.03 Após a edição da Lei n. 8.923/1994, a não concessão total ou parcial do intervalo intrajornada mínimo, para repouso e alimentação, implica o pagamento total do período correspondente, com acréscimo de, no mínimo, 50% sobre o valor da remuneração da hora normal de trabalho (art. 71 da CLT)".

É imperioso concluir, todavia, que o ascensorista que laborar à noite, a hora não terá 60 minutos, e sim 52 minutos e 30 segundos. Destarte, o cabineiro trabalhará apenas cinco horas e 15 minutos, como se tivesse laborado por seis horas. Além disso, será também assistido pelo adicional de no mínimo 20% sobre hora diurna.

3. Proibição da dilatação da jornada normal de trabalho

A lei que rege a profissão de cabineiro de elevador veda ao empregador e ao empregado qualquer acordo visando ao aumento das horas de trabalho. Diga-se, então, e a nosso juízo, a lei proíbe tão somente acordos ou convenção tendentes a expansão além de seis horas de trabalho.

Nos registros de Cândia Ralph, fica asseverado:

> A particularidade da norma em causa é a proibição total, em relação à prorrogação da jornada especial. Está vedada a possibilidade de qualquer acordo, nesse sentido. A regra diverge de grande maioria das regulamentações especiais, que preveem prorrogações limitadas e inclusive excepcionais (RALPH, 1990, p. 145).

Do exposto, uma indagação surge: diante de situações de necessidade imperiosa, força maior, ou para atender à realização ou conclusão de serviços inadiáveis, será também vedada a dilatação além das 6 horas?

Em sintonia com o bom senso, cabe-nos, essencialmente, tecer algumas observações confluentes com a disciplina normativa. Tanto a necessidade imperiosa, serviços inadiáveis e força maior, são fatos que o homem (empregador) não esperava, contudo, veio abruptamente. Em palavras mais claras, é o acaso que pousa sobre o cotidiano humano, causando reflexos frontais nas relações jurídicas, neste particular, a relação de trabalho.

Neste passo, não nos parece, porém, correta a afirmação de que o ascensorista nada possa fazer diante de tais fatos inoportunos. Assim sendo, nascida a necessidade imperiosa, poderá a duração do trabalho exceder o limite legal ou convencionado, seja para fazer face a motivo de força maior, seja para atender à realização ou conclusão de serviços inadiáveis ou cuja inexecução possa acarretar prejuízo manifesto (CLT, art. 61, *caput*).

Nesse sentido, é oportuno trazer, ainda, mais um ensinamento de Cândia Ralph:

> [...] a situação decorrente de acontecimentos imprevisíveis e que possam causar perigos e prejuízos não poderia ser alcançado pela proibição, dada precisamente a impossibilidade do evento, afigurando-se, nesse caso, será de 50% presente a situação do § 2º do art. 61 da CLT, observando, contudo, o percentual previsto no art. 7º, item XVI da CF de 1998 (RALPH, 1990, p. 146).

Não se pode deixar de olvidar, portanto, que é vedada a dilatação de horas mediante acordo, situação que não se sustenta frente aos imperativos do acaso. Note-se, ainda, que tal prorrogação de jornada deverá se fazer quando presentes os seguintes pressupostos: força maior e/ou serviços inadiáveis, em outros termos, a presença da eventualidade sobre a prestação do labor.

4. Aplicabilidade do art. 61 da CLT

De toda sorte, por razões já mencionadas, aplica-se o art. 61 da Consolidação das Leis do Trabalho em caso de força maior. A relação de trabalho do ascensorista, *in casu*, proíbe tão somente a dilatação de horas através de acordo entre empregado e empregador.

Portanto, deparado com evidências imperativas, pode-se prorrogar a jornada de trabalho para além das seis horas.

5. Escopo da proibição

É sabido que a legislação trabalhista há muito vem se preocupando com a preservação das energias físicos-intelectivas dos trabalhadores. Por tais razões, existe um reflexo protetivo nas jornadas de trabalho, formas de trabalho, postura do trabalhador, descanso, enfim, uma proteção integral ao organismo do obreiro. Destarte, as tutelas especiais de trabalhos vêm se aperfeiçoando, periodicamente, melhorando as condições de labor dos indivíduos.

Há que se ter em mente que as normas são feitas pelo homem e para benefício dos homens. Na legislação laboral, particularmente, pode-se vislumbrar inúmeras tutelas específicas, às vezes, com minudentes tratamentos em certas profissões. Veja-se o tratamento dado *ex lege* aos mineiros de minas de subsolo, às mulheres em estado de lactação, ao digitador, ao telefonista, ao aeronauta, ao aeroviário, ao jornalista. De uma forma ou de outra, essas "classes especiais" têm disciplinas normativas adequadas às diversas peculiaridades de suas profissões. No caso do ascensorista não é diferente. Existe também um trato de excepcionalidade.

A jornada desses profissionais é de somente seis horas de trabalho diário. É proibida a execução de horas extraordinárias. O escopo da lei é proteger o sistema circulatório sanguíneo do trabalhador.

As centenas de subidas e descidas do elevador coloca o cabineiro em zonas de variadas pressões atmosféricas. Tais oscilações, a longo prazo, trazem sérias complicações ao sistema circulatório. Em suma, a jornada de seis horas evita alguns malefícios ao organismo do cabineiro de elevador. Eis, portanto, aí a grande razão da proibição da dilatação da jornada, a proteção de todo o sistema circulatório do obreiro.

6. Releitura sistematizada do tópico apresentado

A profissão de ascensorista ou popularmente conhecida por cabineiro de elevador é disciplinada pela Lei n. 3.270, de 30 de setembro de 1957.

• A lei disciplina somente a jornada de trabalho e a vedação da dilatação das horas de trabalho.

• O ascensorista é o profissional que auxilia os transeuntes na acessão e circulação nos edifícios, orientando e coordenando usuários a se dirigirem aos destinos desejados.

- A jornada do ascensorista é de seis horas e tem como módulo de trabalho semanal de 36 horas e 180 mensais.

- A lei é omissa sobre o descanso intrajornada do ascensorista; no entanto, excedendo de seis horas o trabalho, aplica-se o art. 71, § 1º, da CLT.

- A concessão dos 15 minutos de descanso ao ascensorista não pode ser objeto de negociação.

- Para o ascensorista que laborar à noite, a hora não será 60 minutos, e sim de 52 minutos e 30 segundos. O cabineiro trabalhará apenas cinco horas e 15 minutos, como se tivesse laborado por seis horas.

- É vedado qualquer acordo visando ao aumento das horas de trabalho além das determinações legais. Contudo, mediante imperativos de força maior ou serviços inadiáveis, essa proibição pode ser minorada.

Capítulo XII
Zelador, Porteiro, Faxineiro e Servente de Prédios Residenciais

1. Disciplina Legal

A profissão de zelador, porteiro, faxineiro e servente de prédios de apartamentos residenciais é disciplinada pela Lei n. 2.757, de 23 de abril de 1956.

2. Conceitos e noções gerais

A lei em muito pouco versou sobre a profissão. Tratou apenas da diferenciação do porteiro e doméstico, representação dos empregados nas reclamações trabalhistas e responsabilidade solidária dos condôminos. É importante, contudo, para ter-se uma visão da localização da tutela especial extraceletista, ir além dos escassos artigos da norma. Vale a pena enfatizar que, basicamente, o de mais relevante na Lei n. 2.757/1956 é a pacificação de que zelador, porteiro, faxineiro e servente, desde que prestem serviços ao condomínio, não serão considerados domésticos.(99)

O entendimento de que os porteiros e congêneres são excluídos pelas disposições da letra *"a"* do art. 7º da CLT e pelo Decreto-Lei n. 3.078, de 27 de fevereiro de 1941, é correto. Assim, os empregados porteiros, zeladores, faxineiros e serventes de prédios de apartamentos residenciais, desde que a serviço da administração do edifício, e não de cada condômino em particular, não são domésticos (Lei n. 2.757/1956, art. 1º, *caput*).

3. Diferenciação entre porteiro e empregado doméstico

As considerações a serem ocupadas aqui, a nosso ver, talvez, sejam a identidade da lei em estudo. O tema, contudo, já foi polêmico antes da disciplina jurídica regulamentadora da profissão de zelador e congêneres. A propósito, existia um aceso entendimento de que tais profissionais em nada se diferenciavam dos empregados domésticos, visto que exerciam seu labor para grupos familiares nos edifícios.

É importante destacar, a este propósito, que, após a instituição da Lei n. 2.757/1956, a dizer, o art. 1º, segunda parte, destacou bem claro: "[...] desde que a serviço da administração do edifício e não de cada condômino em particular". Ora, o porteiro em condomínio não trabalha para os moradores em particular. O vínculo de emprego é com quem administra os prédios de apartamento residenciais ou comerciais, geralmente imobiliária.

---

(99) Saiba-se, a propósito, que o art. 1º da Lei n. 5.859/1972: "Doméstico é considerado aquele que presta serviços de natureza contínua e de finalidade não lucrativa à pessoa ou à família no âmbito residencial destas, aplica-se o disposto nesta lei".

Vale registrar, a bem da verdade, que Homero Batista ajuda a esclarecer a temática em curso quando explica: "Não são domésticos os zeladores e congêneres, salvo se forem empregados do próprio condômino, como a arrumadeira, a babá e o motorista da família" (SILVA, 2009, p. 156).

Para melhor construção do entendimento, não se pode deixar de mencionar a verdadeira distinção entre zelador e congêneres com o empregado doméstico. Destarte, seguindo a Lei n. 5.859/1972 (art. 1º): "Empregado doméstico é a pessoa física que presta serviços de natureza contínua e de finalidade não lucrativa à pessoa ou a família no âmbito residencial destas".

Por esse motivo, integram a categoria dos domésticos os seguintes trabalhadores: babá, lavandeira, faxineira, vigia, jardineiro, enfermeiro residencial, caseiro em sítio sem fins lucrativos, cozinheiro, governanta, enfim, todos que imprimem sua energia de trabalho direta ou obliquamente à pessoa ou à família. Esses são considerados empregados domésticos.

O aspecto distintivo mais importante entre zelador e congêneres e doméstico reside, portanto, no mérito finalístico do labor. Estes trabalham para os ocupantes dos edifícios, exercem o vínculo de emprego diretamente com a pessoa ou família, tanto no âmbito residencial (babá) como fora do núcleo doméstico (motorista). Imprimem sua força a de trabalho para fins exclusivos da família. Já aqueles, por sua vez, trabalham na manutenção, limpeza, conservação, controle do fluxo e influxo de pessoas. Trabalham para pessoa jurídica que administra o condomínio, logo têm finalidade econômica e fogem do conceito de empregado doméstico.

4. Representação processual dos empregados

> São considerados representantes dos empregadores nas reclamações dos dissídios movidos na justiça do trabalho os síndicos eleitos entre os condôminos (Lei n. 2.757/1956, art. 2º, *caput*).

Neste ponto, cabe salientar que o art. 12 do Código de Processo Civil disciplina as formas de representação processual das pessoas jurídicas, naturais e formais. É sabido que o condomínio não tem personalidade jurídica, mas a lei processual civil assevera (inciso IX): "O condomínio será representado judicialmente pelo administrador ou pelo síndico".

Nesse passo, há que se acolher a lição de Ernane Fidélis dos Santos quando explica:

> O condomínio do inc. IX do art. 12 do CPC é o que decorre de incorporações e construções imobiliárias, com autonomia e independência das unidades [...].
> O síndico ou o administrador são das partes e interesses comuns e para isto têm representação, muito embora o condomínio, tendo capacidade processual, não tenha personalidade jurídica (SANTOS, 2006, p. 63).

Deste modo, a representação do condomínio nas reclamações trabalhistas está disciplinada pelo inciso, IX do art. 12 do Código de Processo Civil, bem como de acordo com o art. 843 (§ 1º) da Consolidação das Leis do Trabalho, quando assegura, todavia: "O empregador poderá fazer-se substituir por preposto".

Neste particular é como pensa, Hormero Batista, ao observar, sobre a Lei n. 2.757/56: "Não derrogou nem excepcionou a previsão geral do art. 843 da CLT quanto à faculdade de que todo empregador (condomínio inclusive) tem de se fazer substituir, em audiência trabalhista, por um gerente ou preposto com conhecimento dos fatos". (SILVA, 2009, p. 157).

É importante, por fim, relatar que o instituto da representação processual do condomínio, deverá ser feito pelo administrador ou pelo síndico, evidentemente. Como já exposto, podem fazer-se representar por prepostos.

5. Releitura sistematizada do tópico apresentado

A profissão de zelador, porteiro, faxineiro e servente de prédios de apartamentos residenciais é disciplinada pela Lei n. 2.757, de 23 de abril de 1956.

• Nas omissões da lei específica, aplica-se Consolidação das Leis do Trabalho.

• É pacificado o entendimento de que zelador, porteiro, faxineiro e servente, desde que prestem serviços ao condomínio, não serão considerados domésticos.

• São considerados representantes dos empregadores nas reclamações dos dissídios movidos na justiça do trabalho os síndicos eleitos entre os condôminos.

• O art. 12 do Código de Processo Civil disciplina as formas de representação processual das pessoas jurídicas, naturais e pessoas formais.

Capítulo XIII
Propagandista e Vendedor de Produtos Farmacêuticos

1. Base Legal

A Lei n. 6.224, de 14 de junho de 1975, disciplina o exercício da profissão de propagandista e vendedor de produtos farmacêuticos.

2. Aspectos gerais

O instituto disciplinador, consoante enunciado, regulamenta duas "figuras" profissionais que podem se fundir no mesmo gênero: o propagandista de produtos farmacêuticos e o vendedor de produtos farmacêuticos. Nesse sentido, aliás, vale a pena destacar que o objeto do labor é o mesmo para as duas profissões: produtos farmacêuticos.

A principal indagação que se insurge é: o que significam produtos farmacêuticos? Para entender tal locução, busca-se auxílio das ciências farmacológicas.

Produtos farmacêuticos compreendem-se medicamentos alopáticos ou fitoterápicos, insumos farmacológicos, medicamentos veterinários, alimentos especiais funcionais, equipamentos hospitalares de diagnósticos de patologias, como géis, laxantes, contrates, antissépticos, enfim, todos os produtos farmacológicos prontos para o uso, assim como medicamentos ou matérias-primas destinados à fabricação deles.

Verifica-se, facilmente, à luz destas afirmações, todavia, que o que leva a destacar um profissional do outro é o exercício finalístico no desempenho da função laboral. Assim sendo, propagandista é aquele que propaga, age com o intuito de difundir, espalhar, disseminar, generalizar, mostrar e demonstrar produtos farmacêuticos. O vendedor é aquele que vende, concede algo por preço, cede por dinheiro, é quem oferece por preço determinado.

O propagandista de medicamentos desempenha suas funções de levar aos profissionais médicos, dentistas, farmacêuticos, farmácias, drogarias, veterinárias, distribuidoras de medicamentos, dentre outros, as inovações terapêuticas e farmacológicas produzidas pela indústria farmacêutica. Na prática, o propagandista é o responsável por fazer com que os profissionais de saúde, de regra, fiquem a par de inúmeras inovações terapêuticas postas à venda no País. Assim, os propagandistas, sobretudo, exercem a função de mostrar novas indicações terapêuticas nos consultórios médicos, novas concentrações farmacêuticas, apresentações de medicamentos, modernos modos de administração, dentre inúmeras outras ações ligadas aos interesses dos profissionais de saúde.

De outra sorte, é preciso esclarecer, porém, que o vendedor de produtos farmacêuticos tem como foco tão somente fazer a venda de produtos, de tal modo que sua atuação dá-se diretamente nas farmácias, drogarias, distribuidoras de produtos farmacêuticos, clínicas particulares, veterinárias, hospitais particulares e em licitações públicas. Observe-se, a tempo, que não se pode confundir atendente de farmácias e drogarias com vendedor e propagandista de produtos farmacêuticos. Aqueles são empregados vendedores que atuam no aviamento de medicamentos dentro de farmácias e/ou drogarias. São classificados como comerciários ou técnicos em farmácia e não podem fazer propaganda de medicamentos ou de qualquer outro produto farmacêutico. Atuam apenas para prestar aviamento de receituários médicos. Já estes, por sua vez, como já dito e aqui reforçado, têm regulamentação própria (Lei n. 6.224/1975) e não atuam dentro de farmácia, drogarias, clínicas, consultórios, veterinárias. São terminantemente proibidos de fazer venda ou propaganda de produtos farmacêuticos diretamente ao público. A atuação é direcionada aos profissionais de saúde mencionados.

3. Conceitos e funções

É conducente propugnar o conceito e a área de atuação do profissional propagandista e vendedor de medicamento. O próprio regulamento profissional ocupou-se claramente de definir as funções de tal trabalhador:

> É aquele que exerce função remunerada nos serviços de propaganda e venda de produtos químico-farmacêuticos e biológicos, nos consultórios, empresas, farmácias, drogarias e estabelecimento de serviços médicos, odontológicos, médico veterinários e hospitalares, públicos e privados. (Lei n. 6.224/1975, art. 1º, *caput*)

Fica esclarecido, em última análise, que o propagandista e vendedor de produtos farmacêuticos têm como distinção fundamental o mérito finalista do labor: aquele que difunde (propagandista) e aquele que concede algo por preço (vendedor).

4. Propagandista e vendedor de produtos farmacêuticos equiparado

Equiparar é igualar, tornar algo desnivelado em nivelado. No contexto jurídico em foco, segundo o art. 1º da Lei n. 6.224/75:

> Também é considerado propagandista e vendedor de produtos farmacêuticos aquele que, além das atividades elencadas no art. 1º, *caput*, (vender ou propagar) realiza promoção de vendas, cobrança ou outras atividades acessórias. (Lei n. 6.224/75, art. 1º, parágrafo único)

Por óbvio, tais funções têm o mesmo escopo e as mesmas tarefas do propagandista e vendedor. Parece-nos, portanto, que o legislador agiu de maneira sábia, protegendo desta forma aqueles que executam as mesmas funções que na prática equivalem às do propagandista e vendedor de produtos farmacêuticos.

5. Idade mínima para exercer a profissão

Na lei em comento, um dos pontos mais salientes de proteção ao obreiro diz respeito à proibição de o menor de 18 anos exercer a profissão de vendedor e propagandista de produtos farmacêuticos. Disciplina o art. 3º: "É vedado o exercício da profissão de propagandista e vendedor de produtos farmacêuticos ao menor de 18 anos". (Lei n. 6.224/75, art. 3º, parágrafo único)

Cândia Ralph, escrevendo sobre o elemento teleológico da vedação, explica:

> Para o trabalho em geral, a regra de proibição se fixou entre 12 e 18 anos (art.402 da CLT). Percebe-se, portanto, que em relação ao propagandista, o legislador foi drástico, não permitindo o trabalho, em qualquer circunstância, pelo menor de 18 anos. Se nos parece que a cautela especial, se funda no fato de que a propaganda e venda de produtos farmacêuticos envolvem atribuições ligadas diretamente com a saúde pública, que exige rigorosa proteção (RALPH, 1990, p. 322).

A norma tem, ainda, como escopo, além da proteção à saúde pública, a proteção do próprio menor. É cediço que tais funções exigem uma vasta disponibilidade de tempo para viagem, bem como uma dedicação exclusiva e muita articulação no desempenho do labor. A título de exemplo, imagine-se um adolescente de 17 anos responsável para atuar em todas as farmácias e drogarias de certa região do Brasil. Evidencia-se desde logo que um indivíduo de tenra idade não teria total capacidade para exercer tal mister. Daí um dos fundamentos da proibição, que vale também para outras profissões.

6. Aplicação subsidiária da CLT nos casos de penalidades disciplinares

Inexistindo regulamentação específica, o obreiro será tutelado integralmente ou no que couber pela Norma Consolidada geral.

No caso do propagandista e vendedor de produtos farmacêuticos:

> As infrações à presente lei, para as quais não esteja prevista penalidade específica, serão aplicadas as punições de acordo com os critérios fixados, para os casos semelhantes, na Consolidação das Leis do Trabalho. (Lei n. 6.224/1975, art. 4º, *caput*).

Na verdade, significa dizer que, caso o propagandista e o vendedor de produtos farmacêuticos cometam atos de indisciplina profissional, não constando dispositivo repressor na lei que regula a profissão, a punição para o caso concreto poderá se dar subsidiariamente com base nas descrições fáticas do art. 482 da norma celetista.

7. Desempenho de função diferente

Estabelece a Lei n. 6. 224/1975:

> O propagandista e vendedor de produtos farmacêuticos, chamado a ocupar cargo diverso do constante do seu contrato de trabalho, terá direito à percepção do salário correspondente ao novo cargo, bem como a vantagem do tempo de serviço, para todos os efeitos legais, e ainda, ao retorno à função anterior com as vantagens outorgadas à função que exercia. (Lei n. 6.224/75, art. 2º, parágrafo único)

É preciso, portanto, estar atento ao fim desta norma, que tem uma razão de ser. Aqui o legislador buscou alcançar uma prática abusiva existente em certos laboratórios de produtos farmacêuticos: propagandistas e vendedores de produtos farmacêuticos, conforme seu desempenho, eram inseridos aos poucos em novos cargos e, muitas vezes, continuavam recebendo valores como fossem propagandistas. Logo, para evitar o uso abusivo desse expediente, o legislador erigiu a norma.

8. Releitura sistematizada do tópico apresentado

• A Lei n. 6.224, de 1975, regula o exercício da profissão de propagandista e vendedor de produtos farmacêuticos.

• O instituto disciplinador, consoante enunciado, regulamenta duas "figuras" profissionais do mesmo gênero: o propagandista de produtos farmacêuticos e o vendedor de produtos farmacêuticos.

• O vendedor e propagandista de produtos farmacêuticos é aquele que exerce função remunerada nos serviços de propaganda e venda de produtos químico-farmacêuticos e biológicos, nos consultórios, empresas, farmácias, drogarias e estabelecimento de serviços médicos, odontológicos, médicos veterinários e hospitalares, públicos e privados.

• É também considerado propagandista e vendedor de produtos farmacêuticos aquele que realiza promoção de vendas, cobrança ou outras atividades acessórias.

• É vedado ao menor de 18 anos exercer a profissão de vendedor e propagandista de produtos farmacêuticos.

• Nas penas disciplinares, aplicam-se subsidiariamente ao propagandista e vendedor de produtos farmacêuticos as punições dos casos semelhantes da Consolidação das Leis do Trabalho quando não houver previsão e penalidades na norma específica.

• O propagandista e vendedor de produtos farmacêuticos, chamado a ocupar cargo diverso do constante do seu contrato, terá direito à percepção do salário correspondente ao novo cargo, bem como a vantagem do tempo de serviço para todos os efeitos legais, além de eventual retorno à função anterior com as vantagens outorgadas à função que exerce.

Capítulo XIV
Fisioterapeuta e Terapeuta Ocupacional

1. Preceitos normativos

A Lei n. 8.856, de 1º de março de 1994, e o Decreto-lei n. 938, de 13 de outubro de 1969, regulamentam a profissão e as condições de trabalho do fisioterapeuta e do terapeuta ocupacional.

2. Conceito e distinção

Feita a devida observação dos institutos que regem tal profissão, cabe-nos agora considerar o conceito e distinção de ambos os profissionais.

Fisioterapeuta é o profissional que exerce a fisioterapia, atua buscando o restabelecimento da saúde em pacientes acometidos por doenças.

Ainda, fisioterapeuta, consoante Diniz, é aquele que realiza "aplicação de agentes físicos ou mecânicos no tratamento de uma moléstia, como massagens, exercícios, eletricidade etc." (DINIZ, 2005, p. 648).

Por outro lado, cabe salientar que a *ut supra* autora define terapeuta ocupacional como sendo o profissional que aplica "o conjunto de métodos e técnicas que por meio de trabalho apropriado, visa a desenvolver a capacidade mental do paciente e o tratamento das lesões ou enfermidades, recuperando a área prejudicada" (DINIZ, 2005, p. 644).

Em suma, pode-se afirmar que os profissionais fisioterapeutas aplicam métodos e técnicas objetivando resguardar a capacidade física, desenvolver e conservar um normal funcionamento corporal de pacientes.

Vale destacar, por último, que ambos os profissionais têm um campo de atuação em comum, pois buscam o restabelecimento da saúde dos pacientes aplicando meios e técnicas congêneres. Por conta disso, eis a razão de a mesma lei disciplinar um tratamento igual a ambos os profissionais dessa área da saúde.

3. Aplicação da CLT e da Constituição Federal

Como comentado em linhas anteriores, as condições especiais de trabalho são vastas e nunca as tutelas abarcam toda a proteção ao obreiro. As normas especiais atuam apenas em questões supraespeciais e pontuais. Decerto, em muitos casos, não pode o obreiro ficar na margem de uma série de direitos disciplinados pela Consolidação das Leis do Trabalho ou, fundamentalmente, pela Constituição Federal.

Diante disso, mesmo diante de profissões com regulamentações insuficientes, aplica-se a Consolidação das Leis do Trabalho e, por óbvio, os direitos sociais fundamentais escoltados pela Carta Magna. No caso em estudo, a lei assevera: "Os profissionais fisioterapeutas e terapeutas ocupacionais ficarão sujeitos à proteção máxima de 30 horas semanais de trabalho" (Lei n. 8.856/1994, art. 1º).

Note-se, todavia, que o instituto regulamentador nada versou sobre a quantidade de horas trabalhada por dia, disciplinando, tão somente, o módulo semanal de 30 horas.

Nesse sentido, Homero Batista, escrevendo sobre a omissão da lei neste aspecto, anota: "O silêncio absoluto sobre a carga diária. Essa situação exige que se apliquem os dispositivos genéricos da Consolidação das Leis do Trabalho e da Constituição Federal de 1988, o que converge para a carga de 8 horas por dia" (SILVA, 2009, p. 189).

Nas demais omissões das regulamentações específicas, tendo em vista, o princípio da proteção e da norma mais favorável, aplicam-se todos os preceitos das regras gerais (CLT) e, com maior razão, todos os direitos sociais fundamentais (CF/1988).

4. Jornada de trabalho

Desde logo, faz-se necessário esclarecer que tais profissionais, como muitos outros, podem trabalhar de forma autônoma ou através do vínculo de emprego. Aqueles são denominados liberais.

A lei fixou a carga de trabalho do fisioterapeuta e do terapeuta ocupacional em 30 horas semanais. Já se falou desta particularidade do regime de trabalho. A nosso sentir, os profissionais desta área poderão, por exemplo, trabalhar três dias por semana no regime de oito horas e um dia no regime de seis horas, totalizando assim as 30 horas permitidas pela lei. Por outro lado, podem também trabalhar em uma jornada de seis horas de segunda a sexta-feira, fechando assim 30 horas semanais.[100]

Situação que enseja uma atenção especial diz respeito ao trabalho nos sábados do fisioterapeuta, regime semanal de segunda a sábado. Em tal situação, a jornada de trabalho, seria de cinco horas (segunda a sábado). Neste pensamento, existe necessidade de entender que, em qualquer das hipóteses, o módulo semanal não pode ultrapassar 30 horas de trabalho determinado pela norma.

Ressalte-se, por fim, que, no caso do fisioterapeuta empregado, o legislador deixou subentendido que as horas diárias de trabalho podem ser livremente adaptadas durante a semana, exigindo-se tão somente o respeito do limite de 30 horas como módulo semanal.

---

(100) Saliente-se, sobretudo, que jurisprudência não se preocupa com a carga diária de trabalho; existe, todavia, uma preocupação acirrada da não extrapolação da quantidade de horas disposto na regulamentação. Nesta linha: "Fisioterapeutas Lei n. 8.856/94 — jornada de trabalho de trinta (30) horas semanais — aplicação imediata. A jornada dos fisioterapeutas e terapeutas ocupacionais é reduzida, pois tal qual a dos médicos, e telefonistas, por exemplo, envolvem grande esforço físico e mental/emocional no exercício da profissão inerente ao cargo que ocupam, devendo ser aplicada jornada diferente. Enfim, os fisioterapeutas e terapeutas ocupacionais têm jornada com duração máxima de trabalho normal semanal de trinta (30) horas, segundo a Lei n. 8.856/94, que é especial, genérica e de âmbito nacional [...]". In: Tribunal Regional do Trabalho, 15ª R., Ac. n. 015675/1999 – REO 027689, 3ª T., rel. Juiz Mauricio César Martins de Souza, 1997.

5. Jornada reduzida

Em função das considerações feitas no tópico anterior sobre jornada de trabalho, aqui nasce uma indagação: o fisioterapeuta e o terapeuta ocupacional que prestam labor à noite, estariam assistidos pela instituição de horas noturna reduzida da CLT? Antes, neste sentido, é importante, aliás, destacar o § 1º do art. 73 da CLT: "A hora do trabalho noturno será computada como de 52 (cinquenta e dois) minutos e 30 (trinta) segundos". Tem-se, portanto, aí uma ficção vantajosa ao obreiro.

A nosso sentir, a resposta impera-se positiva, por razões de aplicabilidade da norma celetista, conforme já exposto e afirmado sem embargos, visto que não existe qualquer óbice de a hora reduzida ser aplicada ao fisioterapeuta e ao terapeuta ocupacional. Logo, se não existe vedação pela norma especial, não se pode deixar o trabalhador a descoberto e aplica-se a norma geral da CLT.

6. Releitura sistematizada do tópico apresentado

- A Lei n. 8.856/1994 e o Decreto-lei n. 938, de 13 de outubro de 1969, regulamentam a profissão e as condições de trabalho do fisioterapeuta e do terapeuta ocupacional.
- Fisioterapeuta é o profissional que exerce a fisioterapia, atua visando ao restabelecimento da saúde em pacientes acometidos por doenças ou anormalidades físicas.
- Terapeuta ocupacional é o profissional que aplica métodos e técnicas que, por meio de trabalho apropriado, visam a desenvolver a capacidade mental do paciente e o tratamento das lesões ou enfermidades, recuperando a área prejudicada.
- A carga de trabalho do fisioterapeuta e do terapeuta ocupacional é de 30 horas semanais.

Capítulo XV
Mecanógrafo ou Digitador

1. Regulamento legal

O trabalho do mecanógrafo ou digitador é disciplinado no art. 72 da Consolidação das Leis do Trabalho. Ainda existe a Norma Regulamentar n. 17, que se ocupa de condições ergonômicas de trabalho do digitador.

2. Ponto conceitual

Digitador é profissional que executa produção de dados ou informações gráficas através de uma máquina. A literalidade do art. 72 da Consolidação das Leis do Trabalho é clara ao afirmar quais são os profissionais que fazem parte da profissão de mecanógrafo, "datilografia, escrituração, ou cálculo". Há de ponderar-se, entretanto, que o rol afirmado acima não é taxativo. Assim entendem a doutrina e jurisprudência. Em verdade, ali existem apenas modestos exemplos: "[...] podendo ser incluídas outras atividades, como a de digitador (súmula 346 do TST), que também implica movimento permanente de mecanografia, que é o uso de escrita mecânica com o uso de aparelho" (MARTINS, 2007, p. 121).

3. Jornada de trabalho

A norma que regulamenta a profissão de mecanógrafo e congêneres (digitador, pianista, datilografia, escrituração, cálculo, operador de telex e atividade de processamento eletrônico) não estabeleceu a jornada de trabalho. Fica a dúvida: quantas horas legais esses profissionais têm de trabalhar por dia? A análise que se faz, a partir deste momento, serve de resposta para o problema precedente: o art. 7º, inciso XIII, da Constituição Federal de 1988, delimita que a jornada máxima de trabalho será de oito horas e, na excepcionalidade, pode acrescentar mais duas horas extraordinárias. No mesmo sentido preconiza o art. 58 da Consolidação das Leis do Trabalho ao dispor que a jornada será de oito horas.

A propósito, Gabriel Saad explica: "[...] é silente a lei quanto à duração da jornada. Por isso, poderá ser a normal de 8 horas" (SAAD, 2009, p. 203). Por não existir jornada especificada, é pacífico o entendimento da aplicação da regra geral de oito horas de trabalho (CLT, art. 58).

4. Intervalo intrajornada

> A cada período de 90 minutos de trabalho consecutivo corresponderá um repouso de dez minutos não deduzido da duração normal do trabalho (CLT, art. 72).

Resta neste particular, todavia, afirmar que tal repouso trata-se de intervalo intrajornada, ou seja, aquela pausa para descanso dentro do horário de trabalho. Os dez minutos de descanso não serão dedutíveis da jornada de trabalho.

5. Prorrogação de jornada

Conforme apontado linhas atrás, a jornada de trabalho do mecanógrafo e congêneres é de oito horas. Vale anotar, em especial, que as horas de trabalho desses profissionais podem ser aumentadas além das normais. Posta assim a questão, nos valemos do escólio de Gabriel Saad, para quem "não há impedimento legal a prorrogação dessa jornada, depois de observadas as normas usuais pertinentes às normas extraordinárias" (SAAD, 2009, p. 203).

Chega-se, assim, a uma conclusão interessante: na jornada de oito horas, o mecanógrafo terá no total 50 minutos de repouso e, então, adquirirá cinco pausas de dez minutos cada uma.

Situação interessante, e que muito vem despertando a atenção dos estudiosos, é sobre as horas extraordinárias. Dúvida interessante surge: em caso de prorrogação de jornada normal, aplicam-se os dez minutos de repouso nos 30 minutos restantes ou cinco minutos somente? Neste ponto, o leitor não deve esquecer que existe o princípio da proteção e o da aplicação da norma mais favorável ao operário. Na dúvida, sempre as normas mais benéficas têm de ser aplicadas em favor do trabalhador.

Chega-se, assim, a uma inferência salutar: na jornada normal de oito horas o mecanógrafo tem cinco pausas de dez minutos. Existindo a prorrogação de horas, terá quinze minutos no mínimo de descanso antes do início do período extraordinário do trabalho (CLT, art. 384 c/c CF art. 5º, I), mais duas paradas de dez minutos dentro das horas dilatadas. Assim, resta reafirmar que o mecanógrafo, laborando pelo tempo de oito horas mais duas horas extras, terá uma hora e 25 minutos total para descanso interjornada, não deduzida da jornada normal do trabalho.

6. Digitador, equiparado ao mecanógrafo

Foi registrado, anteriormente, que, pelo art. 72 da Consolidação das Leis do Trabalho, os profissionais considerados mecanógrafos não constituem um rol fechado, assim comportando outras figuras profissionais advindas com a modernidade, que tenham ou impliquem movimentos mecanógrafos repetitivos ao obreiro.

Neste diapasão, a Súmula n. 346 do Tribunal Superior do Trabalho apregoa:

> Os digitadores, por aplicação analógica do art. 72 da CLT, equiparam-se aos trabalhadores nos serviços de mecanografia (datilografia, escrituração, ou cálculo), razão pela qual têm direito a intervalos de descanso de 10 (dez) minutos a cada 90 de trabalho consecutivo. (TST, súmula n. 346)

Registre-se, contudo, que a *ratio* do verbete, por óbvio, é a preservação da saúde do trabalhador perante computadores ou qualquer outro sistema de mecanografia de dados que impliquem intensos movimentos repetitivos.

7. Descaracterização da atividade de mecanógrafo

A doutrina e a jurisprudência majoritárias entendem que, para ficar caracterizada a profissão de digitador, datilografia, escrituração, cálculo, pianista, telex ou atividade de processamento eletrônico, deverá fazer-se presente um requisito indispensável à profissão, a continuidade da atividade.

A doutrina abalizada sobre o tema entende que para ficar caracterizado o ofício de mecanógrafo, ele deverá ocupar função permanente frente à máquina de inserção de dados gráfico: "O mero uso de computador para consultas não implica ser a pessoa considerada digitadora" (MARTINS, 2007, p. 121).

No mesmo sentido é a opinião de Arnaldo Süssekind:

> [...] protege a lei os trabalhadores que, durante a jornada, se dedicam exclusivamente a esse tipo de trabalho e não aos que eventualmente se sentam diante de uma máquina de escrever ou de calcular (SÜSSEKIND et al., 2002, p. 1.048).

A função de digitador e congêneres pressupõe o trabalho exclusivo, mecânico e repetitivo de serviços de dados, ficando, assim, não caracterizada quando se realizam atividades interpoladas, ininterruptas, ocasionais ou efêmeras.

Por fim, resta firmar que a jurisprudência do TRT da 2ª Região assim se manifestou: "Digitador-Descaracterização: Empregado que se utiliza de terminal de computador com meio para execução de tarefas inerentes a sua função, não caracteriza sua condição de digitador" (TRT, 2ª R., 8ª T., RO 002.0293021966, Ac. 02940489046, rel. Sérgio Prado de Millo, DOE-SP 16.9.1994, p. 160).

8. Doenças inerentes à profissão

A atividade de mecanógrafo tem como principal característica os movimentos repetitivos dos dedos, que forçam toda a musculatura e tendões do braço, sobretudo com maior intensidade o antebraço, forçando assim toda a musculatura dos membros superiores.

O digitador permanente, indiscutivelmente, atua de forma penosa. Seus músculos e tendões recebem uma sobrecarga de movimentos repetitivos intensos, causando efeitos cumulativos.

Em verdade, essa atividade desencadeia algumas doenças do trabalho. Muito vem se percebendo que os trabalhadores dessa classe, mais cedo ou tarde, apresentam quadro de inflamações nos músculos dos braços, dos tendões (tensovinite ou inflamações dos tendões dos membros envolvidos no esforço).

Essas doenças são conhecidas popularmente como LERs, Lesões por Esforços Repetitivos. Monteiro e Bertagni explicam:

> [...] afecções que podem acometer tendões, sinóvias, músculos, nervos, fáscias, ligamentos, isoladas ou associadamente, com ou sem degeneração dos tecidos,

atingindo na maior parte das vezes os membros superiores, região escapular, do pescoço, pelo o uso repetido ou forçado de grupos musculares e postura inadequada (MONTEIRO; BERTAGNI, 2009, p. 70).

Não se olvide, ainda, que essas patologias são consideradas como doença do trabalho, assim classificadas pelo Código Internacional de Doenças (CID).

9. Inconstitucionalidade do item 17.6.4, da NR-17, da Portaria n. 3.214/1978

Nesse ponto, antes de tudo, para ter-se um entendimento pleno, cabe salientar que é de competência privativa da União Federal legislar sobre Direito do Trabalho (Constituição Federal, art. 22, inciso I). Neste passo, qualquer outra norma sobre Direito do Trabalho que provenha de outros entes políticos, senão da União, será considerada inconstitucional por vício formal.

A propósito, cabe dizer que a Norma Regulamentar n. 17, da Portaria n. 3.214/1978, determina que a cada 50 minutos de trabalho o digitador e afins terão dez minutos para descanso. Tem-se aí uma norma de caráter administrativo do Ministério do Trabalho, "legislando" sobre jornada de trabalho. Parece, flagrantemente, inconstitucional pelas razões já apontadas.

10. Releitura sistematizada do tópico apresentado

- A profissão de mecanógrafo ou digitador encontra-se regulamentada no art. 72 da CLT. Existe, ainda, a NR 17, disciplinando às condições de trabalho do digitador.

- Os profissionais mecanógrafos atuam com datilografia, escrituração ou cálculo.

- O rol não é fechado, admite-se analogia para abranger outros casos similares.

- A lei que regulamenta a profissão de mecanógrafo e congêneres (digitador, datilografia, escrituração, cálculo, operador de telex e atividade de processamento eletrônico) não trouxe a jornada de trabalho. Contudo, é pacífico que aplica a regra geral de oito horas de trabalho por dia.

- A cada período de noventa minutos de trabalho consecutivo, o mecanógrafo terá a um repouso de dez minutos, não deduzidos da duração normal do trabalho.

- A súmula n. 346, do TST, pacificou que os digitadores, por aplicação analógica do art. 72 da CLT, equiparam-se aos trabalhadores nos serviços de mecanografia (datilografia, escrituração ou cálculo), razão pela qual têm direito a intervalos de descanso de dez minutos a cada 90 de trabalho consecutivo.

- O que caracteriza a profissão de digitador, datilografia, pianista, escrituração, cálculo, telex ou atividade de processamento eletrônico é a continuidade do labor.

- O digitador está suscetível a algumas doenças conhecidas como LERs (Lesões por Esforços Repetitivos).

Capítulo XVI
Trabalhadores em Frigorífico

1. Regulamentação da atividade

Os trabalhadores em interior de câmaras frigoríficas têm como dispositivo regulamentador o art. 253 da Consolidação das Leis do Trabalho. Cabe frisar também que a Norma Regulamentar n. 15, da Portaria n. 3.214/1978, disciplina preceitos pontuais sobre insalubridade e outras normas de medicina e segurança do trabalho.

2. Conceitos iniciais

Vale observar que o regrado artigo em estudo preocupou-se em definir quem são os trabalhadores que desenvolvem atividades no interior das câmaras frigoríficas. Assim prevê o verbete: "Os que movimentam mercadorias do ambiente quente para o frio e vice-versa".

Neste passo, todos aqueles que de um modo ou de outro transitem com mercadorias entre os extremos climáticos (quente-frio reconhecidos pela lei) de forma contínua serão considerados como trabalhadores em câmaras frigoríficas. Tome-se a título de exemplo: em um supermercado onde haja câmara frigorífica para depósito de alimentos congelados Neste particular, os funcionários que ocupem a função permanente de retirada ou depósito de cargas do interior da câmara estarão acolhidos pelo art. 253 da Consolidação das Leis do Trabalho. Eis aí, portanto, uma concretização fática do trabalhador de câmaras frias.

3. Jornada de trabalho

A jornada de trabalho de quem trabalha em atividades no interior de câmaras frigoríficas é a "normal" de oito, com eventuais duas horas extraordinárias. Aqui, não há maiores aplicações teóricas e vale a regra geral de jornada de labor.

4. Repouso intrajornada

A segunda parte do art. 253 da Norma consolidada determina:

> Depois de 1 (uma) hora e 40 (quarenta) minutos de trabalho contínuo, será assegurado um período de 20 (vinte) minutos de repouso, computado esse intervalo como de trabalho em câmara frigorífica.

O trabalhador terá, assim, 80 minutos de repouso na jornada de oito horas. Fica a dúvida: nos casos de duas horas extraordinárias de trabalho, o obreiro terá 20 minutos do computo de uma hora e 40 minutos? Nos 20 minutos remanescentes das duas horas, terá repouso de quantos minutos?

O problema há de ser analisado dentro de uma multifocalidade: a análise deste questionamento deve ser feita com o princípio da proteção conjugado com o princípio da aplicação da condição mais benéfica. É mais que cediço, todavia, que o Direito do Trabalho repousa sobre estas razões fundamentais. Entende-se que, dos 20 minutos remanescentes das duas horas excepcionais, o empregado teria seis minutos de repouso. Pode-se resumir da seguinte forma: oito horas de trabalho darão quatro pausas de 20 minutos cada, mais 15 minutos de descanso de prorrogação de jornada (art. 384 c/c art. 5º, inciso I da CF), mais 26 minutos referente às horas extras.

Ressalte-se, por derradeiro, que o tempo destinado para descanso interjornada, neste diapasão, necessariamente, será computado como de trabalho efetivo.

5. Descaracterização do trabalho em câmaras frias

Vale observar que, para ser caracterizado trabalho em câmaras frigoríficas, deverão se fazer presente dois requisitos indispensáveis: sair da temperatura quente normal e entrar na fria artificial, assim como a continuidade de permanência no local frio.

Partindo desses requisitos, o art. 253 (parágrafo único) da Consolidação celetista, traz as temperaturas nas quais se considera ambiente de trabalho no frio. Neste passo, considera-se, destarte, artificialmente frio, para os fins do presente artigo, o que for inferior, na primeira, segunda e terceira zonas climáticas do mapa oficial do Ministério do Trabalho, a 15 graus; na quarta zona a 12 graus; e na quinta, sexta e sétima zonas a 10 graus.

Neste fim:

> [...] a classificação do frio, para fins do dispositivo sob exame, dá-se através de Mapa elaborado pelo Ministério do Trabalho, estabelece os graus limites, para zonas nacionais, sendo abaixo de 15 graus para as 3 (três) primeiras, de 12 para a 4ª (quarta) zona e de 10 para quinta, sexta e sétima zonas. As três primeiras referem-se ao Norte e Nordeste, a 4ª (quarta) ao centro e as três últimas ao Sul do país (RALPH, 1990, p. 220).

Por último, cabe destacar que é possível identificar que o trânsito periódico em ambientes de temperaturas definidas nas zonas acima não caracteriza trabalho em câmaras frigoríficas. Daí a jurisprudência nesse sentido:

> Não se enquadra na hipótese do art. 253 da CLT, o trabalhador que ingressa eventualmente em ambientes de baixa temperatura, o qual não pode ser comparado àquele que trabalha no interior das câmaras frigoríficas ou que movimentam mercadorias de ambientes quentes ou normais para ambientes frio e vice-versa. Provimento negado (TRT, 4ª R., RO 000902000726104008, 3ª T., relª Juíza Maria Helena Mallmann, DOERS 7.7.2008).

6. Direito à insalubridade

De modo geral os trabalhadores que se expõem às atividades ou operações que causem perigo ou nocividade à saúde, por direito, receberão o adicional de insalubridade.

Na verdade, nada mais é do que uma espécie de compensação intersalarial pela nocividade de exposição do organismo humano.

São considerados atividades ou ocupações insalubres aquelas que, por sua natureza, condições ou método de trabalho, exponham os empregados a agentes nocivos à saúde acima dos limites de tolerâncias fixados em razão da natureza e da intensidade do agente e do tempo de exposição aos seus efeitos. (CLT, art. 189)

Valentin Carrion explica: "O ambiente frio artificial é prejudicial em virtude da temperatura, inferior à do corpo humano, da umidade e dos gases que produzem o frio, ao desprenderem-se". (CARRION, 2010, p. 247)

Neste diapasão, há de se firmar: "O texto revela a proteção à saúde do trabalhador, bem como o intuito de conceder-lhe vantagem pecuniária pelo serviço considerado penoso". (RALPH, 1990, p. 220)

Vale observar que a jurisprudência, também, sem maiores embargos encontra-se em sintonia com a doutrina:

> Adicional de insalubridade. Laudo pericial. Deferimento de horas extraordinárias referentes aos 20 minutos de intervalo não utilizados. Jornada de trabalho em ambiente frio. Aplicação do art. 253 da CLT. Violação do art. 896 não reconhecida. A baixa temperatura no local de trabalho da reclamada confirmada por laudo pericial, e as circunstâncias apresentadas, quais sejam, não utilizacão de agasalho adequado e permanência no local de trabalho por período superior ao legalmente permitido, caracterizou a insalubridade. Nos termos do art. 253 da CLT, a reclamante tem direito de usufruir 20 minutos de intervalo para repouso. O trabalho em jornada de oito horas em ambiente com temperatura abaixo de 15º, sem proteção adequada e sem intervalo, assegurado o direito de o empregado receber o período com horas extraordinárias. Embargo não conhecidos (TST, E-RR 719.679/2000.5, SDI.1, rel. Min. Aloysio Corrêa de Veiga, DJU 6.6.2008).

Em razão disso, frise-se: "O trabalho realizado no interior de câmara fria frigorífica é prejudicial à saúde do trabalhador não só pelo frio, mas também pela constante mudança de temperatura do trabalhador ao entrar e sair da câmara" (MARTINS, 2007, p. 249).

Por fim, o empregado que trabalha no interior de câmara fria tem direito a receber adicional de insalubridade em grau médio de 20%, isso de acordo com a Norma Regulamentar n. 15, instituída pela Portaria n. 3. 214/1978.

7. Releitura sistematizada do tópico apresentado

Os trabalhadores em interior de câmaras frigoríficas têm como dispositivo regulamentador o art. 253 da Consolidação das Leis do Trabalho. A Norma Regulamentar n. 15, da Portaria n. 3.214/1978, disciplina os aspectos pontuais sobre insalubridade e outras normas de medicina e segurança do trabalho.

• São considerados trabalhadores em frigoríficos os que movimentam mercadorias do ambiente quente para o frio e vice-versa.

• A jornada de trabalho de quem trabalha em atividades no interior de câmaras frigoríficas é a "normal" de oito horas e a extraordinária de duas horas.

- O art. 253, segunda parte, da CLT, determina que depois de uma hora e 40 minutos de trabalho contínuo, será assegurado um período de 20 minutos de repouso.
- Considera-se trabalhado em câmaras frigorífica o trabalho em temperatura quente normal e entrada na fria artificial, bem como continuidade de permanência no local frio.
- Os trabalhadores em câmaras frigoríficas têm direito ao adicional de insalubridade em grau médio de 20%, isso de acordo com a Norma Regulamentar n. 15, trazida pela portaria n. 3. 214/1978.

Capítulo XVII
Operadores Cinematográficos

1. Aspectos normativos

Os operadores cinematográficos são regulamentados pelos arts. 234 e 235 da Consolidação das Leis do Trabalho. Existe ainda a Portaria n. 30, de 7 de fevereiro de 1958, determinada pelo Ministro do Trabalho, que disciplina uma série de normas técnicas para cabine de projeção de cinema.

2. Pontos iniciais

Operadores cinematográficos são os profissionais que atuam dentro de cabinas de projeção de imagens e sons em cinemas. Também pode-se dizer que os operadores ocupam seu tempo laborativo em limpeza, manutenção e lubrificação de maquinários e filmes.

Pode-se afirmar, ainda, que tal profissão, a cada dia, está ficando mais rara. Isso se confirma com o advento de novas tecnologias digitais de emissões de imagens e sons em cinemas, o que, aos poucos, vão substituindo os obsoletos projetores e rodadores de filmes. Destarte, a tendência é que a profissão de operador cinematográfico desapareça por completo daqui a alguns anos.

3. Duração da jornada de trabalho

A duração do trabalho do operador cinematográfico é de seis horas diária, sendo que cinco são de atuação contínua dentro da cabina e uma hora será destinada para o operador cinematográfico limpar, lubrificar aparelhos e revisar filmes.

Então, é imperioso afirmar por oportuno que a jornada de labor é dividida em duas fases: a) cinco horas consecutivas de trabalho em cabine, durante o funcionamento cinematográfico; b) um período suplementar, até o máximo de uma hora, na limpeza, lubrificação de aparelhos de projeção ou revisão de filmes.

Com certa precisão, pode afirmar que a hora destinada para o operador cinematográfico voltar à cabina para limpar e lubrificar os a aparelhos de projeção de sons e imagens só poderá acontecer após duas horas do término do trabalho de cinco horas de atuação contínua em cabine.

A propósito, apenas para melhor entendimento, Sergio Pinto Martins pondera: "O intervalo de duas horas deverá ser entre o término de trabalho em cabina e o início do serviço de limpeza, lubrificação dos aparelhos de projeção, ou revisão de filmes" (MARTINS, 2007, p. 234).

Esse lapso temporal tem como objetivo a segurança do operador. Após o funcionamento por certo tempo, encontra-se com uma carga de energia, magnetismo e calor, além da extenuação do obreiro durante as cinco horas ininterruptas de trabalho. Daí a espera de duas horas para dar início à limpeza e à lubrificação dos aparelhos.

4. Prorrogação da jornada em função de exibições extraordinárias

A jornada de trabalho do operador cinematográfico é de seis horas, sendo que é dividida em duas etapas: cinco horas de trabalho efetivo e outra uma hora para limpeza do maquinário. Neste passo, convém lembrar, contudo, não se tratar neste particular de prorrogação de horas extraordinárias. São duas etapas totalmente distintas, uma principal e outra derivada (destinada à limpeza e à manutenção dos equipamentos).

Para todos os efeitos, o operador cinematográfico só terá computada jornada extraordinária: "se o trabalho for feito além da sexta hora é que haverá pagamento da hora extra. O período suplementar mencionado pela lei são será considerado como extra, desde que realizado para limpeza, lubrificação de aparelhos ou de revisão de filmes" (MARTINS, 2007, p. 233).

Versa o art. 4º da Norma consolidada como serviço efetivo o período em que o empregado esteja à disposição do empregador, aguardando ou executando ordens, salvo disposição especial expressamente consignada. Desse modo, deve-se entender que as duas horas suplementares do término da primeira etapa de cinco horas na cabina e a lubrificação de maquinário contam-se como de trabalho efetivo e ainda deverão ser remuneradas com um acréscimo de 50% sobre a hora normal.

Nos estabelecimentos cujo funcionamento normal seja noturno será facultado aos operadores cinematográficos e seus ajudantes, mediante acordo ou contrato coletivo de trabalho e com o acréscimo de 50% sobre o salário da hora normal, executar o trabalho em sessões diurnas extraordinárias e, cumulativamente, nas noturnas. Mas isso deve se verificar até três vezes por semana e com intervalo para descanso de uma hora entre sessões diurnas e noturnas. (CLT, art. 235)

Nesse caminhar, Homero Batista Matheus da Silva alerta:

> [...] além daquelas duas horas suplementares admitidas pelo art. 234 em caso de sessões extraordinárias de cinema, poderá haver outras horas suplementares, mas apenas para estabelecimentos que normalmente funcionem à noite. Neste caso, o limite máximo será de quatro horas suplementares, porque o art. 235, § 1º fixa o teto em dez horas de expediente diário (as seis horas normais do art. 234 mais quatro horas suplementares sob essas circunstâncias [...] (SILVA, 2009, p. 53).

É razoável, portanto, concluir que, apesar de o operador cinematográfico dispor de uma jornada de trabalho e prorrogação diferenciadas, não se encontra fora dos padrões do art. 59 da norma celetista, bem como do art. 7º, inciso XVI, da Constituição Federal de 1988.

5. Intervalos interjornadas

Não se olvide que intervalo interjornada é aquele entre uma jornada e outra de trabalho. O art. 66 da Consolidação das Leis do Trabalho prelude: "Entre 2 (duas) jornadas de trabalho haverá um período mínimo de 11 (onze) horas consecutivas para descanso". A norma em foco tem como escopo a proteger a higidez e o restabelecimento psicofísico do complexo-energético-intelectivo do obreiro.

O operador cinematográfico tem regra de doze horas para descanso, conforme alude o § 2º, do art. 235: "A cada período de trabalho haverá um intervalo de repouso no mínimo de doze horas". Consigne-se, no entanto, que em relação a outras profissões esse intervalo entre as jornadas é uma exceção. A regra é um intervalo de onze horas. Logo, estar-se-á diante de norma mais benéfica. Daí ser bem-vinda.

Por último, sobre esse tema, Gabriel Saad: "O intervalo mínimo entre duas jornadas de 12 horas, o que por ocasião de repouso semanal, leva a um total de 36 horas" (SAAD, 2009, p. 402).

6. Possibilidade de justa causa por descuido com os equipamentos de projeção

A dispensa com justa causa, na verdade, nasce quando o empregador decide pelo término do vínculo de emprego, usando, assim, o poder disciplinar. Isso acontece faticamente em caso de falta disciplinar praticada pelo empregado no exercício do labor.

Foi dito que a jornada de trabalho do operador cinematográfico se divide em duas etapas, sendo que uma com tempo de até uma hora destina-se, exclusivamente, para o operador atuar com diligência na limpeza, lubrificação de maquinário e filmes.

Evidentemente, caso o obreiro venha a não cumprir com suas obrigações contratuais, e os equipamentos venham a dar problemas em função de falta de manutenção, o operador infringe o art. 482, alínea *"e"*, da CLT. Destarte, estará em flagrante desídia no desempenho das respectivas funções. Nessa linha, Saad pondera: "[...] como decorrência da norma legal, é passível de punição do operador quando a máquina que opera se danifica por falta de limpeza ou de lubrificação" (SAAD, 2009, p. 402).

Por derradeiro, em conclusão, afirma-se que, caso ocorra algum dano no maquinário ou no filme por falta de cuidado, o empregado estará adstrito à norma do art. 482, alínea *"e"* da Consolidação das Leis do Trabalho, falta grave nos desempenhos das funções. Eis aí o fundamento da justa causa do empregado faltoso.

7. Releitura sistematizada do tópico apresentado

A profissão de operador cinematográfico está regulamentada pelos arts. 234 e 235 da CLT. A Portaria n. 30, de 7 de fevereiro de 1958, traça regras que disciplinam uma série de normas técnicas para cabine de projeção de cinema.

• Operadores cinematográficos são os profissionais que atuam dentro de cabines de projeção de imagens e sons em cinemas.

• A duração do trabalho do operador cinematográfico é de seis horas diárias, sendo que cinco horas são de atuação contínua dentro da cabine e uma hora será destinada para o operador cinematográfico limpar, lubrificar aparelhos e revisar filmes e maquinários de projeção.

• Após cada jornada de trabalho, haverá um intervalo extrajornada de repouso no mínimo de doze horas.

Capítulo XVIII
Técnico em Radiologia

1. Instituto legal da profissão

A referência legislativa que regula a profissão do técnico em radiologia é a Lei n. 7.394, de 29 de outubro de 1985, regulamentada pelo Decreto n. 92.790, de 17 de junho de 1986.

2. Disposições conceituais

A profissão de técnico em radiologia compreende os profissionais que realizam as técnicas de labor em radiologia, no setor de diagnóstico; radioterápicas, no setor de terapia, radioisotópicas, no setor de radioisótopos; industriais, no setor industrial e medicina nuclear.

3. Requisitos necessários para exercer a profissão de técnico em radiologia

A atividade de técnico em radiologia é altamente insalubre e exige dos profissionais técnicos um conhecimento especializado na operação dos maquinários do setor de diagnóstico, terapia, radioisótopos, industrial e medicina nuclear. Dada essa razão, a lei estabelece as condições para o exercício da profissão de técnico em radiologia: ser portador de certificado de conclusão de ensino médio e possuir formação profissional mínima de nível técnico em radiologia, com diploma de habilitação profissional, expedido por escola técnica de radiologia e registrada no órgão federal. Além do mais, versa o § 2º, art. 4º da Lei n. 7.394/85, que, em nenhuma hipótese, poderá ser matriculado candidato que não comprove a conclusão de curso em nível médio ou equivalente.

4. Jornada de trabalho

O técnico em radiologia tem uma jornada de trabalho de 24 horas semanais. Saliente-se, no entanto, que a norma disciplinou somente o limite do módulo semanal, ficando assim a critério do empregado e empregador o ajuste sobre as horas de trabalho por dia. Pode ser uma jornada de oito horas de segunda a quarta-feira ou uma jornada de quatro horas, de segunda a sábado ou, ainda, uma jornada de cinco horas, de segunda a quinta.

Na verdade, a normativa veda, a rigor, ultrapassar tão somente o módulo semanal de 24 horas. Dentro dessa quantidade de horas semanais, as partes podem traçar ou ajustar a melhor forma de labor diário.

5. Trabalho noturno

Um ponto interessante na lei é o aspecto do trabalho noturno. Indaga-se: no caso de o técnico em radiologia laborar no período noturno (22h-5h), aplica-se a jornada reduzida do art. 73 da Consolidação das Leis do Trabalho? A resposta é positiva e não há dúvida de que, na omissão da lei específica, aplica-se a norma geral celetista (hora reduzida e adicional noturno).

Nessa direção:

> [...] o técnico seja acionado para atividades noturnas, dada a penosidade da profissão, mas caso isso aconteça, necessária se faz a inserção da hora noturna reduzida no cômputo desse trabalho, quando praticado das 22h00 às 5h00 (art. 73 da CLT) (SILVA, 2009, p. 300).

Essencialmente, sistematizando esta exposição: o trabalho noturno do técnico em radiologia será o aplicado da norma geral. No período 22h-5h, terá adicional noturno e a hora aplicada será a reduzida de 52 minutos e 30 segundos.

6. Direito à insalubridade

Os trabalhadores que se expõem às atividades ou operações que causem perigo ou novidade à saúde, por direito receberão o adicional de insalubridade, que nada mais é do que uma espécie de compensação intersalarial pela nocividade ao organismo humano.

Por oportuno, o art. 189, da Consolidação das Leis do Trabalho:

> Considera atividades ou ocupações insalubres aquelas que, por sua natureza, condições ou método de trabalho, exponham os empregados a agentes nocivos à saúde, acima dos limites de tolerâncias fixados em razão da natureza e da intensidade do agente e do tempo de exposição aos seus efeitos.

Lembre-se, todavia, que o art. 16 da Lei n. 7. 394/85 determina que o adicional incidirá sobre os vencimentos num percentual de 40% para compensar os riscos de vida causados pela insalubridade.[101]

Dado o alto grau insalubridade que incide sobre as atividades laborais do técnico em radiologia, o adicional deverá ser em grau máximo de insalubridade de 40%. Nada mais justo esse acréscimo pelo reconhecido desgaste na saúde desse profissional.

7. Base de cálculo da insalubridade

A base de cálculo de 40% que o técnico em radiologia terá direito a perceber pelas atividades insalubres está na parte final do art. 16: "Sobre esses vencimentos risco de vida e insalubridade".

---

(101) Norma contida no art. 192 da CLT: "O exercício de trabalho em condições insalubres, acima dos limites de tolerância estabelecidos pelo Ministério do Trabalho, assegura a percepção de adicional respectivamente de 40%, 20% e 10% do salário base da região, segundo se classifiquem nos graus máximos, médio e mínimo".

Ressalte-se, ainda, que esse adicional causa reflexos diretos sobre FGTS, férias, aviso prévio indenizado e décimo terceiro salário.

8. Salário profissional

Algumas normas, além de tutelarem aspectos especiais de trabalho, buscam estabelecer o salário profissional de seus protegidos.

A norma que regulamenta a profissão de técnico em radiologia, no art. 16, trouxe que o salário mínimo dos profissionais que executam as técnicas de radiologia será equivalente a dois salários mínimos profissionais da região, incidindo sobre esses vencimentos 40% de risco de vida e insalubridade.

Pela leitura do artigo, instaura-se uma questão: a lei quis determinar dois salários mínimos ou dois salários profissionais? A resposta pode ser traçada, no seguinte caminho:

Com esse jogo de palavras a jurisprudência majoritária não concordou, prevalecendo o entendimento de que o art. 16 está confuso, mas teve a clara intenção de fixar em dois salários mínimos o salário profissional dos técnicos em radiologia (Súmula n. 358 do Tribunal Superior do Trabalho, de 19 de dezembro de 1997) (SILVA, 2009, p. 301).

De antemão, conclua que o salário profissional dos técnicos de radiologia é o correspondente a dois salários mínimos vigente no país.

9. Significado da Súmula n. 358 do Tribunal Superior do Trabalho

A Súmula n. 358 do Tribunal Superior do Trabalho persuade que o salário profissional dos técnicos em radiologia é igual a dois salários mínimos e não a quatro.

Nesse passo, deve-se observar que o enunciado da súmula visa a causar uma interpretação lógica e ponderada do confuso art. 16 da Lei n. 7.394/85.

Francisco Antonio de Oliveira adverte:

> Houve evidente lapso do legislador, ao falar em "salários mínimos dos profissionais", posto que inexiste a espécie. E, em se comparando o radiologista com aqueles profissionais de que fala a Lei n. 3.999/61 (art. 5º), verifica-se de imediato um tratamento desconforme, já que o técnico em radiologia é um auxiliar, não podendo, portanto, receber remuneração superior à daquela a quem auxilia (OLIVEIRA, 2008, p. 645).

Pondere-se, a rigor, que o escopo sumular é estabelecer que o técnico em radiologia é um auxiliar do médico radiologista e, assim sendo, receberá a remuneração inferior a este. O salário profissional do técnico será de dois salários mínimos nacionais.

10. Penalidades disciplinares

Os técnicos em radiologia, como quaisquer empregados, estão sujeitos às penalidades disciplinares aplicadas pelo empregador. Todo empregado, portanto, encontra-se submetido aos regimentos disciplinares e éticos das corporações empregadoras.

Versa o art. 25 do Regulamento da lei que regra a profissão de técnico em radiologia que, em caso de faltas disciplinares no desempenho do seu labor, além de submetidos ao controle disciplinar geral do empregador, estão, ainda, sujeitos a penas aplicáveis pelos conselhos regionais.

Observe-se que o instrumento determina que as penas disciplinares aplicáveis pelos conselhos regionais aos seus membros são as seguintes: advertência confidencial em aviso reservado, censura confidencial em aviso reservado, censura pública, suspensão do exercício profissional até trinta dias e a mais severa, cassação do exercício profissional. Isso não exclui a aplicação das penalidades laborais disciplinadas no art. 482 da norma celetista.

11. Funcionamento das escolas técnicas

Por ser a atividade de ensino e prática de técnico em radiologia altamente insalubre, a norma especial em seu art. 4º determina que as escolas técnicas de radiologia só poderão ser reconhecidas se apresentarem condições de instalação satisfatórias e corpo docente de reconhecida idoneidade profissional, sob a orientação de físico tecnólogo, médico especialista em radiologia. Por fim, importa dizer, ainda que a norma estabeleça que toda entidade, de caráter público ou privado, que se propuser a instituir escola técnica de radiologia, deverá solicitar o reconhecimento prévio.

12. Releitura sistematizada do tópico apresentado

- A referência legislativa que regula a profissão do técnico em radiologia é a Lei n. 7. 394, de 29 de outubro de 1985, regulamentada pelo Decreto n. 92.790, de 17 de junho de 1986.
- O técnico em radiologia compreende o profissional que realiza as técnicas de labor em radiologia, no setor de diagnóstico; radioterápicas, no setor de terapia, radioisotópicas, no setor de radioisótopos; industriais, no setor de industrial e medicina nuclear.
- O técnico em radiologia tem a jornada de trabalho de 24 horas semanais.
- A norma marcou somente o limite do módulo semanal, ficando a critério do empregado e empregador o ajuste sobre as horas de trabalho por dia.
- A tutela trabalhista especial determina que sobre os vencimentos incide 40% de risco de vida e insalubridade.
- A base de cálculo incidirá sobre o salário profissional.
- O salário mínimo dos profissionais que executarem as técnicas de radiologia será de dois salários mínimos profissionais da região.
- A Súmula n. 358 do Tribunal Superior do Trabalho persuade que o salário profissional dos técnicos em radiologia é igual a dois salários mínimos e não a quatro.
- As penas disciplinares no desempenho do labor do radiologista são, além daquelas do controle disciplinar geral do empregador, as aplicáveis pelos conselhos regionais.

Capítulo XIX
Trabalhador Voluntário

1. Base regulamentadora

O trabalho voluntário é disciplinado pela Lei n. 9.608, de 18 de fevereiro de 1998. No trabalhado voluntariado não existe vínculo de emprego. Na verdade, o voluntário é uma modalidade especial de trabalhador. O que o faz diferente do trabalhador empregado, essencialmente, é o elemento fático-jurídico onerosidade.

2. Conceito de trabalhador voluntário

Trabalhador voluntário é aquele que destina sua força de trabalho às instituições ou grupos de pessoas sem ter contraprestação financeira ou qualquer outra utilidade que caracterize salário ou remuneração.

Vale observar que Jairo Araujo explica:

> O agente social voluntário diz ser a sua ação baseada na vontade de assistir os que necessitam de algo. Para fazê-lo, dispõe de tempo, dispensando remuneração pelo trabalho executado. [...] Tradicionalmente, o trabalho voluntário tem se constituído, concretamente, em tarefas e atividades programadas em instituições e organizações sociais diversificadas [...] (ARAUJO, 2008, p. 35).

Trabalho voluntário é a ação do indivíduo que, por motivos altruísticos, entrega sua força de trabalho sem receber qualquer prestação salarial pela sua energia de labor despendida.

A aludida lei traz um conceito de trabalhador voluntário quando dispõe:

> Considera, portanto, voluntário aquele que exerce atividade não remunerada, prestada a entidade pública de qualquer natureza[102], ou a instituição privada de fins não lucrativos, que tenha objetivos cívicos, culturais, educacionais, científicos, recreativos ou de assistência social, inclusive mutualidade (Lei n. 9.608/98, art. 1º).[103]

---

(102) Nesse sentido vale destacar a jurisprudência. Ementa: "Recurso do município. Trabalho voluntário. Vínculo de emprego. Inexistência. A prestação de serviços decorrente da adesão ao programa de voluntariado instituído pelo município, visando ao aprimoramento e à inclusão no mercado de trabalho, não se confunde com o contrato de trabalho previsto na CLT. Como decorrência, não há falar em responsabilidade subsidiária do reclamado pelo cumprimento de obrigações trabalhistas". *In:* Tribunal Regional do Trabalho, 4ª R., Recurso Ordinário n. 0049300-38.2009.5.04.0111, rel. João Pedro Silvestrin, Julgado: 19.5.2011.

(103) Como oportunamente relembra Ana Amélia Mascarenhas Camargos, com escólio na doutrina de Mauricio Godinho Delgado, o rol do art. 1º da Lei em estudo é meramente exemplificativo, podendo ser incluídas aí a militância política e o trabalho religioso. *In:* CAMARGOS, Ana Amélia Mascarenhas. *Direito do trabalho no terceiro setor.* São Paulo: Saraiva, 2008.

Uma vez preenchidos esses requisitos, não se pode reconhecer que seja o vínculo de emprego,[104] e será um trabalhos altruístico.

3. Elemento diferenciador entre trabalhador empregado e do voluntário

O trabalho voluntariado tem como ponto diferenciador do trabalhador com vínculo de emprego o requisito fático-jurídico a ausência da onerosidade[105]. Para caracterizar a relação de emprego deverão, essencialmente, existir os cinco requisitos formadores do vínculo de emprego: pessoa natural, pessoalidade, não eventualidade, subordinação e onerosidade[106]. No trabalho voluntário deverá, necessariamente, encontrar-se pessoa natural, pessoalidade, não eventualidade, subordinação, porém, sem o elemento onerosidade. Não será trabalho voluntário, portanto.[107]

4. Quem pode servir-se do trabalho voluntário

Vale ressaltar, todavia, que não é todo grupo de pessoas ou qualquer instituição que pode receber força de trabalho dos voluntários. A inteligência do instituto regulamentador, a propósito, é acertada e sábia. Determina a norma que pode receber serviços voluntários entidade pública de qualquer natureza, ou instituição privada de fins não lucrativos, que tenha objetivos cívicos, culturais, educacionais, científicos, recreativos ou de assistência social, inclusive mutualidade.

Deste modo, podem absorver as energias de trabalho dos voluntariados entidade pública de qualquer natureza. Entende-se, em sentido amplo, como a administração direta, indireta e autarquias. Não se pode dizer o mesmo de empresas públicas e sociedade de

---

(104) Nesse sentido: "Vínculo de trabalho não configurado. Trabalho voluntário. Frentes de trabalho promovidas pelo poder público. Programa social de qualificação que não se confunde com relação de emprego. Não se configura empregado o participante voluntário de programa social que envolve cursos de qualificação e frentes de trabalho similares a mutirões, e que em troca percebe bolsa fixa a título de ajuda de custo, trabalhando sem controle de jornada ou clara subordinação. Vínculo de emprego não reconhecido. Recurso interposto pelo Município reclamado a que se dá provimento. [...]". *In:* Tribunal Superior do Trabalho, Recurso Ordinário n. 0000067-38.2010.5.04.0111, rel. João Alfredo Borges Antunes de Miranda, publicado: 5.5.2011.

(105) "Vínculo de emprego. Trabalho Voluntário. Onerosidade. Não há que falar em trabalho voluntário quando não comprovado que o pagamento efetuado ao trabalhador tinha finalidade o ressarcimento de despesas." *In:* Tribunal Regional do Trabalho, 17ª R., Recurso Ordinário n. 00212.2007.010.17.00.6, Ac. 6971/2008, rel. Gerson Fernando da Sylveira Novais, publicado: DOES, 29.7.2008, p. 5.

(106) Ementa: "Vínculo de emprego. Hipótese em que não se verifica a implementação dos elementos caracterizadores da relação de emprego, constantes dos arts. 2º e 3º da CLT, considerando-se válida a adesão do reclamante ao programa de prestação de serviços voluntários implementado através de convênio entre o Município e as associações locais". *In:* Tribunal Regional do Trabalho, 4ª R., Recurso Ordinário n. 0000187-81.2010.5.04.0111, Rel. João Batista de Matos Danda, Participam: Berenice Messias Corrêa, Leonardo Meurer Brasil, julgado: 5.7.2011.

(107) Assim: "Vínculo de emprego não configurado. Ausentes os requisitos previstos no art. 3º da CLT, mantém-se a sentença que não reconheceu a existência de relação de emprego entre as partes. Recurso do autor que se nega provimento [...]". *In:* Tribunal Regional do Trabalho, 4ª R., Recurso Ordinário n. 0047100-43.2009.5.04.0019, red. Raul Zoratto Sanvicente, julgado: 30.6.2011.

economia mista. Os Correios ou Banco do Brasil, por exemplo, não podem absorver trabalho voluntário, dada sua exploração de atividades econômicas e sua equiparação às empresas privadas, conforme prenuncia o art. 173 da Constituição Federal de 1988 (§ 1º, inciso I).

Outrossim, é permitido receber trabalhadores voluntários em instituição privada de fins não lucrativos. Deve-se ficar claro que qualquer grupo organizado da sociedade civil pode receber voluntários, desde que, fundamentalmente, observe o critério de não ter fins lucrativos. Eis a pedra de toque do trabalho voluntário, não ter intenção de lucros.

5. Requisitos formais necessários para firmar o termo de adesão

É importante anotar, todavia, que a legislação trabalhista brasileira como regra não tem muita preocupação sobre a forma do contrato de trabalho. Deste modo, o contrato individual de labor poderá ser acordado tácita ou expressamente, verbalmente ou por escrito, por prazo determinado ou indeterminado (CLT, art. 443).

Na prestação de serviços voluntários, o "contrato", ou termo, como consigna a lei, será exercido mediante a celebração de termo de adesão entre a entidade, pública ou privada, e o prestador do serviço voluntário, dele devendo constar o objeto e as condições de seu exercício.

Não custa lembrar, porém, que o cuidado da norma é evitar fraudes, ou descaracterização do vínculo de emprego: uma vez não atendidas essas formalidades (termo de adesão por escrito), a relação de emprego será firmada com a instituição tomadora de serviços. O fundamento desse cuidado é evitar que entidades contornem a clareza do disposto no art. 9º da norma consolidada, ou seja, fraude às regras trabalhistas.

6. Possibilidade de ressarcimento de despesas feitas pelo voluntário

É oportuno acentuar que na relação de trabalho desenhada entre voluntário e tomador de serviços, necessariamente, não haverá o elemento fático-jurídico da onerosidade. Com isso, diz a norma que na relação jurídica não existirá pagamento de salário pelo trabalho impresso pelo voluntário.

Por outro lado, impende ressaltar que, em caso de desembolso de valores, todavia, o prestador do serviço voluntário poderá ser ressarcido pelas despesas que comprovadamente realizar no desempenho das atividades voluntárias (Lei n. 9.608/1998, art. 3º).

Por despesas realizadas, compreende-se uma série de gastos efetuados no exercício do voluntariado, como passagens para viagem, vales-transportes, alimentação, pedágios e outros gastos que o voluntário prove ter feito para perseguir as incumbências altruísticas acordadas no termo de adesão.

Observe que o ressarcimento das despesas, no entanto, deve estar previsto expressamente e deverá, ainda, ter autorização da entidade para a qual for prestado o serviço voluntário.

7. Releitura sistematizada do tópico apresentado

• A disciplina que regula o trabalho voluntário é a Lei n. 9.608/1998.

• Trabalhador voluntário é aquele que exerce atividade não remunerada, prestada a entidade pública de qualquer natureza, ou a instituição privada de fins não lucrativos

• O que diferencia o trabalho voluntariado do trabalho com vínculo de emprego é o requisito ausência de onerosidade.

• Pode receber serviços voluntários entidade pública de qualquer natureza, ou instituição privada de fins não lucrativos, que tenha objetivos cívicos, culturais, educacionais, científicos, recreativos ou de assistência social, inclusive mutualidade.

• Na prestação de serviços voluntários, o "contrato", ou termo, será exercido mediante a celebração de termo de adesão entre a entidade, pública ou privada, e o prestador do serviço voluntário, dele devendo constar o objeto e as condições de seu exercício.

• O prestador do serviço voluntário poderá ser ressarcido pelas despesas que comprovadamente realizar no desempenho das atividades voluntárias, desde que previamente ajustadas no termo de adesão.

Capítulo XX
Estagiário

1. Base disciplinadora

A norma que disciplina o estágio de estudantes é a Lei n. 11.788, de 25 de setembro de 2008.

2. Conceito de estagiário e sua finalidade

O conceito de estágio pode ser entendido como ato educativo escolar supervisionado, desenvolvido no ambiente de trabalho, que visa à preparação para o trabalho produtivo de educandos que estejam frequentando o ensino regular em instituições de educação superior, de educação profissional, de ensino médio, da educação especial e dos anos finais do ensino fundamental, na modalidade profissional da educação de jovens e adultos. (Lei n. 11.788/08, art.1º)

O estágio faz parte do projeto pedagógico do curso, além de integrar o itinerário formativo do educando. Deste modo, pode-se afirmar que estágio é uma forma de integrar concomitantemente o que se aprende nos bancos escolares e a prática "laboral" a vir ser desempenhada no dia a dia pelo futuro profissional.

O estágio visa ao aprendizado de competências próprias da atividade profissional e à contextualização curricular, objetivando o desenvolvimento do educando para a vida cidadã e para o trabalho (art. 1 º, § 2º).

Na verdade, o estágio tem como escopo integrar os conhecimentos teóricos do estudante às práticas da vida profissional, visando a aperfeiçoar sua capacidade para enfrentar as necessidades de cidadão e do mercado de trabalho.

3. Modalidades de estágio no direito brasileiro

A lei que regulamenta o estágio de estudantes dividiu o estágio em duas modalidades, a saber:

> O estágio obrigatório, sendo aquele estágio definido como obrigatório no projeto pedagógico do curso, cuja carga horária é requisito para aprovação e obtenção do diploma. É, portanto, pré-requisito para finalização do curso e consequente recebimento do certificado de conclusão com aproveitamento esperado pelo plano pedagógico.
>
> O estágio não obrigatório, por sua vez, é aquele desenvolvido como atividade opcional, acrescida à carga horária regular e obrigatória e parte do projeto pedagógico do curso. (art. 2º, § 2º)

4. Quem pode ser estagiário

De acordo com a lei, podem ser estagiários estudantes que estejam frequentando o ensino regular em instituições de educação superior, de educação profissional, de ensino médio, de educação especial e dos anos finais do ensino fundamental na modalidade profissional da educação de jovens e adultos que estejam frequentando regularmente essas modalidades de ensinos.

Deste modo, são esses estudantes que podem ser estagiários. A lei, portanto, foi taxativa ao estabelecer o rol e as modalidades de ensino que podem exercer a prática de estágio no Brasil.

5. Quem pode "admitir" estagiário

Podem conceder estágios pessoas jurídicas de direito privado e os órgãos da administração pública direta, autárquica e fundacional de qualquer dos Poderes da União, dos Estados, do Distrito Federal e dos Municípios, bem como profissionais liberais de nível superior devidamente registrados em seus respectivos conselhos de fiscalização profissional, podem oferecer estágio (Lei n. 11.788/08, art. 9º).

Saliente-se, por oportuno, que a atual legislação estabeleceu que profissionais liberais de nível superior, como advogados, arquitetos, engenheiros, médicos e dentistas, também podem "contratar" estagiários. Observe-se, no entanto, que o regramento só proporciona isso aos profissionais de nível superior que estejam devidamente registrados nos seus órgãos de classe (OAB, CRM, CRO).

6. Termo de compromisso de estágio

Nas relações de emprego existe o contrato de trabalho entre empregado e empregador estabelecendo as diretrizes jurídicas de prestação do labor. No estágio, por sua vez, existe, na verdade, o consubstanciamento de o negócio jurídico dar-se através do chamado termo de compromisso. Tal termo pode ser entendido como sendo o acordo celebrado entre o educando ou seu representante ou assistente legal (pai, mãe, tutor).

Nessa esteira, compreenda-se que a parte concedente do estágio e a instituição de ensino avençam as condições de adequação do estágio à proposta pedagógica do curso, à etapa e modalidade da formação escolar do estudante e ao horário e calendário escolar.

O termo de compromisso é obrigatório. Inexistindo esse documento, o vínculo de emprego será reconhecido diretamente entre estagiário e a entidade concedente do estágio (tomadora de serviços) em sendo entidades particulares. No caso de ser a administração pública, aplica-se analogicamente a Súmula n. 363 do TST, invocando, assim, o art. 9º[108] da Consolidação das Leis do Trabalho.

7. Diferença entre estagiário e aprendiz

Não se pode confundir estagiário com aprendiz, isso porque aquele não é empregado, evidentemente, quando observado os requisitos estabelecidos pela lei. Já este,

---

[108] O art. 9º da CLT é categórico ao dispor que: "Serão nulos de pleno direito os atos praticados com o objetivo de desvirtuar, impedir ou fraudar a aplicação dos preceitos contidos na presente Consolidação. Norma de ordem pública".

fundamentalmente, será sempre empregado e tem contrato de trabalho especial regido pelo art. 428 da Consolidação das Leis do Trabalho. Daí a diferença basilar.

8. Obrigações das instituições de ensino

O art. 7º da lei estabelece que são obrigações das instituições de ensino, em relação aos estágios de seus educandos os itens seguintes:

> I – Celebrar termo de compromisso com o educando ou com seu representante ou assistente legal, quando ele for absoluta ou relativamente incapaz, e com a parte concedente, indicando as condições de adequação do estágio à proposta pedagógica do curso, à etapa e modalidade da formação escolar do estudante e ao horário e calendário escolar; II – Avaliar as instalações da parte concedente do estágio e sua adequação à formação cultural e profissional do educando; III – Indicar professor orientador, da área a ser desenvolvida no estágio, como responsável pelo acompanhamento e avaliação das atividades do estagiário; IV – Exigir do educando a apresentação periódica, em prazo não superior a 6 (seis) meses, de relatório das atividades; V – Zelar pelo cumprimento do termo de compromisso, reorientando o estagiário para outro local em caso de descumprimento de suas normas; VI – Elaborar normas complementares e instrumentos de avaliação dos estágios de seus educandos; VII – Comunicar à parte concedente do estágio, no início do período letivo, as datas de realização de avaliações escolares ou acadêmicas. (Lei n. 11.788/08, art. 7º)

O plano de atividades do estagiário, elaborado em acordo das três partes, será incorporado ao termo de compromisso por meio de aditivos à medida que for avaliado, progressivamente, o desempenho do estudante. (art. 7º, parágrafo único)

9. Necessidade de observância da Lei n. 8.666/1993

Em caso de contratação de estagiários com recursos públicos, deverá ser observada a legislação de licitação, Lei n. 8.666/1993 (Lei n. 11.788/2008, art. 5º, *caput*).

10. Obrigações da parte concedente de estágio

A parte concedente (pessoas jurídicas de direito privado, os órgãos da administração pública direta, autárquica e fundacional de qualquer dos Poderes da União, dos Estados, do Distrito Federal e dos Municípios, bem como profissionais liberais de nível superior) estão adstritos a obedecerem rigorosamente às seguintes obrigações:

> I – celebrar termo de compromisso com a instituição de ensino e o educando, zelando por seu cumprimento; II – ofertar instalações que tenham condições de proporcionar ao educando atividades de aprendizagem social, profissional e cultural; III – indicar funcionário de seu quadro de pessoal, com formação ou experiência profissional na área de conhecimento desenvolvida no curso do estagiário, para orientar e supervisionar até 10 (dez) estagiários simultaneamente; IV – contratar em favor do estagiário seguro contra acidentes pessoais, cuja apólice seja compatível com valores de mercado, conforme fique estabelecido no termo de compromisso; V – por ocasião do desligamento do estagiário, entregar termo de realização do estágio com indicação resumida das atividades desenvolvidas, dos períodos e da avaliação de desempenho; VI – manter à disposição da fiscalização documentos que comprovem a relação de estágio; VII – enviar à instituição

de ensino, com periodicidade mínima de 6 (seis) meses, relatório de atividades, com vista obrigatória ao estagiário. (Lei n. 11.788/08, art. 7º)

No caso de estágio obrigatório, a responsabilidade pela contratação do seguro de que trata o inciso IV poderá, alternativamente, ser assumida pela instituição de ensino.

11. Agentes de integração e vedação de cobranças de valores a título de remuneração

Agentes de integração são entidades públicas ou privadas que auxiliam a integração dos estudantes e as partes concedentes de estágio. São as pontes que ligam as escolas e universidades ao mercado prático de trabalho. Conforme preleciona a lei, é vedada a cobrança de qualquer valor dos estudantes, a título de remuneração pelos serviços previstos na lei (art. 5º, § 2º).

Não pode ser cobrado nenhum valor pelos seguintes serviços feitos pelos agentes integradores: identificar oportunidades de estágio, ajustar suas condições de realização, fazer o acompanhamento administrativo, encaminhar negociação de seguros contra acidentes pessoais e cadastrar os estudantes.

12. Responsabilidade civil dos agentes de integração

Agentes de integração são entidades que visam, principalmente, a auxiliar no processo de aperfeiçoamento do estágio, contribuindo na busca de espaço no mercado de trabalho, aproximando, instituições de ensino, estudantes e empresas.

O art. 5º (§ 3º) dispõe sobre a responsabilidade das entidades integradoras de estudantes. A nosso sentir, a natureza jurídica da responsabilidade é objetiva, caso indiquem estagiários para a realização de atividades não compatíveis com a programação curricular estabelecida para cada curso, bem como estagiários matriculados em cursos ou instituições para as quais não haja previsão de estágio curricular.

13. Direitos dos estagiários

O estagiário terá direito a recesso de 30 dias ou proporcional. No caso de estágio obrigatório, terá direito a auxílio-transporte (a lei diz auxílio-transporte e não vale--transporte), seguro contra acidentes pessoais e recebimento de EPIs quando exerça o estágio em locais insalubres ou perigosos. O seguro e o fornecimento de materiais de proteção ficam a cargo da instituição concedente do estágio.

14. Estágio feito por estudantes estrangeiros

O art. 4º da lei dispõe que é permitido estágio aos estudantes estrangeiros regularmente matriculados em cursos superiores no País, autorizados ou reconhecidos, observado o prazo do visto temporário de estudante, na forma da legislação aplicável.

A norma permite que estudantes estrangeiros sejam estagiários, desde que matriculados em cursos superiores e, além disso, observem o prazo do visto de permanência no território nacional. Na verdade, é uma norma que facilita a integração entre estudantes de outras nações que estudem no Brasil. A disposição legislativa é inteligente e compatível com a globalização. O fluxo e refluxo de alunos de outros países favorecem assim a troca de conhecimentos e culturas.

15. Jornada de "trabalho" do estagiário

A jornada de trabalho do estagiário é maleável e adequada entre horário de estudo do estudante e ações práticas de trabalho. Para cada modalidade de ensino, é estabelecida uma jornada que cumpra os anseios dos estudantes.

O art. 10 da lei disciplinadora do estágio dicciona que a jornada de atividade em estágio será definida de comum acordo entre a instituição de ensino, a parte concedente e o aluno estagiário ou seu representante legal, devendo constar do termo de compromisso ser compatível com as atividades escolares e não ultrapassar quatro horas diárias e 20 horas semanais no caso de estudantes de educação especial e dos anos finais do ensino fundamental, na modalidade profissional de educação de jovens e adultos, ou seis horas diárias e 30 horas semanais no caso de estudantes do ensino superior, da educação profissional de nível médio e do ensino médio regular.

Sergio Pinto Martins lembra: "Não existe previsão legal de pagamento do adicional noturno e de se observar hora reduzida para o estagiário" (MARTINS, 2010, p. 71).

Versa o § 1º do art. 10 (Lei n. 11.788/08) que o estágio relativo a cursos que alternam teoria e prática, nos períodos em que não estão programadas aulas presenciais, poderá ter jornada de até 40 horas semanais, desde que isso esteja previsto no projeto pedagógico do curso e da instituição de ensino.

16. Redução do trabalho nos dias de provas

O estágio tem de estar em consonância com as condições de aprendizagem dos estudantes, portanto, caso a instituição de ensino adote verificações de aprendizagem periódicas ou finais, nos períodos de avaliação a carga horária do estágio será reduzida pelo menos à metade, segundo estipulado no termo de compromisso, para garantir o bom desempenho do estudante.

A rigor, note-se que a previsão de redução de horário de estágio deverá estar devidamente avençada no termo de compromisso entre o estudante e a instituição que concedeu o estagiário.

17. Prazo máximo de duração do estágio

A duração do estágio, na mesma parte concedente, não poderá exceder dois anos, exceto quando se tratar de estagiário portador de deficiência.

A normativa não estipula o tempo máximo de estágio que os estudantes com deficiência podem permanecer na atividade de estágio. Contudo, é razoável entender que terá permanência até o fim do curso em que o deficiente esteja matriculado.

18. Férias (recesso) do estagiário

A lei usa de forma adequada o termo recesso no lugar de férias. Assim, é assegurado ao estagiário, sempre que o estágio tenha duração igual ou superior a um ano, período de recesso de 30 dias, a ser gozado preferencialmente durante suas férias escolares (art. 13).

Caso o estudante receba bolsa ou qualquer outra forma de contraprestação, o recesso será remunerado. Nas situações em o estagiário não tenha um ano de estágio, deverá ser observada a proporcionalidade dos meses para concessão.

Por fim, saliente-se que não existe na lei previsão de décimo terceiro acrescido de um terço. Se o estudante não receber bolsa ou qualquer outra prestação, não terá direito a recesso remunerado.

19. Limitação do número de contratação de estagiários em face do quadro de pessoal da instituição concedente

A lei que rege o estágio é inovadora e acertada quando prevê que as instituições concedentes de estágio devem observar certo percentual de seus quadros com estagiários. A lei visa, portanto, a evitar que empresas ou outras instituições preencham todos os seus postos funcionais com estagiários, burlando assim as leis trabalhistas.

Por quadro de pessoal pode ser entendido como o conjunto de trabalhadores empregados existentes no estabelecimento do estágio. Caso a concedente possua várias filiais ou estabelecimentos, os quantitativos devem ser aplicados a cada um deles de forma individual dessa regra (art. 17, §§1º e 2º).

Deste modo, o número máximo de estagiários em relação ao quadro de pessoal das entidades concedentes de estágio deverá atender às seguintes proporções:

a) de 1 (um) a 5 (cinco) empregados: 1 (um) estagiário;

b) de 6 (seis) a 10 (dez) empregados: até 2 (dois) estagiários;

c) de 11 (onze) a 25 (vinte e cinco) empregados: até 5 (cinco) estagiários;

d) acima de 25 (vinte e cinco) empregados: até 20% (vinte por cento) de estagiários.

Última observação a ser feita é a que diz respeito à inaplicabilidade do disposto no *caput* deste artigo aos estágios de nível superior e de nível médio profissional.

O quadro que limita o número de estagiário, fundamentalmente, aplica-se, portanto, às modalidades de educação profissional, educação especial e ao ensino fundamental nos anos finais.

20. Vagas destinadas a estagiários portadores de deficiência

As instituições concedentes de estágio devem observar vários requisitos da lei. Um deles é assegurar às pessoas portadoras de deficiência o percentual de 10% das vagas oferecidas a candidatos a estágio.

21. Observância obrigatória da legislação de medicina e higiene do trabalho

A norma regulamentadora das reações de estágio teve preocupação de proteger o estagiário no desempenho de seu ofício. Determina, portanto, que se aplica ao estagiário a legislação relacionada à saúde e segurança no trabalho, sendo sua implementação de responsabilidade da parte concedente do estágio.

A legislação que se refere à normativa do estágio são as normas de Medicina e Segurança do Trabalho estabelecidas na Consolidação das Leis do Trabalho (arts. 154 a 201 e a Portaria n. 3.214/1978 do Ministério do Trabalho e Emprego).

22. Estágio deve ser anotado na Carteira de Trabalho e Previdência Social?

A nova lei do estágio não obriga as instituições concedentes de estágio anotar o estágio na CTPS porque estágio não é emprego, sendo definido em legislação especial. Todavia, caso se faça a anotação, "esta não deve ser feita na parte referente ao contrato de trabalho. As anotações, portanto, devem ser feitas na parte destinada às Anotações Gerais da CTPS" (BRASIL, MTE, 2008a, p. 31), consignando informações, tais como curso frequentado, instituição de ensino concedente e o início e término do estágio.

23. Estágio por estudantes gestantes

Deste modo, não existe nenhuma proibição de gestante exercer o ofício de estágio. A lei será aplicada à estagiária grávida normalmente. Evidentemente, devem-se observar todas os cuidados inerentes a uma trabalhadora gestante, como levantamento de pesos, postura de trabalho e liberação para fazer exames médicos.

24. Consequências do descumprimento das regras de estágio

A parte concedente do estágio tem a obrigação legal de manter todas as formalidades legais exigidas. Caso isso não aconteça, advirão inúmeras consequências. A mais grave de todas é o reconhecimento do vínculo de emprego.

O art. 15 da norma dispõe, ainda, que a manutenção de estagiários em desconformidade com a lei caracteriza vínculo de emprego do educando com a parte concedente do estágio para todos os fins da legislação trabalhista e previdenciária.

Então, com a inobservância desses requisitos obrigatórios, o vínculo empregatício será reconhecido entre o estagiário e o concedente de estágio. Aplica-se, portanto, o art. 9º da norma consolidada, ou seja, todos os atos serão nulos de pleno direito. Assim, o estagiário terá todos os direitos relativos ao vínculo de emprego, inclusive os direitos previdenciários, que deverão também ser reconhecidos.

Sendo a parte concedente a administração pública, aplica-se a Súmula n. 331 do TST, II: "A contratação irregular de trabalhador, mediante empresa interposta, não gera vínculo de emprego com os órgãos da administração pública direta, indireta ou fundacional". (CF, 1988, art. 37, II)

25. Impossibilidades de receber serviços de estagiários

A não observância dos requisitos obrigatórios da perfectibilização do estágio, além de formar o vínculo de emprego diretamente com a parte concedente, expõe o tomador do estágio a uma penalização de ordem administrativa para a instituição privada ou pública que reincidir em irregularidades. Ficará impedida de receber estagiários por dois anos, contados da data da decisão definitiva do processo administrativo correspondente.

26. Estagiário não é segurado obrigatório do INSS

Já foi dito que estágio não é emprego; por conseguinte o estagiário não é segurado obrigatório da previdência social. No entanto, poderá o educando inscrever-se e contribuir como segurado facultativo do Regime Geral de Previdência Social, conforme dispõe art. 11 (§ 1º, inciso VII). Para isso, tem de ser maior de dezesseis anos.

27. Releitura sistematizada do tópico apresentado

• A norma que disciplina o estágio de estudantes é a Lei n. 11.788, de 25 de setembro de 2008.

• Estágio é o ato educativo escolar supervisionado, desenvolvido no ambiente de trabalho, que visa à preparação para o trabalho produtivo de educandos que estejam frequentando o ensino regular em instituições de educação superior, de educação profissional, de ensino médio, da educação especial e dos anos finais do ensino fundamental, na modalidade profissional da educação de jovens e adultos.

• O estágio tem como objetivo integrar os conhecimentos teóricos do estudante às práticas da vida profissional, visando a aperfeiçoar sua capacidade para enfrentar as necessidades de cidadão e do mercado de trabalho.

• O estágio obrigatório é aquele estágio definido como obrigatório no projeto pedagógico do curso, cuja carga horária é requisito para aprovação e obtenção do diploma.

• Estágio não obrigatório é aquele desenvolvido como atividade opcional, acrescida à carga horária regular e obrigatória, e parte do projeto pedagógico do curso.

• Podem ser estagiários estudantes que estejam frequentando o ensino regular, de educação profissional, de ensino médio, da educação especial e dos anos finais do ensino fundamental, profissional da educação de jovens e adultos que estejam frequentando regularmente essas modalidades de ensino.

• Podem conceder estágios pessoas jurídicas de direito privado e os órgãos da administração pública direta, autárquica e fundacional de qualquer dos poderes da União, dos Estados, do Distrito Federal e dos municípios, bem como profissionais liberais de nível superior devidamente registrados em seus respectivos conselhos de fiscalização profissional.

• Estagiário não é empregado, evidentemente, quando observados os requisitos estabelecidos pela lei.

• Termo de compromisso pode ser entendido como o acordo celebrado entre o educando ou seu representante ou assistente legal (pai, mãe, tutor), a parte concedente do estágio e a instituição de ensino, avençando as condições de adequação do estágio à proposta pedagógica do curso.

• O termo de compromisso é obrigatório. Inexistindo esse documento, o vínculo de emprego será reconhecido diretamente entre estagiário e a entidade concedente do estágio.

• Em caso de contratação de estagiários com recursos públicos, deverá ser observada a legislação de licitação, Lei n. 8.666/1993.

• Os agentes de integração não podem cobrar qualquer valor dos estudantes a título de remuneração pelos serviços previstos na lei.

• Os agentes de integração respondem civilmente caso indiquem estagiários para a realização de atividades não compatíveis com a programação curricular estabelecida para cada curso, assim como por estagiários matriculados em cursos ou instituições para as quais não haja previsão de estágio curricular.

• O estagiário terá os seguintes direitos: recesso de trinta dias ou proporcional. No caso de estágio obrigatório terá direito a auxílio-transporte e seguro contra acidentes pessoais e recebimento de EPIs quando exerça o estágio em locais insalubres ou perigosos.

• O seguro e o fornecimento de materiais de proteção ficam a cargo da instituição concedente do estágio.

• É permitido estágio aos estudantes estrangeiros regularmente matriculados em cursos superiores no País.

• A jornada de atividade em estágio será definida de comum acordo entre a instituição de ensino, a parte concedente e o aluno estagiário ou seu representante legal, devendo constar do termo de compromisso e ser compatível com as atividades escolares. Não pode ultrapassar quatro horas diárias e 20 horas semanais, no caso de estudantes de educação especial e dos anos finais do ensino fundamental, na modalidade profissional de educação de jovens e adultos. É de seis horas diárias e 30 horas semanais a jornada no caso de estudantes do ensino superior, da educação profissional de nível médio e do ensino médio regular.

• Poderá ter jornada de até 40 horas semanais, desde que isso esteja previsto no projeto pedagógico do curso e da instituição de ensino.

- Caso a instituição de ensino adote verificações de aprendizagem periódicas ou finais, nos períodos de avaliação, a carga horária do estágio será reduzida pelo menos à metade.
- A duração do estágio, na mesma parte concedente, não poderá exceder dois anos, exceto quando se tratar de estagiário portador de deficiência.
- É assegurado ao estagiário, sempre que o estágio tenha duração igual ou superior a um ano, período de recesso de 30 dias.
- O período de recesso deverá ser gozado preferencialmente durante suas férias escolares.
- O número máximo de estagiários em relação ao quadro de pessoal das entidades concedentes de estágio deverá atender às seguintes proporções: de 1 (um) a 5 (cinco) empregados: 1 (um) estagiário; de 6 (seis) a 10 (dez) empregados: até 2 (dois) estagiários; de 11 (onze) a 25 (vinte e cinco) empregados: até 5 (cinco) estagiários; acima de 25 (vinte e cinco) empregados: até 20% (vinte por cento) de estagiários.
- É assegurado às pessoas portadoras de deficiência o percentual de 10% das vagas oferecidas a candidatos a estágio.
- A estudante gestante pode ser estagiária sem qualquer restrição.
- À inobservância dos requisitos obrigatórios de estágio, o vínculo empregatício será reconhecido entre o estagiário e o concedente de estágio. Sendo a parte concedente a administração pública, aplica-se a súmula 331 do TST.
- O estagiário não é segurado obrigatório da previdência. Poderá o educando inscrever-se e contribuir como segurado facultativo do Regime Geral de Previdência Social.

Capítulo XXI
Aeronauta

1. Base normativa

A base jurídica que regulamenta a profissão de aeronauta é a Lei n. 7.183, de 5 de abril de 1984.

2. Conceito de aeronauta

O conceito de aeronauta é legal, ou seja, a própria norma que rege a profissão preocupou-se em definir quem é esse profissional. Assim, aeronauta é o profissional habilitado pelo Ministério da Aeronáutica que exerce atividade a bordo de aeronave civil nacional, mediante contrato de trabalho. Deste modo, todos aqueles que exercem seu labor a bordo de aeronaves serão, portanto, considerados aeronautas. Neste passo, pode-se afirmar que serão aeronautas o comandante, copiloto, mecânico de voo, navegador, rádio-operador de voo e comissário.

Existe ainda o aeronauta equiparado. A legislação considera aeronauta quem exerce atividade a bordo de aeronave estrangeira, em virtude de contrato de trabalho regido pelas leis brasileiras.

3. Classificações legais dos tripulantes

Tripulação é o conjunto de profissionais aeronautas a bordo de uma aeronave no exercício do labor e, de acordo com a lei (Lei n. 7.183/1984, art. 6º), é classificada da seguinte maneira:

Comandante é o piloto responsável pela operação e segurança da aeronave — exerce a autoridade que a legislação aeronáutica lhe atribui, sendo a autoridade maior dentro da aeronave.

Copiloto é o piloto que auxilia o comandante na operação da aeronave. Será também o sucessor do comandante em casos imperativos em que ele não possa exercer o mando.

O mecânico de voo é auxiliar do comandante e será encarregado da operação e controle de sistemas diversos, conforme especificação dos manuais técnicos da aeronave.

O navegador, por sua vez, é auxiliar do comandante, encarregado da navegação da aeronave quando a rota e o equipamento o exigirem, a critério do órgão competente do Ministério da Aeronáutica.

Rádio-operador de voo atua auxiliando o comandante, encarregado do serviço de radiocomunicações nos casos previstos pelo órgão competente do Ministério da Aeronáutica.

O comissário ou aeromoço, também comissária ou aeromoça, por sua vez, é auxiliar do comandante, encarregado do cumprimento das normas relativas à segurança e atendimento dos passageiros a bordo e da guarda de bagagens, documentos, valores e malas postais que lhe tenham sido confiados pelo comandante.

Existem também os operadores de equipamentos especiais instalados em aeronaves homologadas para serviços aéreos especializados, devidamente autorizados pelo Ministério da Aeronáutica (Lei n. 7.183/84, art. 7º).

É importante assinalar que também se considera tripulante o aeronauta de empresa de transporte aéreo não regular ou de serviço especializado. Tem a designação de tripulante extra somente quando se deslocar em aeronave da empresa, a serviço (Lei n. 7.183/84, art. 5º, parágrafo único).

4. Regime de trabalho

As atividades laborais do aeronauta incluem escala de serviço, jornada de trabalho, limites de voos e de pousos, viagens, período destinado a repouso e período de folgas periódicas.

4.1. Escalas de serviços

As escalas de trabalho dos aeronautas são pré-avisos ou determinações para o serviço. Existe aqui uma sistemática diferenciada das demais profissões regulamentadas, isso se dá porque o efetivo exercício da profissão exige uma prévia organização dos dias e horas de pleno labor.

Outrossim, dispõe o art. 17 da norma que regra a profissão que a determinação para a prestação de serviço dos aeronautas, respeitados os períodos de folgas e repousos regulamentares, será feita:

a) por intermédio de escala especial ou de convocação, para realização de cursos, exames relacionados com o adestramento e verificação de proficiência técnica;

b) por intermédio de escala, no mínimo semanal, divulgada com antecedência mínima de 2 (dois) dias para a primeira semana de cada mês e 7 (sete) dias para as semanas subsequentes, para os vôos de horário, serviços de reserva, sobreaviso e folga;

c) mediante convocação, por necessidade de serviço.

A disciplina especial traz ainda que a escala de trabalho deverá observar, como princípio, a utilização do aeronauta em regime de rodízio e em turnos compatíveis com a higiene e a segurança do trabalho (Lei n. 7.183/84, art. 18).

4.2. Jornada de trabalho

A jornada de trabalho do aeronauta varia de acordo com a tripulação que está exercendo o labor. A tripulação pode ser mínima, composta ou de revezamento.

O art. 20 da lei enfatiza que a jornada de trabalho é a duração do trabalho do aeronauta, contada entre a hora da apresentação no local de trabalho e a hora em que o labor é encerrado.

> A jornada na base domiciliar será contada a partir da hora de apresentação do aeronauta no local de trabalho (Lei n. 7.183/84, art. 20, § 1º).
>
> Quando a apresentação do aeronauta se der fora da base domiciliar, a jornada será contada a partir da hora de apresentação do aeronauta no local estabelecido pelo empregador (Lei n. 7.183/84, § 2º).

Ressalte-se, todavia, que em todos os casos a apresentação no aeroporto não deverá ser inferior a 30 minutos da hora prevista para o início do vôo.

A disciplina normativa determina que o encerramento da jornada de trabalho dar-se-á somente 30 minutos após a parada final dos motores da aeronave. O fim da jornada, todavia, dar-se-á não do desligar das turbinas da aeronave, mas após passados trinta minutos do desligamento dos motores do avião.

Conforme destaca a Lei n. 7.183/1984 a duração da jornada de trabalho do aeronauta será de:

> a) 11 (onze) horas, se integrante de uma tripulação mínima ou simples; b) 14 (quatorze) horas, se integrante de uma tripulação composta; e c) 20 (vinte) horas, se integrante de uma tripulação de revezamento. (Lei n. 7.183/84, art. 21)

4.3. Dilatação da jornada de trabalho do aeronauta

Todos os limites de horários de labor do aeronauta podem ser alterados. Essa afirmativa encontra base na disposição da Lei n. 7.183/1984 quando estabelece que os limites da jornada de trabalho poderão ser ampliados de 60 minutos, a critério exclusivo do comandante da aeronave e nos seguintes casos:

> a) inexistência, em local de escala regular, de acomodações apropriadas para o repouso da tripulação e dos passageiros; b) espera demasiadamente longa, em local de espera regular intermediária, ocasionada por condições meteorológicas desfavoráveis ou por trabalho de manutenção; e c) por imperiosa necessidade. (Lei n. 7.183/84, art. 22)
>
> A ampliação dos limites das horas de trabalho deverá ser comunicada, sobretudo pelo comandante da aeronave ao empregador 24 horas após a viagem, o qual, no prazo de 15 dias, a submeterá à apreciação do Ministério da Aeronáutica (Lei n. 7.183/84, art. 22, § 1º).

4.4. Limites de voos e de pousos

> Assim como as horas de vôo, a regulamentação da profissão dos aeronautas também prevê limites relativos ao número de pousos que um tripulante pode fazer durante sua jornada de trabalho. (CIGERZA, 2008)

Os limites de voo e de pousos estão entrelaçados aos tipos de tripulação de labor dos aeronautas.

Conforme determina o art. 29 da tutela especial, os limites de voos e pousos permitidos para uma jornada serão os seguintes:

a) 9 (nove) horas e 30 (trinta) minutos de vôo e 5 (cinco) pousos, na hipótese de integrante de tripulação mínima ou simples; b) 12 (doze) horas de vôo e 6 (seis) pousos, na hipótese de integrante de tripulação composta; c) 15 (quinze) horas de vôo e 4 (quatro) pousos, na hipótese de integrante de tripulação de revezamento; e d) 8 (oito) horas sem limite de pousos, na hipótese de integrante de tripulação de helicópteros. (Lei n. 7.183/84, art. 29)

O número de pousos poderá ser estendido até seis, a critério do empregador; neste caso o repouso que precede a jornada deverá ser aumentado de uma hora (Lei n. 7.183/84, art. 29, § 1º).

Em caso de desvio para alternativa, é permitido o acréscimo de mais um pouso aos limites estabelecidos (Lei n. 7.183/84, art. 29, § 2º).

De outro modo, as empresas de transporte aéreo regional que operam com aeronaves convencionais e turboélice poderão acrescentar mais quatro pousos aos limites estabelecidos neste artigo (Lei n. 7.183/84, § 3º).

Esses limites de pousos estabelecidos acima não serão aplicados às empresas de táxi-aéreo e de serviços especializados (Lei n. 7.183/84, § 4º).

O Ministério da Aeronáutica, tendo em vista as peculiaridades dos diferentes tipos de operação, poderá reduzir os limites estabelecidos na alínea "d" deste artigo (art. 29, § 4º).

4.5. Viagem

Por viagem pode ser compreendido o trabalho realizado pelo tripulante, contado desde a saída de sua base até o regresso a ela (Lei n. 7.183/84, art. 27).

Nesse sentido, Juliana Cigerza explica: "O aeronauta se apresenta no aeroporto de sua base domiciliar e inicia sua viagem que poderá compreender uma ou mais jornadas, ao final, retorna a sua base de origem" (CIGERZA, 2008, p. 26).

Conforme versa o § 1º do art. 27, uma viagem pode compreender uma ou mais jornadas. Também dispõe a lei que é facultado ao empregador fazer com que o tripulante cumpra uma combinação de voos, passando por sua base, sem ser dispensado do serviço, desde que obedeça à programação prévia, observadas as limitações estabelecidas na lei (§ 2º).

4.6. Trabalho noturno

Trabalho noturno é aquele desempenhado no período da noite. A norma profissional dos aeronautas esclarece que para as tripulações simples, o trabalho noturno não excederá de dez horas.

Conforme preceitua o art. 36 da lei, ocorrendo o regresso de viagem de uma tripulação simples entre 23h e 6h, tendo havido pelo menos três horas de jornada, o tripulante não poderá ser escalado para trabalho dentro desse espaço de tempo no período noturno subsequente.

Para as tripulações simples nos horários mistos, assim entendidos os que abrangem períodos diurnos e noturnos, a hora de trabalho noturno será computada como de 52 minutos e 30 segundos (§ 3º).

Note-se, porém, que, para os horários mistos, o aeronauta terá a jornada reduzida de 52 minutos e 30 segundos.

A lei foi omissa sobre o valor do adicional acrescido no caso de trabalho noturno. A nosso sentir, aplica o preceituado no art. 73 da Consolidação das Leis do Trabalho, ou seja, adicional de 20% no mínimo.

4.7. Repouso semanal remunerado

Os aeronautas não ficam de fora do pagamento do descanso semanal remunerado. A rigor, pode-se fazer essa inferência da leitura do art. 38 quando dispõe que o número de folgas não será inferior a oito períodos de 24 horas por mês.

Conforme enuncia § 1º, do número de folgas, serão concedidos dois períodos consecutivos de 24 horas, devendo pelo menos um destes incluir um sábado ou um domingo.

4.8. Hora de voo

Conforme dispõe o art. 28 da lei do aeronauta, denomina-se "hora de voo", ou "tempo de voo", o período compreendido entre o início do deslocamento, quando se tratar de aeronave de asa fixa, ou entre a "partida" dos motores, quando se tratar de aeronave de asa rotativa. Em ambos os casos, para fins de decolagem até o momento em que respectivamente, se imobiliza ou se efetua o "corte" dos motores ao término do voo (calço a calço).

4.9. Sobreaviso e reserva

Sobreaviso é o tempo em que o empregado fica em casa ou em outro lugar à disposição de ordens do empregador, portanto, o empregado fica em estado de alerta esperando comandos do patrão para trabalhar.

Perante a legislação brasileira, conta-se como trabalho não só o tempo que o empregado se encontra laborando, mas também a duração da disposição em que o empregado permanece aguardando o momento para trabalhar.

No caso do aeronauta, compreende-se como sobreaviso o período de tempo não excedente a 12 horas em que o aeronauta permanece em local de sua escolha, à disposição do empregador, devendo apresentar-se no aeroporto ou em outro local determinado até 90 minutos após receber comunicação para o início de nova tarefa.

Impende lembrar o que versa o § 1º do art. 25 (Lei n. 7.183/84): "O número de sobreavisos que o aeronauta poderá concorrer não deverá exceder a 2 (dois) semanais ou 8 (oito) mensais".

> O número de sobreavisos estabelecidos no parágrafo anterior não se aplica aos aeronautas de empresas de táxi-aéreo ou de serviço especializado (art. 25, § 2º).

Por reserva, entende-se o período de tempo em que o aeronauta permanece, por determinação do empregador, em local de trabalho à sua disposição.

O período destinado a reserva para aeronautas de empresas de transporte aéreo regular não excederá de seis horas. No caso de reserva para aeronautas de empresas de táxi aéreo ou de serviços especializados, não excederá de dez horas.

Ressalte-se, todavia, que o § 3º do art. 26 estabelece que prevista a reserva por prazo superior a três horas, o empregador deverá assegurar ao aeronauta acomodações adequadas para o seu descanso.

4.10. Tempo destinado a repouso

O tempo de repouso do aeronauta é definido como o espaço de tempo ininterrupto após uma jornada em que o tripulante fica desobrigado da prestação de qualquer serviço.

Deste modo, Juliana Cigerza explica:

> O repouso é diferente de da folga, pois pode ser gozado em qualquer lugar que o tripulante e não somente em base domiciliar. O repouso pode ser gozado em base contratual como aquele repouso que antecede a folga, ou pode ser gozado, por exemplo, no hotel, entre duas jornadas de trabalho que o tripulante esteja realizando [...]. (CIGERZA, 2008, p. 24)

Conforme determina o art. 33 da norma específica, são assegurados ao tripulante, fora de sua base domiciliar, acomodações para seu repouso, transporte (ou ressarcimento) entre o aeroporto e o local de repouso e vice-versa.

Atente-se, no entanto, que essas vantagens não serão aplicadas aos aeronautas de empresas de táxi-aéreo ou de serviços especializados quando o custeio do transporte e/ou de hospedagem for por elas ressarcido (art. 33, § 1º).

Quando não houver disponibilidade de transporte ao término da jornada, o período de repouso será computado a partir de seu suprimento à tripulação.

Nos preceitos do art. 34, o repouso terá a duração diretamente relacionada ao tempo da jornada anterior, observando-se os seguintes limites:

> a) 12 (doze) horas de repouso, após jornada de até 12 (doze) horas; b) 16 (dezesseis) horas de repouso, após jornada de mais de 12 (doze) horas e até 15 (quinze) horas; e
> c) 24 (vinte e quatro) horas de repouso, após jornada de mais de 15 (quinze) horas. (Lei n. 7.183/84, art. 34)

O art. 35 prescreve que, quando ocorrer o cruzamento de três ou mais fusos horários em um dos sentidos da viagem, o tripulante terá, na sua base domiciliar, o repouso acrescido de duas horas por fuso cruzado.

Por fim, segundo o art. 36, ocorrendo o regresso de viagem de uma tripulação simples entre 23h e 6h, tendo havido pelo menos três horas de jornada, o tripulante não poderá ser escalado para trabalho dentro desse espaço de tempo no período noturno subsequente.

5. Período destinado a folga periódica

Folga pode ser conceituada como o período de tempo não menor do que 24 horas seguidas em que o aeronauta, na sua base territorial-contratual, ficar sem exercer o labor. Nesta condição, a rigor, o aeronauta encontra-se desobrigado de qualquer exercício de trabalho.

Assim consigna o art. 37:

> Folga é o período de tempo não inferior a 24 (vinte e quatro) horas consecutivas em que o aeronauta, em sua base contratual, sem prejuízo de remuneração, está desobrigado de qualquer atividade relacionada com seu trabalho. (Lei n. 7.183/84, art. 37)

A folga deverá ocorrer, no máximo, após o sexto período consecutivo de até 24 horas à disposição do empregador, contado a partir da sua apresentação.

Outro ponto interessante, por oportuno, diz respeito aos voos internacionais de longo curso que não tenham sido previamente programados. O limite previsto no parágrafo anterior poderá ser ampliado de 24 horas, ficando o empregador obrigado a conceder ao tripulante mais 48 horas de folga.

A folga do tripulante que estiver sob o regime estabelecido no art. 24 desta Lei será igual ao período despendido no local da operação, menos dois dias.

O art. 38 confere que o número de folgas não será inferior a oito períodos de 24 horas por mês (§ 3º).

Do número de folgas estipulado neste artigo, serão concedidos dois períodos consecutivos de 24 horas, devendo pelo menos um deles incluir um sábado ou um domingo (§ 1º).

Outrossim, dispõe o parágrafo do art. 38: "A folga só terá início após a conclusão do repouso da jornada".

Ainda, segundo o art. 39 da tutela específica:

> Quando o tripulante for designado para curso fora da base, sua folga poderá ser gozada nesse local, devendo a empresa assegurar, no regresso, uma licença remunerada de 1 (um) dia para cada 15 (quinze) dias fora da base. (Lei n. 7.183/84, art. 39)

Saliente-se, portanto, que a licença remunerada não deverá coincidir com sábado, domingo ou feriado, se a permanência do tripulante fora da base for superior a 30 dias.

6. Remuneração e concessões

A tutela especial do aeronauta deixou um campo de liberdade entre empregador e empregado avençarem a remuneração a ser paga pelo labor dos aeronautas.

Nesse sentido, prescreve o art. 40: "Ressalvada a liberdade contratual, a remuneração do aeronauta corresponderá à soma das quantias por ele percebidas da empresa". O parágrafo único do mesmo artigo acrescenta: "Que não se consideram integrantes da remuneração as importâncias pagas pela empresa a título de ajuda de custo, assim como as diárias de hospedagem, alimentação e transporte".

Em reflexão, Juliana Cigerza pondera:

> Aqui, diferentemente do que preceitua a CLT, as diárias de hospedagem, alimentação e transporte jamais integram a remuneração, nem mesmo quando a diária para viagem exceder a cinquenta por cento do salário percebido pelo empregado [...] (CIGERZA, 2008, p. 31).

Ainda, conforme, o art. 41 da norma especial: "A remuneração da hora de vôo noturno, assim como as horas de vôo como tripulante extra, será calculada na forma da legislação em vigor, observados os acordos e condições contratuais".

7. Férias

O período de férias do aeronauta não se diferencia dos demais empregados tutelados pela norma celetista, ou seja, o período de férias anuais será de 30 dias corridos.

A norma específica do aeronauta prevê: "A concessão de férias será participada ao aeronauta, por escrito, com a antecedência mínima de 30 (trinta) dias[109], devendo o empregado assinar a respectiva notificação". (art. 48)

Por sua vez, o art. 49 versa que "a empresa manterá atualizado um quadro de concessão de férias, devendo existir um rodízio entre os tripulantes do mesmo equipamento quando houver concessão nos meses de janeiro, fevereiro, julho e dezembro".

É pertinente aduzir, finalmente, que nos casos de rescisão de contrato de trabalho, as férias não poderão se converter em abono pecuniário.[110] Atente-se que a vedação visa a preservar o período de tempo destinado ao obreiro para descanso e higidez mental.

8. Alimentação

Art. 43 da norma especial prevê: "Durante a viagem, o tripulante terá direito à alimentação, em terra ou em vôo, de acordo com as instruções técnicas dos Ministérios do Trabalho e da Aeronáutica".

Preceitua-se, ainda, no art. 43:

> Alimentação assegurada ao tripulante deverá: a) quando em terra, ter a duração mínima de 45 (quarenta e cinco minutos) e a máxima de 60 (sessenta minutos); e b) quando em voo, ser servida com intervalos máximos de 4 (quatro) horas. (Lei n. 7.183/84, art. 43, § 1º)

Para o tripulante de helicópteros, a alimentação será servida em terra ou a bordo de unidades marítimas, com duração de 60 minutos, período este que não será computado na jornada de trabalho (art. 43, § 2º).

---

(109) Nesse sentido preleciona o art. 135 da CLT: "A concessão das férias será participada, por escrito, ao empregado, com antecedência de, no mínimo, 30 dias. Dessa participação o interessado dará recibo".

(110) O texto consolidado dispõe ao inverso quando aduz no art. 143: "É facultado ao empregado converter 1/3 do período de férias a que tiver direito em abono pecuniário, no valor da remuneração que lhe seria devida nos dias correspondentes".

Já nos voos realizados no período de 22h até 6h, deverá ser servida uma refeição se a duração do vôo for igual ou superior a três horas (§ 3º).

A lei do aeronauta determina:

> É assegurada alimentação ao aeronauta na situação de reserva ou em cumprimento de uma programação de treinamento entre 12:00 (doze) e 14:00 (quatorze) horas, e entre 19:00 (dezenove) e 21:00 (vinte e uma) horas, com duração de 60 (sessenta minutos). (Lei n. 7.183/84, art. 44).

Por derradeiro, determina art. 44 (§ 1º): "Os intervalos para alimentação não serão computados na duração da jornada de trabalho".

9. Assistência médica

Determina o art. 45 da disciplina legal: "Ao aeronauta em serviço fora da base contratual, a empresa deverá assegurar assistência médica em casos de urgência, bem como remoção por via aérea, de retorno à base ou ao local de tratamento".

Assim, é assegurado ao aeronauta, quando em serviço fora de sua base contratual, apoio, tratamento, consultas, enfim, toda a assistência médica caso venha a precisar.

10. Uniforme

A lei do aeronauta, no que diz respeito a uniformes, é cristalina ao afirmar que o aeronauta receberá gratuitamente da empresa, quando não forem de uso comum, as peças de uniforme e os equipamentos exigidos para o exercício de sua atividade profissional, estabelecidos por ato da autoridade competente.

11. Transferência provisória e definitiva do aeronauta

A rigor, existem duas espécies de transferências na disciplina aeronáutica: a provisória e a definitiva. "Para efeito de transferência, provisória ou permanente, considera-se base do aeronauta a localidade onde o mesmo está obrigado a prestar serviços e na qual deverá ter domicílio." (Lei n. 7.183/84, art. 51).

A transferência provisória pode ser entendida como o deslocamento do aeronauta de sua base, por período mínimo de 30 dias e não superior a 120 dias, para prestação de serviços temporários, sem mudança de domicílio, com retorno tão logo cesse a incumbência recebida.

Por transferência permanente entende-se o deslocamento do aeronauta de sua base por período superior a 120 dias, com mudança de domicílio.

Após cada transferência provisória, o aeronauta deverá permanecer na sua base pelo menos 180 dias (art. 51, § 2º).

Na transferência provisória serão assegurados ao aeronauta acomodações, alimentação e transporte a serviço e, ainda, transporte aéreo de ida e volta e, no regresso, uma licença remunerada de dois dias para o primeiro mês, mais um dia para cada mês ou fração subsequente, sendo que no mínimo dois dias não deverão coincidir com o sábado, domingo ou feriado (art. 51, § 4º).

Saliente-se, no entanto, que na transferência permanente serão assegurados ao aeronauta pela empresa:

a) uma ajuda de custo, para fazer face às despesas de instalação na nova base, não inferior a 4 (quatro) vezes o valor do salário mensal, calculado o salário variável por sua taxa atual multiplicada pela média do correspondente trabalho, em horas ou quilômetros de voo, nos últimos 12 (doze) meses;

b) o transporte aéreo para si e seus dependentes;

c) a translação da respectiva bagagem; e

d) uma dispensa de qualquer atividade relacionada com o trabalho pelo período de 8 (oito) dias, a ser fixado por sua opção, com aviso prévio de 8 (oito) dias, à empresa, dentro dos 60 (sessenta) dias seguintes à sua chegada à nova base.

Por fim, segundo mandamentos do art. 52, "o aeronauta deverá ser notificado pelo empregador com a antecedência mínima de 60 (sessenta) dias na transferência permanente e 15 (quinze) dias na provisória".

12. Releitura sistematizada do tópico apresentado

• A norma jurídica que regula a profissão do profissional aeronauta é a Lei n. 7.183 de 5 de abril de 1984.

• Aeronauta é o profissional habilitado pelo Ministério da Aeronáutica que exerce atividade a bordo de aeronave civil nacional, mediante contrato de trabalho.

• É também aeronauta quem exerce atividade a bordo de aeronave estrangeira em virtude de contrato de trabalho regido pelas leis brasileiras.

• A tripulação é classificada da seguinte maneira: comandante, copiloto, mecânico, navegador, rádio-operador de voo e comissário(a) ou aeromoço(a).

• A duração da jornada de trabalho do aeronauta será de 11 horas se integrante de uma tripulação mínima ou simples; de 14 horas, se integrante de uma tripulação composta; e de 20 horas, se integrante de uma tripulação de revezamento.

• Os limites da jornada de trabalho poderão ser ampliados de 60 minutos, a critério exclusivo do comandante da aeronave e nos seguintes casos: inexistência, em local de escala regular, de acomodações apropriadas para o repouso da tripulação e dos passageiros; espera demasiadamente longa, em local de espera regular intermediária, ocasionada por condições meteorológicas desfavoráveis ou por trabalho de manutenção; e por imperiosa necessidade.

• Serão concedidos ao aeronauta dois períodos consecutivos de 24 horas, devendo pelo menos um deles incluir um sábado ou um domingo.

• Sobreaviso do aeronauta é o período de tempo não excedente a 12 horas em que o aeronauta permanece em local de sua escolha, à disposição do empregador, devendo apresentar-se no aeroporto ou outro local determinado até 90 minutos após receber comunicação para o início de nova tarefa.

• O repouso do aeronauta terá a duração diretamente relacionada ao tempo da jornada anterior, observando-se os seguintes limites: 12 horas de repouso após jornada de até 12 horas; 16 horas de repouso após jornada de mais de 12 horas e até 15 horas; e 24 horas de repouso após jornada de mais de 15 horas.

• Quando ocorrer o cruzamento de três ou mais fusos horários em um dos sentidos da viagem, o tripulante terá, na sua base domiciliar, o repouso acrescido de duas horas por fuso cruzado.

• O período de férias do aeronauta não se diferencia da dos demais empregados normais, ou seja, as férias anuais do aeronauta serão de 30 dias.

• Durante a viagem, o tripulante terá direito à alimentação, em terra ou em vôo, de acordo com as instruções técnicas dos Ministérios do Trabalho e da Aeronáutica.

• É assegurado ao aeronauta em serviço fora da base contratual assistência médica em casos de urgência, bem como remoção por via aérea, de retorno à base ou ao local de tratamento.

• O aeronauta receberá gratuitamente da empresa, quando não forem de uso comum, as peças de uniforme e os equipamentos exigidos para o exercício de sua atividade profissional.

• A transferência provisória é o deslocamento do aeronauta de sua base, por período mínimo de 30 dias e não superior a 120 dias para prestação de serviços temporários.

• A transferência permanente é o deslocamento do aeronauta de sua base, por período superior a 120 dias, com mudança de domicílio.

• Após cada transferência provisória, o aeronauta deverá permanecer na sua base pelo menos 180 dias.

• Na transferência provisória será assegurado ao aeronauta acomodações, alimentação e transporte de ida e volta quando em serviço.

Capítulo XXII
Aeroviário

1. Tutela disciplinadora da profissão

A norma que tutela o trabalho do aeroviário é o Decreto n. 1.232, de 22 de junho de 1962.

2. Conceito de aeroviário

O conceito do trabalhador aeroviário é legal: a própria disciplina normativa define claramente quem é aeroviário. Assim, a tutela de proteção dispõe: "Aeroviário é o trabalhador que, não sendo aeronauta, exerce a função remunerada nos serviços terrestres de empresa de transportes aéreos".

A norma classifica esses profissionais usando um elemento exclusivo: não sendo aeronauta. Então, deste enunciado, não se pode confundir os profissionais aeronautas que exercem seu labor a bordo de avião com aeroviários que, exclusivamente, trabalham em terra, pistas ou dependências de aeroportos.

Deve-se lembrar, todavia, que existem aeroviários trabalhando dentro de aeronaves, mas que não podem ser considerados aeronautas. Tome-se como exemplo os profissionais que atuam em manutenção de aeronaves, limpeza de aparelho, abastecimento, inspeção e vigilância.

3. Aeroviário equiparado

A norma aeroviária preocupou-se em elencar a equiparação de trabalhadores que, mesmo não laborando em aeroportos, são também considerados aeroviários.

Assim, também é considerado aeroviário o titular de licença e respectivo certificado válido de habilitação técnica expedidos pela Diretoria de Aeronáutica Civil para prestação de serviços em terra, o que exerça função efetivamente remunerada em aeroclubes, escolas de aviação civil, bem como o titular ou não, de licença e certificado, que preste serviço de natureza permanente na conservação, manutenção e despacho de aeronaves.

Finalmente, os que labutem em escolas ou aeroclubes, devidamente habilitados pela Diretoria da Aeronáutica Civil, exercendo em terra as funções de limpeza, despacho e manutenção, serão equiparados aos aeroviários e usufruirão de todos os direitos estatuídos na tutela especial.

4. Enquadramento de mecânico como aeroviário

A Lei n. 7.183 de 5 de abril de 1984, regulamento legal do aeronauta, no art. $6^{\underline{o}}$ (alínea "c"), dispõe sobre a figura do mecânico de voo. Neste caso, não se pode entender que se trata de um profissional aeroviário, isso porque ele exerce a função de auxiliar do comandante da aeronave em questões técnicas, como nos manuais do aparelho, sendo, assim, aeronauta.

Por sua vez, os mecânicos habilitados e especializados pela Diretoria da Aeronáutica Civil, encarregados de manutenção, consertos, inspeção técnica em aviões, são considerados aeroviários.

5. Jornada de trabalho normal

A jornada de trabalho do aeroviário é de oito horas diárias e tem como módulo semanal 44 horas. É permitida a dilatação diária de mais duas horas extras com os seus devidos acréscimos a título de adicionais de, no mínimo 50%, sobre a hora normal.

6. Jornada de trabalho especial para trabalho em pista

Dada a especialidade do trabalho do aeroviário, com frequentes barulhos e exigência de alto grau de atenção, especialmente para os que trabalham em aéreas de pistas dos aeroportos, a lei confere a esses profissionais uma jornada menor do que a dos aeroviários que não operem nessas áreas. Deste modo, a duração normal do trabalho do aeroviário habitual e permanente empregado na execução ou direção em serviço de pista é de seis horas por dia, asseguradas as demais garantias normais.

Daí uma indagação se impõe: pode haver neste caso a dilatação de mais duas horas de trabalho? A nosso entender, isso só pode acontecer se existirem reclamos da imperiosidade do trabalho. Afora isso, não será possível jornada de trabalho extraordinário. A rigor, a razão desse posicionamento é que o trabalho em pista é penoso e prejudicial. Então, dada essa forte razão, seguem-se rigorosamente as seis horas estatuídas pela norma.

A lei específica, ainda, faz uma exigência sobre quais trabalhadores serão afetos à jornada de seis horas de trabalho. Os serviços de pista com seis horas de trabalho serão os listados em portaria baixada pala Diretoria de Aeronáutica Civil.

Disso se conclui que a jornada de seis horas de trabalho do aeroviário é uma exceção, prevista em norma específica.

7. Intervalos interjornada obrigatórios

Aos aeroviários aplica-se um rigoroso critério de intervalos obrigatórios para fins de higiene mental e descanso. Tais pausas não podem ser afastadas por norma coletiva ou individual, isso porque se trata de norma de ordem pública de medicina e higidez laboral. A norma dicciona, todavia, que nos trabalhos contínuos que excedam de seis (6) horas, será obrigatória a concessão de um descanso de no mínimo, uma hora e máximo de duas horas, para refeição.

Em sendo trabalhos contínuos que ultrapassem de quatro horas, será obrigatório um intervalo de quinze minutos para descanso.

Em consonância com o acatado, pode-se sistematizar o predito da seguinte forma: quando for trabalho acima de seis horas, dará direito de um descanso interjornada de no mínimo uma hora máximo de duas horas. Ao passo que para trabalhos com duração acima de quatro horas, será ofertado quinze minutos de descanso para o aeroviário.

8. Trânsito de aeroviário conta como tempo de trabalho

O art. 11 do Decreto aeroviário n. 1.232/62 prevê de forma acertada: "Para efeito de remuneração, será considerado como jornada normal, o período de trânsito gasto pelo aeroviário em viagem a serviço da empresa independent das diárias, se devidas".

Esse mandamento é inteligente e requer um exemplo para maior compreensão: imagine que um aeroviário do Rio Grande do Sul tenha de ir ao Acre para prestar assistência técnica em um aparelho no aeroporto de Rio Branco. Todo esse período de deslocamento de um estado a outro será contado como tempo à disposição do empregador, no caso particular, quase dez horas de voo. Acertada a disposição do legislador.

9. Remuneração

Determina a disciplina normativa que integra o salário a importância fixa estipulada, com as percentagens, gratificações ajustadas, abonos, excluídas ajuda de custo e diárias, quando em viagem ou em serviço fora da base (art.17, § 1º).

Diferentemente da norma celetista, a lei aeroviária fixa que as ajudas de custo e diárias quando em viagem ou serviço não integram a remuneração do aeroviário.

Cumpre ressaltar de todo modo, que § 2º do art. 17 do Decreto n. 1.232/62 emana:

> Quando se tratar de aeroviário que perceba salários acrescidos de comissões, percentagens, ajudas de custo e diárias, estas integram igualmente o salário, sendo que as duas últimas só serão computadas quando não excederem 50% (cinquenta por cento) do salário percebido. (Decreto n. 1.232/62, art. 17, § 2º)

10. Férias do aeroviário

As férias do aeroviário em nada se diferenciam dos demais profissionais, quer sejam regidos por normas especiais, quer não sejam, o tempo é de 30 dias corridos.

11. Transferência provisória e definitiva

Transferências de empregado é o ato de mudança de um domicílio laboral para outro. A norma específica dispõe, a rigor, que, para efeito de transferência, considera-se base de aeroviário a localidade onde tenha sido admitido. Deste modo, todas as transferências irão levar em conta o domicílio contratual do empregado.

Conforme preconiza o art. 26 do Decreto específico, "é facultado à empresa designar o aeroviário para prestar serviço fora de sua base em caráter permanente ou a título transitório até 120 (cento e vinte) dias".

Entende-se, portanto, transferência permanente como aquela com duração por mais de 120 dias. Já a transferência provisória é aquela com duração inferior a 120 dias.

Destaca, ainda, a norma que o prazo fixado de 120 dias pode, para efeito de transferência a título transitório, ser dilatado quando para serviços de inspeção fora da base e mediante acordo.

12. Direito a ajuda de custo na transferência provisória

As transferências do aeroviário podem dar-se de forma provisória ou definitivas. Nas provisórias, determina a lei:

> Enquanto perdurar a transferência transitória, o empregador é ainda obrigado a pagar diárias compatíveis com os respectivos níveis salariais e de valor suficiente a cobrir as despesas de estadias e alimentação, nunca inferiores, entretanto, a um (1) dia do menor salário da categoria profissional da base de origem (Decreto n. 1.232/62, art. 26, § 4º).

Por sua vez, dispõe o § 5º do art. 26 do Decreto que normatiza a profissão do aeroviário: "Quando o empregador fornecer estadia ou alimentação, é-lhe facultado reduzir até 50% (cinquenta por cento) o valor da diária fixada no parágrafo anterior, arbitrada em 25% (vinte e cinco por cento) cada utilidade".

Nesse sentido, Homero Batista entende:

> [...] é válido sustentar que esse art. 26 não elimina o adicional de transferências de 25% previsto pelo art. 469, § 3º, da CLT, porque este tem natureza salarial e independe dos gastos a serem realizados pelo trabalhador, ao passo que o sistema do Decreto n. 1.232 é marcadamente voltado para despesas de "estadia e alimentação". Sendo distintas as naturezas, justifica-se sua acumulação [...] (SILVA, 2009, p. 181).

Pode-se resumir a temática da seguinte forma: nas transferências provisórias durante toda a transferência, o aeroviário receberá diárias. Caso o empregador se disponha a fornecer estada ou alimentação, pode-se reduzir para até 50% o valor da diária e cada utilidade terá o valor de 25%.

13. Direito a ajuda de custo na transferência definitiva

Na transferência definitiva, é assegurado ao aeroviário transferido o pagamento de uma ajuda de custo de dois meses de seu salário fixo. Essa ajuda não será definitiva e será paga a título de indenização. Eis mais uma peculiaridade dessa profissão.

14. Adicional de periculosidade

A doutrina e jurisprudência entendem que os aeroviários que exerçam seu labor no pátio, junto aos aparelhos de aviação, têm direito ao adicional de periculosidade ou, dependendo do caso, insalubridade.

15. Folga semanal e obrigatoriedade de coincidir com os domingos

O descanso semanal remunerado do aeroviário deve coincidir com um domingo no mês. Desta forma, determina a lei:

> Havendo trabalho aos domingos por necessidade do serviço será organizada uma escala mensal de revezamento que favoreça um repouso dominical por mês. Essa norma é mais benéfica para o aeroviário, visto que nos dias de domingo dará a oportunidade para uma maior interação familiar. (Decreto n. 1.232/62, art. 13)

16. Trabalho da mulher e do menor

O trabalho da mulher e do menor é objeto de disciplina especial, dadas suas peculiaridades e condições biológicas de fragilidade para exercerem certos labores.

É proibido o trabalho da mulher e do menor, aeroviários, nas atividades perigosas ou insalubres, especificadas nos quadros para esse fim aprovados pelo Ministério do Trabalho e Previdência Social (art. 29).

O trabalho do menor em condições insalubres, perigosas ou penosas é inaceitável[111] devido à sua condição física e psíquica.[112] O trabalho da mulher, nessas situações, por sua vez, não é mais possível considerar como proibido, visto que a Carta magna de 1988 determina a igualdade de direitos entre homem e mulher.

Dita o art. 31 do Decreto n. 1.232/62:

> Em caso de aborto não criminoso, comprovado por atestado médico oficial, a aeroviária terá direito a um repouso remunerado de duas semanas, ficando-lhe assegurado ainda o retorno à função que ocupava.

> Será assegurado às aeroviárias que tenham filhos recém-nascidos, até seis meses de idade, o direito, durante a jornada de trabalho, a dois descansos especiais, de meia hora cada um (art. 32).

Esse período pode ser aumentado quando o exigir a saúde do filho, a critério da autoridade médica competente.

No caso de trabalho em que a aeroviária manuseie peso, está legislado: "É vedado empregar mulher em serviço que demande força muscular superior a vinte quilos, para trabalho contínuo, ou vinte e cinco quilos para o trabalho ocasional" (art. 36).

O legislador ressalvou dessa restrição trabalho em que a aeroviária levante peso coma ajuda de máquinas,[113] dispondo a norma: "Não está proibida a remoção de

---

(111) Preleciona a CF/88 (art. 7º, inciso XXXIII): "Proibição de trabalho noturno, perigoso ou insalubre a menores de dezoito e de qualquer trabalho a menores de dezesseis anos, salvo na condição de aprendiz, a partir de quatorze anos".

(112) A CLT (art. 407) dispõe: "Verificado pela autoridade competente que o trabalho executado pelo menor é prejudicial à sua saúde, ao seu desenvolvimento físico ou à sua moralidade, poderá ela obrigá-lo a abandonar o serviço, devendo a respectiva empresa, quando for o caso, proporcionar ao menor todas as facilidades para mudar de funções".

(113) Esse dispositivo é mera repetição do art. 390 da CLT: "Ao empregador é vedado empregar a mulher em serviço que demande o emprego de força muscular superior a 20 quilos, para o trabalho contínuo, ou 25 quilos, para o trabalho ocasional. Parágrafo único – Não está compreendida na determinação

material feita por impulsão e tração mecânica ou manual sobre rodas" (art. 36, parágrafo único).

> Não constitui justo motivo para a rescisão do contrato de trabalho da aeroviária o fato de haver contraído matrimônio ou de encontrar-se em estado de gravidez.[114] (art. 37)

Ainda regula o art. 37 (parágrafo único): "Não serão permitidas, em regulamentos de qualquer natureza, contratos coletivos ou individuais de trabalho, restrições ao direito da aeroviária por motivo de casamento ou gravidez".

No que diz respeito à aeroviária grávida existe uma determinação inteligente no sentido de proibir o trabalho no período de seis semanas antes do parto. A norma, fundamentalmente, visa a proteger a saúde do feto do insuportável barulho das aeronaves.

Pode-se afirmar que o afastamento da aeroviária de seu trabalho será determinado pelo atestado médico, que deverá ser visado pelo empregador.

Em casos excepcionais, os períodos de repouso antes e depois do parto poderão ser aumentado de mais duas semanas cada um, mediante atestado médico (art. 38, § 2º).

Disciplina o art. 39 da tutela aeroviária:

> Durante o período de afastamento em função da gravidez, a aeroviária terá direito aos salários integrais, calculados de acordo com a média dos seis (6) últimos meses de trabalho, sendo-lhe ainda facultado reverter à função que anteriormente ocupava. (Decreto n. 1.232/62, art. 39)

17. Normas de higiene e segurança do trabalho

As normas de higiene e segurança do trabalho, por serem de ordem pública, devem, fundamentalmente, ser observadas por todos os empregadores e também pelos empregados.

O aeroviário portador da licença expedida pela Diretoria de Aeronáutica Civil será submetido periodicamente à inspeção de saúde, atendidos os requisitos da legislação em vigor. (art. 21)

Enfoca, no entanto, a determinação contida no art. 22 do Decreto n. 1.232/62 que as peças de vestuário e respectivos equipamentos individuais de proteção, quando exigidos pela autoridade competente, serão fornecidos pela empresas sem ônus para o aeroviário.

Por fim, o Ministério do Trabalho e Previdência Social, por sua Divisão de Higiene e Segurança do Trabalho, classificará os serviços e locais considerados insalubres ou perigosos na forma da legislação vigente e desse fato dará ciência à Diretoria de Aeronáutica Civil do Ministério da Aeronáutica e notificará a empresa. (art. 23)

---

deste artigo a remoção de material feita por impulsão ou tração de vagonetes sobre trilhos, de carros de mão ou quaisquer aparelhos mecânicos".

(114) É o que consta no art. 391 da CLT. Não constitui justo motivo para a rescisão do contrato de trabalho da mulher o fato de haver contraído matrimônio ou de encontrar-se em estado de gravidez.

18. Releitura sistematizada do tópico apresentado

• A norma que tutela o trabalho do aeroviário é o Decreto n. 1.232, de 22 de junho de 1962.

• Aeroviário é o trabalhador que, não sendo aeronauta, exerce a função remunerada nos serviços terrestres de empresa de transportes aéreo.

• Existem aeroviários trabalhando dentro de aeronaves, e nem por isso, podem ser considerados aeronautas. Considera-se também aeroviário o titular de licença e respectivo certificado válido de habilitação técnica expedidos pela Diretoria de Aeronáutica Civil para prestação de serviços em terra, o que exerça função efetivamente remunerada em aeroclubes, escolas de aviação civil, bem como o titular ou não de licença e certificado, que preste serviço de natureza permanente na conservação, manutenção e despacho de aeronaves.

• A jornada de trabalho do aeroviário é de oito horas diárias e tem como módulo semanal 44 horas.

• É permitido ao aeroviário a dilatação da jornada de trabalho de mais duas horas extras com os seus devidos acréscimos a título de adicionais de no mínimo 50% sobre a hora normal.

• Para os aeroviários que trabalham, exclusivamente, em aéreas de pistas dos aeroportos, a duração normal do trabalho, na execução ou direção em serviço de pista, é de seis horas.

• Nos trabalhos contínuos que excedam de seis horas será obrigatória a concessão de um descanso de no mínimo uma hora e máximo de duas horas para refeição.

• É considerado como jornada normal o período de trânsito gasto pelo aeroviário em viagem a serviço da empresa, independentemente das diárias, se devidas.

• As férias do aeroviário são de 30 dias corridos.

• Enquanto perdurar a transferência transitória, o empregador é ainda obrigado a pagar diárias compatíveis com os respectivos níveis salariais e de valor suficiente a cobrir as despesas de estada e alimentação, nunca em valor inferior a um dia do menor salário da categoria profissional da base de origem.

• Na transferência definitiva, é assegurado ao aeroviário transferido em caráter permanente o pagamento de uma ajuda de custo de dois meses de seu salário fixo.

• Havendo trabalho aos domingos, por necessidade do serviço, será organizada uma escala mensal de revezamento que favoreça um repouso dominical por mês.

• O aeroviário portador da licença expedida pela Diretoria de Aeronáutica Civil será submetido periodicamente a inspeção de saúde, atendidos os requisitos da legislação em vigor.

Capítulo XXIII
Petroquímico

1. Ordem jurídica disciplinadora da profissão

A ordem jurídica que disciplina a profissão do petroquímico, mais conhecido como petroleiro, é a Lei n. 5.811, de 11 de outubro de 1972.

2. Conceito de petroquímico

Não se pode confundir petroquímico com mineiro de subsolo, isso porque este tem a profissão regulamentada pela Consolidação das Leis do Trabalho. Aquele, por sua vez, tem regulamentação diversa e é conceituado como o profissional que presta serviços em atividades de exploração, perfuração, produção e refinação de petróleo, bem como na industrialização de xisto, na indústria petroquímica e no transporte de petróleo e seus derivados por meios de dutos (Lei n. 5.811/72, art. 1º).

Homero Batista Matheus explicita:

> O ponto comum entre esses operários não são suas habilidades técnicas ou parcela de cadeia produtiva do petróleo, mas as dificuldades inerentes ao trabalho em alto-mar ou em áreas profundas, aspectos que muito sensibilizaram o legislador [...] (SILVA, 2009, p. 199).

Observe-se, no entanto, que a norma traduz que existe o petroquímico típico e o equiparado. Deste modo, pode haver, portanto, o petroleiro extensivo, conforme determina o art. 12 da normativa da profissão: "As disposições desta lei se aplicam a situações análogas, definidas em regulamento".

3. Jornada de trabalho

A Constituição Federal (art. 7º, inciso XIII) estabelece que a jornada de trabalho normal será de oito horas. Deste modo, a regra é que a jornada de labor do petroquímico seja também de oito horas por dia e quarenta e quatro semanais.

Assim, para o petroquímico, todavia, a lei estabelece uma ressalva ao destacar: "Sempre que for imprescindível à continuidade operacional, o empregado será mantido em seu posto de trabalho em regime de revezamento". (Lei n. 5.811/72, art. 2º)

Observe-se, portanto, que o regime de revezamento em turno de oito horas será adotado, sobretudo nas atividades previstas no art. 1º, ficando a utilização do de 12 horas restrita às seguintes situações especiais: a) atividades de exploração, perfuração, produção e transferência de petróleo do mar; b) atividades de exploração, perfuração e produção de petróleo em áreas terrestres distantes ou de difícil acesso (Lei n. 5.811/72, art. 1º).

O turno de revezamento de 12 horas é uma exceção. Só pode, portanto, ser exigido do trabalhador petrolífero em situações extremas ou quando haja dificuldades de acesso por se estar distante do domicílio contratual do petroquímico. Não havendo necessidade de imperativos da profissão (situações especiais), a jornada de trabalho será de oito horas.

4. Hora reduzida do trabalhador petroquímico

Inúmeras leis de profissões regulamentadas não preveem horas reduzidas para seus tutelados, impondo-se a hora de trabalho normal, de 60 minutos, e não a de 52 minutos e 30 segundos, como consta na norma celetista.

Para os petroquímicos, a jurisprudência nega o direito de horas reduzida por entender que a norma específica disciplinadora não assegura esse direito.

Neste passo, o Tribunal Superior do Trabalho dispõe:

> O trabalho noturno dos empregados nas atividades de exploração, perfuração, produção e refinação do petróleo, industrialização do xisto, indústria petroquímica e transporte de petróleo e seus derivados, por meio de dutos, é regulado pela Lei n. 5.811, de 1972, não se lhe aplicando a hora reduzida de 52 (cinquenta e dois) minutos e 30 (trinta) segundos do art. 73, § 2º da Consolidação (TST, Súmula n. 112).

5. Direito ao adicional noturno

Será assegurado o adicional noturno para os petroquímicos que prestam serviços em atividades de exploração, perfuração, produção e refinação de petróleo, bem como na industrialização de xisto, na indústria petroquímica e no transporte de petróleo e seus derivados por meios de dutos disposto na CLT.

Assim, assegura-se a remuneração adicional correspondente a, no mínimo, 20% do respectivo salário-básico, para compensar a eventualidade de trabalho noturno ou a variação de horário para repouso e alimentação.

Observe-se, mais uma vez, que a hora noturna do petroquímico será a normal de 60 minutos, não se aplicando, portanto, a hora reduzida ou ficta de 52 minutos e 30 segundos.

6. Direito ao repouso de 24 horas consecutivas

Para os empregados que trabalhem no regime de revezamento em turnos de 12 horas consecutivas, fica assegurado um repouso de 24 horas consecutivas para cada três turnos trabalhados.

Uma dúvida pode se inserir neste ponto: esse repouso se soma ao descanso semanal remunerado? A resposta pode ser pacificada após a inferência do art. 7º da Lei n. 5.811/72. Assim, estrutura a norma que a concessão de repouso, na forma dos itens V do art. 3º, II, do art. 4º, e I do art. 6º, quita a obrigação patronal relativa ao repouso semanal remunerado de que trata a Lei n. 605, de janeiro de 1949.

Portanto, a concessão de um repouso de 24 horas consecutivas aos petroleiros não obriga o empregador a conceder outro descanso referente ao descanso semanal remunerado.

7. Sobreaviso

Na legislação nacional duas normas explicitam o instituto do sobreaviso. Uma é a Consolidação das Leis do Trabalho, na secção que disciplina o trabalho do ferroviário (CLT, art. 244, § 2º), e a outra é o art. 5º da Lei n. 5.811/72.

A propósito, entende-se por regime de sobreaviso o tempo em que o empregado fica em casa ou em qualquer outro lugar à disposição do empregador por um período de 24 horas para prestar assistência aos trabalhos normais ou atender às necessidades ocasionais de operação, ou seja, fica a postos esperando o chamado do patrão para exercer o trabalho.

Prega a norma petrolífera específica:

> Sempre que for imprescindível à continuidade operacional durante as 24 (vinte e quatro) horas do dia, o empregado com responsabilidade de supervisão das operações previstas no art.[115] 1º, ou engajado em trabalhos em trabalhos de geologia de poço, ou, ainda, em trabalhos de apoio operacional às atividades enumeradas nas alíneas *a* e *b* do § 1º do art. 2º, poderá ser mantido no regime de sobreaviso (Lei n. 5.811/72, art. 5º).

Não se olvide de que o regime de sobreaviso não é aplicável a todos os profissionais petrolíferos. Vale só para aqueles incumbidos de supervisão das operações da área de geologia ou para os que trabalhem em apoio operacional, ou seja, aqueles que laboram em situações que estão suscetíveis a acaso ou força maior.

8. Adicional de periculosidade

Os petrolíferos, típicos ou equiparados, caso venham a trabalhar em locais perigosos, terão assegurado o respectivo adicional compensatório pelos eventuais riscos à saúde.

A súmula de número 70 do TST dispõe:

> O adicional de periculosidade não incide sobre os triênios pagos pela Petrobrás. A partir disso, entende-se que não é, por óbvio, cálculo do adicional, será sobre o salário básico e não adicional (triênio) sobre adicional de periculosidade.

9. Releitura sistematizada do tópico apresentado

• A norma jurídica que disciplina a profissão do petroquímico, mais conhecido como petroleiro, é a Lei n. 5.811, de 11 de outubro de 1972.

• Petroquímico é o profissional que presta serviços em atividades de exploração, perfuração, produção e refinação de petróleo, bem como na industrialização de

---

(115) Na verdade, o artigo reporta-se atividades de exploração, perfuração, produção e refinação de petróleo, bem como na industrialização de xisto, na indústria petroquímica e no transporte de petróleo e seus derivados por meios de dutos (Lei n. 5.811/72, art. 1º).

xisto, na indústria petroquímica e no transporte de petróleo e seus derivados por meios de dutos.

• A Constituição Federal estabelece que a jornada de trabalho normal será de oito horas diárias.

• Sempre que for imprescindível à continuidade operacional, o empregado será mantido em seu posto de trabalho em regime revezamento.

• O regime de revezamento em turno de oito horas será adotado nas atividades previstas no art. 1º, ficando a utilização do turno de 12 horas restrito às seguintes situações especiais: a) atividades de exploração, perfuração, produção e transferência de petróleo do mar; b) atividades de exploração, perfuração e produção de petróleo em áreas terrestres distantes ou de difícil acesso.

• A hora de trabalho do petroquímico será a normal de 60 minutos e não a de 52 minutos e 30 segundos, como consta na norma celetista.

• A Súmula de número 112 do Tribunal Superior do Trabalho dispõe que o trabalho noturno dos empregados nas atividades de exploração, perfuração, produção e refinação do petróleo, industrialização do xisto, indústria petroquímica e transporte de petróleo e seus derivados, por meio de dutos, é regulado pela Lei n. 5. 811, de 1972, não se lhe aplicando a hora reduzida de 52 minutos e 30 segundos do art. 73, § 2º, CLT.

• Será assegurado o adicional noturno de, no mínimo, 20% para os petroquímicos que prestem serviços em atividades de exploração, perfuração, produção e refinação de petróleo, bem como na industrialização de xisto, na indústria petroquímica e no transporte de petróleo e seus derivados por meios de dutos.

• Será assegurado aos petroquímicos que trabalhem no regime de revezamento em turnos de 12 horas consecutivas um repouso de 24 horas consecutivas para cada três turnos trabalhados.

• A concessão de repouso de 24 horas quita a obrigação patronal relativa ao repouso semanal remunerado de que trata a Lei n. 605, de janeiro de 1949.

• Sempre que for imprescindível à continuidade operacional durante as 24 horas do dia, o empregado com responsabilidade de supervisão das operações previstas no art. 1º, ou engajado em trabalhos em trabalhos de geologia de poço, ou, ainda, em trabalhos de apoio operacional às atividades enumeradas nas alíneas *a* e *b* do § 1º do art. 2º, poderá ser mantido no regime de sobreaviso.

• A Súmula de número 70 do TST dispõe que o adicional de periculosidade não incide sobre os triênios pagos pela Petrobrás.

Capítulo XXIV
Ferroviário

1. Fundamento normativo da profissão

A profissão de ferroviário tem regulamento endoceletista. O fundamento normativo da profissão do ferroviário encontra-se disposto nos arts. 236 a 247 da Consolidação das Leis do Trabalho.

2. Conceitos iniciais de ferroviário

O conceito de trabalhador ferroviário pode ser retirado da própria norma que disciplina a profissão. Deste modo, considera ferroviários os trabalhadores de:

> Transporte em estradas de ferro abertas ao tráfego público, compreendendo a administração, construção, conservação e remoção das vias férreas e seus edifícios, obras-de-arte, material rodante, instalações complementares e acessórias, bem como o serviço de tráfego, de telegrafia, telefonia e funcionamento de todas as instalações ferroviárias (CLT, art. 236).

Não se pode olvidar de um ponto relevante: caso a estrada de ferrovia não seja aberta como deflui a norma (leia-se: ferrovia particular), esses trabalhadores não serão considerados ferroviários.

Neste passo de entendimento, Alice Monteiro de Barros, citando Amaro Barreto, exemplifica:

> [...] se a estrada de ferro for privativa de uma indústria siderúrgica, que dela se utiliza para o transporte de seus produtos, os empregados que ali trabalham não são ferroviários, pois os dispositivos da seção alusiva ao serviço ferroviário cingem-se às empresas ferroviárias: eles serão industriários [...] (BARRETO *apud* BARROS, 2008, p. 259).

Por derradeiro, para serem considerados ferroviários, os trabalhadores devem trabalhar em ferrovias abertas ao transporte de passageiros ou cargas e administradas por empresas ferroviárias. Sendo ferrovias fechadas ou particulares, não se pode afirmar o mesmo.

3. Categoria de trabalhadores da profissão de ferroviário

A norma profissional endoceletista agrupa os profissionais ferroviários em quatro categorias, que são compreendidas da seguinte forma:

a) funcionários de alta administração, chefes e ajudantes de departamentos e seções, engenheiros residentes, chefes de depósitos, inspetores e demais empregados que exercem funções administrativas ou fiscalizadoras;

b) pessoal que trabalhe em lugares ou trechos determinados e cujas tarefas requeiram atenção constante; pessoal de escritório, turmas de conservação e construção da via permanente, oficinas e estações principais, inclusive os respectivos telegrafistas; pessoal de tração, lastro e revistadores;

c) das equipagens de trens em geral;

d) pessoal cujo serviço é de natureza intermitente ou de pouca intensidade, embora com permanência prolongada nos locais de trabalho; vigias e pessoal das estações do interior, inclusive os respectivos telegrafistas.

No dizer sempre expressivo de Homero Batista Matheus da Silva, pode-se firmar a seguinte observação sobre a divisão de classes dos trabalhadores ferroviários:

> O propósito dessa longa conceituação reside no esforço do legislador de atrair para o seguimento maior quantidade possível de atores [...] a classificação nada tem de caprichosa. Produzirá impacto profundo sobre as relações trabalhistas, a ponto de uma categoria inteira ser privada do direito de receber horas extras ou adicional noturno [...] (SILVA, 2009, p. 56).

Não se olvide, neste particular, que, dado o grande número de pessoas que trabalham no sistema de transporte ferroviário, o intuito normativo é englobar e organizar de forma racional todos os trabalhadores dessa profissão por classes.

4. Jornada de trabalho do trabalhador ferroviário

A regra da jornada de trabalho do profissional ferroviário é de oito horas. Atente-se, todavia, que a Consolidação das Leis do Trabalho (art. 246) faz a seguinte ressalva: "O horário de trabalho dos operadores telegrafistas nas estações de tráfego intenso não excederá de 6 (seis) horas diárias".

Destarte, estão acobertados por essa ressalva somente os ferroviários que trabalhem em ferrovias de tráfego intenso. Logo, aqueles que laborem em estradas de ferro do Interior, com pouca circulação, não fazem jus às horas extras.[116]

A razão dessa ressalva é um meio salutar de proteger o ferroviário de intenso barulho ou estresse do dia a dia das grandes ferrovias. O preceito normativo usa a locução "tráfego intenso". Encontra-se aí, subjacente, a necessidade de o ferroviário aplicar um enorme esforço na concentração no labor. Logo, o desgaste físico e mental vai ao extremo no final de sexta hora de trabalho. Daí a razão da vedação legal de exceder além das seis horas de trabalho.

5. Duração do trabalho em casos de necessidades urgentes. Horas extras ilimitadas?

Em todas as atividades humanas podem surgir momentos de emergências, instantes que requerem uma atenção ou esforço dobrados no desempenho das atividades. Muitas

---

[116] Nesse sentido a jurisprudência do Tribunal Superior do Trabalho, através da Súmula de n. 61: "Aos ferroviários que trabalham em 'estação do interior', assim classificada por autoridade competente, não são devidas horas extras" (CLT, art. 243).

vezes, tais motivos singulares decorrem de caso fortuito ou força maior. Em outras palavras, o acaso pousa no núcleo de atividades laborais do empregado e empregador.

A Consolidação das Leis do Trabalho predispõe:

> Nos casos de urgência ou de acidente, capazes de afetar a segurança ou regularidade do serviço, poderá a duração do trabalho ser excepcionalmente elevada a qualquer número[117] de horas, incumbindo à Estrada zelar pela incolumidade dos seus empregados e pela possibilidade de revezamento de turmas, assegurando ao pessoal um repouso correspondente e comunicando a ocorrência ao Ministério do Trabalho, Indústria e Comércio, dentro de 10 (dez) dias da sua verificação. (CLT, art. 240)

Esse dispositivo não pode, sobretudo, ser lido dentro de um olhar unifocal. Se assim fosse, o empregador ferroviário poderia submeter o obreiro a jornadas de trabalho iguais às que eram desenvolvidas no início da revolução industrial, de 12, 15 ou até 18 horas de trabalho, situação de extrema repugnância e inaceitável nos dias atuais.

A própria Consolidação das Leis do Trabalho (art. 61, § 2º) limita um extremo de horas a serem trabalhadas em caso de circunstâncias fortuitas, 12 horas.

As empresas de ferrovias, em caso de acidentes que exijam trabalhos extraordinários, deverão usar a força da clareza do predito artigo, limitando, assim, o teto de trabalho dentro da aritmética de 12 horas.

O empregador deverá fornecer todos os meios de segurança e revezamento garantidos aos ferroviários acometidos no trabalho extraordinário emergencial.

A empresa ferroviária tem a obrigação legal de comunicar às autoridades sobre as ocorrências do labor extraordinário dentro do prazo de dez dias.

6. Sistema de horas extras *sui generis* aplicável ao ferroviário

A norma endoceletista desenvolveu um sistema de pagamento de horas extraordinárias diferente do convencional visto até aqui.

Prelude o art. 241 da Consolidação das Leis do Trabalho:

> As horas excedentes das do horário normal de oito horas serão pagas como serviço extraordinário na seguinte base: as duas primeiras com o acréscimo de 25% (*rectius*: 50%) sobre o salário-hora normal; as duas subsequentes com um adicional de 50% (cinquenta por cento) e as restantes com um adicional de 75% (setenta e cinco por cento).

Atente-se, a tempo, que esse sistema de horas extras com adicional de 75% só deve, por óbvio, ser pago para os serviços urgentes em caso de acidente ou força maior de que trata o art. 240 da consolidação trabalhista.

Perceba-se, no entanto, que acima de oito horas até dez de trabalho extraordinário terá o ferroviário um acréscimo de 50%. De dez a 12 horas de trabalho, o acréscimo

---

(117) Não se leia horas infinitas e exaustivas. No sistema jurídico nacional, a propósito, é vedado ao empregador, de acordo com o art. 149 do Código Penal, submeter empregado jornada exaustiva de trabalho sob pena de incidir na conduta criminal classificada como redução a condição análoga à de escravo.

será de 50% a título de horas extras. Por fim, acima de 12 horas de trabalho, as horas extraordinárias terão um acréscimo de 75% sobre a hora normal de trabalho.

Para o pessoal da categoria "c" (das equipagens de trens em geral), a primeira hora será majorada de 25% (*rectius*: 50%), a segunda hora será paga com o acréscimo de 50% e as duas subsequentes com o de 60%, salvo caso de negligência comprovada.

Para sistematizar o entendimento, pode-se resumir da seguinte maneira: os ferroviários terão direito, em caso de trabalhos acima de oito horas, aos seguintes adicionais horas extras: 50%, 60% e 75%.

7. Intervalo para refeição e descanso para o maquinista

De regra, o tempo concedido para refeição não se computa como de trabalho efetivo.[118] A disciplina ferroviária tem um dispositivo que contorna esse mandamento geral.

Para os profissionais da categoria "c" (trabalhadores das equipagens de trens em geral), quando as refeições forem tomadas em viagem ou nas estações durante as paradas, esse tempo não será inferior a uma hora, exceto para o pessoal da referida categoria[119] em serviço de trens (CLT, art. 238, § 5º).

Por derradeiro, o tempo para as refeições não poderá ser menor de uma hora. Também, a norma é silente sobre a autorização em caso de redução ou aumento desse tempo para alimentação.

8. Intervalos entre jornadas de trabalho

O trabalho do ferroviário tem uma série de peculiaridades nas normas legais.

Aqui, a propósito, pode-se provar o dito acima: para o pessoal sujeito ao regime (das equipagens de trens em geral), depois de cada jornada de trabalho haverá um repouso de dez horas contínuas, no mínimo, observando-se, outrossim, o descanso semanal (CLT, art. 239, § 1º).

De modo geral, os intervalos entre duas jornadas de trabalho seguem o padrão inscrito no art. 66 da Consolidação das Leis do Trabalho: "Entre 2 (duas) jornadas de trabalho haverá um período mínimo de 11 (onze) horas consecutivas para descanso".

Essa regra de dez horas destinadas a descanso entre duas jornadas aplica-se, estritamente, à categoria dos ferroviários da equipagem de trens.

Neste passo, Alice Monteiro de Barros explica:

> [...] tal preceito, portanto, não se estende aos demais ferroviários, aos quais será aplicado o art. 66 consolidado, que é regra geral, ou seja, terão um repouso de 11 horas após cada jornada de trabalho [...] (BARROS, 2008, p. 264).

---

(118) O intervalo para refeição inclui-se como tempo de trabalho. A rigor, é o previsto no art. 71 da CLT.

(119) Essa categoria é das equipagens de trens em geral (CLT, art. 237).

Por derradeiro, o intervalo dos ferroviários da classe dos de equipagem de trens, pode-se afirmar de forma categórica, não será de 11 horas e sim de dez horas de fruição contínua de descanso entre duas jornadas de labor.

9. Tempo à disposição do empregador

Para entender essa proposição é preciso voltar-se para o art. 4º da Consolidação das Leis do Trabalho: "Considera-se como de serviço efetivo o período em que o empregado esteja à disposição do empregador, aguardando ou executando ordens, salvo disposição especial expressamente consignada".

Do art. 238 da seção especial endoceletista emana o seguinte mandamento: "Será computado como de trabalho efetivo todo o tempo em que o empregado estiver à disposição da estrada".

Essa disposição do ferroviário, na verdade, é uma cópia fiel do art. 4º da Consolidação Trabalhista, parte geral, quando afirma que a jornada de trabalho será o tempo em que o ferroviário esteja trabalhando ou aguardando ordens do empregador para trabalhar.

O mesmo preceito prelude ainda: "Nos serviços efetuados pelo pessoal da categoria[120] "c", não será considerado como de trabalho efetivo o tempo gasto em viagens do local ou para o local de terminação e início dos mesmos serviços" (CLT, art. 238, § 1º).

Considere-se ainda: "Ao pessoal removido ou comissionado fora da sede será contado como de trabalho normal e efetivo o tempo gasto em viagens, sem direito à percepção de horas extraordinárias" (CLT, art. 238, § 2º).

O art. 238 da Consolidação das Leis do Trabalho considera, ainda, como tempo de efetivo labor dos ferroviários:

> As turmas permanentes que atuam na conservação da via e o tempo efetivo do trabalho será contado desde a hora da saída da casa da turma até a hora em que cessar o serviço em qualquer ponto compreendido dentro dos limites da respectiva turma (CLT, art. 238, § 3º).

Quando o empregado trabalhar fora dos limites da sua turma, ser-lhe-á também computado como de trabalho efetivo o tempo gasto no percurso da volta a esses limites.

10. Frações acima de dez minutos consideram-se como meia hora

A Consolidação trabalhista enumera uma vantagem peculiar ao profissional ferroviário: "As frações de meia hora superiores a 10 (dez) minutos serão computadas como meia hora" (CLT, art. 242).

É mais uma ficção jurídica em benefício do obreiro. Lembre-se, a propósito, de que a regra geral celetista insculpida no art. 73 (§ 1º) reza que a hora de trabalho noturno será computada como 52 minutos e 30 segundos. Eis aí, portanto, outra ficção.

---

(120) Lembre-se, portanto, mais uma vez, de que a categoria a que se refere esse artigo é das equipagens de trens em geral.

Um exemplo ajuda a elucidar essa ficção peculiar: imagine-se um ferroviário que labore por um tempo de seis horas e 12 minutos. Dentro desta ficção jurídica o tempo de trabalho será, na verdade, de 6 horas e 30 minutos.

Essa benesse, portanto, só existe para o ferroviário. Outras tutelas profissionais não abarcam essa modalidade *sui generis*.

11. Horas de sobreaviso

Considera-se de sobreaviso o empregado efetivo que permanecer em sua própria casa, aguardando a qualquer momento o chamado para o serviço. Cada escala de sobreaviso será, no máximo, de vinte e quatro horas. As horas de sobreaviso, para todos os efeitos, serão contadas à razão de 1/3 do salário normal (CLT, art. 244, § 2º).

O suporte racional do sobreaviso é deixar os empregados extranumerários em estado de alerta na sua residência para fins de receber comandos de labor emergenciais.

Deste modo, Sergio Pinto Martins entende: "[...] não tem o empregado condições de assumir compromissos, pois pode ser chamado de imediato, comprometendo até os seus afazeres familiares, pessoais ou até o seu lazer [...]" (MARTINS, 2007, p. 242).

Saliente-se, portanto, para ser considerado sobreaviso, o empregado ferroviário deve ficar ciente de que a qualquer instante pode ser chamado para executar os serviços em estradas de ferro.

12. Horas de prontidão

Ao passo que:

> Considera-se de "prontidão" o empregado que ficar nas dependências da estrada, aguardando ordens. A escala de prontidão será, no máximo, de doze horas. As horas de prontidão serão, para todos os efeitos, contadas à razão de 2/3 (dois terços) do salário-hora normal. (CLT, art. 244, § 3º)

Sobreaviso e prontidão não devem ser confundidos, isso porque no sistema de sobreaviso o empregado ferroviário fica em casa aguardando uma possível chamada para o desempenho do trabalho. Enquanto que na prontidão o operário não fica no seu âmbito residencial, aguarda ordens de labor nas dependências da estrada, fica à disposição do empregador conforme dispõe o art. 4º da Consolidação das Leis do Trabalho.[121]

Outros dois pontos diferenciadores merecem registros para fins de dirimir qualquer dúvida. A um, o sobreaviso terá o tempo de escala com duração máxima de 24 horas e terá como remuneração 1/3 do salário normal. A dois, já na prontidão, por sua vez, a escala de tempo disponível nas dependências da estrada será de no máximo 12 horas e terá como remuneração 2/3 do salário normal.

---

(121) O art. 4º dispõe: "Considera-se como de serviço efetivo o período em que o empregado esteja à disposição do empregador, aguardando ou executando ordens, salvo disposição especial expressamente consignada".

Um detalhe pertinente diz respeito o uso do BIP e telefone celular. A doutrina abalizada entende que o simples uso desses instrumentos não caracteriza sobreaviso.[122] A razão desse entendimento é que o aparelho não "imobiliza" a locomoção do empregado para desempenhar outras funções.

No que diz respeito ao uso do telefone celular, o mesmo exercício interpretativo deve ser entendido: o simples uso desse instrumento não "engessa" a liberdade de locomoção do ferroviário. Ele pode, portanto, locomover-se para onde quiser. Daí a razão do surgimento da súmula específica sobre o tempo.

13. Empregados extranumerários

Em breves linhas: "Considera-se 'extranumerário' o empregado não efetivo,[123] candidato a efetivação, que se apresentar normalmente ao serviço, embora só trabalhe quando for necessário. O extranumerário só receberá os dias de trabalho efetivo." (CLT, art. 244, § 1º).

Os obreiros extranumerários, de sobreaviso e de prontidão são uma espécie de "soldados de reservas" no sistema ferroviário. Atuam, portanto, em circunstâncias ocasionais ou em quadro organizado de revezamento. Na verdade, é um trabalhador eventual com nome diferente do encontrado pela literatura jurídica laboral.

14. Possibilidade legal de justa causa do ferroviário

Ficou dito em linhas passadas que nos casos de urgência ou de acidente, em ferrovias capazes de afetar a segurança ou regularidade do serviço, poderá a duração do trabalho ser excepcionalmente elevada a qualquer número de horas.

A Consolidação das Leis do Trabalho adverte: "A recusa para laborar, sem causa justificada, por parte de qualquer empregado, à execução de serviço extraordinário será considerada falta grave" (CLT, art. 240, parágrafo único).

Há quem entenda na doutrina trabalhista brasileira que o descumprimento desse preceito, ou seja, a recusa do ferroviário a trabalhar em caso de urgência avaliza o empregador ferroviário a despedi-lo por justa causa.

Uma ponderação deve ser feita neste particular: o art. 149 do Código Penal tipifica que o empregador não pode submeter empregado a exaustivas jornadas de trabalhos sob pena de incidir na conduta criminal de redução à condição análoga à de escravo.

Dito isso, caso o empregador ferroviário venha a exigir jornada de trabalho desumana, ou na pior das hipóteses, não providenciar o revezamento de pessoal,

---

(122) Nesse sentido, a Súmula n.428 do TST veio em boa hora para pacificar esse entendimento: "O uso de aparelho de intercomunicação, a exemplo de BIP, *pager* ou aparelho celular, pelo empregado, por si só, não caracteriza o regime de sobreaviso, uma vez que o empregado não permanece em sua residência aguardando, a qualquer momento, convocação para o serviço".

(123) É o obreiro que não é efetivo na empresa ferroviária, labora somente quando é solicitado. Há quem entenda que essa figura é um trabalhador eventual.

o ferroviário poderá recusar-se a trabalhar e, por óbvio, o empregador não poderá despedi-lo com fundamento em falta grave, visto que está no exercício regular de um direito. Ora, ilicitude e direito são opostos: onde existe ilicitude não há direito e onde existe direito não há espaço para ilicitude. Eis, portanto, a grande chave para o exercício regular de um direito.

15. Adicional pago a título de transferência

Inicialmente, tenha-se com clareza:

Os ferroviários têm cláusula implícita de transferibilidade em seus contratos, pois à época da admissão já estão cientes de que a empresa, integrante dessa categoria econômica, possui atividades em vários locais, sendo comum a transferência dos empregados [...] (BARROS, 2008, p. 266).

Então, assim sendo, no caso de transferências provisórias do ferroviário, ele terá direito a receber o adicional de transferência previsto no art. 469 (§ 3º) da Consolidação das Leis do Trabalho.

16. Releitura sistematizada do tópico apresentado

• As regras da profissão do ferroviário encontram-se dispostas nos arts. 236 a 247 da CLT.

• O ferroviário atua no transporte em estradas de ferro abertas ao tráfego público, compreendendo a administração, construção, conservação e remoção das vias férreas e seus edifícios, obras de arte, material rodante, instalações complementares e acessórias, bem como o serviço de tráfego, de telegrafia, telefonia e funcionamento de todas as instalações ferroviárias.

• Os ferroviários são divididos em categorias:

a) funcionários de alta administração, chefes e ajudantes de departamentos e seções, engenheiros residentes, chefes de depósitos, inspetores e demais empregados que exercem funções administrativas ou fiscalizadoras;

b) pessoal que trabalhe em lugares ou trechos determinados e cujas tarefas requeiram atenção constante; pessoal de escritório, turmas de conservação e construção da via permanente, oficinas e estações principais, inclusive os respectivos telegrafistas; pessoal de tração, lastro e revistadores;

c) das equipagens de trens em geral;

d) pessoal cujo serviço é de natureza intermitente ou de pouca intensidade, embora com permanência prolongada nos locais de trabalho; vigias e pessoal das estações do interior, inclusive os respectivos telegrafistas.

• A jornada de trabalho do profissional ferroviário é de oito horas.

• Os trabalhos dos operadores telegrafistas nas estações de tráfego intenso não excederão seis horas diárias.

• As horas excedentes do horário normal de oito horas serão pagas como serviço extraordinário na seguinte base:

a) as duas primeiras com o acréscimo de 50% sobre o salário-hora normal;

b) as duas subsequentes com um adicional de 50%;

c) as restantes com um adicional de 75%.

• O tempo para as refeições do ferroviário não poderá ser menor de uma hora.

• Após cada jornada de trabalho haverá um repouso de dez horas contínuas.

• Será computado como de trabalho efetivo todo o tempo em que o empregado esteja à disposição da estrada.

• As frações de meia hora superiores a 10 dez minutos serão computadas como meia hora.

• Cada escala de sobreaviso será, no máximo, de 24 horas. As horas de sobreaviso, para todos os efeitos, serão contadas à razão de 1/3 do salário normal.

• A escala de prontidão será, no máximo, de 12 horas. As horas de prontidão serão, para todos os efeitos, contadas à razão de 2/3 do salário-hora normal.

• Considera-se "extranumerário" o empregado não efetivo, candidato à efetivação, que se apresentar normalmente ao serviço, embora só trabalhe quando for necessário.

• A recusa para laborar, sem causa justificada, por parte de qualquer empregado, na execução de serviço extraordinário, será considerada falta grave.

• Os profissionais ferroviários têm cláusula implícita de transferibilidade no pacto laboral.

Capítulo XXV
Músico

1. Lei que regulamenta a profissão

A profissão de músico é regrada pela Lei n. 3.857, de 22 de dezembro de 1960. A parte da norma que trata, basicamente, de aspectos trabalhistas está insculpida nos arts. 41 a 48.

2. Histórico legislativo da regulamentação da profissão

As tutelas trabalhistas especiais tentam dar uma proteção a cada "espécie" de profissão. Por tal razão surgiu e, sobretudo, surgirá uma série de normas com detalhes ou dispositivos adequados a cada obreiro.

A profissão de músico não foge a essa regra. Inicialmente, a disciplina legal era o Decreto n. 5.492, de 16 de julho de 1928.

Posteriormente, a profissão passou a ter alguns aspectos regulamentados pelos arts. 232 e 233 da Consolidação das Leis do Trabalho. Depois, foram revogados tacitamente pela nova lei regulamentadora da profissão.

Com o surgimento de novas peculiaridades da predita profissão, por óbvio, houve outras necessidades regulamentares. Atualmente, a Lei n. 3.857, de 22 de dezembro de 1960, criou a Ordem dos Músicos do Brasil e passou a regrar integralmente o trabalho dos profissionais da música.

3. Classificação dos profissionais da música

O art. 29 da tutela especial classifica os profissionais da música da seguinte maneira:

a) compositores de música erudita ou popular;

b) regentes de orquestras sinfônicas, óperas, bailados, operetas, orquestras mistas, de salão, ciganas, jazz, jazz-sinfônico, conjuntos corais e bandas de música;

c) diretores de orquestras ou conjuntos populares;

d) instrumentais de todos os gêneros e especialidades;

e) cantores de todos os gêneros e especialidades;

f) professores particulares de música;

g) diretores de cena lírica;

h) arranjadores e orquestradores;

i) copistas de música.

Ademais, em relação à classificação dos músicos, a função de cada um desses profissionais é disciplinada pelos arts. 30 a 38 da norma regulamentadora em estudo.

4. Registro do músico no órgão de classe e o exercício da profissão

Hoje, quase todas as profissões regulamentadas têm seu órgão de classe com o escopo de fiscalizar, aplicar penalidades,[124] zelar, defender e autorizar o pleno exercício da profissão. Isso acontece, por exemplo, com a Ordem dos Advogados do Brasil (fiscaliza a profissão dos advogados), Conselho Regional de Medicina (órgão da classe dos médicos), Conselho Regional de Odontologia (conselho encarregado de fiscalizar os profissionais da odontologia).

A norma que tutela os músicos não é diferente. O art. 16 da lei profissional determina:

> Os músicos só poderão exercer a profissão depois de regularmente registrados no órgão competente do Ministério da Educação e Cultura e no Conselho Regional dos Músicos sob cuja jurisdição(125) estiver compreendido o local de sua atividade (art. 16 da Lei n. 3.857/1960).

Os registros devidamente "homologados" pelo órgão de classe serão realizados nas carteiras profissionais que os habilitarão ao exercício da profissão de músico em todo o país (art. 17 da Lei n. 3.857/1960).

O documento profissional valerá como documento de identidade e terá fé pública. A carteira a que se refere a lei servirá, ainda, como documento de identificação civil e profissional.

No caso de o músico ter de exercer temporariamente a sua profissão em outra jurisdição, deverá apresentar a carteira profissional para ser visada pelo presidente do Conselho Regional desta jurisdição (art. 17, § 2º da Lei n. 3.857/1960).

Finalmente, no caso de o músico inscrito no Conselho Regional de um Estado passar a exercer por mais de 90 dias atividade em outro estado, deverá requerer inscrição no Conselho Regional da jurisdição onde estiver atuando (art. 17, § 3º da Lei n. 3.857/1960).

---

(124) O art. 19 e seus parágrafos da lei do músico, traça de forma de *numerus clausus* as espécies de penalidades: recursos e gradação das punições que podem ser aplicadas pelo Conselho aos profissionais de classe. Portanto, as penas disciplinares aplicáveis são as seguintes: a) advertência; b) censura; c) multa; d) suspensão do exercício profissional até 30 (trinta) dias; e) cassação do exercício profissional *ad referendum* do Conselho Federal. Ao passo que o § 1º Salvo os casos de gravidade manifesta que exijam aplicação imediata da penalidade mais grave, a imposição das penas obedecerá à gradação deste artigo. Em matéria disciplinar, o Conselho Regional deliberará de ofício ou em consequência de representação de autoridade, de qualquer músico inscrito ou de pessoa estranha ao Conselho, interessada no caso. À deliberação do Conselho precederá, sempre, audiência do acusado sendo-lhe dado defensor no caso de não ser encontrado, ou for revel. Da imposição de qualquer penalidade caberá recurso no prazo de 30 (trinta) dias, contados da ciência, para o Conselho Federal, sem efeito suspensivo, salvo os casos das alíneas c, d e e, deste artigo, em que o efeito será suspensivo. Além do recurso previsto no parágrafo anterior, não caberá qualquer outro de natureza administrativa ressalvada aos interessados a via judiciária para as ações cabíveis. As denúncias contra membros dos Conselhos Regionais só serão recebidas quando devidamente assinadas e acompanhadas da indicação de elementos comprobatórios do alegado.

(125) Observe-se que não se deve ler jurisdição e sim circunscrição. O significado do termo jurisdição não pode ser empregado para órgãos administrativos, isso porque esses órgãos não dizem o direito.

5. Trabalho do músico em equipe e contratação

Os músicos, em sua grande maioria, formam grupos para desempenharem suas funções com maior desenvoltura e sucesso na execução da profissão. Exemplos são bandas de pagodes, orquestras, óperas, bailarinos etc., que, no mais das vezes, se valem de inúmeros componentes.

Nos casos de ajustes contratuais com um conjunto de músicos, o instrumento contratual jurídico deverá ser um "contrato de equipe".

Nesse sentido, Alice Monteiro de Barros explica:

> Poderá ocorrer, ainda, de ser celebrado ajuste com um conjunto de músicos, isto é, com uma equipe, organizada espontaneamente, cujo propósito é executar um trabalho comum. Frise-se, o grupo, em geral, é formado antes de se estabelecer qualquer relação jurídica com terceiro. O ajuste firmado com este grupo intitula-se "contrato de equipe" e pressupõe que o trabalho não possa ser realizado senão mediante os esforços de todos os seus integrantes [...] (BARROS, 2008, p. 394).

O contrato de equipe nada mais é do que um contrato de empreitada entre contratante (geralmente casas de espetáculos) e profissionais de música, visando ao labor em conjunto de um determinado resultado,[126] no caso específico uma apresentação artística de musicais.

6. Trabalho de forma autônoma ou subordinada

Os músicos podem trabalhar de forma autônoma ou subordinada, ou seja, com ou sem um senhor gerindo seu labor.

Nas situações em que o músico trabalhe de forma empregada, este será integrante de categoria diferenciada.

A norma que rege a profissão do músico dispõe:

> Para os fins desta lei, não será feita nenhuma distinção entre o trabalho do músico e do artista músico a que se refere o Decreto n. 5.492, de 16 de julho de 1928, e seu Regulamento, desde que este profissional preste serviço efetivo ou transitório a empregador, sob a dependência deste e mediante qualquer forma de remuneração ou salário, inclusive *cachet* pago com continuidade (art. 61 da Lei n. 3.857/1960).

Quando o músico estiver trabalhando de forma subordinada,[127] o empregador, por óbvio, será o responsável pelo empreendimento e pelo pagamento da contraprestação pactuada. A lei de tutela específica deixa claro que o pagamento será feito através de cachê. A rigor, essa forma de pagamento de salário é peculiar ao direito do trabalho.

---

(126) Saiba-se ainda que Alice Monteiro de Barros observa de forma clara que "os músicos têm autonomia e objetivam o resultado do trabalho, cujos riscos a eles competem. A este fato acresce a ausência de comando sobre sua atuação concreta". In: BARROS, Alice Monteiro. *Contratos e regulamentações especiais de trabalho, peculiaridades, aspectos controvertidos e tendências*. 3. ed. rev., ampl. São Paulo: LTr, 2008. p. 395.

(127) Atente-se, todavia, que quando o músico for empregado de empresas responsáveis por eventos, como por exemplo, orquestras, trabalhará como um empregado normal que presta seus serviços a empresas.

Saliente-se que o Supremo Tribunal Federal editou a Súmula persuasiva de número 312 enunciando: "Músico integrante de orquestra da empresa com atuação permanente e vínculo de subordinação está sujeito à legislação geral do trabalho e não à especial dos artistas".

Por fim, outra súmula não pode ser olvidada. Desta vez, a de número 386 do predito Tribunal quando enuncia: "Pela execução de obra musical, por artistas remunerados, o direito autoral é devido, não exigível quando a orquestra for de amadores". (STF, Súmula n. 386)

7. Contrato de trabalho do músico e suas peculiaridades

O contrato de trabalho entre o músico profissional e empregador, de certo modo, pode-se dizer que é regrado pelos arts. 59 e 61 da tutela especial do músico.

A norma considera, entretanto, empregador do músico:

> Os estabelecimentos comerciais, teatrais e congêneres, bem como as associações recreativas, social, ou desportivas; os estúdios de gravação, radiodifusão, televisão ou filmagem; as companhias nacionais de navegação; toda organização ou instituição que explore qualquer gênero de diversão, franqueada ao público, ou privativa de associados (art. 59 da Lei n. 3.857/1960).

O empregado será, sobretudo, sempre o músico, pessoa física que esteja devidamente registrado na Ordem dos Músicos do Brasil, conforme versa o art. 61: "Empregado é o profissional da música que preste serviço efetivo ou transitório a empregador, sob a dependência deste e mediante qualquer forma de remuneração ou salário, inclusive cachê[128] pago com continuidade".

No que diz respeito à duração do contrato de trabalho, a lei é silente. Não dispõe que o empregador pode contratar na forma de prazo determinado ou indeterminado. Qualquer discussão a esse respeito seria criar celeuma sobre o óbvio, isso porque é impensável que os empregadores de músicos só pudessem contratar por prazo indeterminado. Nesta situação, a tutela de labor especial estaria indo contra toda a legislação trabalhista nacional que permite que o contrato de trabalho seja por prazo determinado ou indeterminado.[129]

A maior peculiaridade no contrato de trabalho do músico é, sem dúvida, a forma de remuneração paga por cachê, que nada mais é do que o valor pago pelo empregador pelo labor feito do profissional da música (art. 61 da Lei n. 3.857/1960).

---

(128) Nesse sentido, o entendimento de Alice Monteiro de Barros: "[...] a contraprestação paga por meio de *cachet* não descaracteriza a onerosidade indispensável ao contrato de emprego, como se infere do próprio conceito de músico empregado, a que faz menção o art. 61 da Lei n. 3.857, de 1960". In: BARROS, Alice Monteiro. *Contratos e regulamentações especiais de trabalho, peculiaridades, aspectos controvertidos e tendências*. 3. ed. rev., ampl. São Paulo: LTr, 2008. p. 397.

(129) Não se olvide de que o art. 445 da CLT dispõe que o contrato de trabalho pode ser por prazo determinado, que, neste caso, não pode ultrapassar o prazo de dois anos.

8. Jornada de trabalho

A lei especial do músico traçou a jornada de trabalho destes profissionais. Pode-se dizer, no entanto, que a regra geral é um labor de cinco horas por dia. Dispõe assim o art. 41: "A duração normal do trabalho dos músicos não poderá exceder de 5 (cinco) horas, excetuados os casos previstos nesta lei".

Essa jornada deixa deduzido que o músico terá um módulo semanal de 30 horas de trabalho e 150 horas de trabalho durante o mês.

Computa-se na jornada de trabalho o tempo destinado aos ensaios, bem como o tempo em que o profissional músico esteja à disposição do empregador. Este ponto, a propósito, é o mesmo encontrado no art. 4º da Consolidação das Leis do Trabalho.

O trabalho de cinco horas pode ser elevado para seis horas para alguns profissionais da música. Determina, destarte, o art. 42: "A duração normal do trabalho poderá ser elevada a 6 (seis) horas, nos estabelecimentos de diversões públicas, tais como cabarés,[130] boates, *dancings*, *taxi-dancings*, salões de danças e congêneres, onde atuem 2 (dois) ou mais conjuntos".

Excepcionalmente, a duração normal do trabalho pode ser elevada para sete horas, nos casos de força maior ou festejos populares e serviço reclamado pelo interesse nacional.

As horas extras serão remuneradas com o dobro do valor do salário normal, situação que se justifica pelo esforço do músico no manuseio dos instrumentos musicais.

A lei ainda assegura que as prorrogações permanentes deverão ser precedidas de homologação da autoridade competente.

9. Tempo destinado para intervalos, pausas e descansos

De forma inteligente e clara, a lei do músico aduz que em todos os casos de prorrogação do período normal de trabalho, haverá obrigatoriamente, um intervalo para repouso de 30 minutos, no mínimo (art. 42, § 2º da Lei n. 3.857/1960).

O art. 41 (*caput*) dispõe uma exceção: "O intervalo para refeição será de 1 (uma) hora e esse tempo não será computado como tempo de serviço".

O mesmo artigo alude ainda: "Os demais intervalos que se verificarem, na duração normal do trabalho ou nas prorrogações serão computados como de serviço efetivo" (art. 41, § 2º da Lei n. 3.857/1960).

Pondere-se que a redação do art. 43 da Lei n. 3.857/1960 em comento fixa:

> Nos espetáculos de ópera, bailado e teatro musicado, a duração normal do trabalho, para fins de ensaios, poderá ser dividida em dois períodos, separados por intervalo de várias horas, em benefício do rendimento artístico e desde que a tradição e a natureza do espetáculo assim o exijam (art. 43 da Lei n. 3.857/1960).

---

(130) Essa nomenclatura anacrônica é de 1960, evidentemente, que hoje compreende as casas de espetáculos ou outras casas de entretenimento similares.

Nos ensaios gerais, destinados à censura oficial, poderá ser excedida a duração normal do trabalho (art. 43, parágrafo único).

Outros aspectos de tempo para repouso devem ser aplicados aos músicos. A cada seis dias de labor, deverá ter a concessão de um dia de folga semanal obrigatório. Também, no que diz respeito ao intervalo entre jornadas, deverá ter uma duração de repouso ininterrupto de 11 horas.

10. Trabalho dos músicos estrangeiros

O trabalho de profissionais estrangeiros no território brasileiro é permitido pela legislação nacional, evidentemente, após o cumprimento de alguns requisitos de ordem técnicas, científicas, práticas e burocráticas para fins de adequação ao nosso sistema jurídico, social e soberano.

Para os músicos estrangeiros que precisam trabalhar no Brasil não é diferente. Também terão, por óbvio, de preencherem os requisitos e cumprir a legislação pátria.

Assim, as orquestras, os conjuntos musicais, os cantores e concertistas estrangeiros só poderão exibir-se no território nacional a juízo do Ministério do Trabalho, Indústria e Comércio e pelo prazo máximo de 90 dias depois de legalizada sua permanência no país, na forma da legislação vigente (art. 49 da Lei n. 3.857/1960).

É determinado ainda:

> As orquestras, os conjuntos musicais e os cantores de que trata este artigo só poderão exibir-se: em teatros, como atração artística; em empresas de radiodifusão e de televisão, em cassinos, boates e demais estabelecimentos de diversão, desde que tais empresas ou estabelecimentos contratem igual, número de profissionais brasileiros, pagando-lhes remuneração de igual valor (art. 49, § 1º da Lei n. 3.857/1960).

A propósito, ficam dispensados dessa exigência as empresas e os estabelecimentos que mantenham orquestras, conjuntos, cantores e concertistas nacionais.

Saliente-se, por oportuno, que as orquestras, os conjuntos musicais, os cantores e concertistas de que trata este artigo não poderão exercer atividades profissionais diferentes daquelas para o exercício das quais tenham vindo ao país (art. 49, § 3º da Lei n. 3.857/1960).

Uma vez terminados os prazos contratuais e desde que não haja acordo em contrário, os empresários ficarão obrigados a reconduzir os músicos estrangeiros aos seus pontos de origem (art. 51 da lei especial).

Os músicos devidamente registrados no país só trabalharão nas orquestras estrangeiras, em caráter provisório e em caso de força maior ou de enfermidade comprovada de qualquer dos seus componentes, não podendo o substituto, em nenhuma hipótese, perceber proventos inferiores[131] ao do substituído (art. 52 da tutela particular).

---

(131) Nesse diapasão, Alice Monteiro de Barros explica: "[...] a Súmula n. 159 do TST não se aplica a essa situação integralmente, pois, também no caso de substituição eventual, é assegurado ao músico substituto o mesmo salário contratual percebido pelo substituto". *In*: BARROS, Alice Monteiro. *Contratos*

O art. 53 versa:

> Os contratos celebrados com os músicos estrangeiros somente serão registrados no órgão competente do Ministério do Trabalho, Indústria e Comércio, depois de provada a realização do pagamento pelo contratante da taxa de 10% (dez por cento) sobre o valor do contrato e o recolhimento da mesma ao Banco do Brasil em nome da Ordem dos Músicos do Brasil e do sindicato local, em partes iguais. (art. 53 da Lei n. 3.857/1960)

Por derradeiro, em casos de contratos celebrados com base, total ou parcialmente, em percentagens de bilheteria, o recolhimento previsto será feito imediatamente após o término de cada espetáculo.

11. Releitura sistematizada do tópico apresentado

- O músico é regulamentado pela Lei n. 3.857, de 22 de dezembro de 1960. A parte da norma que trata, basicamente, de aspectos trabalhistas está insculpida no art. 41 a 48.

- Os músicos são classificados em:

    a) compositores de música erudita ou popular;

    b) regentes de orquestras sinfônicas, óperas, bailados, operetas, orquestras mistas, de salão, ciganas, jazz, jazz-sinfônico, conjuntos corais e bandas de música;

    c) diretores de orquestras ou conjuntos populares;

    d) instrumentais de todos os gêneros e especialidades;

    e) cantores de todos os gêneros e especialidades;

    f) professores particulares de música;

    g) diretores de cena lírica;

    h) arranjadores e orquestradores;

    i) copistas de música.

- Cada profissional músico tem sua função regrada pelos arts. 30 a 38 da norma regulamentadora em estudo.

- Os músicos só poderão exercer a profissão depois de regularmente registrados no órgão competente do Ministério da Educação e Cultura e no Conselho Regional dos Músicos sob cuja jurisdição estiver compreendido o local de sua atividade.

- O documento profissional valerá como documento de identidade e terá fé pública.

- O músico inscrito no Conselho Regional de um Estado que passar a exercer por mais de 90 dias atividade em outro estado deverá requerer inscrição no conselho regional da nova jurisdição.

---

e regulamentações especiais de trabalho, peculiaridades, aspectos controvertidos e tendências. 3. ed. rev., ampl. São Paulo: LTr, 2008. p. 401.

• Nos casos de ajustes contratuais com um conjunto de músicos, o instrumento contratual jurídico deverá ser um "contrato de equipe".

• O pagamento do músico será feito através de cachê. A rigor, essa forma de pagamento de salário é rara no direito do trabalho.

• Músico integrante de orquestra da empresa com atuação permanente e vínculo de subordinação está sujeito à legislação geral do trabalho e não à especial dos artistas.

• Também a Súmula de número 386 do STF traz que, pela execução de obra musical, por artistas remunerados, o direito autoral é devido, não exigível quando a orquestra for de amadores.

• São considerados empregadores de músicos: os estabelecimentos comerciais, teatrais e congêneres, bem como as associações recreativas, social, ou desportivas; os estúdios de gravação, radiodifusão, televisão ou filmagem; as companhias nacionais de navegação; toda organização ou instituição que explore qualquer gênero de diversão, franqueada ao público, ou privativa de associados.

• Forma de remuneração ou salário: através de cachê.

• A jornada de trabalho é de cinco horas por dia.

• O trabalho de cinco horas pode ser elevado para seis horas para alguns profissionais da música.

• De forma excepcional, a duração normal do trabalho pode ser elevada para sete horas nos casos de força maior ou festejos populares e serviço reclamado pelo interesse nacional.

• A lei ainda assegura que as prorrogações permanentes deverão ser precedidas de homologação da autoridade competente.

• Em todos os casos de prorrogação do período normal de trabalho, haverá, obrigatoriamente, um intervalo para repouso de 30 minutos, no mínimo.

• O intervalo para refeição será de uma hora. Manda a norma que esse tempo gasto para alimentação de meio-dia não seja computado como tempo de serviço.

• Nos espetáculos de ópera, bailado e teatro musicado, a duração normal do trabalho, para fins de ensaios, poderá ser dividida em dois períodos, separados por intervalo de várias horas, em benefício do rendimento artístico e desde que a tradição e a natureza do espetáculo assim o exijam.

• A cada seis dias de labor, deverá ter a concessão de um dia de folga semanal obrigatório.

• O intervalo entre jornadas deverá ter uma duração de repouso ininterrupto de 11 horas.

• As orquestras, os conjuntos musicais, os cantores e concertistas estrangeiros só poderão exibir-se no território nacional, a juízo do Ministério do Trabalho, Indústria e Comércio, e pelo prazo máximo de 90 dias depois de legalizada sua permanência no país, na forma da legislação vigente.

• As orquestras, os conjuntos musicais, os cantores e concertistas de que trata este artigo não poderão exercer atividades profissionais diferentes daquelas relacionadas com sua vinda ao país.

• Uma vez terminados os prazos contratuais, e desde que não haja acordo em contrário, os empresários ficarão obrigados a reconduzir os músicos estrangeiros aos seus pontos de origem.

Capítulo XXVI
Mãe Social

1. Legislação Aplicável

A norma que rege a atividade[132] de mãe social no Brasil é a Lei n. 7.644, de 18 de dezembro de 1987.[133]

2. Conceito sobre mãe social

Considera-se mãe social, para efeito desta lei, aquela que, dedicando-se à assistência ao menor abandonado, exerça o encargo em nível social, dentro do sistema de casas lares (Lei n. 7.644/87, art. 2º).

Mister ressaltar que Amauri Mascaro Nascimento explica:

A instituição admite e coloca a mãe social em uma casa-lar na qual terá a incumbência de residir e cuidar de determinado número de menores abandonados, mediante remuneração reajustável [...] (NASCIMENTO, 2005, p. 187).

Mãe social, na verdade, é uma empregada[134] de entidades filantrópicas ou sem fins lucrativos (casas-lares) que acolhe e dá assistência a menores abandonados que podem ser crianças ou adolescentes. Não se pode confundir este instituto com o do empregado doméstico. Em verdade, obreiro familiar é aquele que labora para pessoa ou família. Já mãe social é uma funcionária de entidades sem fins lucrativos que cuida de crianças ou adolescentes abandonados.

3. Considerações sobre casas-lares

Vale destacar que é considerada casa-lar a unidade residencial[135] sob responsabilidade de mãe social, que abrigue até dez menores. Atente-se, no entanto, que as

---

(132) Vólia Bomfim Cassar afirma: "A atividade de mãe social foi criada no Brasil pela Lei n. 7.644/87, com o objetivo de acolher um menor abandonado, dar-lhe educação e receber, em contrapartida, um incentivo financeiro por isso." *In:* CASSAR, Vólia Bomfim. *Direito do trabalho*. 5. ed. Niterói: Impetus, 2011. p. 343.

(133) Saiba-se que antes da Lei n. 7.644/87 já havia algo parecido no Brasil, que eram as "mães crecheiras", que trabalhavam em creches ou em instituições como a LBA e a Febem e recebiam, em alguns casos, pequenos benefícios, como um lanche ou ajuda para transporte. *In:* CASSAR, Vólia Bomfim. *Op. cit.*

(134) Não se pode confundir mãe social com "crecheira". Esta não é empregada de entidades filantrópicas, apenas de modo altruístico, sozinha ou em grupo, cuida de crianças da comunidade sem qualquer intenção de ganhos. Aquela exerce seu labor como empregada de instituições filantrópicas.

(135) Segundo, Lucimar Maria da Silva: "E este isolamento tem razão de ser quando o menor abandonado, isto é, aquele em 'situação irregular' (art. 17), em decorrência da morte ou, o que é mais comum, pelo abandono dos pais, sente-se à mercê de uma sociedade que não o deseja, impondo-se então, inicialmente um isolamento onde ele, num ambiente familiar, se reestruture, retornando à comunidade não mais como um menor, mas sim como um trabalhador". *In:* SILVA, Lucimar Maria da. Mãe social. *In:* SANTOS, Jackson Passos; MELLO, Simone Barbosa de Martins (Org.). *Contratos especiais de trabalho:* homenagem ao professor Oris de Oliveira. São Paulo: LTr, 2010. p. 146.

casas-lares serão isoladas, formando, assim quando agrupadas, uma aldeia assistencial ou vila de menores. A casa-lar fixará os limites de idade em que os menores ficarão sujeitos ao ingresso nas instituições, bem como outros critérios de convivência entre os menores e a mãe social.

4. Atribuições da mãe social

Impende destacar que a partir da fixação da incumbência de cuidar dos menores, a mãe social passa a ter uma série de atribuições ou diretivas para perseguir o bom desempenho de seu ofício. Destarte, a Lei n. 7.644, de 18.12.1987 (art. 4º) dispõe que são atribuições da mãe social propiciar o surgimento de condições próprias de uma família, orientando e assistindo os menores colocados sob seus cuidados. Cabe-lhe administrar o lar, realizando e organizando as tarefas a ele pertinentes, bem como dedicar-se, com exclusividade, aos menores e à casa-lar que lhes for confiada.

5. Direitos assegurados à mãe social

Versa o art. 5º da Lei n. 7.644/87 que é assegurado à mãe social os seguintes direitos: remuneração não inferior ao mínimo legal, anotações na CTPS,[136] apoio técnico, administrativo e financeiro no desempenho de suas funções, férias anuais de 30 dias ininterruptos, descanso semanal remunerado de 24 horas consecutiva, 13º salário; inscrição no INSS na qualidade de obrigatório, assim como depósitos do FGTS.

6. Requisitos específicos necessários para ser mãe social

Cuidar de crianças não é tarefa para qualquer indivíduo. A atividade de mãe social requer, sobretudo, conhecimento, habilidade, treinamento e muita responsabilidade. Consoante isso, o art. 9º da lei, que disciplina o trabalho da mãe social, diciciona alguns requisitos específicos necessários para a candidata poder exercer o ofício de mãe social. Ela deve ter idade mínima de 25 anos, boa sanidade mental e física, ter o ensino fundamental, ter sido aprovada no treinamento, boa conduta social e aprovação em teste psicológico.

Observe-se, a rigor, que existe uma estrutura legal e um tratamento preparatório específico para o indivíduo[137] poder ser mãe social. Portanto, ressalte-se mais uma vez, o ofício de mãe social não é para qualquer pessoa. Tem de ter, fundamentalmente, a devida preparação psicológica e técnica.

---

(136) Nesse sentido, Vólia Cassar enfatiza: "Sem dúvida, a lei pretendeu estender o vínculo de emprego às mães sociais, seja porque expressamente determinou a anotação da CTPS (art. 5o, I, da Lei), seja porque quando quis afastá-lo, o fez expressamente, como o art. 8º, § 2º, da Lei n. 7.644/87: 'O treinamento e estágio a que se refere o parágrafo anterior não excederão de 60 (sessenta) dias, nem criarão vínculo de emprego de qualquer natureza'". In: CASSAR, Vólia Bomfim. Direito do trabalho. 5. ed. Niterói: Impetus, 2011. p. 344.

(137) Saliente-se, todavia, que existem decisões no sentido de aplicar a Lei n. 7.644/87 ao homem (pai social). O respaldo para essa aplicação analógica, na verdade, é o art. 5º, I da CF/88.

Não se deve olvidar, sobretudo, que essas condições específicas são obrigatórias. Não pode, assim, faltar nenhuma delas. Tal zelo técnico endógeno à mãe social, a rigor, tem como razão buscar na pretensa candidata preparo e maturação para cuidar de crianças ou adolescentes em estado de abandono.

7. Penalidades aplicáveis à mãe social

Em última análise, as mães sociais como quaisquer profissionais ficam sujeitas às penalidades decorrentes do poder disciplinar aplicadas pelo empregador. Destarte, o art. 14 da norma em tela dispõe que as mães sociais ficam sujeitas às seguintes penalidades quando cometerem faltas laborais: advertência, suspensão e a mais grave de todas, demissão.[138] Saliente-se, por oportuno, que os conceitos ou bases fático-jurídicas que dão embasamento ao exercício do poder disciplinar do empregador são os do art. 482, da Consolidação das Leis do Trabalho.

8. Releitura sistematizada do tópico apresentado

- A norma que rege a atividade de mãe social no Brasil é a Lei n. 7.644, de 18 de dezembro de 1987.

- Mãe social é aquela que, dedicando-se à assistência ao menor abandonado, exerça o encargo em nível social, dentro do sistema de casas-lares. É uma empregada de entidades filantrópicas ou sem fins lucrativos (casas-lares) que acolhe e dá assistência a menores abandonados.

- Casa-lar é a unidade residencial sob responsabilidade de mãe social, que abrigue até dez menores.

- São atribuições da mãe social: propiciar o surgimento de condições próprias de uma família, orientando e assistindo os menores colocados sob seus cuidados; administrar o lar, realizando e organizando as tarefas a ele pertinentes; dedicar-se, com exclusividade, aos menores e à casa-lar que lhes for confiada.

- É garantida à mãe social remuneração não inferior ao mínimo legal, anotações na CTPS, apoio técnico, administrativo e financeiro no desempenho de suas funções, férias anuais de 30 dias ininterruptos, descanso semanal remunerado de 24 horas consecutivas, 13º salário, inscrição no INSS na qualidade de obrigatório, assim como depósitos do FGTS.

- São requisitos específicos necessários para exercer ofício de mãe social idade mínima de 25 anos, boa sanidade mental e física, ter o ensino fundamental completo, aprovação em treinamento, dispor de boa conduta social e ter aprovação em teste psicológico.

- As mães sociais ficam sujeitas às seguintes penalidades no caso de justa causa: advertência, suspensão e demissão.

---

(138) Advirta-se que extinto o contrato de trabalho entre a mãe social e a sua empregadora, casa-lar, a obreira deverá, obrigatoriamente, se retirar da casa que ocupava, providenciando, a entidade, a sua substituição imediatamente (Lei n.7644/87, art. 13).

Capítulo XXVII
Representante Comercial Autônomo

1. Base regulamentadora

A Lei n. 4.886, de 9 de dezembro de 1965, com alterações da Lei n. 8.420, de 8 de maio de 1992, regulamenta a profissão do representante comercial autônomo no Brasil.

2. Natureza jurídica do contrato de representação comercial

Existe acesa na doutrina um debate sobre a natureza jurídica do contrato de representação comercial. A propósito, há quem diga que esse negócio jurídico tem natureza mercantil ou civil[139] e há ainda quem considere ter natureza de colaborador jurídico e não de mero mandatário.[140]

Vale observar, entretanto, que Bruno Modesto Silingardi salienta:

> [...] não há dúvidas que a Representação Comercial desenvolve uma atividade mercantil, ou seja, por meio do gerenciamento de negócios ele exerce um importante papel na movimentação do comércio em geral, bem como na conquista de novos mercados em nome dos produtores e fabricantes. (SILINGARDI, 2011, p. 109)

Impera-se desde já afirmar que o entendimento predominante escoltado pelos maiores juristas nesta seara é no sentido de que o contrato de representação comercial tem natureza mercantil.

Em síntese, pode-se obter o seguinte: a natureza jurídica da representação comercial é civil, isso para a atividade de contratos mercantis. Para sustentar essa afirmação busca subsídio na Lei n. 4.886/65 quando ela cinge a função do representante comercial autônomo: "A mediação para a realização de negócios mercantis" (art. 1º, parágrafo único). Eis, portanto, aí o segredo da natureza jurídica desse contrato: mercantilidade.

3. Conceito de representante comercial autônomo

Antes de tudo, enfatize-se que o conceito legal de representante comercial é, sobretudo, criticado por parte da doutrina por ser considerado impreciso e incompleto.

Nesse contexto, vale observar que o conceito de representante comercial autônomo é trazido pela norma que regulamenta a atividade. Assim o art. 1º conceitua representante comercial autônomo:

> A pessoa jurídica ou a pessoa física, sem relação de emprego, que desempenha, em caráter não eventual por conta de uma ou mais pessoas, a mediação para a realização

---
(139) Em apoio a essa discussão, encontram-se Ricardo Nacim Saad, Orlando Gomes e Rubens Edmundo Requião.
(140) Esse entendimento é esposado por Mauricio Godinho Delgado.

de negócios mercantis, agenciando propostas ou pedidos, para transmiti-los aos representados, praticando ou não atos relacionados com a execução dos negócios (art. 1º da Lei n. 4.886/1965).

Saliente-se, todavia, que a representação pode ser desenvolvida por pessoa física[141] ou por pessoa jurídica. No caso de pessoa jurídica, a Junta Comercial do Estado de São Paulo, fixou parecer (Proc. JC n. 4.737, de 1974) por meio da Procuradoria Regional: "A atividade exercida pela pessoa jurídica no ramo de representação comercial é de natureza mercantil, e, como tal, o contrato constitutivo da sociedade deve ser arquivado no Registro do comércio".

Rubens Requião comenta: "Como se vê, o art. 1º nos oferece uma definição legal do instituto da representação comercial ou agência comercial. Todos os elementos que a integram e a caracterizam aí estão presentes" (REQUIÃO, 1977, p. 25).

Por fim, mister ressaltar, que ainda se pode conceituar representante comercial autônomo como sendo o profissional com profissão regulamentada que, através de contrato, atua de forma não eventual e mediante pagamento na representação mercantil do mandatário.

4. Representação comercial e relação de emprego

Inicialmente vale acrescentar que olhos mal treinados podem confundir o representante comercial, profissional autônomo, com um empregado, ou seja, um obreiro regido pelo texto consolidado. Essa confusão em muitas vezes nasce porque as duas figuras apresentam aparentemente pontos comuns.

Pode-se, no entanto, heterogeneizar esses dois institutos da seguinte forma: o representante comercial autônomo é uma espécie de trabalhador autônomo que tem a sua profissão disciplinada pela Lei n. 4.886/1965. Já o empregado, por sua vez, tem sua disciplina na consolidação trabalhista e a principal distinção reside na subordinação jurídica.

Explica-se: na relação jurídica do representante comercial autônomo não se encontra presente o pressuposto fático da subordinação jurídica que, na verdade, é a pedra de toque na formação do vínculo de emprego[142], conforme prenuncia os arts. 2º e 3º da Consolidação das Leis do Trabalho.

---

(141) Ricardo Nacim Saad observa: "O exercício de representação comercial por pessoa natural tem ensejado, não raro, quando do rompimento do vínculo, conflitos entre representantes e representados, conflitos esses que acabam por ser, quase sempre, canalizados para a Justiça do Trabalho, sob o argumento de que esse vínculo seria empregatício". In: SAAD, Ricardo Nacim. Representação comercial: de acordo com o novo código civil (Lei n. 10.406, de 10.1.2002). 3. ed. São Paulo: Saraiva, 2003. p. 16.

(142) Saliente-se, por oportuno, que Rubens Requião enfatiza: "Tanto nas relações de emprego como as de representação comercial são de caráter permanente, não eventuais; tanto o empregado como o representante comercial podem exercer atividade de interposição entre interessados na realização comercial". In: REQUIÃO, Rubens. Representante comercial: relação de trabalho e relação de emprego. Revista do Tribunal Regional do Trabalho 8ª Região, Belém, v. 11, n. 21, jul./dez. 1978. p. 69.

Deste modo:

O trabalhador autônomo na relação de representação comercial, não recebe ordens, no sentido de submissão. Não pode, portanto, sofrer sanções disciplinares da empresa, pois não está comprometido por elo de subordinação. Com a empresa trata de igual para igual. (REQUIÃO, 1978, p. 70)

Nesse contexto, o mesmo não se pode afirmar na relação de emprego. Nesta, por sua vez, o negócio jurídico é consubstanciado por um contrato individual de trabalho disciplinado pela Consolidação das Leis do Trabalho e aí se encontram presente todos os elementos fático-jurídicos formadores da relação de emprego: pessoalidade, onerosidade, continuidade, subordinação jurídica e trabalho prestado por pessoa física.

Portanto, contrato de representante comercial não é contrato de trabalho ou de emprego. Assim, não existe relação de emprego, mas somente um negócio jurídico de natureza comercial. Por isso, essencialmente, não se pode confundir esses dois fenômenos jurídicos. Ressalte, a rigor, que a própria lei diz que representante comercial é "a pessoa jurídica ou a pessoa física, sem relação de emprego". (art. 1º da Lei n. 4.886/1965)

5. Da diferença entre representante comercial e do vendedor empregado

Grande celeuma instalou-se para distinguir representante comercial autônomo e o vendedor empregado. Antes de tudo, é mister ressaltar que será o caso concreto que definirá com maior segurança um ou outro profissional. Isso porque entre essas figuras existe uma zona cinzenta que nos leva a fácil confusão.

Conforme já dito, o representante comercial é um autônomo, por tal razão gerencia sua própria profissão, atende aos anseios do seu autocomando laboral. Além disso, tem lei própria que baliza sua vida profissional jurídica. Além do mais, o representante comercial autônomo, obrigatoriamente, deve ter registro no Conselho Regional de Representantes Comerciais para poder regularmente desenvolver suas atividades profissionais.

De fato, não se pode negar que o representante comercial é um trabalhador autônomo,[143] isso porque trabalha com liberdade, gerindo seu ofício com os poderes conferidos pelo contrato de representação comercial autônoma. Destarte, esse profissional pode escolher seus clientes, horários e traçar dias de atuação etc.

Já o vendedor empregado é regido pela Consolidação das Leis do Trabalho e como consequência natural gravitam ao seu redor todos os elementos formadores do

---

(143) Observe-se esse acórdão paradigma: "Representação comercial - Atividade de representação mercantil é autônoma, ainda que contratada, com exclusividade, para ser exercida em relação a determinada empresa. Inexistência de relação empregatícia. Aplicam-se, na espécie, os arts. 4º, inc. IV, alínea c da CLT e 7º, inc. IV alínea b, do Decreto n. 83.081, de 24.1.1979" (TRF, 6ª T., Apelação Cível n. 82.784/ RS- DJU de 25.8.1983).

vínculo de emprego:[144] pessoalidade, subordinação, pessoa natural, continuidade e onerosidade. Na verdade, o vendedor empregado se enquadra no art. 3º da consolidação trabalhista: "Considera-se empregado toda pessoa física que presta serviços de natureza não eventual a empregador, sob dependência deste e mediante salário" (art. 3º da CLT).

Os vendedores:

Prestam serviços tendo em vista vantagem ou utilidade certa e eventual; não exercem, porém, o comércio no próprio nome, não estão sujeitos à álea dos lucros e das perdas, cujos riscos correm por conta dos donos, isto é, daqueles que, no exercício do comércio, usam, empregam ou expedem o próprio nome (CARDONE, 1990, p. 15).

Ainda, neste contexto, Bruno Modesto Silingardi aduz:

Desta forma, aquele que realiza a mediação de negócios mercantis, agenciando pedidos em nome de outrem, não eventualmente, sem estrutura própria e com subordinação e pessoalidade, será considerado vendedor empregado da representada e não um representante comercial regido pela Lei 4.886/1965 (SILINGARDI, 2011, p. 159).

Eis, portanto, aí o grande desfecho dessa distinção entre ambos profissionais.

Por fim, mister ressaltar, todavia, mais uma vez que a pedra de toque para diferenciar o representante comercial do vendedor viajante é acima de tudo, o modo de trabalho, a subordinação e o princípio da primazia da realidade. Assim, o representante comercial não está subordinado a empregador, mas apenas recebe pontos diretivos de como dirigir o objeto do contrato de representação comercial (mediação para a realização de negócios mercantis, agenciando propostas ou pedidos).

6. Obrigatoriedade de registro no conselho de classe

Toda profissão regulamentada tem seu órgão de classe para traçar regras da profissão, diretrizes a seguir ou até mesmo aplicar penalidades aos seus pares, enfim. O art. 2º da Lei n. 4.886/1965 determina: "É obrigatório o registro dos que exerçam a representação comercial autônoma nos Conselhos Regionais criados pelo art. 6º desta lei".

Então, deve ficar claro que, para o exercício da profissão, obrigatoriamente, seja pessoa física ou jurídica, é preciso obter registro no Conselho Regional de Representante Comercial.

---

(144) Nesse sentido, o Tribunal Regional do Trabalho da 2ª Região proferiu acórdão com esse entendimento: "Trabalhador autônomo. Representação comercial. Lei n. 4.886/1965. Relação de emprego — A representação comercial depende da inscrição do representante no Conselho Regional da sua profissão e do contrato de representação por escrito. A ausência desses requisitos legais conduz ao vínculo de emprego. Quando presentes os elementos dos arts. 2º e 3º da CLT — face a existência da Lei n. 3.207/1957, que regulamenta a função do empregado vendedor, viajante e pracista". *In:* Tribunal Regional do Trabalho, 2ª R., Recurso Ordinário n. 01095200305502007 (20060569160), 9ª T., rel. Luiz Edgar Ferraz de Oliveira, publicado: DJ, 18.8.2006.

Assim, Rubens Requião faz a seguinte observação:

> O registro não sucede à atividade; ao contrário, o registro antecede a atividade, e dela constitui elemento de regularidade. Para que alguém exercite a representação comercial como profissão, se torna essencial que comprove estar legalmente habilitado com o registro. Não poderia, portanto, alguém desempenhar a atividade mediadora sem que antes estivesse legalmente habilitada com o registro (REQUIÃO, 1977, p.125).

Por oportuno, pinça-se a seguinte observação: no caso de que o representante comercial não tenha o devido registro no Conselho ou até mesmo esteja suspenso ou cassado, o vínculo de emprego deve ser reconhecido como se vendedor empregado fosse. Não poderá nesta hipótese ser declarada a relação de emprego como representante comercial, visto que carece de um dos requisitos essenciais para caracterizar a profissão de representante comercial autônomo: registro no órgão de classe. O mesmo pensamento deve ser feito com o bacharel em direito. Sem o registro na Ordem dos Advogados do Brasil, jamais pode ser advogado e consequentemente não poderá praticar atos postulatórios.

Aduza-se, ainda, que se o representante comercial atuar sem registro no órgão competente da profissão, estará cometendo contravenção penal tipificada no art. 47 da lei:

> Exercer profissão ou atividade econômica ou anunciar que a exerce, sem preencher as condições a que por lei está subordinado o seu exercício: Pena- prisão simples, de quinze dias a três meses, ou multa. (art. 47 da Lei n. 4.886/1965)

7. Impedidos de exercer a representação comercial

A Lei n. 4.886/1965, no art. 4º, determina de modo peremptório que não pode ser representante comercial o que não pode ser comerciante, o falido não reabilitado, o que tenha sido condenado por infração penal de natureza infamante, tais como falsidade, estelionato, apropriação indébita, contrabando, roubo, furto, lenocínio ou crimes também punidos com a perda de cargo público. Também é vedado ao que estiver com seu registro comercial cancelado como penalidade.

8. Requisitos caracterizadores do contrato de representação comercial

Lembre-se de que já foi dito que o contrato de representação comercial tem uma tênue semelhança com contrato individual de trabalho. Assim, os requisitos[145]

---

(145) Rodrigo de Lacerda Carelli: "Verifica-se, portanto, que o Contrato de Representação Comercial tem dois requisitos que estão presentes no Contrato de Trabalho, que são a 'onerosidade' e a 'não eventualidade'. Então, à diferença do contrato de trabalho, não existem os requisitos da 'pessoalidade' e da 'subordinação jurídica', sendo que, existindo esses requisitos, caracterizar-se-á a burla à relação de emprego, aplicando-se a nulidade prevista no art. 9º da Consolidação das Leis do Trabalho". In: CARELLI, Rodrigo de Lacerda. Formas atípicas de trabalho. 2. ed. São Paulo: LTr, 2010. p. 76.

do contrato de representação podem ser consubstanciados nos seguintes elementos fático-jurídicos: onerosidade, continuidade ou não eventualidade, autonomia e impessoalidade, e, por fim o requisito do art. 2º, registro da profissão no conselho de classe dos representantes comerciais.

Observe-se, porém, que o requisito autonomia talvez seja o mais importante, isso porque ele está contido no art. 1º da própria norma "sem relação de emprego". Há que se dizer que o representante comercial realiza seu trabalho sem qualquer subordinação a empregador.

9. Elementos obrigatórios do contrato de representação comercial

Seja no contrato individual de trabalho, seja no contrato de representação comercial, existe imposição legal de elementos obrigatórios mínimos nos instrumentos que consubstanciam o negócio jurídico. Nesse contexto, com foco no contrato de representação comercial, a lei determina no art. 27 os elementos básicos que devem nortear a relação jurídica entre representante comercial e representado.

Destarte, no negócio jurídico de representação, além dos elementos comuns e outros, a juízo dos interessados, constarão, obrigatoriamente, condições e requisitos gerais da representação. Deverá haver indicação genérica ou específica dos produtos ou artigos objeto da representação, prazo certo ou indeterminado da representação, indicação da zona ou zonas em que será exercida a representação, garantia ou não, parcial ou total, ou por certo prazo, da exclusividade de zona ou setor de zona, retribuição e época do pagamento, pelo exercício da representação, dependente de efetiva realização dos negócios, e recebimento ou não, pelo representado, dos valores respectivos, casos em que se justifique a restrição de zona conhecida com exclusividade, obrigações e responsabilidades das partes contratantes, exercício exclusivo ou não da representação a favor do representado, indenização devida ao representante[146] pela rescisão do contrato fora dos casos previstos no art. 35, cujo montante não poderá ser inferior a 1/12 do total da retribuição auferida durante o tempo em que exerceu a representação.

10. Obrigações do representante comercial autônomo

Consubstanciado o contrato de representação comercial, o representante fica obrigado a uma série de atos obrigacionais com o representado. Caso não cumpra, por óbvio, estará em linha de justa causa insculpida no art. 35, alínea "a", da lei do representante comercial.

Destarte, conforme determina a Lei n. 4.886/1965:

> O representante comercial fica obrigado a fornecer ao representado, segundo as disposições do contrato ou, sendo este omisso, quando lhe for solicitado, informações detalhadas

---

(146) Arnold Wald acresce: "A indenização do representante comercial, como já vimos, é inspirada nos direitos sociais, especificamente na legislação trabalhista. Sendo assim, tal como ocorre com os direitos trabalhistas, as partes não podem dela dispor livremente, pois não podem afastar as normas de ordem pública". *In:* WALD, Arnold. Do regime jurídico do contrato de representação comercial. *Revista Jurídica Revista Síntese*, v. 43, ano 43, n. 213, jul. 1995. p. 15.

sobre o andamento dos negócios a seu cargo, devendo dedicar-se à representação, de modo a expandir[147] os negócios do representado e promover os seus produtos. (art. 28 da Lei n. 4.886/1965)

O representante tem o encargo de dedicar-se à representação de modo a expandir os negócios do representado e promover os seus produtos. A falta de empenho do representante, desde que comprovada, leva à caracterização de falta (desídia), considerada como justa para a rescisão, pelo representado, do contrato de representação comercial (SAAD, 2003. p. 56).

Neste diapasão, o representante comercial, obrigatoriamente, deve aplicar-se com zelo e cúria nos negócios inerentes à representação comercial, visando sempre a aperfeiçoar, aumentar as vendas e promover os produtos objeto do contrato de representação.

11. Obrigações do representado

O contrato de representação comercial deixa evidenciada a sua bilateralidade. Por tal razão, existe o fluxo e o refluxo de obrigações entre os contratantes. O representado também tem uma série de preceitos contratuais a serem observadas na razão e na delimitação do negócio jurídico de representação. Deve o representado pagar as comissões e dar total respeito a todas as cláusulas de exclusividade, enfim, também deve honrar todas as obrigações específicas contidas no instrumento contratual.

12. Motivos justos para rescisão do contrato pelo representante comercial

Tanto o representante comercial como o representado podem, na presença de motivos justos, pôr fim ao contrato de representação comercial, sem que para tanto paguem indenização por tal atitude rescisória.

Vale destacar, nesse contexto, que o art. 36 da norma elenca motivos justos para a rescisão do contrato de representação comercial pelo representante: redução de esfera de atividade do representante em desacordo com as cláusulas do contrato, a quebra, direta ou indireta, da exclusividade, se prevista no contrato,[148] a fixação abusiva de preços em relação à zona do representante, com o exclusivo escopo de impossibilitar-lhe a ação regular, o não pagamento de sua retribuição na época devida, além de força maior.

---

(147) Neste particular, Rubens Requião ao refletir sobre o art. 28 da Lei n. 4.886/1965, salienta: "[...] se o dever do representante é dedicar-se à representação, para fazer expandir os negócios do representado e promovê-los, a prestação de informações não deveria limitar-se somente ao andamento dos negócios, na concepção legal. Muito mais ampla deveria ser, então, a obrigação legal de informar, inclusive com a prevista no Código Civil italiano, de fazê-lo sobre situação do mercado na zona designada e quaisquer outras que forem úteis para a expansão e promoção dos negócios do representado". *In:* REQUIÃO, Rubens. *Do representante comercial:* comentários à lei n. 4.886, de 9 de dezembro de 1965. 2. ed. Rio de Janeiro: Forense, 1977. p. 304.

(148) Prevista a exclusividade de zona ou zonas, sua inobservância pelo representado passa a constituir justo motivo para a rescisão, pelo representante, do contrato (SAAD, 2003. p. 72).

Deve-se destacar o motivo justo para rescisão contratual caracterizado como "não pagamento de sua retribuição na época devida". O art. 32 (Lei n. 4.886/65) determina que o representante comercial adquire o direito às comissões quando do pagamento dos pedidos ou propostas. Dispõe ainda que o pagamento das comissões deverá ser efetuado até o dia 15 do mês subsequente ao da liquidação da futura, com as respectivas cópias das notas fiscais.

Em verdade, lembre-se também de que a norma determina que, quando as comissões forem pagas fora do prazo previsto, ou seja, até o 15º dia do mês vindouro, deverão ser corrigidas monetariamente. Além, é claro, de dar uma autorização para o representante comercial pôr fim ao contrato de representação por inadimplemento do representado.

Em reflexão sobre esse assunto Nacim Saad anuncia:

[...] o mero atraso no pagamento, punido com a correção monetária do débito, e a inexistência de contumácia nessa prática não podem caracterizar, por si sós, justo motivo para rescisão do contrato, pelo representante (SAAD, 2003, p. 73).

13. Motivos justos para a rescisão do contrato pelo representado

Vale destacar que o art. 35 alinha os motivos considerados justos que liberam o representado do cumprimento do contrato de representação comercial, sem que disso decorra a obrigação de indenizar. (REQUIÃO, 1977, p. 348)

Note-se, por oportuno, que esses motivos têm uma aparente repetição dos motivos do rol do art. 482 da consolidação trabalhista, contudo não se deve confundir, pois eles nada têm a ver entre si. Isso porque, como já dito representante comercial não é empregado, isso pelo menos em tese.

Ademais, Ricardo Nacim Saad, refletindo sobre o art. 35 da norma do representante ilustra:

Desaparecendo a confiança e a boa-fé que devem presidir as relações entre representante e representado, torna-se quase impossível o prosseguimento dessas relações. Assim, ocorrendo uma das hipóteses elencadas pelo artigo, fica o representado autorizado a rescindir o contrato, sem que, no entanto, esteja obrigado ao pagamento de indenização e concessão de aviso prévio [...]. (SAAD, 2003, p. 68)

Então, na dicção do art. 35, constituem motivos justos para a rescisão do contrato de representação comercial, pelo representado, a desídia do representante no cumprimento das obrigações decorrentes do contrato, a prática de atos que importem em descrédito comercial do representado, a falta de cumprimento de quaisquer obrigações inerentes ao contrato de representação comercial, condenação definitiva por crime considerado infamante[149] e força maior.

---

(149) Aduza-se, por oportuno, o que Rubens Requião esclarece: "[...] inexiste no moderno direito penal penas de natureza infamante". *In:* REQUIÃO, Rubens. *Do representante comercial:* comentários à lei n. 4.886, de 9 de dezembro de 1965. 2. ed. Rio de Janeiro: Forense, 1977. p. 140.

14. Denúncia do contrato de representação e suas consequências

Consoante propala a Lei n. 4.886/65, existem duas maneiras de rescisão contratual do representante comercial autônomo, quais sejam, a rescisão contratual sem justa acusa e a rescisão do contrato com motivos justos. Esta já foi apresentada acima conforme os itens (12 e 13) deste capítulo.

Neste sentido, por seu turno, o art. 34 anuncia:

> A denúncia[150], por qualquer das partes (representante ou representado), sem causa justificada, do contrato de representação, ajustado por tempo indeterminado e que haja vigorado por mais de (6) meses, obriga o denunciante, salvo outra garantia prevista no contrato, à concessão de pré-aviso, com antecedência mínima de trinta (30) dias, ou ao pagamento de importância igual a um terço (1/3) das comissões auferidas pelo representante, nos três (3) meses anteriores (Lei n. 4.886/65, art. 34).

O aviso prévio, neste particular, deve ser dado com antecedência mínima de 30 dias. O escopo desse instituto é possibilitar que as partes tenham ciência da intenção do fim do negócio jurídico e possam ajustar novos contratos com outros profissionais, evitando assim surpresas e prejuízos nos seus negócios.

Saliente-se, por oportuno, a observação feita por Nacim Saad sobre a possibilidade de o representado reter as comissões por "aviso não cumprido". O autor enfoca o art. 34:

> [...] é omisso quanto à possibilidade de o representado poder reter comissões na falta de pré-aviso pelo representante. Somos de parecer que, por equidade, pode o representado reter igualmente um terço das comissões auferidas pelo representante nos três meses anteriores, caso este se recuse a dar o pré-aviso de trinta dias na rescisão contratual de sua iniciativa (SAAD, 2003, p. 67).

Verifica-se, por fim, que o instituto maior que se encontra na rescisão contratual é o da supremacia da autonomia da vontade entre os contratantes. Explica-se: impera-se a vontade das partes de contratar e distratar no momento conveniente.

Importe-se, ainda, que o aviso prévio só será possível se o contrato de representação comercial for por prazo indeterminado e esteja em vigor por mais de seis meses.

15. Proibição da cláusula *del credere*

A Lei n. 8.420, de maio de 1992 acrescentou o art. 43 na Lei n. 4.886/65, dispondo de forma peremptório: "É vedada no contrato de representação comercial a inclusão de cláusulas *del credere*".

É oportuno esclarecer que este instituto, de origem italiana, tem seu uso vedado no sistema jurídico laboral, assim como nos contratos de representação comercial.

---

(150) Em reflexão sobre esse vocábulo, Rubens Requião se manifesta: "A expressão denúncia equivale à decisão de rescindir o contrato, ou melhor, à declaração de rescisão do contrato. Prevalece a soberana vontade do contratante, o qual, sem justificativa, não se interessa mais em manter a relação obrigacional". *In:* REQUIÃO, Rubens. *Op. cit.*, p. 343.

O Código Comercial brasileiro dispunha:

> A comissão *del credere* constitui o comissário garante solidário ao comitente da solvabilidade e pontualidade daqueles com quem tratar por conta deste, sem que possa ser ouvido com reclamação alguma. Se o *del credere* não houver sido ajustado por escrito, e todavia o comitente o tiver aceitado ou consentido, mas impugnar o quantitativo, será este regulado pelo estilo da praça onde residir o comissário, e na falta de estilo por arbitradores. (Código Comercial Brasileiro, art. 179)

Ressalte-se que é simples de entender a estrutura da cláusula *del credere*. Pode-se, portanto, afirmar:

Estas cláusulas obrigavam o representante comercial a responsabilizar-se pela insolvência de seus clientes. O representante, por sua posição de mediador e responsável pela venda, arcava com o valor dos títulos não pagos pelos clientes, bem como os juros e correção monetária deles oriundos. Muitas vezes, a dívida imputada ao representante alcançava a totalidade de seu patrimônio (BORGES, 2003, p. 69).

Deve-se, de todo modo, ter em mente que o escopo maior desta vedação, na verdade, é proteger o representante comercial de uma responsabilidade solidária pela venda feita[151] e não adimplida pelo comprador-cliente.

Neste diapasão, a doutrina de Múcio Borges é bem vinda quando observa:

> Assim como no contrato de trabalho, a inclusão de cláusulas *del credere* no contrato de representação comercial é nula, não tendo eficácia; por outro lado, a proibição de tais cláusulas não autoriza o representante a agir sem cautela, expondo a representada a situações de risco ou prejuízos. O representante que agir com negligência ou omissão, poderá ter seu contrato rescindido por justa causa, hipótese que analogicamente se aplica ao empregado vendedor (BORGES, 2003, p. 69).

16. Releitura sistematizada do tópico apresentado

• A Lei n. 4.886, de 9 de dezembro de 1965, com alterações da Lei n. 8.420/92, disciplina a profissão do representante comercial autônomo no Brasil.

• O contrato de representação comercial tem natureza mercantil.

• Representante comercial autônomo é a pessoa jurídica ou a pessoa física, sem relação de emprego, que desempenha, em caráter não eventual por conta de uma ou mais pessoas, a mediação para a realização de negócios mercantis, agenciando

---

(151) Neste sentido é salutar a reflexão de Múcio Borges: "A prerrogativa de aceitar ou não o pedido cabe ao setor de crédito/cobrança da representada, o qual tem maiores condições de consultar uma empresa prestadora de informações. É ela quem decide remeter ou não a mercadoria relacionada. A função do representante comercial é a de agenciar clientes e mediar a relação entre estes e a representada, através de propostas e pedidos". *In:* BORGES, Múcio Nacimento. A validade da cláusula *del credere* nos contratos de trabalho. *Revista do Tribunal Regional do Trabalho da 1ª Região*, Rio de Janeiro, n. 33, ano 2003, jan./abr. 2003. p. 69.

propostas ou pedidos para transmiti-los aos representados, praticando ou não atos relacionados com a execução dos negócios.

• Contrato do representante comercial não é contrato de trabalho.

• O representante comercial é um autônomo; por tal razão gerencia sua própria profissão, atende aos anseios do seu autocomando laboral.

• É obrigatório o registro dos que exerçam a representação comercial autônoma nos conselhos regionais criados pelo art. 6º desta lei.

• Não podem ser representante comercial: o que não pode ser comerciante, o falido não reabilitado, o que tenha sido condenado por infração penal de natureza infamante, tais como falsidade, estelionato, apropriação indébita, contrabando, roubo, furto, lenocínio ou crimes também punidos com a perda de cargo público e o que estiver com seu registro comercial cancelado como penalidade.

• O contrato de representação comercial poder ser consubstanciados nos seguintes requisitos: onerosidade, continuidade ou não eventualidade, autonomia e impessoalidade e, por fim, o requisito do art. 2º, registro da profissão no conselho de classe dos representantes comerciais.

• O contrato de representação comercial tem condições e requisitos gerais que são elementos obrigatórios. Deverá haver indicação genérica ou específica dos produtos ou artigos objeto do contrato, prazo certo ou indeterminado da representação, indicação da zona ou zonas em que será exercida a ação, garantia ou não, parcial ou total, ou por certo prazo, da exclusividade de zona ou setor de zona, retribuição e época do pagamento, pelo exercício do labor representativo, dependente de efetiva realização dos negócios, e recebimento ou não, pelo representado, dos valores respectivos, casos em que se justifique a restrição de zona conhecida com exclusividade, obrigações e responsabilidades das partes contratantes, exercício exclusivo ou não da representação a favor do representado, indenização devida ao representante[152] pela rescisão do contrato fora dos casos previstos no art. 35, cujo montante não poderá ser inferior a 1/12 do total da retribuição auferida durante o tempo de contrato.

• O representante comercial fica obrigado a fornecer ao representado, segundo as disposições do contrato ou, sendo este omisso, quando lhe for solicitado, informações detalhadas sobre o andamento dos negócios a seu cargo, devendo dedicar-se à representação de modo a expandir os negócios do representado e promover os seus produtos.

---

(152) Arnold Wald fixa: "A indenização do representante comercial, como já vimos, é inspirada nos direitos sociais, especificamente na legislação trabalhista. Sendo assim, tal como ocorre com os direitos trabalhistas, as partes não podem dela dispor livremente, pois não podem afastar as normas de ordem pública". *In:* WALD, Arnold. Do regime jurídico do contrato de representação comercial. *Revista Jurídica Revista Síntese*, v. 43, ano 43, n. 213, jul. 1995. p. 15.

• As obrigações do representado são pagar as comissões, dar total respeito a todas as cláusulas de exclusividade e honrar todas as obrigações específicas contidas no contrato de representação comercial.

• São motivos justos para o representante comercial romper o contrato: redução de esfera de atividade do representante em desacordo com as cláusulas do contrato, a quebra, direta ou indireta, da exclusividade, se prevista no contrato, a fixação abusiva de preços em relação à zona do representante, com o exclusivo escopo de impossibilitar-lhe a ação regular, o não pagamento de sua retribuição na época devida, além de força maior.

• Constituem motivos justos para a rescisão do contrato de representação comercial, pelo representado: a desídia do representante no cumprimento das obrigações decorrentes do contrato, a prática de atos que importem em descrédito comercial do representado, a falta de cumprimento de quaisquer obrigações inerentes ao contrato de representação comercial, condenação definitiva por crime considerado infamante e força maior.

• Tanto o representante comercial como o representado podem denunciar o contrato de representação comercial nas hipóteses de motivos justos ou de acordo sem justa causa.

• O aviso prévio, neste particular, deve ser dado com antecedência mínima de 30 dias.

• O exercício do aviso prévio só será possível se o contrato de representação comercial for por prazo indeterminado e esteja em vigor por mais de seis meses.

• É vedada no contrato de representação comercial a inclusão de cláusulas *del credere*.

Capítulo XXVIII
Radialista

1. Base regulamentar da profissão

O ofício de radialista é normatizado pela Lei n. 6.615, de 16 de Dezembro de 1978, regulamentado pelo Decreto n. 84.134, de 30 de outubro de 1979.

2. Conceito de radialista

O profissional do rádio pode ser conceituado com as seguintes palavras: é o empregado de empresas de radiodifusão que exerça uma das funções em que se desdobram as atividades mencionadas no art. 4º (administração, produção, técnica, autoria, direção, produção, interpretação, dublagem, locução, caracterização e cenografia).

3. Conceito de empresa de radiodifusão

Considera-se empresa de radiodifusão aquela que explora serviços de transmissão de programas e mensagens destinados a serem recebidos livre e gratuitamente pelo público em geral, compreendendo a radiodifusão sonora (rádio) e radiodifusão de sons e imagens (televisão).

4. Empresas de radiodifusão equiparadas

São equiparadas as empresas de radiodifusão, conforme preleciona do art. 3º (parágrafo único) da Lei n. 6.615/1978:

a) Empresa que explore serviço de música funcional ou ambiental e outras que executem, por quaisquer processos, transmissões de rádio ou de televisão;

b) Empresa que se dedique, exclusivamente, à produção de programas para empresas de radiodifusão;

c) Entidade que execute serviços de repetição ou retransmissão de radiodifusão;

d) Entidade privada e a fundação mantenedora que executem serviços de radiodifusão, inclusive em circuito fechado de qualquer natureza;

e) As empresas ou agências de qualquer natureza destinadas, em sua finalidade, a produção de programas, filmes e dublagens, comerciais ou não, para serem divulgados através das empresas de radiodifusão.

5. Registro do profissional radialista

Conforme dispõe o art. 6º da Lei n. 6.615/1978, o exercício da profissão de radialista requer prévio registro na Delegacia Regional[153] do Trabalho do Ministério do Trabalho, com validade em todo o território nacional.

---

(153) Atente-se que este órgão agora é denominado Superintendência Regional do Trabalho.

Nesse contexto, acrescenta, ainda, que o pedido de registro poderá ser encaminhado através do sindicato representativo da categoria profissional ou da federação respectiva.

6. Atividades do radialista e suas divisões

A atividade de radialista é complexa. Por tal razão, a norma que disciplina a profissão de forma minudente traçou várias divisões dessas atividades, que, segundo o art. 4º, podem ser organizadas da seguinte forma: administração, produção e técnica.

Ressalte-se que as atividades de administração compreendem-se somente as especializadas, peculiares às empresas de radiodifusão.

Já as atividades de produção, por sua vez, se subdividem nos seguintes setores: autoria, direção, produção, interpretação, dublagem, locução, caracterização e cenografia.

As atividades técnicas são divididas em direção, tratamento e registros sonoros, tratamento e registros visuais, montagem e arquivamento, transmissão de sons e imagens, revelação e copiagem de filmes, artes plásticas e animação de desenhos e objetos e manutenção técnica.

Saliente-se, finalmente, que o art. 5º da norma em quadro versa que não são tutelados pela lei do radialista os atores e figurantes que prestam serviços a empresas de radiodifusão.

7. Contrato de trabalho do radialista e sua natureza jurídica

O contrato de trabalho do radialista não tem diferença com o de outros profissionais que tenham ou não profissões regulamentadas. Deste modo, o contrato de trabalho pode ser tanto por prazo determinado quanto por prazo indeterminado.

Nesse contexto, o art. 8º da lei em tela dispõe que, quando o contrato for por tempo determinado, deverá ser registrado no Ministério do Trabalho até a véspera da sua vigência. Terá de conter, obrigatoriamente, qualificação completa das partes, prazo de vigência, natureza do serviço, local em que será prestado o serviço, cláusula relativa à exclusividade e à transferibilidade, jornada de trabalho, com especificação do horário, e intervalo de repouso, remuneração e sua forma de pagamento, especificação quanto à categoria de transporte e hospedagem assegurada em caso de prestação de serviços fora do local onde foi contratado, dia de folga semanal e número de CTPS.

Impende aduzir que o contrato de trabalho do radialista será visado pelo sindicato da categoria profissional ou pela federação como condição para o registro no Ministério do Trabalho.

Por seu turno, o art. 12 da Lei n. 6.615/78 assegura que nos contratos por tempo determinado, para produção de mensagens publicitárias, feitas para rádio e televisão, constará obrigatoriamente do contrato de trabalho o nome do produtor, do anunciante e, se houver, da agência de publicidade para quem a mensagem é produzida, o tempo da exploração comercial da mensagem, o produto a ser promovido, os meios de comunicação através dos quais a mensagem será exibida e o tempo de duração da mensagem e suas características.

8. Jornada de trabalho do radialista

Conforme consigna a determinação do art. 18 da Lei n. 6.615/78, a duração normal do trabalho do radialista é dividida da seguinte forma: de cinco horas para os setores de autoria e de locução; de seis horas para os setores de produção, interpretação, dublagem, tratamento e registros sonoros, tratamento e registros visuais, montagem e arquivamento, transmissão de sons e imagens, revelação e cópia de filmes, artes plásticas e animação de desenhos e objetos e manutenção técnica; de sete horas para os setores de cenografia e caracterização, deduzindo-se desse tempo 20 minutos para descanso.

O parágrafo único do predito artigo acrescenta, ainda, que o trabalho prestado, além das limitações diárias previstas nos itens acima, será considerado trabalho extraordinário, aplicando-lhe o disposto nos arts. 59 a 61 da Consolidação das Leis do Trabalho.

Nesse sentido, o art. 19 da lei em estudo garante ao radialista como serviço efetivo o período de permanência à disposição do empregador.

Importa salientar, finalmente, que, segundo o art. 21 da lei da tutela especial, a jornada de trabalho dos radialistas que prestem serviços em condições de insalubridade ou periculosidade poderá ser organizada em turnos, respeitada a duração semanal do trabalho, desde que previamente autorizado pelo Ministério do Trabalho.

9. Do repouso semanal e férias do radialista

Ressalte-se que as férias do radialista têm a mesma proporção dos demais empregados, 30 dias corridos, salvo se existir entre a categoria acordo ou convenção coletiva estipulando um prazo maior.

Dispõe o art. 20 da norma profissional que é assegurada ao radialista uma folga semanal remunerada de 24 horas consecutivas, de preferência aos domingos.

Ainda acrescenta:

> As empresas organizarão escalas de revezamento de maneira a favorecer o empregado com um repouso dominical mensal, pelo menos, salvo quando, pela natureza do serviço, a atividade do radialista for desempenhada habitualmente aos domingos (art. 20 da Lei n. 6.615/1978).

10. Das funções acumuladas do radialista

Já foi dito neste capítulo que a profissão de radialista é ampla e se divide em diversas atividades. Neste diapasão, é possível que haja nesta profissão um acúmulo de funções. Esse fenômeno pode acontecer em um mesmo setor (locutor noticiarista de rádio e locutor anunciador de TV) ou até mesmo em setores diferentes (locução e manutenção técnica).

10.1. Acúmulo de funções do radialista no mesmo setor

Prevê o art. 13 da Lei n. 6.615/78 que, na hipótese de exercício de funções acumuladas dentro de um mesmo setor em que se desdobram as atividades mencionadas no art. 4º, será assegurado ao radialista um adicional mínimo de 40% pela função acumulada. Será tomada por base a função mais bem remunerada nas emissoras de potência igual ou superior a dez quilowatts e nas empresas equiparadas, segundo o parágrafo único do art. 3º. Será adicional de 20% pela função acumulada,[154] tomando-se por base a função mais bem remunerada, nas emissoras de potência inferior a dez quilowatts e, superior, a um quilowatt. Por fim, adicional de 10%, pela função acumulada, tomando-se por base a função mais bem remunerada, nas emissoras de potência inferior a um quilowatt.

Vale observar, entretanto, que, exercendo o empregado duas funções dentro de um mesmo setor (locutor noticiarista de rádio e locutor anunciador de TV), qual seja, locução, não estaria vedada, pela Lei n. 6.615/78, a acumulação dessas funções mediante um só contrato. Inexistiria ofensa literal e direta à mencionada legislação (SAAD, Eduardo Gabriel. Resenha LTr 11, Suplemento Trabalhista 077/97, São Paulo, 1997, ano 33, p. 374).

10.2. Do acúmulo de funções do radialista em setores diferentes

Reza o art. 14 da lei em estudo: "Não será permitido, por força de um só contrato de trabalho, o exercício para diferentes setores, dentre os mencionados no art. 4º (administração, produção e técnica)".

O escopo normativo é claro e pode-se inferir o seguinte: quando a acumulação de funções for dentro de setores diferentes, deve-se o radialista ter dois contratos de trabalho disciplinando cada função diferente que ocupa, ou seja, o radialista que labore em diversos setores terá dois empregos na mesma empresa de radiodifusão. "Se a acumulação referir-se a funções de setores diversos, não serão devidos os adicionais de acumulação, mas o salário da função do setor diverso, sem prejuízo da retribuição da função originária [...]" (BARROS, 2008. p. 442).

10.3. Do acúmulo de funções do radialista quando for chefe

O acúmulo de funções na seara dos profissionais do rádio é objeto de minudente tratamento, como foi mostrado acima. Neste diapasão, dispõe a lei do radialista: "Quando o exercício de qualquer função for acumulado com responsabilidade de

---

(154) Neste sentido dispõe a jurisprudência: "Radialista- Acúmulo de função. A Lei n. 6.615/78, regulamentada pelo Decreto n. 84.134/79, confere, no art. 16, o direito de recebimento de acidente de adicional de radialista que acumule funções dentro do mesmo setor em que se desdobram as atividades relacionadas no art. 4º, sendo estas de natureza administrativa, produção e técnica, proibindo, no entanto, a prestação de serviços em setores diferentes dentro da mesma jornada de trabalho. Logo, o adicional é devido apenas àqueles radialistas que acumulem funções no mesmo setor" (TRT, 3ª R., 3ª T., rel. Des. Cézar Machado, DJE 276 – 17.7.2009, p.28).

chefia, o Radialista fará jus a acréscimo de 40% (quarenta por cento) sobre o salário" (art. 15 da Lei n. 6.615/1978).

11. Textos para a memorização do radialista

De forma inteligente, dicciona o art. 23:

> Os textos destinados a memorização, juntamente com o roteiro da gravação ou plano de trabalho, deverão ser entregues ao profissional com antecedência mínima de 24 (vinte e quatro) horas, em relação ao início dos trabalhos (art. 23 da Lei n. 6.615/1978).

O escopo normativo busca assegurar que o radialista tenha um razoável tempo para se familiarizar e memorize o texto. Eis aí, portanto, a inteligência da lei.

12. Trabalho prestado fora da empresa

Quando o radialista desempenhar seu labor fora dos muros da empresa empregadora, determina o art. 17:

> Na hipótese de trabalho executado fora do local constante do contrato de trabalho, correrão à conta do empregador, além do salário, as despesas de transportes e de alimentação e hospedagem, até o respectivo retorno (art. 17 da Lei n. 6.615/1978).

13. Direitos autorais assegurados ao profissional radialista

O parágrafo único do art. 17 assevera:

> Os direitos autorais e conexos dos profissionais serão devidos em decorrência de cada exibição da obra. Ainda dispõe o *caput ut supra* norma que "não será permitida a cessão ou promessa de cessão dos direitos de autor e dos que lhes são conexos" (art. 17, parágrafo único da Lei n. 6.615/1978).

14. Cláusula de exclusividade inserida no contrato de trabalho do radialista

Encontra-se prelecionado no art. 22 da norma em visão:

> A cláusula de exclusividade não impedirá o Radialista de prestar serviços a outro empregador, desde que em outro meio de comunicação, e sem que se caracterize prejuízo para o primeiro contratante (art. 22 da Lei n. 6.615/1978).

15. Releitura sistematizada do tópico apresentado

• A profissão de radialista é regida pela Lei n. 6.615, de 16 de Dezembro de 1978 e é regulamentada pelo Decreto n. 84.134, de 30 de outubro de 1979.

• Radialista é o empregado de empresas de radiodifusão que exerça uma das funções em que se desdobram as atividades de administração, produção, técnica, autoria, direção, produção, interpretação, dublagem, locução, caracterização e cenografia.

- Empresa de radiodifusão é aquela que explora serviços de transmissão de programas e mensagens de forma livre e gratuita para o público em geral, compreendendo a radiodifusão sonora (rádio) e radiodifusão de sons e imagens (televisão).

- A jornada de trabalho do radialista depende do setor e da função que ocupa: cinco horas para os setores de autoria e de locução; de seis horas para os setores de produção, interpretação, dublagem, tratamento e registros sonoros, tratamento e registros visuais, montagem e arquivamento, transmissão de sons e imagens, revelação e copiagem de filmes, artes plásticas e animação de desenhos e objetos e manutenção técnica; de sete horas para os setores de cenografia e caracterização, deduzindo-se desse tempo 20 minutos para descanso, sempre que se verificar um esforço contínuo de mais de três horas e de oito horas para os demais setores.

- É assegurada ao radialista uma folga semanal remunerada de 24 horas consecutivos, de preferência aos domingos.

- Quando o radialista acumular funções de labor em um mesmo setor terá direito a um adicional de 10%, 20% e 40%, que terá por base a potência de quilowatts da empresa de radiodifusão.

- Não será permitido, por força de um só contrato de trabalho, o exercício para diferentes setores.

- Quando o exercício de qualquer função for acumulado com responsabilidade de chefia, o radialista fará jus a acréscimo de 40% sobre o salário.

- Quando os textos forem destinados à memorização, juntamente com o roteiro da gravação ou plano de trabalho, deverão ser entregues ao profissional com antecedência mínima de 24 horas em relação ao início dos trabalhos.

- Na hipótese de trabalho executado fora do local constante do contrato de trabalho, correrão à conta do empregador, além do salário, as despesas de transportes e de alimentação e hospedagem até o respectivo retorno.

- Os direitos autorais e conexos dos profissionais serão devidos em decorrência de cada exibição da obra.

- A cláusula de exclusividade não impedirá o radialista de prestar serviços a outro empregador, desde que em outro meio de comunicação, mas sem que se caracterize prejuízo para o primeiro contratante.

Direito do Trabalho – Profissões Regulamentadas Sistematizado ▶ 257

Capítulo XXIX
Treinador Profissional de Futebol

1. Norma aplicada à profissão

A norma que veio disciplinar a profissão de treinador profissional de futebol no Brasil é a Lei n. 8.650, de 20 de abril 1993. O art. 7º desta norma manda aplicar ao treinador profissional de futebol as legislações do trabalho e da previdência social naquilo que não for incompatível com a sua estrutura normativa.

2. Conceito de treinador profissional de futebol

É considerado treinador profissional de futebol o empregado quando especificamente contratado por clube de futebol ou associação desportiva, com a finalidade de treinar atletas de futebol profissional ou amador, ministrando-lhes técnica e regras de futebol, com o objetivo de assegurar-lhes conhecimentos táticos e técnicos suficientes para a prática desse esporte.

3. Empregador do treinador de futebol

O empregador do treinador profissional de futebol é, essencialmente, específico. O art. 1º da norma em tela dispõe: "A associação desportiva ou o clube de futebol é considerado empregador quando, mediante qualquer modalidade de remuneração, utiliza os serviços de Treinador Profissional de Futebol" (art. 1º da Lei n. 8.650/1993).

Assim, pode-se inferir que somente associações que tenham como fim o desporto ou clubes de futebol podem figurar como empregadores de treinador profissional de futebol.

4. Função de treinador de futebol: preferências no momento da admissão

A tutela especial assegura, no art. 3º, que o exercício da profissão de treinador profissional de futebol ficará assegurado preferencialmente aos portadores de diploma expedido por escolas de educação física ou entidades análogas, reconhecidas na forma da lei. Também terão preferência na admissão como treinador de futebol os profissionais que, até a data do início da vigência desta lei, hajam, comprovadamente, exercido cargos ou funções de treinador e futebol por prazo não inferior a seis meses, como empregado ou autônomo, em clubes ou associações filiadas às ligas ou federações em todo o território nacional.

5. Direitos do treinador profissional de futebol

O art. 4º (Lei n. 8.650/93) confirma que são direitos do treinador profissional de futebol ampla e total liberdade na orientação técnica e tática da equipe de futebol, apoio e assistência moral e material assegurada pelo empregador para que possa bem desempenhar suas atividades e exigir do empregador o cumprimento das determinações dos órgãos desportivos atinentes ao futebol profissional.

6. Deveres do treinador de futebol

Em contraposição aos direitos que assistem ao treinador profissional de futebol, aparecem também os deveres a ser seguidos. A conduta deste profissional deve, necessariamente, ser escoltada por uma série de obrigações. Neste diapasão, a norma específica trouxe, evidentemente, de forma não taxativa, alguns deveres que devem ser observados pelo treinador de futebol.

Assim, dispõe o art. 5º da Lei n. 8.650/93 que são deveres do treinador profissional de futebol: "Zelar pela disciplina dos atletas sob sua orientação, acatando e fazendo acatar as determinações dos órgãos técnicos do empregador e manter o sigilo profissional".

Na verdade, vale acrescentar que se encontra nestes prenúncios normas de condutas profissionais e éticas. Destarte, o empregado/técnico dever seguir as ordens emanadas de seu empregador ou de quem esteja incumbido legalmente para tanto.

7. Anotações na carteira profissional

Na anotação do contrato de trabalho na carteira profissional deverá, obrigatoriamente, constar o prazo de vigência, que em nenhuma hipótese, poderá ser superior a dois anos, o salário, as gratificações, os prêmios, as bonificações, o valor das luvas, caso ajustadas, bem como a forma, tempo e lugar de pagamento.

8. Obrigatoriedade do registro do contrato de trabalho nos "órgãos" desportivos

A norma específica do treinador traça alguns pormenores a serem seguidos tanto pelo empregado/técnico como pelo empregador/clube de futebol ou associação desportiva.

O contrato de trabalho do treinador profissional de futebol será registrado, no prazo improrrogável de dez dias, no Conselho Regional de Desportos e na federação ou liga na qual o clube ou associação tiver filiação.

9. Releitura sistematizada do tópico apresentado

• A profissão de treinador profissional de futebol no Brasil é regida pela Lei n. 8.650, de 20 de abril 1993.

• Conceitua-se como treinador profissional de futebol o empregado contratado de modo específico por clube de futebol ou associação desportiva, com a finalidade de treinar atletas de futebol profissional ou amador, ministrando-lhes técnica e regras de futebol, com o objetivo de assegurar-lhes conhecimentos táticos e técnicos suficientes para a prática desse esporte.

• Pode ser empregador de treinador profissional de futebol associação desportiva ou o clube de futebol quando, mediante qualquer modalidade de remuneração, utiliza os serviços de treinador profissional de futebol.

• O exercício da profissão de treinador profissional de futebol ficará assegurado preferencialmente aos portadores de diploma expedido por escolas de educação física ou entidades análogas, reconhecidas na forma da lei.

• É assegurado ao treinador profissional de futebol ter ampla e total liberdade na orientação técnica e tática da equipe de futebol, receber apoio e assistência moral e material assegurados pelo empregador.

• Serão, obrigatoriamente, anotados na carteira profissional do treinador o prazo de vigência, que, em nenhuma hipótese, poderá ser superior a dois anos, o salário, as gratificações, os prêmios, as bonificações, o valor das luvas, caso ajustadas, bem como a forma, tempo e lugar de pagamento.

• O contrato de trabalho do treinador profissional de futebol será registrado, no prazo improrrogável de dez dias, no Conselho Regional de Desportos e na federação ou liga na qual o clube ou associação tiver filiação.

Capítulo XXX
Atleta Profissional

1. Legislação aplicável à profissão

A legislação que se aplica ao atleta profissional é a Lei n. 9.615, de 24 de março de 1998, mais conhecida como Lei Pelé. No que diz respeito ao atleta profissional de futebol, aplicam-se alguns dispositivos da Lei n. 6.354, de 2 de setembro 1976, bem como ainda os regulamentos da Federação Internacional de Futebol (FIFA) e da Confederação Brasileira de Futebol (CBF).

2. Noções iniciais

O povo brasileiro é apaixonado por futebol. Isso faz do Brasil um dos países onde mais se pratica esse esporte em todo o mundo. A legislação brasileira, diga-se a rigor, deixa muito a desejar na disciplina deste esporte, que movimenta bilhões de reais e mexe com verdadeiras multidões de pessoas. Em uma simples partida de futebol, milhares de indivíduos trabalham em torno deste espetáculo, gerando assim, renda e alavancando a economia de cidades inteiras.

Vale observar, contudo, que as relações de emprego entre clubes e jogadores são cercadas por interesses milionários. Muitas vezes, as normas trabalhistas são descumpridas em nome do lucro por empresários ou especuladores do mundo futebolístico.

Isso revela que esse esporte há muito se afastou da seara recreativa e entrou no campo da mercadoria, ou seja, passou a fazer parte do mundo econômico. A prova disso é que todos os esportes estão atrelados a grandes marcas comerciais, quase sempre envolvendo lucros a qualquer preço.

Por último, vale destacar que a legislação laboral vem a passos lentos, nem sempre dando respostas aos fatos jurídicos que nascem desta relação de esporte/trabalho/justiça e direito.

3. Conceito de empregador do atleta profissional de futebol

Vale observar que o conceito de empregador do atleta profissional de futebol encontra grafado na Lei n. 6.354/1976:

> Considera-se empregador a associação desportiva[155] que, mediante qualquer modalidade de remuneração, se utiliza dos serviços de atletas profissionais de futebol, na forma definida nesta Lei (Lei n. 6.354/76, art. 1º).

---

(155) Deve-se registrar que o art. 28 da Lei n. 9.615/1998 assevera que associação desportiva tem natureza de pessoa jurídica de direito privado.

Não restam dúvidas de que o empregador do atleta profissional de futebol deve, necessariamente, ser associação desportiva (pessoa jurídica de direito privado) que contrate mediante remuneração atletas profissionais de futebol para exercer o desporto profissional.

4. Conceito de empregado profissional de futebol

Encontramos o conceito de empregado profissional de futebol no art. 2º da Lei n. 6.354/76: "O atleta que pratica o futebol, sob a subordinação de empregador, mediante remuneração e contrato de trabalho".

Relevante, ainda, é frisar que, nos termos do conceito legal, pode-se inferir os elementos fático-jurídicos que formam o vínculo de emprego entre o atleta profissional de futebol e a associação desportiva: pessoa física, subordinação, pessoalidade, onerosidade e não eventualidade.

5. Do contrato de trabalho do atleta profissional de futebol

O contrato de trabalho é o consubstanciamento das tratativas laborais entre empregado e empregador. Na verdade, é o negócio jurídico ou o documento que formará o início da relação jurídica enquanto perdurar.

O contrato de trabalho entre o atleta profissional de futebol/empregado e a associação desportiva/empregador, por determinação da Lei n. 9.615/1998, deverá ter uma série de peculiaridades a serem cumpridas pelos contratantes. Uma singular diz respeito à forma do contrato, que deverá, obrigatoriamente, ser escrito. Portanto, nesta tutela especial são vedados contratos de trabalho de forma tácita ou verbal.

5.1. Conteúdo necessário

O art. 3º da Lei n. 6.354/1976 e o art. 28 da Lei 9.615/1998 traçam algumas formalidades que devem ser cumpridas e alocadas no contrato de trabalho do atleta profissional de futebol.

Melhor dizendo, segundo o direito vigente: "O contrato de trabalho do atleta é celebrado por escrito".[156]

Vale destacar, por sua vez, o art. 28 da lei já referida:

A atividade do atleta profissional, de todas as modalidades desportivas, é caracterizada por remuneração pactuada em contrato formal de trabalho firmado com entidade de

---

(156) Em abono desse entendimento, Hugo Albuquerque Braga leciona: "Malgrado as exigências legais, o fato do contrato não ser escrito, ou seja, ser informal, não exclui a relação de emprego existente entre o atleta e o clube empregador, tendo em vista o princípio da primazia da realidade. Entretanto, caso o pacto laboral não esteja de acordo com os preceitos legais, o atleta profissional não poderá ser registrado nas entidades de administração do Futebol (CBF e Federações estaduais) e, por conseguinte, desempenhar legalmente sua atividade". In: BRAGA, Hugo Albuquerque. O contrato de trabalho do atleta profissional de futebol. Revista de Direito do Trabalho RDT, v. 137, ano 36, p. 143-216, jan./mar. 2010, p. 152.

prática desportiva, pessoa jurídica de direito privado, que deverá conter, obrigatoriamente, a cláusula penal para as hipóteses de descumprimento, rompimento ou rescisão unilateral (Lei n. 6.354/76, art. 28).

Relevante, ainda, é frisar que o art. 3º (Lei n. 6.354/76) aduz que o contrato de trabalho do atleta profissional de futebol deverá conter uma série de itens. Entre eles, estão o nome das partes contratantes devidamente individualizadas e caracterizadas, o prazo de vigência, o modo e a forma de remuneração, especificados o salário os prêmios, as gratificações e, quando houver, as bonificações, bem como o valor das luvas, se previamente convencionadas, a menção de conhecerem os contratantes os códigos, os regulamentos e os estatutos técnicos, estatuto e as normas disciplinares da entidade a que estiverem vinculados e filiados, os direitos e obrigações dos contratantes, o número da Carteira de Trabalho e Previdência Social do atleta profissional de futebol.

Por isso, a referida norma ainda dispõe que os contratos de labor serão numerados pelos empregadores em ordem sucessiva e cronológica, datados e assinados pelo atleta ou pelo seu representante legal, sob pena de nulidade.

5.2. Contrato de formação

Na nova ordem legislativa que surgiu com a Lei n. 9.615/1998, cuidou-se de estabelecer normas de valorização aos adolescentes que estão treinando e se aperfeiçoando para quando adultos exercer a profissão de atletas profissionais.

A esse respeito, anote-se o que diz Nelson de Oliveira Santos Costa:

> A legislação que dispõe acerca do atleta profissional não buscou tão somente libertar os atletas escravizados no passado, quando em vigor da Lei do passe; possibilitou o clube formador e qualificador do atleta, permitindo a este substituir a entidade estatal ou família, direitos futuros quando da consolidação do atleta (COSTA, *in:* SANTOS; MELLO, 2010, p. 66).

Nesse contexto, dispõe a Lei n. 9.615/1998:

> O atleta não profissional em formação, maior de quatorze e menor de vinte anos de idade, poderá receber auxílio financeiro da entidade da prática desportiva formadora, sob a forma de bolsa de aprendizagem livremente pactuada mediante contrato formal[157], sem que seja gerado vínculo empregatício entre as partes (Lei n. 9.615/98, art. 29, § 4º).

Atente-se que, para tanto, é obrigatório incluir no contrato identificação das partes e dos seus representantes legais, duração do contrato, direitos e deveres das

---

(157) Nesse sentido Nelson de Oliveira Santos Costa explica: "Fica claro que o contrato de formação não é um contrato de trabalho, mas um bolsa de aprendizagem de formação educacional e desportiva que possibilita um direito ao clube formador de obter o ressarcimento dos valores investidos no atleta, direito este deveria ser mais observado por times pequenos, bem como por aqueles que desenvolvem atividades em inúmeras modalidades nas categorias em que estão envolvidos crianças e adolescentes". *In:* COSTA, Nelson de Oliveira Santos. Atleta profissional. *In:* SANTOS, Jackson Passos; MELLO, Simone Barbosa de Martins (Org.). *Contratos especiais de trabalho:* homenagem ao professor Oris de Oliveira. São Paulo: LTr, 2010. p. 66.

partes contratantes, inclusive garantia de seguro de vida e de acidentes pessoais para cobrir as atividades do atleta contratado e especificação dos itens de gastos para fins de cálculo de indenização com a formação desportiva.

5.3. Duração do contrato

Importa lembrar que, segundo o art. 30 (Lei n. 9.615/98), é peremptório quando determina: "O contrato de trabalho do atleta profissional terá prazo determinado, com vigência nunca inferior a três meses nem superior a cinco anos".

Interessa observar que o prazo mínimo de três meses imposto pela norma especial tem uma forte razão de existir: a norma é idêntica ao contrato temporário (experiência) registrado pela Consolidação das Leis do Trabalho, ou seja, o empregador busca provar as habilidades, talento e postura do empregado ao passo que o empregado verifica, neste prazo razoável, a adaptação as exigências no novo empregador. Evidentemente, outros fatores subjetivos, como a cultura da associação de desporto, entre outros aspectos de adaptações, também contam nesse processo.

Conforme salienta a própria norma, não se aplica a esse contrato especial de trabalho os dispositivos 445 e 451 da norma celetista que dispõe sobre o contrato individual de trabalho.

Mencione-se ainda que a Lei n. 12.395/2011 acrescentou nova redação ao art. 29, que passou a anunciar: "A entidade de prática desportiva formadora do atleta terá o direito de assinar com ele, a partir de 16 (dezesseis) anos de idade, o primeiro contrato especial de trabalho desportivo[158], cujo prazo não poderá ser superior a 5 (cinco) anos".

Frise-se, ainda, que o art. 84 da lei em tela determina:

> Será considerado como efetivo exercício, para todos os efeitos legais, o período em que o atleta servidor público civil ou militar, da Administração Pública direta, indireta, autárquica ou fundacional, estiver convocado para integrar representação nacional em treinamento ou competição desportiva no País ou no exterior (Lei n. 12.395/11, art. 84).

5.4. Da capacidade civil para contratar

Preleciona o art. 29 da norma em estudo que a entidade de prática desportiva formadora do atleta terá o direito de assinar com ele, a partir de 16 anos de idade, o primeiro contrato especial de trabalho desportivo.

---

(158) Hugo Albuquerque Braga faz a seguinte observação sobre o direito de preferência da associação desportiva para assinar o primeiro contrato de trabalho com o atleta profissional. Assim explica o autor: "Não comungamos da mesma opinião daqueles que fazem críticas ao direito de preferência para a renovação do primeiro contrato de trabalho do atleta profissional de futebol. Preferência não resulta em obrigação, podendo o futebolista receber propostas melhores e assinar com outros clubes. Tal dispositivo visa a proteger os clubes formadores, dando-lhes privilégios em decorrência do que gastaram para lapidar os atletas. Contudo, entendemos que o clube só será considerado formador e poderá exercer o direito de preferência para a renovação do primeiro contrato se, além de ter registrado o atleta como não profissional por pelo menos dois anos". In: BRAGA, Hugo Albuquerque. O contrato de trabalho do atleta profissional de futebol. Revista de Direito do Trabalho RDT, v. 137, ano 36, p. 143-216, jan./mar. 2010. p. 157.

Aliás, a esse respeito, Alice Monteiro de Barros esclarece:

> Ao menor de 16 anos é vedada a celebração de contrato de emprego, sendo permitido ao maior de 16 anos e menor de 21 anos firmá-lo somente com aquiescência do representante legal. Caso o atleta tenha mais de 18 anos completos, na falta ou negativa do assentimento do representante legal, o contrato poderá ser celebrado mediante suprimento judicial (art. 5º e parágrafo único da Lei n. 6.354, de 1976) (BARROS, 2008, p. 111).

5.5. Contratação de atleta profissional estrangeiro

O esporte é universal e o futebol é, talvez, a modalidade de esporte que mais denota esse fenômeno. Atletas se mudam para treinar ou trabalhar em associações de desportos estrangeiras. Todos os anos, o Brasil exporta centenas de atletas profissionais de futebol. Também muitos jogadores alienígenas vêm ao País para laborar em associações desportivas nacionais.

Neste diapasão, a Lei n. 9.615/1998 revela que, para o atleta estrangeiro trabalhar no Brasil, terá de seguir algumas formalidades de cunho normativo. Leia-se o dispositivo:

> Ao estrangeiro atleta profissional de modalidade desportiva, referido no inciso V do art. 13 da Lei n. 6.815, de 19 de agosto de 1980, poderá ser concedido visto, observadas as exigências da legislação específica por prazo não excedente a 5 (cinco) anos e correspondente à duração fixada no respectivo contrato especial de trabalho desportivo, permitida uma única renovação. (Lei n. 9.615/98, art. 46)

Além disso, é vedada a participação de atleta de nacionalidade estrangeira como integrante de equipe de competição de entidade de prática desportiva nacional nos campeonatos oficiais quando o visto de trabalho for temporário.

5.6. Cláusula penal

A Lei n. 9.615/1998 revelou importante instrumento para conservar[159] a situação jurídica contratual avençada entre associação desportiva e o atleta profissional. A cláusula penal é uma espécie de indenização aplicada na relação de trabalho à parte que descumprir o contrato. Essa indenização deve, essencialmente, ser prefixada entre a associação desportiva e o atleta profissional e, em caso descumprimento,[160] rompimento ou rescisão unilateral do negócio jurídico, a parte motivadora deverá indenizar a parte prejudicada.

---

(159) Observe-se que Alice Monteiro de Barros traz à baila: "A cláusula penal, consoante a legislação civil, é uma obrigação acessória e tem como principal finalidade "reforçar o vínculo obrigacional". *In:* BARROS, Alice Monteiro. *Contratos e regulamentações especiais de trabalho, peculiaridades, aspectos controvertidos e tendências.* 3. ed. rev., ampl. São Paulo: LTr, 2008. p. 112.

(160) É salutar trazer a corroboração de Álvaro Mello Filho: "A cláusula penal desportiva do art. 28 é aplicável apenas ao atleta profissional que 'quebra' unilateralmente o contrato, pois, em caso de esse rompimento ser de iniciativa do clube, aplica-se a multa rescisória (art.31) em favor do atleta". *In:* MELLO FILHO, Álvaro. *Novo regime jurídico desportivo.* Brasília: Brasília Jurídica, 2001. p. 128.

Deste modo, revela o § 3º do art. 28 da lei em tela:

> O valor da cláusula compensatória desportiva será livremente pactuado entre as partes e formalizado no contrato especial de trabalho desportivo, observando-se, como limite máximo, 400 (quatrocentas) vezes o valor do salário mensal no momento da rescisão e, como limite mínimo, o valor total de salários mensais a que teria direito o atleta até o término do referido contrato. (Lei n. 9.615/98, art. 28, § 3º)

Corroborando esse entendimento, Domingos Sávio Zainaghi explica:

> Nosso entendimento é o que tal preceito não deixará ao bel prazer do empregador em estipular o valor da cláusula penal, uma vez que, segundo melhor interpretação, é no momento da assinatura do contrato que as partes devem estabelecer o valor da multa. (ZAINAGHI, 2004, p. 20)

Interessante destacar, por fim, que qualquer contrato obrigacional comporta cláusula penal, que, conforme mencionado, tem como escopo uma pena em caso de descumprimento das tratativas pactuadas e consubstanciadas no contrato.

5.7. Suspensão do contrato de trabalho

O contrato de trabalho do atleta profissional de futebol também está suscetível a fenômenos exógenos, ou seja, o contrato de labor pode ter sua vigência cessada de modo definitivo ou temporário por fatos jurídicos relevantes externos.

No particular, quando o atleta profissional de futebol não trabalhar, o contrato fica suspenso. Evidentemente que outros fatores também podem determinar a suspensão do contrato de labor.[161]

Corroborando com esse pensamento, Hugo Albuquerque Braga revela:

> A suspensão surge da ocorrência de um fato jurídico relevante, o qual desobriga as partes contratantes a cumprirem o contrato de trabalho (prestar serviço e pagar salário) por um determinado tempo, permanecendo o vínculo trabalhista, contudo, não se computando o tempo de paralisação como tempo de serviço [...] (BRAGA, 2010, p. 170).

5.8. Interrupção do contrato de trabalho do atleta profissional

A interrupção do contrato de trabalho do atleta profissional também é proveniente de um fato jurídico relevante. Neste caso, o atleta não presta labor, porém, recebe todos

---

(161) Nesse sentido, faz-se necessário consignar os exemplos de suspensão do contrato enunciados por Fábio Menezes de Sá Filho: "Tem-se como exemplos de suspensão: afastamento por doença, após os primeiros 15 (quinze) dias, visto que não mais será obrigação do clube remunerá-lo, ficando a cargo do INSS o pagamento do auxílio doença, licença sem remuneração, por exemplo, quando houver interesse do empregado em aprender outro idioma para futura transferência ao exterior, as suspensões disciplinares sancionadas pelo Tribunal de Justiça Desportiva e cessão-transferência temporária, momento em que o atleta terá o seu contrato com o clube cedente suspenso, recaindo a obrigação pela remuneração ao clube para o qual será cedido". In: SÁ FILHO, Fábio Menezes de. Aspectos temporais do contrato laboral do empregado futebolista. Revista de Direito do Trabalho RDT, v. 137, ano 36, jan./mar. 2010. p. 133.

os direitos que foram pactuados no contrato, como exemplo, o salário e cômputo de tempo de serviço.

Isso mostra que somente o trabalho fica sustado por tempo determinado. Todas as demais obrigações fluem normalmente.

A Lei n. 9.615/1998 revela:

> A participação de atletas profissionais em seleções será estabelecida na forma como acordarem a entidade de administração convocante e a entidade de prática desportiva cedente [...] a entidade convocadora indenizará a cedente dos encargos previstos no contrato de trabalho, pelo período em que durar a convocação do atleta, sem prejuízo de eventuais ajustes celebrados entre este e a entidade convocadora (art. 41 da Lei n. 9.615/1998).

Assim, pode ser entendido que quando um atleta profissional for convocado, por exemplo, para a seleção nacional de futebol, acontecerá aí a interrupção do contrato de trabalho, isso porque, mesmo sem o obreiro trabalhar, a associação desportiva a qual o atleta é empregado terá a obrigação de honrar o pagamento do salário. Eis, portanto, aí uma típica forma de interrupção do contrato de labor.

5.9. Rescisão do contrato de trabalho

O término do contrato de trabalho é alavancado por fenômenos jurídicos multifatoriais. Tanto a associação desportiva quanto o atleta/empregado podem contribuir para acenar para o término da vigência do negócio jurídico. Como dito, vários fenômenos podem pôr fim ao pacto laboral avençado: justa causa do empregado, resilição, rescisão indireta, distrato, cessão e transferência.

5.9.1. Justa causa do empregado

Por vezes já foi mencionado que tanto o empregador quanto o empregado podem, no curso do contrato de trabalho, praticar condutas que interferem na relação de labor. Tais condutas podem ser tanto exógenas quanto endógenas à relação laboral.

No particular do contrato de trabalho especial do atleta profissional, existem, no art. 20[162] (Lei n. 6.354/76), algumas consignações exemplificativas que podem, quando praticadas pelo atleta/empregado, dar poderes para o empregador romper o pacto laboral por justo motivo, ou seja, a conduta do obreiro enfraquece a fidúcia que o patrão tem no empregado.

O referido artigo em quadro dispõe que constituem justa causa para a rescisão do contrato de trabalho e eliminação do futebol nacional: ato de improbidade, grave incontinência de conduta, condenação à pena de reclusão superior a dois anos, transitada em julgado, e banimento imposto pela entidade de direção máxima do futebol nacional ou internacional.

---

(162) Deve ser observado que a lei que a Lei n. 9.615/1998 não trouxe maiores alterações sobre esse rol exemplificativo de condutas motivadoras de justa causa por parte do empregado.

Por ato de improbidade podem ser entendidos, sobretudo, atos de desonestidade, sorrateiros, aquela ação do atleta que não anda junto da probidade. É o caso, por exemplo, de furto, roubo, apropriação indébita, estelionato ou até mesmo fraudes para manipular resultados de jogos ou disputas esportivas.

Incontinência de conduta, por sua vez, é o desrespeito exagerado praticado nas dependências ou fora dos locais de disputa atlética. A doutrina traz como exemplos o jogador que se entrega a festas noturnas e também atletas que exageram nas bebidas alcoólicas e comidas.[163]

Outro motivo que autoriza ao empregador a pôr fim ao contrato de trabalho do atleta é a condenação criminal no regime fechado. Isso porque o atleta preso não tem como desempenhar seu trabalho, é o conhecido isolamento do mundo esportivo.

Isso também se dá quando o atleta for eliminado pela entidade de direção máxima do futebol nacional ou internacional, com decisão transitada em julgado.

Neste contexto particular, Hugo Albuquerque Braga lembra:

> Podemos citar como exemplo desta hipótese o ocorrido em 1989, quando Brasil e Chile disputavam uma vaga para a Copa do Mundo de 1990. Após o gol brasileiro, o goleiro chileno, Rojas, simulou ter sofrido um corte em decorrência de fogos de artifício lançados pela torcida brasileira, fazendo com que a seleção chilena abandonasse a partida. Em decorrência dessa encenação, a Fifa concedeu vitória ao Brasil, suspendeu a equipe chilena das eliminatórias seguintes e baniu Rojas do futebol. (BRAGA, 2010, p. 183)

Neste caso, o atleta não pode mais exercer sua vida profissional, visto que não mais fará parte desse quadro profissional.

Por derradeiro, ressalte-se, todavia, que o rol elencado na Lei n. 6.354/1976 é meramente exemplificativo, ou seja, outras hipóteses não presentes aí podem servir como mola propulsora para o empregador despedir o atleta. Ainda, existem outras situações que são aplicadas ao atleta profissional contidas no art. 482 da Consolidação trabalhista. São elas insubordinação, indisciplina ou abandono de emprego.

5.9.2. Resilição ou distrato

No que se refere à resilição, na verdade, pode-se afirmar que é a dissolução do pacto laboral por ambas as partes, não necessitando para isso que exista a presença de justa causa. Ou seja, uma parte ou ambas podem fazer cessar o contrato de trabalho, evidentemente, como já consignado, não precisando estar presente os motivos da justa causa.

Pode-se, pois, invocar o art. 21:

> É facultado às partes contratantes, a qualquer tempo, resilir o contrato, mediante documento escrito, que será assinado de próprio punho, pelo atleta, ou seu responsável legal, quando menor, e duas testemunhas (art. 21 da Lei n. 6.354/1976).

---

(163) Nesse sentido: BARROS, Alice Monteiro de; BRAGA, Hugo Albuquerque; RALPH, Cândia. *Op. cit.*

5.9.3. Rescisão indireta

A rescisão indireta do contrato de trabalho se dá quando o empregador passa a descumprir obrigações que pactuou com o obreiro. Deste modo, o atleta profissional está autorizado a pleitear a chamada rescisão indireta do contrato de trabalho.

É digna de realce a determinação contida no art. 31 da Lei n. 9.615/1998 quando dispõe:

> A entidade de prática desportiva empregadora que estiver com o pagamento de salário de atleta profissional em atraso, no todo ou em parte, por período igual ou superior a 3 (três) meses, terá o contrato especial e trabalho desportivo daquele atleta rescindido, ficando o atleta livre para se transferir para qualquer outra entidade de prática desportiva de mesma modalidade, nacional ou internacional, e exigir a cláusula compensatória desportiva e os haveres devidos (art. 31 da Lei n. 9.615/1998).

A mesma normativa, ainda, anuncia que são entendidos como salário o abono de férias, o décimo terceiro salário, as gratificações, os prêmios e demais verbas inclusas no contrato de trabalho.

Por fim, ressalte-se que também será considerado como mora contumaz o não recolhimento do FGTS e das contribuições previdenciárias.

5.9.4. Cessão ou transferência

A cessão nada mais é, neste particular, do que a oferta temporária ou definitiva do atleta por parte da associação desportiva para outra agremiação.

Nesse contexto, prevê art. 38 (Lei n. 9.615/1998): "Qualquer cessão ou transferência de atleta profissional ou não profissional depende de sua formal e expressa anuência".

Na cessão ou transferência de atleta profissional para entidade de prática desportiva estrangeira observar-se-ão as instruções expedidas pela entidade nacional de título (art. 40 da Lei n. 9.615/1998).

Portanto, a cessão ou transferência do atleta profissional podem dar motivos à rescisão do contrato de trabalho entre a associação desportiva e o atleta/empregado.[164]

6. Do poder disciplinar do empregador do atleta profissional de futebol

O empregador detém o poder de punir o empregado quando ele descumprir cláusula do contrato de trabalho, ou seja, pode o patrão aplicar uma sanção ao empregado,

---

(164) Corroborando esse entendimento, Nelson de Oliveira Santos Costa explica: "Evidencia-se, assim, o início de um novo contrato de trabalho entre o atleta e o clube que o está recebendo por um período que não poderá superar a data final do primeiro contrato de trabalho com a agremiação originária, podendo haver cláusula de retorno do atleta ao clube cedente, voltando à vigência do contrato anterior, não deixando de se tratar, no que tange ao atleta e ao clube cedente, de uma suspensão do contrato de trabalho". In: COSTA, Nelson de Oliveira Santos. Atleta profissional. In: SANTOS, Jackson Passos; MELLO, Simone Barbosa de Martins (Orgs.). *Contratos especiais de trabalho:* homenagem ao professor Oris de Oliveira. São Paulo: LTr, 2010. p. 68.

que pode ser advertência particular escrita ou verbal, suspensão ou a mais drástica de todas, a dispensa do obreiro.

A sistemática do poder disciplinar do empregador que rege o contrato de trabalho do atleta profissional de futebol é, essencialmente, peculiar[165] no mundo jurídico brasileiro, isso porque a associação desportiva, com o objetivo de manter a ordem desportiva, o respeito aos atos emanados de seus poderes internos, poderá aplicar punição ao atleta/empregado com as seguintes sanções: advertência, censura escrita, multa, suspensão e desfiliação ou desvinculação.

6.1. Da aplicação de multa

Gravita em torno do salário do empregado uma série de proteções[166] que vedam, principalmente, descontos ou outros ataques a esse patrimônio jurídico e alimentar. De regra geral, o empregador não pode, em hipótese alguma, aplicar multa ao empregado, isso porque estará flagrantemente rompendo o sistema de proteção do salário. Todo esse arcabouço, na verdade, é irradiação do art. 7º, inciso X da Constituição Federal de 1988, que garante proteção do salário na forma da lei, constituindo crime sua retenção dolosa.

Acontece que a normativa laboral do atleta profissional é um caso à parte. A norma que tutela essa profissão autoriza que o empregador rompa essa proteção jurídica do salário e aplique multa pecuniária ao atleta profissional.

Neste caso, dispõe o art. 15:

> As penalidades pecuniárias não poderão ser superiores a 40 % (quarenta por cento) do salário percebido pelo atleta, sendo as importâncias correspondentes recolhidas diretamente ao "Fundo de Assistência ao Atleta Profissional (FAAP)" [...] (art. 15, § 1º da Lei 9.615/1998).

Nesse contexto, urge um questionamento: não há inconstitucionalidade neste particular? A princípio, pode-se aventar que olhos não treinados poderiam, em *prima facie*, identificar que esse dispositivo é inconstitucional por não ser recepcionado pela Constituição Federal de 1988 ou até mesmo afirmar que ele é contrário à norma contida no art. 462 da Consolidação das Leis do Trabalho.

Em verdade, não se vislumbra, no entanto, esse vício pelas seguintes razões: a um, a multa é restringida somente a certa porcentagem; a dois, a multa não vai para o empregador e sim para um fundo de promoção e apoio a outros atletas profissionais.

---

(165) Nessa linha, lembra Alice Monteiro de Barros: "Uma particularidade existente no contrato de trabalho do atleta consiste no fato de poder ele sofrer punição dos dirigentes de entidades regionais, nacionais e até internacionais, apesar de não serem seus empregadores. Essas punições terão, evidentemente, repercussão no pacto laboral". In: BARROS, Alice Monteiro. *Contratos e regulamentações especiais de trabalho, peculiaridades, aspectos controvertidos e tendências*. 3. ed. rev., ampl. São Paulo: LTr, 2008. p. 114.

(166) Existe uma tríplice proteção da norma ao salário do obreiro. O salário pode ser defendido em face do empregador, em face dos credores do empregado e contra os credores do empregador.

6.2. Dos deveres do empregador do atleta profissional de futebol

Quando o contrato de trabalho é realizado, nasce para ambas as partes uma série de obrigações que devem ser sagradamente obedecidas. No contrato de labor do atleta profissional não é diferente.

Impende destacar que o art. 34 da Lei Pelé dispõe deveres da entidade[167] de prática desportiva empregadora com o atleta. Em especial, registrar o contrato especial de trabalho desportivo do atleta profissional na entidade de administração da respectiva modalidade desportiva, proporcionar aos atletas profissionais as condições necessárias à participação nas competições desportivas, treinos e outras atividades preparatórias ou instrumentais e submeter os atletas profissionais aos exames médicos e clínicos necessários à prática desportiva.

6.3. Dos deveres do atleta profissional de futebol

Por sua vez, os atletas profissionais/empregados deverão cumprir com vários deveres. Entre eles, estão participar dos jogos, treinos, estágios e outras sessões preparatórias de competições com a aplicação e dedicação correspondentes às suas condições psicofísicas e técnicas. Também deverão preservar as condições físicas que lhes permitam participar das competições desportivas, submetendo-se aos exames médicos e tratamentos clínicos necessários à prática desportiva, e exercer a atividade desportiva profissional de acordo com as regras da respectiva modalidade desportiva e com as normas que regem a disciplina e a ética desportivas (art. 35 da Lei n. 9.615/1998).

7. Da jornada de trabalho do atleta profissional de futebol

A Lei n. 9.615/1998, Lei Pelé, não fez nenhuma menção sobre a jornada de trabalho[168] do atleta profissional, talvez porque essa profissão tem inúmeras peculiaridades que exigem uma dinâmica contratual para adequar-se à realidade de treinos, jogos e concentrações dos atletas.

Neste particular, Rodrigo Grumach Falcão explica:

> A profissão de atleta de futebol possui peculiaridades em toda a sua estrutura contratual e trabalhista, e, consequentemente, no quesito da duração do trabalho

---

(167) Nesse sentido, Alice Monteiro de Barros observa: "As normas gerais da legislação trabalhista e da seguridade social aplicam-se aos atletas profissionais ressalvadas as peculiaridades expressas na legislação específica e nos contratos de trabalho". In: BARROS, Alice Monteiro. *Contratos e regulamentações especiais de trabalho, peculiaridades, aspectos controvertidos e tendências*. 3. ed. rev., ampl. São Paulo: LTr, 2008. p. 114.

(168) Sonia Maria Prince Franzini lembra: "A Lei n. 6.354/76, em seu art. 6o, cuja vigência expirou-se em 26 de março de 2001 por força do art. 96 da Lei n. 9.615/98, preceituava uma jornada de 48 horas semanais (44 após o advento da Constituição Federal). [...] A nova lei revogou expressamente as normas referente à limitação horária, de forma que, em razão das peculiaridades inerentes à função, não ficam as atletas sujeitos à jornada fixa de trabalho nem fazem jus ao recebimento de horas extras [...]". In: FRANZINI, Sonia Maria Prince. O atleta profissional de futebol. *Revista Synthesis Direito do Trabalho material e Processual*, São Paulo, n. 34, 2002. p. 15.

do profissional não seria distinto. Com isso, as normas genéricas da CLT, em toda a sua organização, só são aplicáveis quando compatíveis e autorizadas com a atividade exercida pelo atleta profissional [...] (FALCÃO, 2007. p. 306).

Destarte, considerando que a tutela especial não consignou uma regulamentação sobre a jornada de trabalho, deve-se entender, de todo modo, que para esses profissionais aplica-se o inciso X do art. 7º da Constituição Federal, que assim determina: "A duração do trabalho normal não superior a oito horas diárias e quarenta e quatro semanais, facultada a compensação de horários e a redução da jornada, mediante acordo ou convenção coletiva de trabalho" (art. 7º, inciso X da Constituição Federal de 1988).

É de se destacar que não se pode perder de vista que a jornada de labor do atleta profissional será de, no máximo, oito horas e terá como módulo semanal 44 horas.[169]

7.1. Intervalos interjornada e intrajornada

A tutela especial é omissa no aspecto que versa sobre os intervalos intra e extrajornadas.

A normativa manda que seja aplicada ao atleta profissional as normas gerais da legislação trabalhista e da seguridade social, ressalvadas as peculiaridades constantes desta lei.

Destarte, faz jus aplicar-se ao atleta profissional os intervalos de jornada, usando, assim, de forma subsidiária, as normas da Consolidação das Leis do Trabalho.

O jogador profissional de futebol goza ainda de um intervalo especial, segundo legislação esportiva, que é de duração de 15 minutos entre os dois tempos da partida. Esse intervalo não será descontado e será computado como jornada de trabalho, uma vez que se trata de tempo à disposição do empregador, inclusive sendo utilizado para transmitir algumas determinações táticas sobre a partida em disputa (FALCÃO, 2007. p. 303).

Como dito, a aplicação subsidiária do texto consolidado, deve-se, neste particular, ater-se ao que diz a Carta Magna:

> Em qualquer trabalho contínuo, cuja duração exceda de 6 (seis) horas, é obrigatória a concessão de um intervalo para repouso ou alimentação, o qual será, no mínimo, de 1 (uma) hora e, salvo acordo escrito ou contrato coletivo em contrário, não poderá exceder de 2 (duas) horas. [...] Não excedendo de 6 (seis) horas o trabalho, será, entretanto, obrigatório um intervalo de 15 (quinze) minutos quando a duração ultrapassar 4 (quatro) horas [...] os intervalos de descanso não serão computados na duração do trabalho (art. 71 da Constituição Federal de 1988).

---

(169) Em acertada posição, Domingos Zainaghi Sávio afirma: "Estariam, hoje, portanto, sem qualquer limitação de jornada e duração semanal de trabalho os atletas, sejam eles de futebol ou não? Entendemos que não, ou seja, os atletas profissionais — de futebol ou qualquer outra modalidade — têm a jornada limitada em 8 horas e a duração semanal em 44 horas." In: SÁVIO, Domingos Zainaghi. *Nova legislação desportiva*. 2. ed. São Paulo: LTr, 2004. p. 24.

Do mesmo modo, no que diz respeito aos intervalos entre duas jornadas, deve-se, também aplicar o disposto no art. 66 da Consolidação das Leis do Trabalho, ou seja, entre duas jornadas de trabalho haverá um período mínimo de 11 horas consecutivas para descanso.

Por fim, Grumach Falcão sintetiza bem essa temática quando afirma que "mesmo com todas as peculiaridades da sua profissão, é concedido ao atleta todos os direitos referentes aos intervalos e descansos das jornadas, impostos por lei aos trabalhadores" (FALCÃO, 2007, p. 303).

7.2. Concentração e pré-temporada

A concentração no particular esportivo é o período em que o atleta fica reunido em hotel ou em qualquer outro lugar antes das disputas esportivas. O escopo dessa medida é, sobretudo, proteger o complexo físico dos atletas, permitindo-lhes descansar e alimentar-se de forma adequada. Isso visa a obter boas condições físicas e mentais para alcançar um bom resultado nas disputas.[170]

A Lei n. 6.354/1976 anuncia a esse respeito:

> O atleta será obrigado a concentrar-se, se convier ao empregador, por prazo não superior a 3 (três) dias por semana, desde que esteja programada qualquer competição amistosa ou oficial e ficar à disposição do empregador quando da realização de competição fora da localidade onde tenha sua sede (art. 7º da Lei n. 6.354/1976).

Inúmeras dúvidas surgem desse texto legal. A mais pertinente: este período destinado à concentração integra o tempo de trabalho? É somado à jornada de labor do atleta/empregado/concentrado?

Nesse contexto, em corroboração, Hugo Albuquerque Braga explica:

> Hoje, a grande maioria dos julgados é no sentido de que, em não excedendo o limite de três dias por semana, estabelecido na legislação especial, não se deve computar o tempo de concentração na jornada de trabalho, não existindo, assim, a figura da hora extra, pois o período de concentração é uma condição especialíssima do contrato de trabalho do atleta profissional de futebol. (BRAGA, 2010, p. 162)

Pré-temporada,[171] por sua vez, é o período, geralmente de um mês ou menos, antes do início da temporada anual de competições na qual os atletas se reúnem em local calmo e harmonizado para se prepararem física e psicologicamente em táticas.

---

(170) Cândia Ralph pensa o contrário quando afirma: "A concentração se traduz em resguardo costumeiro dos atletas e peculiar às competições de importância, daí ter sido consagrada na legislação em causa. Afigura-se inútil para a obtenção de um melhor rendimento dos jogadores". In: RALPH, Cândia. *Comentários aos contratos de trabalhos especiais*. 3. ed. São Paulo: LTr, 1995. p. 123.

(171) Em correta visão, Domingos Zainaghi Sávio, explicando sobre o possível pagamento de horas extras nos períodos de pré-temporada, enfatiza: "Entendemos, também, que nestes casos não faz jus o atleta ao recebimento de horas extras, uma vez que se trata de peculiaridade da profissão. Agora, se o período de 70 dias for extrapolado, nossa opinião é a de que as horas extras serão devidas, além, é claro, de se converter em motivo para a rescisão indireta do contrato de trabalho." In: SÁVIO, Domingos Zainaghi. *Nova legislação desportiva*. 2. ed. São Paulo: LTr, 2004. p. 28.

7.3. Descanso semanal remunerado

Sobre o descanso semanal remunerado, aplica-se aos atletas profissionais de forma subsidiária a Lei n. 605/1949.

Assim dispõe o art. 1º da predita norma:

> Todo empregado tem direito ao repouso semanal remunerado de vinte e quatro horas consecutivas, preferencialmente aos domingos[172] e, nos limites das exigências técnicas das empresas, nos feriados civis e religiosos, de acordo com a tradição local (art. 1º da Lei n. 605/1949).

É importante observar que, não sendo possível a folga no domingo, deverá ser concedido um outro dia para tanto.

7.4. Férias

As férias do atleta profissional deverão ser de trinta dias corridos para descanso, lazer e higidez mental.[173]

Para o atleta profissional jogador de futebol, a Lei 6.354/1976 dispõe: "O atleta terá direito a um período de férias anuais remuneradas de 30 dias, que coincidirá com o recesso obrigatório das atividades de futebol" (art. 25 da Lei de n. 6.354/1976).

8. Da remuneração do atleta profissional de futebol

A Consolidação das Leis do Trabalho dispõe:

> Compreendem-se na remuneração do empregado, para todos os efeitos legais, além do salário devido e pago diretamente pelo empregador, como contraprestação do serviço, as gorjetas de que receber [...] integram o salário, não só a importância fixa estipulada, como também as comissões, percentagens, gratificações ajustadas, diárias para viagem e abonos pagos pelo empregador (art. 457 da CLT).

Norma similar traz o art. 28 da Lei n. 9.615/1998:

> São entendidos como salário, para efeitos do previsto no *caput*, o abono de férias, o décimo terceiro salário, as gratificações, os prêmios e demais verbas inclusas no contrato de trabalho (art. 28, § 1º da Lei n. 9.615/1998).

---

(172) Para os esportistas, os domingos são, na verdade, o dia de trabalho mais importante, isso porque existe aí uma intensidade de espectadores ou telespectadores para assistir aos eventos esportivos. Neste caso, havendo labor aos domingos, necessariamente, outro dia da semana de descanso deve ser ofertado ao atleta. Corroborando com essa ideia, Hugo Albuquerque Braga observa: "Verificamos, neste caso, mais uma peculiaridade do contrato de trabalho do atleta profissional de futebol, eis que a grande maioria das partidas oficiais e amistosas é disputada aos domingos, não sendo possível, assim, a perfeita aplicação do artigo consolidado transcrito." *In:* BRAGA, Hugo Albuquerque. O contrato de trabalho do atleta profissional de futebol. *Revista de Direito do Trabalho RDT*, São Paulo, v. 137, ano 36, p. 143-216, jan./mar. 2010. p. 165.

(173) Nesse contexto, interessante observação é feita por Nelson de Oliveira Santos Costa: "Não obstante, as federações possuem seus campeonatos estaduais, motivo pelo qual dificilmente os times, considerados grandes do nosso futebol, permitem aos seus atletas o desfrute dos trinta dias de férias às quais fazem jus, tendo que ser ressarcidos oportunamente na Justiça do Trabalho". *In:* COSTA, Nelson de Oliveira Santos. Atleta profissional. *In:* SANTOS, Jackson Passos; MELLO, Simone Barbosa de Martins (Orgs.). *Contratos especiais de trabalho:* homenagem ao professor Oris de Oliveira. São Paulo: LTr, 2010. p. 65.

O salário do atleta profissional, a rigor, pode atrair uma série de vantagens peculiares, principalmente no caso de jogador profissional de futebol, que conta com luvas ou bichos. A remuneração do atleta profissional é composta pelo salário ajustado no contrato de labor, as luvas, os prêmios, bichos e a quantia referente ao direito de arena.

8.1. Luvas

No particular mundo do atletismo profissional, luvas podem ser conceituadas como sendo a contraprestação paga pela associação desportiva ao atleta/empregado em função da assinatura do contrato de trabalho. O valor desse pagamento é convencionado pelas partes e pode ser dinheiro ou qualquer outro bem.

O art. 12 da Lei n. 6.354/1976 dispõe: "Entende-se por luvas[174] a importância paga pelo empregador ao atleta, na forma do que for convencionado, pela assinatura do contrato".

A natureza desse instituto é salarial,[175] visto que o pagamento tem como fundo o contrato de trabalho, devendo, portanto, integrar as férias, 13º salário, FGTS e terço constitucional.

8.2. Bicho

Bicho é o pagamento que a associação desportiva faz aos atletas pelas vitórias. São valores não fixos, que servem de incentivo e estímulos para os atletas profissionais esforçarem-se para vencer a partida.[176] É uma praxe em eventos decisivos, principalmente, no futebol, no qual o sucesso é sempre vantajoso.

A rigor, tem natureza de prêmio individual. Pode ser pago somente para os atletas que participam do evento ou até para os reservas. Outro ponto é que esse pagamento tem, na visão do Tribunal Superior do Trabalho,[177] natureza salarial.

---

(174) Observe-se que Nelson de Oliveira Santos Costa enfatiza: "Fazemos especial destaque às luvas, pelo fato de que o seu valor possui fixação em virtude da perspectiva de futura eficiência do atleta com excelência, antes deste iniciar suas atividades em sua modalidade esportiva na nova entidade desportiva". In: COSTA, Nelson de Oliveira Santos. Atleta profissional. In: SANTOS, Jackson Passos; MELLO, Simone Barbosa de Martins (Orgs.). Contratos especiais de trabalho: homenagem ao professor Oris de Oliveira. São Paulo: LTr, 2010. p. 57.

(175) Alice Monteiro de Barros com suporte em jurisprudência do Tribunal Superior do Trabalho explica: "O TST, por meio da 5ª Turma, retirou a feição salarial das luvas, por entender que é 'Valor pago ao atleta apenas como garantia de um futuro contrato, porque, se assim o é pagamento para assinatura do contrato, não se cuida de contraprestação pela força de trabalho, mas tão só a forma como os clubes e agremiações despertam no atleta o *animus contrahendi* em relação àquela agremiação, no caso, o clube de futebol'". In: BRASIL, Tribunal Superior do Trabalho, Recurso de Revista n. 137.799/2004-900-01-00, 5ª T., rel. João Batista Brito Pereira, publicado: DJU-1, 30.6.2006 apud BARROS, Alice Monteiro. Contratos e regulamentações especiais de trabalho, peculiaridades, aspectos controvertidos e tendências. 3. ed. rev., ampl. São Paulo: LTr, 2008. p. 117.

(176) Alice Monteiro de Barros observa a esse respeito: "Os bichos são fixos e variáveis, podendo, excepcionalmente, serem pagos até mesmo em caso de derrotas, quando verificado o bom desempenho da equipe". In: BARROS, Alice Monteiro. Op. cit.

(177) Assim decidiu a Corte: "Bichos-Premiações-Natureza Jurídica Salarial — os bichos, vocábulo largamente utilizado no meio do futebol — referem-se a prêmios tradicionalmente pagos ao atleta profissional

8.3. Direito de arena

Para entender o direito de arena,[178] inicialmente, faz-se necessário fazer uma digressão pelo art. 5º da Constituição Federal de 1988, que assegura "a proteção às participações individuais em obras coletivas e à reprodução da imagem e voz humanas, inclusive nas atividades desportivas" (art. 5º, inciso XXVIII, letra *a* da Constituição Federal de 1988).

Convém observar que o direito de arena pode ser definido como o pagamento feito pelas emissoras de comunicação social aos sindicatos dos atletas profissionais, encarregado de pagar aos atletas que participam de apresentações esportivas ao vivo pelos canais de televisão.

Não se pode confundir o direito de arena com o direito de imagem.[179] São na verdade dois institutos diferentes. Aquele se encontra insculpido na Lei n. 9.615/1998 ao passo que este é um direito fundamental personalíssimo de índole constitucional.[180]

O art. 42 da Lei n. 9.615/1998 dispõe:

> Pertence às entidades de prática desportiva o direito de arena, consistente na prerrogativa exclusiva de negociar, autorizar ou proibir a captação, a fixação, a emissão, a transmissão, a retransmissão ou a reprodução de imagens, por qualquer meio ou processo, de espetáculo desportivo de que participem (art. 42 da Lei n. 9.615/1998).

---

pelas vitórias e empates conquistados nos jogos disputados, objetivando estimular a produtividade e o melhor rendimento. Constituem, neste raciocínio, gratificações ajustadas, possuindo evidente natureza salarial, integrante do contrato e do salário pactuado, não configurando mera liberalidade da associação desportiva empregadora". *In:* Tribunal Regional do Trabalho, 3ª R., Recurso Ordinário n. 00158-2003-021-03-00-5, 6ª T., relª Lucileide D'Ajuda Lyra de Almeida, publicado: DJMG, 23 out. 2003. p. 09.

(178) O termo arena vem da época dos jogos e lutas romanas, locais de jogos com o piso de areia fofa. Daí se perdurou até os dias de hoje, ou seja, locais onde os gladiadores lutam e mostram suas habilidades. Neste sentido, Domingos Sávio Zainaghi explica: "Arena é a palavra que significa areia. O termo é usado nos meios esportivos, tendo em vista que, na antiguidade, no local onde os gladiadores se enfrentavam, entre si ou como animais ferozes, o piso era coberto de areia". *In:* ZAINAGHI, Domingos Sávio. *Os atletas profissionais de futebol no direito do trabalho.* São Paulo: LTr, 1998. p. 145.

(179) A esse respeito, entende o TST: "Direito de arena, natureza jurídica — I o direito de arena não se confunde com o direito à imagem. II. Com efeito, o direito à imagem é assegurado constitucionalmente (art. 5º, incisos V, X e XXVIII), é personalíssimo, imprescritível, oponível *erga omnes* e indispensável. O Direito de Arena está previsto no art. 42 da Lei n. 9.615/98, o qual estabelece a titularidade da entidade de prática desportiva. III. Por determinação legal, vinte por cento do preço total da autorização deve ser distribuído aos atletas profissionais para autorização da utilização da imagem do atleta, este sim de natureza civil, mas de decorrência do contrato de trabalho firmado com o clube. Ou seja, o clube por determinação legal, paga aos seus atletas participantes um percentual do preço estipulado para a transmissão do evento esportivo. Daí vir a doutrina e a jurisprudência majoritária nacional comparando o direito de arena a gorjeta, reconhecendo-lhe a natureza remuneratória nacional comparando o direito de arena. V. Recurso conhecido e provido". *In:* BRASIL, Tribunal Superior do Trabalho, Recurso de Revista n. 1210/2004-025-03-00.7, 4ª T., rel. Barros Levenhagem, publicado: DJU, 16.3.2007.

(180) Esclarece Celso Moreno Garcia: "O direito de imagem é muito mais amplo e não se confunde com o direito de arena, pois este permite a entidade desportiva a exploração da imagem do atleta apenas dentro dos espetáculos desportivos de que participem. Desta forma, qualquer uso ou exploração da imagem do atleta fora dos jogos ou eventos para os quais foi contratado, exige-se sua expressa autorização, o que é normalmente negociado contratualmente". *In:* GARCIA, Celso Moreno. O atleta profissional de futebol e a legislação. *Revista do Tribunal Regional do Trabalho 16ª Região,* v. 14, n. 1, jan./dez., ano 2004. p. 178.

Vale observar, contudo, que o valor a ser repassado pelos canais de televisão aos Sindicatos também foi positivado pala tutela especial:

Salvo convenção coletiva de trabalho em contrário, 5% (cinco por cento) da receita proveniente da exploração de direitos desportivos audiovisuais serão repassados aos sindicatos de atletas profissionais, e estes distribuirão, em partes iguais, aos atletas profissionais participantes do espetáculo, como parcela de natureza civil. (art. 42, § 1º da Lei n. 9.615/1998).

É importante acentuar que existe na doutrina polêmica sobre a real natureza jurídica desse pagamento. Atente-se, no entanto, que há estudiosos do assunto que lhe atribuem natureza civil, visto que é proveniente do direito de imagem explorado do atleta, bem como pelo fato de o pagamento não ser feito pelo empregador. Sem natureza remuneratória, portanto. De outra monta, existem doutrinadores que afirmam que a natureza desse pagamento é remuneratória, visto que se equipara a gorjetas pagas por terceiros.[181]

Não terá direito de arena a exibição de flagrantes de espetáculo ou evento desportivo para fins exclusivamente jornalísticos, desportivos ou educativos, respeitadas as seguintes condições: a captação das imagens para a exibição de flagrante de espetáculo ou evento desportivo dar-se-á em locais reservados, nos estádios e ginásios, para não detentores de direitos ou, caso não disponibilizados, mediante o fornecimento das imagens pelo detentor de direitos locais para a respectiva mídia. A duração de todas as imagens do flagrante do espetáculo ou evento desportivo exibidas não poderá exceder 3% do total do tempo de espetáculo ou evento.

Por fim, a norma determina que é proibida a associação das imagens exibidas com base neste artigo a qualquer forma de patrocínio, propaganda ou promoção comercial.

8.4. Adicional noturno

O trabalho noturno[182] deverá ter uma remuneração maior do que a do trabalho diurno. Esse anúncio, na verdade, é um mandamento insculpido na Constituição Federal de 1988 (art. 7º, inciso IX): "A remuneração do trabalho noturno superior à do diurno". O mesmo mandamento já era disciplinado pelo art. 73 da Consolidação das Leis do Trabalho.

---

(181) Esse entendimento é chancelado por Domingos Sávio Zainaghi: "No caso do atleta, como veremos, equiparam-se às gorjetas, os valores pagos a títulos de direito de arena". In: ZAINAGHI, Domingos Sávio. Nova legislação desportiva. 2. ed. São Paulo: LTr, 2004. p. 30. Também por Alice Monteiro de Barros (2008, p. 123) e Sergio Pinto Martins (1998, p.145).

(182) Nesse contexto, Nelson de Oliveira Santos Costa lembra: "Independente do preceito constitucional, fato corriqueiro em nosso País, em virtude das transmissões esportivas de futebol serem posteriores à transmissão da novela, imaginemos o desgaste do atleta que começa o seu labor após as 22: 00 horas, para uma desgastante partida de futebol, motivo do justíssimo reconhecimento do adicional noturno ao atleta, em especial ao jogador de futebol, que em jogos decisivos por vezes se submete a uma prorrogação de 30 (trinta) minutos e em outras ocasiões a uma disputa nervosa de pênaltis". In: COSTA, Nelson de Oliveira Santos. Atleta profissional. In: SANTOS, Jackson Passos; MELLO, Simone Barbosa de Martins (Orgs.). Contratos especiais de trabalho: homenagem ao professor Oris de Oliveira. São Paulo: LTr, 2010. p. 64.

Deve-se dizer, a propósito, que tal adicional é direito de todos os empregados urbanos que laborem entre as 22h de um dia e as 5h do dia seguinte. O valor deverá ser pago com um adicional de 20% e a hora noturna deverá ser reduzida,[183] com 52 minutos e 30 segundos.

O adicional noturno, portanto, será de 20%, conforme estabelecido na Consolidação das Leis do Trabalho.[184]

8.5. Horas extras

As horas extras são o trabalho que o empregado faz além da jornada de labor avençada em contrato, acordo coletivo, convenção coletiva e normas legais. Em outras palavras, é "o lapso temporal de trabalho ou disponibilidade do empregado perante o empregado que ultrapasse a jornada-padrão[185] fixada em regra jurídica ou por cláusula contratual" (DELGADO, 2003, p. 86).

A norma celetista dispõe: "A duração normal do trabalho poderá ser acrescida de horas suplementares, em número não excedentes de duas, mediante acordo escrito entre empregador e empregado, ou mediante contrato coletivo de trabalho" (art. 59 da CLT).

Em direção convergente, a Constituição Federal assevera:

> São direitos dos trabalhadores urbanos e rurais, além de outros que visem à melhoria de sua condição social e a remuneração do serviço extraordinário superior, no mínimo, em cinquenta por cento à do normal. (art. 7º da Constituição Federal de 1988)

A tutela que rege a situação jurídica do atleta é omissa sobre horas extras. Contudo, nem por isso esse profissional ficará desprotegido desse adicional. Assim, o atleta profissional de futebol tem direito ao adicional[186] de horas extras de no mínimo

---

(183) A esse respeito Sergio Pinto Martins explica: "Cada hora trabalhada no período considerado pela lei como noturno será computada como 52 minutos e 30 segundos e não como uma hora, o que se constitui numa vantagem até mesmo salarial ao empregado". *In:* MARTINS, Sergio Pinto. *Direito do trabalho.* São Paulo: Atlas, 2005. p. 534.

(184) Esse entendimento é confirmado também por Sergio Pinto Martins: "É devido o adicional noturno ao atleta profissional. A Lei 6.354 é omissa sobre o assunto, porém o art. 28 da referida norma manda aplicar a CLT, no caso de omissão. Assim, é de se observar o art. 73 da CLT, que trata o adicional noturno de 20% e da hora noturna reduzida de 52 minutos e 30 segundos". *In:* MARTINS, Sergio Pinto. O atleta profissional de futebol e os seus direitos trabalhistas. *Revista de Direito do Trabalho,* São Paulo, n. 98, ano 26, abr./jun. 2000. p. 146.

(185) Mesma visão tem Domingos Sávio Zainaghi sobre as horas extras: "Trabalho prestado fora do período normal de trabalho". *In:* ZAINAGHI, Domingos Sávio. *Os atletas profissionais de futebol no direito do trabalho.* São Paulo: LTr, 1998. p. 9.

(186) Relembre-se que existe um debate sobre a aplicação de horas extras aos atletas profissionais em concentração. Cândia Ralph explica: "A concentração se traduz em resguardo costumeiro dos atletas e peculiar às competições de importância, daí ter sido consagrada na legislação em causa. Se afigura útil para obtenção de um melhor rendimento dos jogadores. O prazo de três dias estabelecido como limite, a nosso ver, não pode deixar de ser considerado como de trabalho normal e, portanto, computável na jornada semanal já examinada, e de sorte que, somado às horas colocadas, à disposição antes da concentração, não ultrapassem as quarenta e oito horas (quarenta e quatro horas após a Constituição de 1988) semanais, caso em que o excesso será considerado trabalho extraordinário, com incidência do adicional de vinte por cento (cinquenta por cento após a Constituição Federal de 1988) sobre as horas excedentes". *In:* RALPH, Cândia. *Comentários à lei do jogador de futebol.* São Paulo: Saraiva, 1978. p. 18.

50% sobre a hora normal,[187] por óbvio, quando houver labor além das oito horas normais por dia e 44 semanais, conforme preleciona a Constituição e a Consolidação das Leis do Trabalho.

9. Direito de imagem

A Constituição Federal de 1988 muito se preocupou com a imagem dos cidadãos. Tal fato mereceu tratamento em vários dispositivos, como no art. 5º, inciso V: "É assegurado o direito de resposta, proporcional ao agravo, além da indenização por dano material, moral ou à imagem". Ainda no inciso X assevera: "São invioláveis a intimidade, a vida privada, a honra e a imagem das pessoas, assegurado o direito da indenização pelo dano material ou moral decorrente de sua violação".

Nesse sentido, observe-se que Silvio de Salvo Venosa anota:

> Sem dúvida, a imagem da pessoa é uma das principais projeções de nossa personalidade e atributo fundamental dos direitos ditos personalíssimos[188] [...] a Constituição Federal, ao tratar dos direitos fundamentais nos quais se coloca a proteção à personalidade, em três oportunidades menciona a tutela à própria imagem (art. 5º, V, X e XXVIII), dentro do contexto de proteção a ofensas de índole moral, referindo-se também à inviolabilidade da intimidade e da vida privada. (VENOSA, 2010, p. 30)

Ainda no aspecto constitucional, conforme prelecionam Luiz Alberto David Araújo e Vidal Serrano Nunes:

> O direito à imagem possui duas variações. De um lado, deve ser entendido como o direito relativo à produção gráfica (retrato, desenho, fotografia, filmagem etc.) da figura humana. De outro lado, porém, a imagem assume a característica do conjunto de atributos cultivados pelo indivíduo e reconhecidos pelo conjunto social. Chamemos a primeira de imagem-retrato e a segunda de imagem atributo (ARAÚJO; NUNES JÚNIOR, 2006, p. 155).

Destarte, pode-se inferir que a imagem se divide em dois aspectos, a imagem retrato que, na verdade, é o "desenho" físico da pessoa, ou seja, seu aspecto material--sólido-vutual, e a imagem atributo, que, por sua vez, é o aspecto exterior do indivíduo, como ele é visto é na sociedade.

---

(187) Zainaghi complementa: "Logo, o atleta profissional de futebol tem uma jornada de 8 (oito) horas, com duração semanal de 44 (quarenta e quatro) horas, compreendendo-se a prática de exercícios, treinamento e até as partidas realizadas na semana, uma vez que a Lei n. 6.354/1976 inclui o adestramento e a exibição, como computáveis na duração do trabalho". In: ZAINAGHI, Domingos Sávio. Os atletas profissionais de futebol no direito do trabalho. São Paulo: LTr, 1998. p. 100.

(188) Em sentido convergente, Mauro Schiavi, salienta: "Os direitos de personalidade são direitos que decorrem da proteção da dignidade da pessoa humana e estão intimamente ligados à própria condição humana. Embora a violação a esses direitos possa ter repercussões patrimoniais, são direitos que se distinguem dos direitos patrimoniais, porque estão ligados à pessoa humana de maneira perpétua". In: SCHIAVI, Mauro. Aspectos controvertidos do direito de imagem e direito de arena do atleta profissional de futebol. Suplemento Trabalhista, São Paulo, 083/07, ano 43, 2007. p. 347.

Vale destacar que nesse sentido, Mauro Schiavi anota:

> O direito de explorar a imagem[189] do atleta profissional pode ser cedido ao clube empregador por meio de cláusula constante do contrato de trabalho, ou por meio de um contrato de natureza civil (SCHIAVI, 2007. p. 349).

O direito de imagem, na verdade, no Brasil vem servindo como instrumento para burla dos direitos trabalhistas dos atletas profissionais. Tal afirmação pode ser vislumbrada na seguinte explicação: o atleta recebe pagamento para o clube usar sua imagem de forma distinta do contrato de labor. A rigor, como é de praxe, recebe os valores através de uma pessoa jurídica.

Cria-se, portanto, uma celeuma neste aspecto, isso porque o direito de imagem, essencialmente, tem natureza distinta das obrigações instaladas no contrato de labor. Assim, fica difícil entender que o valor pago tem natureza salarial. Completa Schiavi (2007, p. 350): "Não há contraprestação laboral por parte do atleta ao ceder a utilização de sua imagem ao empregador. Desse modo, como pode um contrato de cessão de imagem ter natureza salarial?".

Completando esse raciocínio e com suporte nas palavras de Nelson de Oliveira, Santos Costa explica:

> [...] o direito de imagem tem sido utilizado de forma grotesca para fraudar a legislação trabalhista, de forma que o atleta em seu contrato de trabalho conveniona um pequeno importe econômico anotado em carteira, enquanto que o valor mais satisfatório está disposto em um contrato de licença de uso de imagem em nome de uma pessoa jurídica[190] aberta em nome do atleta e possivelmente um parente ou procurador (COSTA, in: SANTOS; MELLO, 2010, p. 61).

Assim, importa salientar, por derradeiro, que esse comportamento afronta o art. 9º da Consolidação das Leis do Trabalho, ou seja, contorna a clareza da norma em coibir qualquer artifício que vise a burlar os direitos sociais trabalhistas.

10. Atleta profissional de futebol convocado para a seleção nacional

Os atletas profissionais, quase que na totalidade, objetivam representar a seleção de seu país. Isso acontece em todos os esportes. Esse momento é o auge na carreira de qualquer atleta.

---

(189) O predito autor ainda faz a seguinte observação: "A imagem de determinado atleta muitas vezes propicia ao clube de futebol fonte de lucro na venda de camisas, álbuns de figurinhas, bolas e até mesmo maior arrecadação nos jogos". *In:* SCHIAVI, Mauro. Aspectos controvertidos do direito de imagem e direito de arena do atleta profissional de futebol. *Suplemento Trabalhista*, São Paulo, 083/07, ano 43, 2007. p. 349.

(190) Esse posicionamento é também firmado por Alice Monteiro de Barros: "A interposta 'pessoa jurídica' é utilizada com o propósito de desvirtuar a aplicação da legislação da legislação trabalhista". *In:* BARROS, Alice Monteiro. *Contratos e regulamentações especiais de trabalho, peculiaridades, aspectos controvertidos e tendências.* 3. ed. rev., ampl. São Paulo: LTr, 2008. p. 124.

Sobre isso, o art. 41 da Lei n. 9.615/1998 dispõe: "A participação de atletas profissionais em seleções será estabelecida na forma como acordarem a entidade de administração convocante e a entidade de prática desportiva cedente".

A entidade convocadora indenizará a cedente dos encargos previstos no contrato de trabalho pelo período em que durar a convocação do atleta, sem prejuízo de eventuais ajustes celebrados entre este e a entidade convocadora (§ 1º).

Por fim, vale frisar que o período de convocação estender-se-á até a reintegração do atleta à entidade que o cedeu, apto a exercer sua atividade.

11. Prescrição

A prescrição da pretensão da tutela jurisprudencial para o atleta profissional empregado não se diferencia dos demais profissionais. Assim, aplica-se para estes profissionais o disposto no art. 7º da Constituição Federal de 1988 (alínea *a*, inciso XXIX): o atleta empregado deverá, portanto, ajuizar a ação nos dois anos a contar do dia do término do contrato de labor, observando somente os créditos dos últimos cinco anos a contar do dia que ajuizou a ação.

12. Acidentes de trabalho

Vale observar que o corpo do atleta profissional, fundamentalmente, é o seu ganha-pão. É o seu principal instrumento de trabalho. O atleta, como qualquer trabalhador, pode sofrer acidentes durante o trabalho. No particular mundo do futebol, essa possibilidade é mais suscetível de acontecer, haja vista o futebol ser basicamente um esporte de contato.

Deste modo, as entidades de prática desportiva são obrigadas a contratar seguro de vida e de acidentes pessoais, vinculado à atividade desportiva, para os atletas profissionais, com o objetivo de cobrir os riscos a que eles estão sujeitos (art. 45 da Lei n. 9.615/1998).

A lei é expressa: "A importância segurada deve garantir ao atleta profissional, ou ao beneficiário por ele indicado no contrato de seguro, o direito a indenização mínima correspondente ao valor anual da remuneração pactuada" (art. 45, § 1º da Lei n. 9.615/1998).

Ainda sobre o tema, a norma assevera:

> A entidade de prática desportiva é responsável pelas despesas médico-hospitalares e de medicamentos necessários ao restabelecimento do atleta enquanto a seguradora não fizer o pagamento da indenização a que se refere o § 1º deste artigo (art. 45, § 2º da Lei n. 9.615/1998).

13. Competência da Justiça do Trabalho

A competência para julgar litígios entre atletas profissionais e seus empregadores (associações desportivas) é da Justiça do Trabalho. Essa afirmação decorre de emanações da Constituição Federal de 1988, quando aclara:

Compete à Justiça do Trabalho processar e julgar: as ações oriundas da relação de trabalho, abrangidos os entes de direito público externos e da administração pública direta e indireta da União, dos Estados, do Distrito Federal e dos Municípios (art. 114 da Constituição Federal de 1988).

14. Releitura sistematizada do tópico apresentado

• A legislação que se aplica ao atleta profissional é a Lei n. 9.615, de 24 de março de 1998. Aplicam-se ainda os regulamentos da Federação Internacional de Futebol (FIFA) e da Confederação Brasileira de Futebol (CBF).

• Considera-se empregador a associação desportiva que, mediante qualquer modalidade de remuneração, se utiliza dos serviços de atletas profissionais de futebol, na forma definida nesta Lei.

• Considera-se empregado o atleta que pratica o futebol, sob a subordinação de empregador, mediante remuneração e contrato de trabalho.

• O contrato de trabalho do atleta é celebrado por escrito.

• O atleta não profissional em formação, maior de quatorze e menor de 20 anos de idade, poderá receber auxílio financeiro da entidade da prática desportiva formadora sob a forma de bolsa de aprendizagem livremente pactuada mediante contrato formal, sem que seja gerado vínculo empregatício entre as partes.

• O contrato de trabalho do atleta profissional terá prazo determinado, com vigência nunca inferior a três meses nem superior a cinco anos.

• Ao estrangeiro atleta profissional de modalidade desportiva, referido no inciso V do art. 13 da Lei n. 6.815, de 19 de agosto de 1980, poderá ser concedido visto, observadas as exigências da legislação específica, por prazo não excedente a cinco anos e correspondente à duração fixada no respectivo contrato especial de trabalho desportivo, permitida uma única renovação.

• A participação de atletas profissionais em seleções será estabelecida na forma como acordarem a entidade de administração convocante e a entidade de prática desportiva cedente.

• A entidade convocadora indenizará a cedente dos encargos previstos no contrato de trabalho, pelo período em que durar a convocação do atleta, sem prejuízo de eventuais ajustes celebrados entre ele e a entidade convocadora.

• É facultado às partes contratantes, a qualquer tempo, resilir o contrato, mediante documento escrito, que será assinado de próprio punho pelo atleta ou seu responsável legal, quando menor, e duas testemunhas.

• Qualquer cessão ou transferência de atleta profissional ou não profissional depende de sua formal e expressa anuência.

• As penalidades pecuniárias não poderão ser superiores a 40% do salário percebido pelo atleta.

• A jornada de labor do atleta profissional será de no máximo oito horas e terá o módulo semanal de 44 horas.

• As férias do atleta profissional deverão ser de 30 dias corridos para descanso, lazer e higidez mental.

• São entendidos como salário, para efeitos do previsto no *caput*, o abono de férias, o décimo terceiro salário, as gratificações, os prêmios e demais verbas inclusas no contrato de trabalho.

• Entende-se por luvas a importância paga pelo empregador ao atleta, na forma do que for convencionado, pela assinatura do contrato.

• A natureza desse pagamento é salarial, visto que tem como fundo o contrato de trabalho, devendo, portanto, integrar as férias, 13º salário, FGTS e terço constitucional.

• Bicho é o pagamento que a associação desportiva faz aos atletas pelas vitórias, valores não fixos que servem de incentivo e estímulos para os atletas profissionais se esforçarem pela vitória.

• O direito de arena pode ser definido como o pagamento feito pelas emissoras de comunicação social aos sindicatos dos atletas profissionais para remunerarem os atletas que participam de apresentações esportivas ao vivo pelos canais de televisão.

• O adicional noturno do atleta profissional será de 20%, conforme estabelecido na Consolidação das Leis do Trabalho.

• A participação de atletas profissionais em seleções será estabelecida na forma como acordarem a entidade de administração convocante e a entidade de prática desportiva cedente.

• A prescrição da ação do atleta profissional se dará em dois anos a contar do dia do término do contrato de labor, observando-se somente os créditos dos últimos cinco anos a contar do dia que ajuizou a ação.

• As entidades de prática desportiva são obrigadas a contratar seguro de vida e de acidentes pessoais vinculado à atividade desportiva para os atletas profissionais, com o objetivo de cobrir os riscos a que eles estão sujeitos.

• A Justiça do Trabalho é competente para julgar os litígios entre o atleta profissional e a associação desportiva.

Capítulo XXXI
Químico

1. Referência legislativa aplicável à profissão

A profissão de químico é regulada por uma "colcha de retalho" de leis. Explica-se: a Lei n. 2.800, de 18 de junho de 1956, cria os conselho federal e os regionais de química e dá outras providências. A Consolidação das Leis do Trabalho, por sua vez, nos arts. 325 a 350, trata da fiscalização e do exercício da profissão.[191] A Lei n. 4.950-A, de 22 de abril de 1966, dispõe sobre o piso salarial e o adicional noturno do profissional químico.

2. Obrigação de admitir químicos

A Consolidação das Leis do Trabalho determina:

> É obrigatória a admissão de químicos nos seguintes tipos de indústria: na fabricação de produtos químicos, indústrias que mantenham laboratório de controle químico, de fabricação de produtos industriais que são obtidos por meio de reações químicas dirigidas, tais como: cimento, açúcar e álcool, vidro, curtume, massas plásticas artificiais, explosivos, derivados de carvão ou de petróleo, refinação de óleos vegetais ou minerais, sabão, celulose e derivados. (CLT, art. 335)

A normativa pronuncia, ainda, que o nome do químico responsável pela fabricação dos produtos de uma fábrica, usina ou laboratório deverá figurar nos respectivos rótulos, faturas e anúncios, compreendida entre estes últimos a legenda impressa em cartas e sobrecartas.

3. Jornada de trabalho

Em que pese a profissão de químico ser cercada de inúmeras leis, ainda assim nenhuma delas estabeleceu a jornada de trabalho desse obreiro.

Todavia, a Lei n. 4.950-A determina: "A jornada de trabalho é fixada em contrato de trabalho, ou determinação legal vigente" (Lei n. 4.950-A, art. 3º, parágrafo único).

Por decorrência lógica, entende-se que a duração do trabalho deste obreiro será a estabelecida na Consolidação das Leis do Trabalho e, por óbvio, a insculpida no inciso XIII do art. 7º da Constituição Federal de 1988.

---

(191) Em acertada observação, Homero Batista Matheus da Silva explica que: "A Consolidação das Leis do Trabalho é excessivamente minuciosa quanto ao funcionamento dos órgãos de fiscalização e quanto ao exercício da profissão do químico, mas completamente omissa quanto ao direito do trabalho propriamente dito. Não há uma só menção com relação à jornada de trabalho, adicionais salariais ou vantagens próprias da profissão, como era de supor numa seção destinada a tratar de profissões com peculiaridades." In: SILVA, Homero Batista Matheus da. *Curso de direito do trabalho aplicado:* livro das profissões regulamentadas. Rio de Janeiro: Elsevier, 2009. v. 4. p. 145.

4. Salário profissional

Outrossim, anuncia o art. 4º da Lei n. 4.950-A/1966: "O salário profissional do químico é de 6 (seis) vezes o valor do maior salário mínimo vigente para a jornada de seis horas de trabalho".

5. Adicional noturno

O químico tem uma vantagem no que diz respeito ao adicional noturno. A normativa enuncia que a remuneração do trabalhado noturno deverá ser feita com acréscimo de 25% sobre o trabalho diurno.

Neste diapasão, deve ser compreendido que o trabalho noturno do químico será o definido no art. 73 da Consolidação das Leis do Trabalho, ou seja, das 22h de um dia às 5h do dia seguinte.

Por fim, vale ressaltar que não existe vedação para aplicar ao químico a hora reduzida de 52 minutos e 30 segundos. Portanto, tal direito também está assegurado para este obreiro.

6. Releitura sistematizada do tópico apresentado

• A profissão de químico é regulada pela Lei n. 2.800, de 18 de junho de 1956, pelos arts. 325 a 350 da CLT e pela Lei n. 4.950-A, de 22 de abril de 1966.

• A jornada de trabalho do químico é a fixada em contrato de trabalho ou provenientes de determinação legal.

• O salário profissional do químico é de seis vezes o valor do maior salário mínimo vigente para a jornada de seis horas de trabalho.

• A remuneração do trabalhado noturno do químico deverá ser feita com acréscimo de 25 % sobre o trabalho diurno.

• O trabalho noturno do químico será o definido no art. 73 da Consolidação das Leis do Trabalho, ou seja, das 22h de um dia às 5h do dia seguinte.

• Aplica-se ao químico a hora reduzida de 52 minutos e 30 segundos.

Referências Bibliográficas

ARAUJO, Jairo Melo. *Voluntariado:* na contramão dos direitos sociais. São Paulo: Cortez, 2008.

ARAÚJO, Luiz Alberto David; NUNES JÚNIOR, Vidal Serrano. *Curso de direito constitucional.* 10. ed. São Paulo: Saraiva, 2006.

BARBOSA, Magno Luiz. *Manual do trabalho doméstico.* São Paulo: LTr, 2008.

BARROS, Alice Monteiro. *Contratos e regulamentações especiais de trabalho, peculiaridades, aspectos controvertidos e tendências.* 3. ed. rev., ampl. São Paulo: LTr, 2008.

_____. *Curso de direito do trabalho.* São Paulo: LTr, 2008.

BORGES, Múcio Nacimento. A validade da cláusula *del credere* nos contratos de trabalho. *Revista do Tribunal Regional do Trabalho da 1ª Região*, Rio de Janeiro, n. 33, ano 2003, jan./abr. 2003.

BRAGA, Hugo Albuquerque. O contrato de trabalho do atleta profissional de futebol. *Revista de Direito do Trabalho RDT*, São Paulo, v. 137, ano 36, p. 143-216, jan./mar. 2010.

BRASIL. Ministério do Trabalho e Emprego. *Cartilha esclarecedora sobre a lei do estágio:* lei n. 11.788/2008. Brasília, DF: MTE, C322. SPPE, DPJ, CGPI, 2008a.

_____. Tribunal Superior do Trabalho. Ag.-E-RR 101.823/94.7. Ac. SBDI-1 3.574/96. Relator: Cnéa Moreira. Publicado: DJU, 18.11.1995.

_____. _____. E-RR 719.679/2000.5, SDI. 1. Relator: Aloysio Corrêa de Veiga. Publicado: DJU, 6.11.2008b.

BULOS, Uadi Lammêgo. *Curso de direito constitucional.* São Paulo: Saraiva, 2007.

_____. _____. 4. ed. reform. e atual. São Paulo: Saraiva, 2009.

CAMARGOS, Ana Amélia Mascarenhas. *Direito do trabalho no terceiro setor.* São Paulo: Saraiva, 2008.

CARDONE, Marly A. *Viajantes e pracistas no direito do trabalho.* 3. ed. São Paulo: LTr, 1990.

CARELLI, Rodrigo de Lacerda. *Formas atípicas de trabalho.* 2. ed. São Paulo: LTr, 2010.

CARRION, Valentin. *Comentários à Consolidação das Leis do Trabalho, legislação complementar e jurisprudência.* 35. ed. São Paulo: Saraiva, 2010.

CASSAR, Vólia Bomfim. *Direito do trabalho.* 5. ed. Niterói: Impetus, 2011.

CIGERZA, Juliana. *Aeronautas:* aspectos jurídico-trabalhistas da profissão e consequências na saúde. São Paulo: LTr, 2008.

CORTEZ, Julpiano Chaves. *O advogado empregado.* São Paulo: LTr, 2000.

COSTA, Nelson de Oliveira Santos. Atleta profissional. *In:* SANTOS, Jackson Passos; MELLO, Simone Barbosa de Martins (Orgs.). *Contratos especiais de trabalho:* homenagem ao professor Oris de Oliveira. São Paulo: LTr, 2010.

DELGADO, Mauricio Godinho. *Curso de direito do trabalho.* 8. ed. São Paulo: LTr, 2009.

_____. *Jornada de trabalho e descansos trabalhistas.* São Paulo: LTr, 2003.

DIAS, José de Aguiar. *Da responsabilidade civil*. 6. ed. Rio de Janeiro: Forense. v. 2. p. 329 *apud* STOCO, Rui. Responsabilidade civil do advogado à luz das recentes alterações legislativas. *Revista dos Tribunais*, São Paulo, n. 797, p. 1141-1169, mar. 2000. *In:* NERY JUNIOR, Nelson; NERY, Rosa Maria de Andrade (Orgs.). *Responsabilidade civil:* doutrinas essenciais: indenizabilidade e direito do consumidor. São Paulo: Revista dos Tribunais, 2010. v. 4.

DIAS, Sérgio Novaes. *Responsabilidade civil do advogado:* perda de uma chance. São Paulo: LTr, 1999.

DINAMARCO, Candido Rangel. *Instituições de direito processual civil*. 6. ed. rev. e atual. São Paulo: Malheiros, 2009. v. 1.

DINIZ, Maria Helena. *Dicionário jurídico*. 2. ed. São Paulo: Saraiva, 2005.

EXPÓSITO, Enriqueta. *La liberdad de cátedra*. Madrid: Tecnos, 1995.

FALCÃO, Rodrigo Grumach. A jornada de trabalho do atleta profissional de futebol. *Repertório de jurisprudência IOB/trabalhista e previdenciário*, São Paulo, v. 2, n. 10, 2 de maio 2007.

FIORELLI, José Osmir; FIORELLI, Maria Rosa; MALHADAS JUNIOR, Marcos Julio Olivé. *Guia prático para o empregador e o empregado doméstico*. São Paulo: LTr, 2009.

FRANZINI, Sonia Maria Prince. O atleta profissional de futebol. *Revista Synthesis Direito do Trabalho material e Processual*, São Paulo, n. 34, 2002.

FREITAS JUNIOR, Otácio de Souza; ARAÚJO, Luiz Antonio Medeiros de. *Empregado doméstico:* o guia prático e acessível do empregador. 2. ed. rev., atual. e ampl. São Paulo: Método, 2008.

GARCIA, Celso Moreno. O atleta profissional de futebol e a legislação. *Revista do Tribunal Regional do Trabalho da 16ª Região*, v. 14, n. 1, jan./dez., ano 2004.

GARCIA, Gustavo Felipe Barbosa. *Curso de direito do trabalho*. 2. ed. rev., atual. e ampl. São Paulo: Método, 2008.

GONÇALVES, Emilio. *O magistério particular e as leis trabalhistas*. São Paulo: LTr, 1970.

LIPPMANN, Ernesto. A responsabilidade civil do advogado vista pelos tribunais. *Revista dos Tribunais*, São Paulo, n. 787, p. 1171-1179, maio 2001. *In:* NERY JUNIOR, Nelson; NERY, Rosa Maria de Andrade (Org.). *Responsabilidade civil:* doutrinas essenciais: indenizabilidade e direito do consumidor. São Paulo: Revista dos Tribunais, 2010. v. 4.

LÔBO, Paulo. *Comentários ao estatuto da advocacia e da OAB*. 4. ed. São Paulo: LTr, 2007.

MARQUES, Gérson. *O professor no direito brasileiro:* orientações fundamentais de direito do trabalho. São Paulo: Método, 2009.

MARTINS, Sergio Pinto. *Comentários à CLT*. São Paulo: Atlas, 2007.

_____. _____. 30. ed. São Paulo: Atlas, 2008.

_____. *Comentários às súmulas do TST*. 5. ed. São Paulo: Atlas, 2008.

_____. *Direito do trabalho*. São Paulo: Atlas, 2005.

_____. *Estágio e relação de emprego*. 2. ed. São Paulo: Atlas, 2010.

_____. *Manual do trabalho doméstico*. 10. ed. São Paulo: Atlas, 2009.

_____. O atleta profissional de futebol e os seus direitos trabalhistas. *Revista de Direito do Trabalho*, São Paulo, n. 98, ano 26, abr./jun. 2000.

MELLO FILHO, Álvaro. *Novo regime jurídico desportivo*. Brasília, DF: Brasília Jurídica, 2001.

MONTEIRO, Antonio Lopes; BERTAGNI, Roberto Fleury de Souza. *Acidentes do trabalho e doenças ocupacionais:* conceito, processos de conhecimento e de execução e suas questões polêmicas. 5. ed. São Paulo: Saraiva, 2009.

NADER, Paulo. *Curso de direito civil:* responsabilidade civil. 3. ed. Rio de Janeiro: Forense, 2010. v. 7.

NASCIMENTO, Amauri Mascaro. *Curso de direito do trabalho.* 20. ed. rev. e atual. São Paulo: Saraiva, 2005.

NERY JUNIOR, Nelson; NERY, Rosa de Andrade (Org.). *Responsabilidade civil:* doutrinas essenciais: indenizabilidade e direito do consumidor. São Paulo: Revista dos Tribunais, 2010. v. 4.

OLIVEIRA, Francisco Antonio de. *Comentários às súmulas do TST.* 8. ed. rev., atual. e ampl. São Paulo: Revista dos tribunais, 2008.

PARANÁ. Tribunal de Justiça. 9ª Câmara Cível. Recurso de Apelação Cívil n. 6.693608-7. Relator: Rosana Amara Girardi Fachin. Publicado: DJ, 19.5.2011.

POLETTI, Ronaldo. *Constituição anotada.* Rio de Janeiro: Forense, 2009.

RALPH, Cândia. *Comentários à lei do jogador de futebol.* São Paulo: Saraiva, 1978.

_____. *Comentários aos contratos de trabalhos especiais.* 2. ed. ampl. e atual. de acordo com a Constituição Federal. São Paulo: LTr, 1990.

_____. *Comentários aos contratos de trabalhos especiais.* 3. ed. São Paulo: LTr, 1995.

REQUIÃO, Rubens. *Do representante comercial:* comentários à Lei n. 4.886, de 9 de dezembro de 1965. 2. ed. Rio de Janeiro: Forense, 1977.

_____. Representante comercial: relação de trabalho e relação de emprego. *Revista do Tribunal Regional do Trabalho 8ª Região*, Belém, v. 11, n. 21, jul./dez. 1978.

RIO GRANDE DO SUL. Tribunal Regional do Trabalho. 4ª Região. Recurso Ordinário n. 000902000726104008. 3ª Turma. Relator: Juíza Maria Helena Mallmann. Publicado: DOE-RS, 7.7.2008.

RIZZARDO, Arnaldo. *Responsabilidade civil:* Lei n. 10.406, de 10.1.2002. 4. ed. Rio de Janeiro: Forense, 2009.

RUSSOMANO, Mozart Victor. *Comentários à CLT.* 13. ed. Rio de Janeiro: Forense, 1990.

SÁ FILHO, Fábio Menezes de. Aspectos temporais do contrato laboral do empregado futebolista. *Revista de Direito do Trabalho RDT*, v. 137, ano 36, jan./mar. 2010.

SAAD, Eduardo Gabriel. *CLT comentada.* 42. ed. São Paulo: LTr, 2009.

_____. Resenha Ltr 11. Suplemento Trabalhista 077/97, São Paulo, ano 33, p. 374, 1997.

SAAD, Ricardo Nacim, *Representação comercial:* de acordo com o novo código civil (Lei n. 10.406, de 10.1.2002). 3. ed. São Paulo: Saraiva, 2003.

SALIBA, Tuffi Messias. *Curso básico de segurança e higiene ocupacional.* São Paulo: LTr, 2004.

SANTOS, Ernane Fidélis dos. *Manual de direito processual civil:* processo de conhecimento. 11. ed. São Paulo: Saraiva, 2006. v. 1.

SÃO PAULO. Tribunal Regional do Trabalho. 2ª Região. Recurso Ordinário n. 002.0293021966. Ac. 02940489046. 8ª Turma. Relator: Sérgio Prado de Millo. Publicado: DOE-SP, 16.9.1994. p. 160.

SÁVIO, Domingos Zainaghi. *Nova legislação desportiva*. 2. ed. São Paulo: LTr, 2004.

SCHIAVI, Mauro. Aspectos controvertidos do direito de imagem e direito de arena do atleta profissional de futebol. *Suplemento Trabalhista*, São Paulo, 083/07, ano 43, 2007.

SILINGARDI, Bruno Modesto. A representação comercial autônoma e suas distinções quando comparada com outros institutos jurídicos semelhantes. *Revista Ciência Jurídica do Trabalho*, Belo Horizonte, ano 14, n. 85, jan./fev. 2011.

SILVA, De Plácido e. *Vocabulário jurídico*. 12. ed. Rio de Janeiro: Forense, 1996.

SILVA, Homero Batista Matheus da. *Curso de direito do trabalho aplicado:* livro das profissões regulamentadas. Rio de Janeiro: Elsevier, 2009. v. 4.

SILVA, Lucimar Maria da. Mãe social. *In:* SANTOS, Jackson Passos; MELLO, Simone Barbosa de Martins (Orgs.). *Contratos especiais de trabalho:* homenagem ao professor Oris de Oliveira. São Paulo: LTr, 2010.

STOCO, Rui. Responsabilidade civil do advogado à luz das recentes alterações legislativas. *Revista dos Tribunais*, São Paulo, n. 797, p. 1141-1169, mar. 2000. *In:* NERY JUNIOR, Nelson; NERY, Rosa Maria de Andrade (Org.). *Responsabilidade civil:* doutrinas essenciais: indenizabilidade e direito do consumidor. São Paulo: Revista dos Tribunais, 2010. v. 4.

SÜSSEKIND, Arnaldo et al. *Instituições de direito do trabalho*. 20. ed. São Paulo: LTr, 2002. v. 2.

VENOSA, Silvio de Salvo. *Código Civil interpretado*. São Paulo: Atlas, 2010.

VIANAS, Segadas. *Instituições de direito do trabalho*. 17. ed. São Paulo: LTr, 2002. v. 2.

VIEIRA, Sebastião Ivone (Coord.). Medicina básica do trabalho. 2. ed. Curitiba: Gênesis, 1995 apud MONTEIRO, Antonio Lopes; BERTAGNI, Roberto Fleury de Souza. *Acidentes do trabalho e doenças ocupacionais:* conceito, processos de conhecimento e de execução e suas questões polêmicas. 5. ed. São Paulo: Saraiva, 2009.

VILHENA, Paulo Emilio Ribeiro de. *Relação de emprego*. São Paulo: Saraiva, 1975.

WALD, Arnold. Do regime jurídico do contrato de representação comercial. *Revista Jurídica Revista Síntese*, v. 43, ano 43, n. 213, jul. 1995.

ZAINAGHI, Domingos Sávio. *Nova legislação desportiva*. 2. ed. São Paulo: LTr, 2004.

_____. *Os atletas profissionais de futebol no direito do trabalho*. São Paulo: LTr, 1998.

Produção Gráfica e Editoração Eletrônica: Peter Fritz Strotbek
Projeto de Capa: Fabio Giglio
Impressão: Digital Page

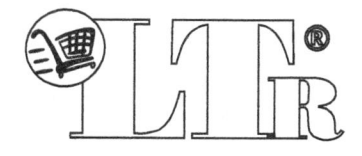

LOJA VIRTUAL
www.ltr.com.br

BIBLIOTECA DIGITAL
www.ltrdigital.com.br

E-BOOKS
www.ltr.com.br